はじめに

不動産投資は資産形成のニーズの高まりに対応し、個人向けの投資、資産形成商品として周知、広がりを見せています。

われわれ投資用不動産を供給する事業者は、不動産投資市場の中核的な担い手として、良質な不動産ストックの形成を促進し、魅力的な都市・地域の創造を担う役割も担っております。

実際、近年、多数の個人投資家の参画に伴い、不動産投資の市場規模も拡大しており、不動産投資市場の社会的な認知も益々高まってきております。

それに伴い、投資用不動産を供給する事業者の社会的な責任も高まっており、業界として今後も持続的な発展を遂げていくためには、業界の健全性の向上、業界の信頼産業としての発展が、今まで以上に求められています。

実際、令和 2 年 12 月 15 日には賃貸住宅の管理業務等の適正化に関する法律、いわゆるサブリース法の規制措置部分が施行され、誇大広告や不当勧誘の禁止の他、リスク等についての重要事項説明義務が法律で明記されることとなりましたが、このような立法の動きは、今、業界としての健全性の更なる向上が、極めて強く求められていることのあらわれといえます。

そのため、業界として、宅建業法やサブリース法等の法令遵守はもとよりコンプライアンスの徹底、顧客の視点に立った業務の透明化や接遇意識の向上、携わる者の資質向上、人材育成の一層の推進、業務の適正化、トラブルの防止に向けた体制の充実などを図っていくことが肝要となります。

特に営業活動の中心となる広告と投資勧誘については、これを適正に行うことが強く求められます。

広告と投資勧誘の前線に立つ営業部門および営業員としては、投資家の保護と信用の向上を図ることをその基本姿勢とし、法令ならびに諸規則の趣旨、目的を正しく理解し遵守するとともに、高い社会常識、倫理観を持ち、プロフェッショナルとして誠実に業務に携わることが重要となります。

以上の点を踏まえ、一般社団法人「新しい都市環境を考える会」として、会員の皆様が広告と投資勧誘をおこなうにあたり広く参考にしていただくことを目的に、「広告・投資勧誘の基本方針」をまとめることといたしました。同方針の作成にあたっては、商品の性質上、宅建業法・サブリース法等の不動産販売における固有の規制のみではなく、金融商品の販売に係る規制にも倣い、これを作成することといたしました。

広く活用いただき、業界の健全性、信頼の向上に寄与できれば幸いです。

CONTENTS

第１編　広告・投資勧誘の基本方針

はじめに

第 1 編では、「一般社団法人 新しい都市環境を考える会」(以下、「都環会」といいます。)が定める「広告・投資勧誘の基本方針」(以下、「基本方針」といいます。)を引用し、解説します。
この基本方針は、都環会の会員企業を拘束する任意的な内部ルールです。都環会は、主に投資用不動産の販売とサブリース方式での賃貸経営の支援を行う不動産投資会社が参加する任意団体です。
かぼちゃの馬車事件等がテレビを賑わし、「不動産投資」や「サブリース」に対する世間の目は厳しくなっています。そこで、不動産投資会社が集まり自ら厳しい自主規制を定め、顧客の利益と共に業界全体の健全な発展を目的として、基本方針を定めています。
まずは、この基本方針をしっかりと読み込み理解して下さい。
ただ、個々の規制について、法的にどのような効果や制裁があるのかは、第 2 編以降の各種法令による規制にまとめていますので、必ず第2編以降も併せて熟読して下さい。

第1章

広告・投資勧誘の基本方針

1　誇大広告の禁止

嘘・大げさな広告は禁止されています。

都環会会員は、広告をするとき、次の事項について、著しく事実に相違する表示（虚偽広告）をし、又は実際より著しく優良であり、もしくは有利であるとお客様を誤解させるような表示（誇大広告）を行うことができません。

①物件からお客様が得られる賃料額、支払期日、支払方法、賃料額の改定時期、賃料額の減額の可能性及び利回り

- ▶ サブリース事業者等がオーナー（投資家）と締結する賃貸借契約における賃料についての内容です。
- ▶ サブリースであっても借地借家法が適用されるので、同法に基づき、賃借人（サブリース業者）による賃料減額請求が可能です。

②サブリース事業者等の行う物件の維持保全の内容、頻度、実施期間等

- ▶ サブリースとは転貸借をいいます。また、オーナー（投資家）から不動産を一括借り上げした上で、入居者に賃貸することを業として行う者をサブリース事業者といいます。
- ▶ 物件の維持管理とは賃貸物件の修繕等の管理業務をいいます。

③物件の維持保全の費用を負担する者及び費用の負担割合

- ▶ 賃貸住宅管理業法では、サブリース事業者がオーナーと契約する前に説明する内容として、「賃貸住宅の維持保全に要する費用の分担に関する事項」を定めています。具体的には、サブリース事業者が行う維持保全の具体的な内容や設備毎に、賃貸人とサブリース事業者のどちらが、それぞれの維持や修繕に要する費用を負担するかについて記載し、説明しなければなりません。その際、賃貸人が費用を負担する事項について誤認しないよう、例えば、設備毎に費用負担者が変わる場合や、賃貸人負担となる経年劣化や通常損耗の修繕費用など、どのような費用が賃貸人負担になるかについて具体的に記載し、説明します。また、修繕等の際に、サブリース事業者が指定する業者が施工するといった条件を定める場合は、必ずその旨を記載し、説明しなければなりません。

④サブリース契約を締結する場合、サブリース契約の期間、契約更新時期、借地借家法28条に基づく更新拒絶の要件

- 借地借家法28条には、建物の賃貸人による更新拒絶の通知又は建物の賃貸借の解約の申入れは、建物の賃貸人及び賃借人(転借人を含む。)が建物の使用を必要とする事情のほか、建物の賃貸借に関する従前の経過、建物の利用状況及び建物の現況並びに建物の賃貸人が建物の明渡しの条件として又は建物の明渡しと引換えに建物の賃借人に対して財産上の給付をする旨の申出をした場合におけるその申出を考慮して、正当の事由があると認められる場合でなければ、することができない旨が定められています。

⑤物件の将来の価格

- この投資物件は都心部で駅近なので 10 年後もほぼ同じ値段で売却できる旨の説明が典型です。

2 リスク説明

物件にまつわるリスクを顧客に説明します。

(1)適合性の原則

都環会会員は、お客様の知識、経験、財産の状況及び投資目的に照らし、お客様の意向、実情に応じた適切な情報提供、投資勧誘を行うよう努めなければなりません。

(2)リスク説明

お客様に商品やリスクの内容(特に次の事項)など重要な事項をわかりやすく説明し、十分に理解できるように努めなければなりません。

①お客様が得られる賃料収入は減少するリスクがあること

▶ 物件が古くなることでの賃料の減額等の説明です。

②賃借人が現れない等の事情によりお客様が賃料収入を得られない期間が生じる可能性があること

▶ 空室リスクの説明です。

③お客様が物件のサブリース契約(賃貸借契約)を締結した場合でも、
ⅰ 賃貸借契約期間中にサブリース事業者から契約を解除される可能性があること
ⅱ サブリース事業者から賃料の減額を求められる可能性があること
ⅲ お客様がサブリース契約の解約や更新拒絶をする場合には、借地借家法 28 条所定の正当事由が必要とされ、サブリース事業者に対する金銭の支払が必要になる可能性があること

▶ サブリース事業者がオーナーと締結する特定賃貸借契約(基本方針では「サブリース契約」と表現しています)は、借地借家法が適用される建物賃貸借となるので、サブリース事業者は賃借人の立場として行使し得る権利がある旨を明確に説明する必要があります。

④お客様に物件の維持保全費用(固定資産税・都市計画税、共用部分の管理費・修繕積立金、専有部分の修繕費用等)の負担が発生すること

▶ 区分所有建物(マンション)の場合は管理費・修繕積立金等は宅地建物取引業者が行う重要事項説明の内容にもなっています。

▶ 固定資産税・都市計画税に関しては、宅地建物取引業者が交付する 37 条書面(契約書面)の記載事項にもなっています。

⑤物件価格は将来低下する可能性があること

(3)正確な情報提供

都環会会員は、お客様の誤解を招くことのないよう、断定的判断の他、故意に事実を告げない行為、故意に不実のことを告げる行為等、不適切な勧誘を行ってはなりません。
具体的には次の行為を禁止しています。

①不告知・虚偽告知

次の事項(誇大広告のページ(5 ページ)で列挙した事項と同じです。)について、当該事項を告げない、又は事実と違うことを告げることは禁止されています。

- 物件からお客様が得られる賃料額、支払期日、支払方法、賃料額の改定時期、賃料額の減額の可能性及び利回り
- サブリース事業者等の行う物件の維持保全の内容、頻度、実施期間等
- 物件の維持保全の費用を負担する者及び費用の負担割合
- サブリース契約を締結する場合、サブリース契約の期間、契約更新時期、借地借家法 28 条に基づく更新拒絶の要件
- 物件の将来の価格

②メリットのみの告知

次の事項(リスク説明(2)で列挙した事項と同じです。)について、あえて伝えず、メリットについてのみを伝えることは禁止されています。

- お客様が得られる賃料収入は減少するリスクがあること
- 賃借人が現れない等の事情によりお客様が賃料収入を得られない期間が生じる可能性があること
- お客様が物件のサブリース契約(賃貸借契約)を締結した場合でも、
  - i 賃貸借契約期間中にサブリース事業者から契約を解除される可能性があること
  - ii サブリース事業者から賃料の減額を求められる可能性があること
  - iii お客様がサブリース契約の解約や更新拒絶をする場合には、借地借家法 28 条所定の正当事由が必要とされ、サブリース事業者に対する金銭の支払が必要になる可能性があること
- お客様に物件の維持保全費用(固定資産税・都市計画税、共用部分の管理費・修繕積立金、専有部分の修繕費用等)の負担が発生すること
- 物件価格は将来低下する可能性があること

③契約終了等の条項の不告知

サブリース契約に関して、家賃見直しの協議で合意できなければ契約が終了する条項や一定期間ごとの修繕に応じない場合には契約を更新しない条項がある場合に、これらの条項の存在について告げないことは禁止されています。

④免責条項の不告知

サブリース契約において当初の数ヶ月間の借り上げ賃料の支払い免責期間がある場合に、このことについて説明しないことは禁止されています。

⑤賃料に関する断定的な告知

お客様に支払われる賃料が減額される場合があるにもかかわらず、断定的に、

ⅰ「都市の物件なら需要が下がらないのでサブリース賃料も下がることはない」

ⅱ「当社のサブリース方式なら入居率は確実であり、絶対に家賃保証できる」

ⅲ「サブリース事業であれば家賃100%保証で、絶対に損はしない」

ⅳ「家賃収入は将来にわたって確実に保証される」

等の内容を伝えることは禁止されています。

⑥原状回復費用に関する不正確な告知

原状回復費用をお客様が負担する場合もあるにもかかわらず、「原状回復費用はサブリース会社が全て負担するので、入退去で大家さんが負担することはない」等の内容を伝えることは禁止されています。

⑦維持修繕費用の負担に関する虚偽告知

大規模修繕の費用はお客様負担であるにもかかわらず、「維持修繕費用は全て事業者負担である」等の内容を伝えることは禁止されています。

⑧高い賃料での借り上げ保証の虚偽告知

近傍同種の賃料よりも明らかに高い賃料設定で、持続的にサブリース事業を行うことができないにもかかわらず、「周辺相場よりも当社は高く借り上げることができる」等の内容を伝えることは禁止されています。

⑨借り上げ賃料に関する虚偽告知

近傍同種の賃料よりも著しく低い賃料であるにもかかわらず、「周辺相場を考慮すると、当社の借り上げ賃料は高い」等の内容を伝えることは禁止されています。

3 勧誘

不当な勧誘は禁止されています。

基本方針では投資不動産販売における不当な勧誘を禁止しており、その具体的な内容が示されています。

(1)自己開示、目的開示勧誘

都環会会員は、勧誘を行う際に、勧誘に先だって宅地建物取引業者の商号又は名称、勧誘を行う者の氏名、勧誘をする目的である旨を告げなければなりません。
なお、同様の内容は、宅地建物取引業法施行規則にも定められており、宅地建物取引業者一般に課せられた義務となります。

(2)継続勧誘・再勧誘

都環会会員は、お客様が契約を締結しない旨の意思を表示した場合に、引き続き勧誘を行い、また、再度勧誘を行ってはなりません。
なお、類似の内容は、宅地建物取引業法施行規則にも定められております。同規則は、さらに「当該勧誘を引き続き受けることを希望しない旨の意思を含む」としております。都環会会員が宅地建物取引業者でもある場合は、同規則の規制を受けることになります。

(3)勧誘時間の配慮

都環会会員は、迷惑を覚えさせるような時間(お客様の承認を得ている場合等を除き、午後 9 時から午前 8 時までの時間帯)の電話又は訪問による勧誘をしてはなりません。
類似の規定は宅地建物取引業法施行規則にもありますが、具体的な時間までは明記されていません。それに対して、賃貸住宅管理業法のガイドラインにおいて、サブリース業者が行う勧誘行為について、「迷惑を覚えさせるような時間」とは、相手方等の職業や生活習慣等に応じ、個別に判断するものとし、一般的には、相手方等に承諾を得ている場合を除き、特段の理由が無く、午後9時から午前8時までの時間帯に電話勧誘又は訪問勧誘を行うことは、不当勧誘に該当する旨が定められています。

(4)勧誘の適正の確保

都環会会員は、契約の締結をさせ、又は契約の申込の撤回もしくは解除を妨げるために、面会の強要、事実上の拘束をするなどしてお客様に不安の念を抱かせたり、深夜或いは長時間の勧誘やお客様が勤務中であることを知りながら執拗な勧誘を行うなどしてお客様を困惑させてはなりません。

また、勧誘の適正を確保できるよう、会員企業は自社の役職員に対し十分な研修を行い、知識、経験、技能の習得に努めなければなりません。

(5)不当な勧誘の禁止

都環会会員は、お客様に対する物件の勧誘に際して、不当な勧誘を行ってはなりません。具体的には次の勧誘をいいます。

① お客様が、生計その他社会生活上の重要な事項に対する願望の実現に過大な不安を抱いていることを知りながら、その不安をあおり、合理的な根拠がないのに、物件の購入が当該願望の実現に必要である旨を告げること

② お客様が、勧誘を行う者に対して恋愛感情その他好意の感情を抱き、かつ、当該勧誘を行う者もお客様に対して同様の感情を抱いているものと誤信していることを知りながら、これに乗じ、物件を購入しなければ当該勧誘を行う者との関係が破綻することになる旨を告げること

③ お客様が、加齢又は心身の故障によりその判断力が著しく低下していることから、生計、健康その他現在の生活の維持に過大な不安を抱いていることを知りながら、その不安をあおり、合理的な根拠がないのに、物件の購入をしなければ現在の生活の維持が困難となる旨を告げること

④ お客様に対して、霊感その他合理的に実証困難な能力による知見として、このままではお客様に重大な不利益を与える事態が生じる旨を示して、その不安をあおり、物件を購入することによりその重大な不利益を回避できる旨を告げること

⑤ 勧誘方法の如何を問わず、事業者(A)と事業者(B)との間の明示または黙示の委託契約に基づき、事業者(B)がお客様への物件の説明、契約に向けた取引条件の交渉・調整等の主たる勧誘行為を行った上で、お客様に、事業者(A)から物件を購入させ、また、事業者(A)の提携している金融機関からの融資を受けさせること

4 不動産投資ローンの適切な利用

住宅ローンでは不動産投資はできません。

不動産投資ローンの適切な利用

都環会会員は、お客様が融資を受けて物件を購入する場合に、不正または不適切な行為を行ってはなりません。具体的には次の行為です。

① お客様の収入、資力を示す書類(源泉徴収票、給与明細、確定申告書、課税証明書、預金通帳等)の改ざん等を行うこと

- ▶ 融資の目的で、他人が押印し又は署名した権利、義務又は事実証明に関する文書又は図画を変造すると文書偽造罪となる可能性があります。

② お客様が投資目的で物件を購入するにもかかわらず、金融機関に対して自己使用目的であると偽り、お客様に、自己使用目的の物件購入に限定されているフラット35等の住宅ローンの融資を受けさせること

- ▶ 住宅金融支援機構が提供するフラット35は申込者本人またはその親族が居住する新築住宅の建設資金・購入資金、中古住宅の購入資金等に利用できます。なお、同機構では、転送不要郵便にて融資住宅あてに融資額残高証明書を郵送する等により、申込者本人またはその親族が実際に居住していることを定期的に確認しています。確認の結果、第三者に賃貸するなどの投資用住宅としての利用や店舗・事務所などの目的外の利用が判明した場合は、借入れ全額を一括して返済しなければなりません。
- ▶ 投資目的でフラット 35 の住宅ローンを利用すると刑法上の詐欺行為に該当する可能性もあります。

5 相談・苦情

苦情・相談には誠意をもって対応します。

(1)相談・苦情

都環会会員は、販売、勧誘に関するお客様からの相談、苦情には誠意をもって適切に対応しなければなりません。

(2)相談・苦情に関する情報共有体制の整備

都環会は、監督官庁である国土交通省、東京都及び各種相談窓口との連携を図り、相談、苦情の内容を定期的に情報共有することでモニタリングを行います。情報は会の中で共有し牽制を図ることで、再発防止に努める体制を整備します。

第２章

不祥事を起こした会員に対する当会としての対応及び措置

(1)規約違反の場合の措置

都環会の規約に違反する事態が発生した際の新しい都市環境を考える会としての措置の決定手順は以下のとおりです。

① 規約に違反する事態が発生した場合、会員は、自ら、速やかに当会にその内容等について申出を行う。

② ①の申出がなされた場合の他、当会の設置する苦情相談窓口に会員の不祥事に関する情報が寄せられた場合、当会は、必要に応じて、新しい都市環境を考える会の定款9条に関する調査委員会(以下「定款9条委員会」という。)を設け、当該会員及び関係者から事情を聴取し、必要な事項を調査した上で、当会としての対応および措置について当会の理事会に具申する。

③ 定款9条委員会の委員は、代表理事3名(会長、座長および幹事長)と会長が指名する理事3名の計6名で構成するものとし、幹事長が委員長に就任する。

④ 理事会は、会員からの申出、苦情相談窓口に寄せられた情報及び定款9条委員会の具申等を参考にして、当該会員に対する対応及び措置を決定する。なお、理事のなかに、当該会員の役員を務める等、当該会員と利害関係を有する者がいる場合、当該理事は、理事会への出席および議決権の行使をすることができない。

⑤ 当会は、当該会員に対する対応及び措置を決定した場合、これを公表することができる。

(2)退会及び除名

都環会の正会員及び賛助会員は、会長が別に定める退会届を会長に提出し、任意に退会することができます(新しい都市環境を考える会定款8条)。

また、都環会会員が次のいずれかに該当するに至ったときは、社員総会の特別決議によって当該会員を除名することができます。この場合においては、その会員に対し予め通知するとともに、決議の前に弁明の機会を与えなければなりません(同定款9条)。

① 本協会の定款、規約または総会の決議に違反したとき
② 本協会の名誉を傷つけ、または目的に反する行為をしたとき
③ その他除名すべき正当な事由があるとき

上記の場合の他、会員は次のいずれかに該当するに至ったときは、その資格を喪失します(同定款10条)。

① 解散の決議または破産法に基づく破産手続き開始の申し立てがなされたとき
② 1年以上会費を滞納したとき

なお、既納の会費及びその他の拠出金品は、返還されません(同定款11条)。

(3)措置の内容

理事会が決定する当該会員に対する措置は、次の表のとおりです。

措置	会員資格	役職	勉強会等への参加	総会への参加
厳重注意	○	○	○	○
役職の退任	○	×	○	○
会員資格停止※1	× (停止期間中)	× (停止期間中)	× (停止期間中)	× (停止期間中)
任意退会勧告※2	×	×	×	×
除名※3	×	×	×	×

※1 会員資格停止の期間は、1ヵ月間から1年間までの期間で決定する。なお、会員資格停止中であっても、当該会員は会費の納入義務を免れない。

※2 当会は、会員からの任意退会の申出を認める他、会員に対して任意退会を勧告できる。

※3 除名に際しては、理事会の決定(決議)の他、社員総会の特別決議を要する。

(4)不祥事を起こした会員への要請

都環会は、不祥事を起こした会員に対して、企業行動の改善策とその実施状況を報告書にまとめた上で、当会に報告するよう要請し、当該会員はこれに応じて当会に報告をしなければなりません。

(5)任意退会・除名後の再入会

都環会の措置により会員資格を喪失した元会員からの再入会の申請は、以下の期間は受理しません。

任意退会した会員	2年間
除名された会員	5年間

第 2 編　広告規制

はじめに

第 1 編では、都環会が定める広告・投資勧誘の基本方針における広告規制を解説しました。しかし、広告に関しては、同基本方針とは別に宅地建物取引業法、賃貸住宅の管理業務等の適正化に関する法律(以下、本書では賃貸住宅管理業法といいます。)、不当景品類及び不当表示防止法、不動産の公正競争規約等の法令が複雑に絡み合っています。本編では、それぞれの法令の目的とするところと、規制対象を学び、日々の業務で違法・不当な広告をしないようそれぞれの法律に定める要件と罰則等の効果を理解して下さい。

本章における記述は以下の書籍を参考にしています。引用する場合は本文にも著者名のみを記述しています。

○田中嵩二「これで合格宅建士基本テキスト」Ken 不動産研究(2024 年 4 月)
○岡本正治・宇仁美咲「三訂版[逐条解説]宅地建物取引業法」大成出版(2021 年 3 月 19 日) **略記:岡本・宇仁・宅建業法**
○鬼丸勝之監修、全日本不動産協会編「宅地建物取引業法の話」理工図書(昭和 27 年 8 月) **略記:鬼丸監修・宅建業法の話**
○五十嵐紀男「宅地建物取引業法」注釈特別刑法補巻(1)」青林書院(平成 2 年 8 月 **略記:五十嵐・宅建業法**
○河野正三編著「改正宅地建物取引業法の解説」住宅新報社(昭和 42 年 8 月) **略記:河野・改正宅建業法解説**
○一般社団法人賃貸不動産経営管理士協議会「賃貸不動産権利の知識と実務〔令和 5(2023)年度版〕」大成出版社(2023 年 4 月)

第１章
宅地建物取引業法における広告規制

1　宅地建物取引業法とは

宅地建物取引業法は行政法として免許事業者を規制する

(1)宅地建物取引業法の成り立ち

宅地建物取引業法(以下、宅建業法と略します)が制定されたのは、第二次大戦後です。戦後の未曾有の住宅不足がその最大の要因でした。また、戦後の経済復興に伴い、一般の宅地建物の需要が拡大し、その取引が盛んになったことも拍車をかけました。宅地建物の取引が増加すると、それに比例し、紛争や事故も激増しました。

また、宅地建物の取引には、相当の知識、経験、資力、信用等が必要となります。しかし、宅建業法が制定されるまでは、誰でも自由にこの業界に参入できたこともあり、知識や経験もない者が自由に取引に従事したり、逼迫した住宅事情につけこんで悪事を働く業者も少なからず存在したりしました。

そこで、**宅地建物という重要な財産の取引を安全に取り扱い、宅地建物の円滑な流通と利用の促進を図るため**、宅地建物の取引に関する規制の必要性が高まり、法制定の運動が起こりました。このような状況を背景に、昭和27年に宅建業法が制定されました。

(2)宅地建物取引業法の目的を実現する手段

宅建業法は、法律の中では行政法と呼ばれる分野に位置づけられます。民法などは私法と呼ばれ、民間人同士の間を規律するルールです。そこでは自由が優先されます。それに対して、行政法は、国や地方公共団体との間での規律となります。ビジネスとしての不動産取引を原則として禁止し、許可を受けた者だけが行えるようにしています。この許可制は行政法の分野ではよく使われる手法です。

宅建業の許可を受けた者に宅建業法を守らせ、違反した者に対して免許取消等の制裁(監督処分)を科すことで、目的を実現しようとするものです。

(3)宅地建物取引業法の全体像

第1章に、法の目的と用語の定義を定めた「総則」の規定を置いています。第2章では、免許の取得、免許基準、免許の効力等の「免許」、第3章では、「宅地建物取引士」の登録、登録基準、取引士証とその効力について規定を置いています。第4章では事業開始前の金銭的担保制度の「営業保証金」について規定を置いています。

第5章で、主に宅建業者が事業する上で守るべきルール「業務」の規定を置いています。その中には、①従業者教育・宅地建物取引士の設置義務、②広告規制・媒介代理契約の規制、③重要事項説明・契約書面の交付、④秘密保持・その他業務上の規制、⑤自ら売主制限、⑥報酬額の制限等の規定を置いています。第5章の2では、営業保証金に代わる「宅地建物取引業保証協会」の規定が、第6章では「監督処分」、第7章では「雑則」、第8章では「罰則」の規定を置いています。

2 免許が必要な取引業

不動産取引をするには免許が必要です

宅地建物取引業法による広告規制を理解する前提として、どのような行為に対して同法が適用されるのかを把握しておく必要があります。同法は、原則として、宅地建物取引業について適用されます。

(1) 宅地建物取引業法の免許

宅地または建物(以下、宅地建物といいます。)の取引を業として行う場合、原則として、宅地建物取引業(以下、宅建業といいます。)の**免許**を受ける必要があります。免許を受けるということは、宅建業を行う資格を取得する一方、監督処分の対象になるということです。

宅地　または　建物　を　取引・業

まず、宅地、建物、取引、業の4つの意味を明らかにしておきましょう。

(2) 宅地～更地でも宅地になる場合がある？

宅地とは、原則として、現に建物の敷地に供せられる土地をいいます。また、建物の敷地に供する目的で取引の対象とされた土地も宅地にあたります。ただし、**用途地域内の土地であれば、これらの要件を満たしていなくても宅地にあたります**。用途地域内の土地は後に建物が建てられる可能性が高いからです。

その反面、**用途地域内の土地であっても、道路や公園、河川、広場、水路といった公共の用に供する施設の用に供せられているものは**、近い将来建物が建つ可能性が低いので**宅地にあたりません**。

なお、これらの判断は、**登記情報の地目や現況に左右されません**。

用語

用途地域…用途地域内の土地とは、都市計画区域内の主に市街化区域において指定されるものです(詳しくは法令制限で勉強します)。簡単に言えば、街中のことです。用途地域内の土地は、建物が建っていなくても、建てる目的でなくても、どうせ近い将来建物が建てられるだろうから、免許が必要な取引の対象となるわけです。

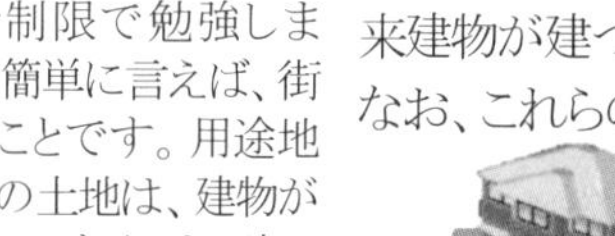

用途地域内

現に建物の敷地に供せられる土地 (全国基準)	建物を建てる目的で取引する土地 (全国基準)	建築予定もない更地 (用途地域内の基準)

なお、近年、投資として取引されている**用途地域外**のソーラーパネル設置目的の土地は、建物の敷地に供せられる土地とはいえないので、宅建業法上では宅地にはあたりません。

(3)建物～倉庫やマンションの一室も建物になる？

宅建業法上の建物はかなり広い意味で使われています。未完成物件の広告や取引も規制していることから、**未完成の建物も宅建業法上の建物**にあたります。また、事務所や倉庫、**建物の一部(マンションの専有部分)**も含まれます。

(4)取引～自ら貸借や転貸業は取引ではない？

取引とは、宅地または建物(以下、「宅地建物」と略します)の①**売買そのもの**、②**交換そのもの**、③**売買、交換または貸借の代理**、④**売買、交換または貸借の媒介**を行うものをいいます。

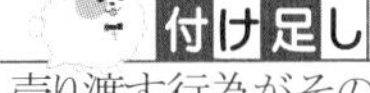

売り渡す行為がその規制対象となる点は当然です。それに対して、買い受ける行為は、他へ売却する目的で買い受ける行為を業として行う場合等には宅建業法が適用されると解釈されています。

宅建業者

媒介・代理

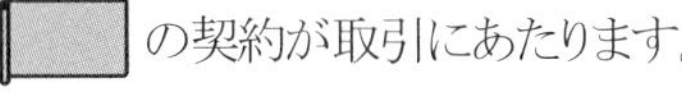

売買・交換・貸借

宅建業者

代理して	売買	交換	貸借
媒介して	売買	交換	貸借

自ら	売買	交換

一般に不動産取引という用語は、開発分譲や不動産賃貸管理、建物建築工事請負等も含む意味で使用することが普通ですが、宅建業法が適用される取引は、上記の４つに限定されています。

したがって、宅地建物の賃貸借そのもの、つまり、**自分で所有する宅地建物を貸し借りすることは**、たとえ業として行ったとしても**取引にあたりません**。また、他人の所有する複数の建物を、その所有者から借り上げ、その建物を自ら貸主として**転貸業**をすること(サブリースともいいます)や賃貸管理の委託を受けて**管理業**を行うことも**取引にあたりません**。

建設業者が建物を建設して土地付き建物として不特定多数の相手に販売する建売業は、宅地建物の売買を業として営むものとして取引業にあたります。

付け足し　**代理・媒介業者に依頼する行為も免許が必要？**

初学者がよく間違えてしまうのが、自分の持っている宅地建物を、宅建業者に委託して売買や貸借する契約を結んできてもらう場合の違いです。たとえば、複数のマンションを購入して不特定多数人に反復継続して転売する場合には、宅建業者に媒介・代理してもらうときでも、宅建業の免許を受けていなければなりません。それに対して、複数のマンションを購入して不特定多数人に反復継続して貸借する場合には、免許を受けている必要がありません。

参考資料

ガイドラインにおいて「業として行う」とは、宅地建物の取引を社会通念上事業の遂行とみることができる程度に行う状態を指すものと解釈されています。

(5)業～区画割りして宅地を販売するのは業？

業とは、**営利の目的**をもって、**不特定かつ多数人に対して反復継続**して行う意思のもとに、前記の**取引**を行うことをいいます。

なお、宅地建物の売買等の契約を成立させることだけでなく、販売広告、取引の勧誘、物件情報の提供、契約交渉はもちろん、契約成立後の履行手続をも含む一連の取引過程における諸活動を営利の目的をもって反復継続して行うことを指します。

《免許が必要な取引業の判断基準》

取引業と判断されやすいもの	取引業と判断されにくいもの
・広く一般の者を対象に取引を行おうとする場合 ・利益を目的とする場合 **・転売するために取得した物件を取引する場合** ・自ら購入者を募り一般消費者に直接販売しようとする場合 ・反復継続的※に取引を行おうとする場合(現在の状況だけでなく、過去とこれからの予定等も含めて判断します)	・契約当事者間が特定の関係にある場合(親族間など) ・特定の資金需要の充足を目的とする場合(納税、買い替えなど) ・相続や自己使用目的で取得する場合(自己居住用住宅、事業者の事務所、工場、社宅など) ・宅建業者に代理または媒介を依頼して販売しようとする場合 ・1回限りの取引として行おうとする場合(ただし、**区画割りして行う宅地の販売等は1回の販売行為でも取引業にあたります**)

※ 反復継続性は、現在の状況のみならず、過去の行為や将来の行為の予定(それが確実に行われるかどうか)も含めて判断します。

《破産管財人の売却行為は業ではない》

破産管財人が、破産財団の換価のために自ら売主となって、宅地または建物の売却を反復継続して行うことは、破産法に基づく行為として裁判所の監督の下に行われるため、業として行われるものではなく、宅建業にあたりません。ただし、**その破産管財人から依頼されて、売買の媒介を行うことは宅建業にあたる**ので注意が必要です。

用語

破産管財人…裁判所によって選任され、裁判所の指導・監督の下に、破産手続において破産財団(破産した人の財産のこと)に属する財産の管理と処分をする権利を有する者をいいます。弁護士が選任されるのが通例です。

《組合方式でも業になる》

組合方式による住宅の建築(コーポラティブハウス)という名目で、組合員以外の者が、業として、住宅取得者となる組合員を募集し、その組合員による宅地の購入や住宅の建築に関して指導、助言等を行う場合があります。その際、組合による宅地建物の取得に、**組合員以外の者が関与**すると、宅地建物の売買またはその媒介になるので、**宅建業にあたる**ので注意が必要です。

なお、組合員の募集が、宅地建物が不特定のまま行われる場合にあっても、それが特定された段階から宅建業法が適用されることとなります。

3 免許がなくても宅建業ができる者

宅建業でも例外として免許が要らない場合があります

宅建業を行う場合であっても、宅建業法自体が適用されなかったり、免許の規定だけが適用されなかったりするものがあります。

(1)国や地方公共団体～宅建業を行う場合は？

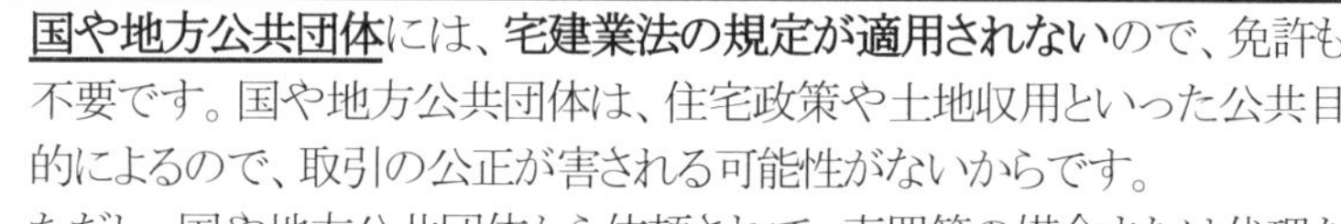

国や地方公共団体には、**宅建業法の規定が適用されない**ので、免許も不要です。国や地方公共団体は、住宅政策や土地収用といった公共目的によるので、取引の公正が害される可能性がないからです。
ただし、国や地方公共団体から依頼されて、売買等の媒介または代理を業として行うことは宅建業にあたります。

用語

国や地方公共団体…
日本国と都道府県・市町村等をいいます。なお、国とみなされるものとしては「独立行政法人都市再生機構」、地方公共団体とみなされるものとしては「地方住宅供給公社」などがあります。

(2)信託会社や信託兼営銀行～宅建業を行う場合は？

一定の条件を満たす**信託会社・信託業務を兼営する金融機関**も、**免許を受けていなくても宅建業を営むことができます**。ただし、**国土交通大臣に事前に届け出る**必要があります。この場合、国土交通大臣の免許を受けた宅建業者とみなされます。
信託会社や信託兼営銀行は信託業法・銀行業法により、金融庁による厳重な監督を受けているので、法律が二重に適用されることを避けるために、このような例外があります。

《信託会社等に適用されない宅建業法上の規定》

- 免許の取得・条件・申請・交付、免許換え
- 無免許営業等の禁止
- 営業保証金供託後の届出違反による免許取消
- 免許権者による免許取消
- 事務所・責任者不明の場合の免許取消

(3)農協や建設会社～免許が必要？

農業協同組合や**建設業者**、さらには**社会福祉法人**(老人ホームや保育所等)が宅建業を行う場合は、**原則どおり、免許を受ける必要があります。**

4 誇大広告等の禁止

誇大広告は犯罪になります

宅建業者は、その業務に関して広告をする場合、**嘘偽りの広告**や、**あまりにもおおげさな広告**を出してはいけません（誇大広告等の禁止）。それを見たお客さんが事実を誤解するような内容の広告は規制の対象となります。

(1) 誇大広告等～どんな広告が誇大広告等になるの？

誇大広告等とは、著しく**①事実に相違する表示**、または**②実際のものより、著しく優良か有利であると人を誤認させるような表示**をいいます。いずれも広告の表示が単に事実に相違しているとか、実際のものよりも優良または有利であると誤認させるだけでは足りず、その程度が**著しい**こと、つまり誇張、誇大の程度が**社会一般に許容されている程度を超えている**ことが必要です。
具体的には、顧客を集めるために売る意思のない条件の良い物件を広告し、実際は他の物件を販売しようとする行為（おとり広告）や、実際には存在しない物件等の広告（虚偽広告）が典型例です。

(2) 誇大広告等の要件と具体例

誇大広告等の禁止の対象となるのは次の８つに限定されます。

①物件に関するもの

1.**所在**（地番、所在地、位置図等により特定される取引物件の場所）
2.**規模**（取引物件の面積や間取り）
3.**形質**（地目、供給施設、排水施設、構造、材料、用途、性能、経過年数等）

②現地の利便に関するもの

4.現在または将来の**利用の制限**
▶ 都市計画法・建築基準法等に基づく制限の設定・解除等、借地権、定期借地権、地上権等の有無・内容等
5.現在または将来の**環境**
▶ 静寂さ、快適さ、方位等の立地条件等、デパート、コンビニエンスストア、商店街、学校、病院等の状況、道路、公園等の公共施設の整備状況等
6.現在または将来の**交通その他の利便**
▶ 路線名、最寄りの駅、停留所までの所要時間、建設計画等

付け足し
宅地建物に係る現在または将来の制限の一部を表示しないことにより誤認させることも禁止されています。

③代金に関するもの

7.**代金・借賃等の対価の額や支払方法**

- 現金一括払い、割賦払い、頭金、支払回数、支払期間等

8.**代金・交換差金に関する金銭の貸借のあっせん**

- 融資を受けるための資格、金利、返済回数、金利の計算方式等

(3)表示方法～ネット広告も表示にあたるの？

広告の方法は、新聞の折込みチラシ、配布用のチラシ、新聞、雑誌、テレビ、ラジオまたは**インターネットのホームページ等種類を問いません**。

(4)誇大広告等の効果～誇大広告等しただけで処罰されるの？

誇大広告等をすると指示処分、業務停止処分の対象となり、情状が特に重いときは免許の取消処分を受け、さらに**6月以下の懲役または100万円以下の罰金**に処せられます。

宅建業者の代表者や代理人・使用人その他の従業者が、その業務に関して誇大広告等の規定に違反した場合は、実際に行った者を罰するほか、宅建業者も処罰の対象となります(両罰規定)。

なお、実際に注文がなかったり、取引が成立しなかったりした場合**でも監督処分や処罰の対象となります。**

5 広告の開始時期の制限

建築確認等までは広告できません

宅建業法は、宅建業者が行う未完成の宅地建物の取引について、広告開始時期を制限しています。これを広告開始時期の制限といいます。

それはなぜ？

土地を造成し建築した上で広告して、契約して代金を受け取り、物件を引き渡すことが理想ですが、実際は、建物を作った後に何か月も買い手や借り手が見つからないことは、資金繰りが厳しくなるという大きなリスクとなります。できる限り早めに広告して、先に契約してから建築等を開始する方が資金繰りは楽になります。ただ、これも早過ぎると、物件の引渡しが遅れすぎたり、広告にあるような物件では建築確認等が受けられなかったりするリスクも大きくなります。

(1)広告の開始時期～いつから広告できるの？

宅建業者は、宅地の造成または建物の建築に関する**工事の完了前**においては、その工事に必要な都市計画法に基づく開発許可、建築基準法に基づく建築確認その他法令に基づく**許可等の処分等があった後**でなければ、その工事に係る宅地または建物の売買その他の業務に関する**広告をしてはなりません**。

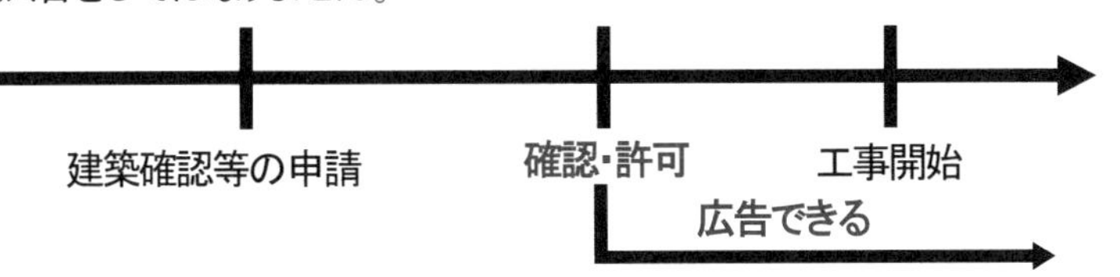

(2)広告が制限される取引～賃貸物件の広告もできないの？

広告開始時期の制限の対象となる取引は、売買や交換だけでなく、**貸借の代理や媒介を行う旨の広告も規制の対象**となります。

(3)違反した場合

広告開始時期の規制に違反すると指示処分を受けます。**誇大広告等と異なり罰則はありません**。

付け足し 予告広告は規制対象外？

予告広告とは、価格等が確定していないため直ちに取引できない分譲宅地、分譲住宅、分譲共同住宅及び未使用賃貸住宅について、販売または賃貸広告（本広告）に先立ち、その取引開始時期をあらかじめ告知する広告その他の表示をいいます。予告広告は、広告開始時期の制限を受けません（詳細は景品表示法を参照）。

6 取引態様の明示

自社物件なのか仲介なのかは広告で明示する

それはなぜ？

宅建業者が取引に関与する立場がはっきりしないままに取引が行われると、委託者に損害を与えることがあります。例えば、所有者から宅地を 500 万円以上で売りたいと媒介の依頼を受けた宅建業者が、その宅地の購入を 1,000 万円でも購入する意思をもつ購入希望者に、媒介という立場を告げずに、所有者から 500 万円で購入して購入希望者に 1,000 万円で転売し、本来の媒介報酬額よりも多くの利益を得る行為（サヤ抜き）が典型です。そこで、宅地建物取引の透明化を図り、取引の公正と購入者等の利益の保護を確保するために、取引態様を明示する義務を宅建業者に課しました。

広告を見て購入を希望する客が現れました。このとき、宅建業者はその**物件の取引態様**について、**改めて伝える必要があります**。広告にもきちんと載せなければなりませんが、広告を見てきた客にもそのつど伝える必要があります。「広告にちゃんと載せてありましたよ」では済まされません。

(1)取引態様の別とは～何を明示するの？

宅建業者は、**宅地や建物の売買・交換・貸借**に関する広告をするときは、**自己が契約の当事者**となってその売買・交換を成立させるか、**代理人としてまたは媒介して**その売買・交換・貸借を成立させるかの別（**取引態様の別**）を明示しなければなりません。

取引に関与する立場としては下記の 3 つの場合をさします。

①宅建業者が売主、買主、交換の当事者となって売買または交換を成立させる場合
②宅建業者が注文者（当事者）から代理の委託を受け売買、交換もしくは貸借を成立させる場合
③宅建業者が契約当事者の一方または双方から媒介の委託を受けて売買、交換もしくは貸借を成立させる場合

なお、**貸借の当事者**の立場になることは**宅建業にあたらず**、宅建業法の規制対象外となる点に注意しましょう。

(2)注文時の明示〜広告時に明示しても注文を受けたら必要？

宅建業者は、宅地や建物の売買・交換・貸借に関する**注文を受けたとき**は、**遅滞なく**、その注文をした者に対し、**取引態様の別を明らかにしなければなりません**。その方法は**口頭でもかまいません**。「注文を受けた」とは、具体的に取引対象となる宅地建物をある程度特定して取引の依頼を受けることをいいます。

(3)違反した場合

明示義務に違反した場合、指示処分、業務停止処分の対象となり、情状が特に重いときには免許の取消処分を受けることがあります。ただし、**誇大広告等の禁止のような罰則はありません**。

付け足し　違反すると監督処分だけでなく民事上の責任が

宅建業者Ａが所有者Ｂから売却媒介の委託を受けたが、買受け希望者Ｃがいること及びその買受け希望価格をことさらに隠して、他に高額での買主がいないと誤信させてその土地をＡみずから買い受けて他に売却して差益を取得する行為は、媒介契約に基づく善管注意義務違反に基づく損害賠償責任または不法行為に基づく損害賠償責任を負います。

第２章
賃貸住宅管理業法における広告規制

1 賃貸住宅管理業法とは

賃貸管理業とサブリース業の規制です

(1)法律の目的〜なぜ法律で規制する必要があるの？

賃貸住宅管理業法の第１条に、この法律の目的が定められています。学習する上で重要なので、一部引用します。

「社会経済情勢の変化に伴い国民の生活の基盤としての賃貸住宅の役割の重要性が増大していることに鑑み、**賃貸住宅の入居者の居住の安定の確保**及び賃貸住宅の賃貸に係る**事業の公正かつ円滑な実施**を図るため、賃貸住宅管理業を営む者に係る登録制度を設け、その業務の適正な運営を確保するとともに、特定賃貸借契約の適正化のための措置等を講ずることにより、**良好な居住環境を備えた賃貸住宅の安定的な確保を図り、もって国民生活の安定向上及び国民経済の発展に寄与することを目的**」として、令和３年６月に「賃貸住宅の管理業務等の適正化に関する法律」(以下、賃貸住宅管理業法と略します。)が成立しました。

(2)法律制定の背景〜法律がなく社会問題化していた？

法律が制定された背景には次のような社会状況があります。

①賃貸住宅は、賃貸住宅志向の高まりや単身世帯、外国人居住者の増加等を背景に、今後も我が国の生活の基盤としての重要性は一層増大していること。

②賃貸住宅の管理は、以前は自ら管理を実施するオーナーが中心でしたが、近年、オーナーの高齢化や相続等に伴う兼業化の進展、管理内容の高度化等により、管理業者に管理を委託等するオーナーが増加していること。

③日常的に起きる賃貸住宅を巡る課題やトラブルに関する行政への相談件数が年々増加傾向にあること。

④賃貸経営を管理業者にいわば一任できる「サブリース方式」が増加し、トラブルも多発していること。

⑤社会的弱者の居住確保、外国人の居住環境の整備、空き家対策、地震や豪雨への備え、環境問題など、住生活に関連して対応すべき多くの社会的問題が山積していること。

(3)法律の概要～全体像を把握しましょう

管理業法には「賃貸住宅管理業の登録制度と業務規制」と「特定賃貸借契約の適正化のための措置等」(サブリース業)の 2 つが定められています。
まずは、法律の全体像を意識しましょう。

	概要	監督処分等
総則	賃貸住宅管理業とサブリース業に共通する「賃貸住宅」についての要件と、用語の定義が定められています。	—
賃貸住宅管理業	・登録義務 ・名義貸し禁止 ・業務管理者の選任 ・契約前の書面の交付 ・契約時の書面の交付 ・管理業務の再委託の禁止 ・分別管理 ・従業者証明書の携帯等 ・帳簿の備付 ・標識の掲示 ・委託者への定期報告 ・守秘義務	国土交通大臣による ・業務改善命令 ・業務停止命令 ・登録取消・抹消 ・監督処分等の公告 ・報告徴収・立入検査 罰則
特定転貸事業(サブリース業)	・誇大広告等の禁止 ・不当な勧誘等の禁止 ・契約前の書面の交付 ・契約時の書面の交付 ・書類の閲覧 ・国土交通大臣に対する申出	国土交通大臣による ・指示 ・業務停止命令 ・処分内容の公表 ・報告徴収・立入検査 罰則
雑則	・国と地方公共団体の適用除外 ・権限の委任	—

2 管理業者の登録制度

200 戸以上の管理物件がある場合は登録義務があります

(1)制度の概要～サブリース業だけでは登録の対象外？

委託を受けて賃貸住宅管理業務(賃貸住宅の維持保全、金銭の管理)を行う事業を営もうとする者について、国土交通大臣の登録を義務付けました(ただし、管理戸数が 200 戸未満の者は任意登録)。

登録を受けた管理業者には、業務管理者の配置、管理受託契約締結前の重要事項の説明、財産の分別管理、委託者への定期報告等の法的な義務が課されます。

なお、サブリース業(特定転貸事業)だけを行い、賃貸住宅管理業務を行わない場合は、国土交通大臣への登録は不要です。

(2)賃貸住宅の意味

管理業法で使用する「賃貸住宅」は法律用語です。この法律で「賃貸住宅」となるものと、ならないものがあるので、以下の表で正確に理解しておきましょう。

①賃貸住宅とは

賃貸借契約を締結し賃借することを目的とする住宅をいいます。

住宅	人の居住の用に供する家屋または家屋の部分をいいます。 ▸ その利用形態として「人の居住の用に供する」ことを要件としているので、通常事業の用に供されるオフィスや倉庫等はこの要件を満たさず「住宅」に該当しません。
家屋	アパート一棟や戸建てなど一棟をいいます。
家屋の部分	マンションの一室といった家屋の一部をいいます。

▸ 賃貸人と賃借人(入居者)との間で賃貸借契約が締結されておらず、

賃借人（入居者）を募集中の家屋等や募集前の家屋等であっても、それが賃貸借契約の締結が予定され、賃借することを目的とされる場合は、賃貸住宅に該当します。

- 家屋等が建築中である場合も、竣工後に賃借人を募集する予定であり、居住の用に供することが明らかな場合は、賃貸住宅に該当します。
- 一棟の家屋について、一部が事務所として事業の用に供され、一部が住宅として居住の用に供されている等のように複数の用に供されている場合、当該家屋のうち、賃貸借契約が締結され居住の用に供されている住宅については、賃貸住宅に該当します。

人の居住の用に供する家屋・その部分

住宅○

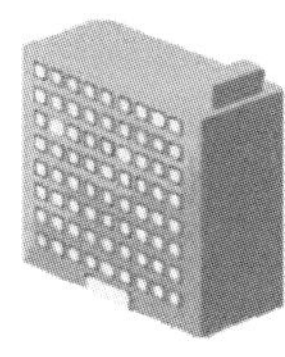

人の居住の用に供しないオフィス・倉庫等

住宅×

②適用除外～賃貸住宅にならないもの

人の生活の本拠として使用する目的以外の目的に供されていると認められる以下の住宅は、「賃貸住宅」になりません。

1. 旅館業法 3 条 1 項の規定による許可に係る施設である住宅（旅館のこと）
▶ ウィークリーマンションについては、旅館業法 3 条 1 項の規定による許可を受け、旅館業として宿泊料を受けて人を宿泊させている場合、賃貸住宅には該当しません。 ▶ 一方、利用者の滞在期間が長期に及ぶなど生活の本拠として使用されることが予定されている、施設の衛生上の維持管理責任が利用者にあるなど、当該施設が旅館業法に基づく営業を行っていない場合には、賃貸住宅に該当します。
2. 国家戦略特別区域法 13 条 1 項の規定による認定に係る施設である住宅のうち、認定事業（同条 5 項に規定する認定事業）の用に供されているもの（外国人旅客の滞在に必要な役務を提供する旅館以外の施設のこと）

3. 住宅宿泊事業法3条1項の規定による届出に係る住宅のうち、住宅宿泊事業(同法2条3項に規定する住宅宿泊事業をいいます)の用に供されているもの(民泊のこと)

▶ これら住宅が、現に人が宿泊しているまたは現に宿泊の予約や募集が行われている状態にあること等をいい、これら事業の用に供されていない場合には、賃貸の用に供されることも想定され、その場合は賃貸住宅に該当します。

(3)賃貸住宅管理業〜登録が必要となる業務とは?

賃貸住宅管理業とは、**賃貸住宅の賃貸人から①委託を受けて②管理業務を行う③事業**をいいます。

①委託

後述する「管理受託契約」を締結することをいいます。

▶ 賃貸人から明示的に契約等の形式により委託を受けているか否かに関わらず、本来賃貸人が行うべき賃貸住宅の維持保全を、賃貸人からの依頼により賃貸人に代わって行う実態があれば、「賃貸住宅管理業」に該当します。

②管理業務

管理業務は次の2つの業務をいいます。

1. **委託に係る賃貸住宅の維持保全を行う業務**

居室及び居室の使用と密接な関係にある住宅のその他の部分について、点検・清掃等の維持を行い、これら点検等の結果を踏まえた必要な修繕を一貫して行うことをいいます。

参考資料

定期清掃業者、警備業者、リフォーム工事業者等が、維持または修繕のいずれか一方のみを行う場合、入居者からの苦情対応のみを行い維持及び修繕(維持・修繕業者への発注等を含む)を行っていない場合は、賃貸住宅の維持保全には該当しません。

維持(点検・清掃等)を	修繕を	管理業務になるか?
行う	行う	なる
行う	行わない	ならない
行わない	行う	ならない
行わない	行わない	ならない

エレベーターの保守点検・修繕を行う事業者等が、賃貸住宅の**部分の**みについて維持から修繕までを一貫して行う場合等は、賃貸住宅の維持保全には該当しません。

	居室	その他の部分	管理業務になるか?
維持修繕を	行う	行う	なる
	行う	行わない	ならない
	行わない	行う	ならない
	行わない	行わない	ならない

用語

その他の部分…玄関・通路・階段等の共用部分、居室内外の電気設備・水道設備、エレベーター等の設備等をいいます。

賃貸住宅の賃貸人のために**維持保全に係る契約の締結の媒介、取次または代理を行う業務**も、維持保全業務になります。

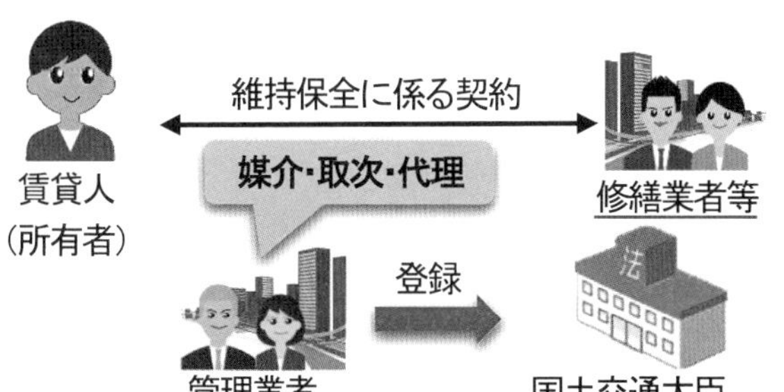

付け足し
修繕業者等の業務が管理業務に該当する場合は、登録が必要となります。

取次	賃貸管理業者が、自己の名をもって、賃貸人の計算において（経済的な効果が賃貸人に帰属するように）、法律行為（維持保全に係る契約等）をすることを引き受けることをいいます。
媒介	賃貸管理業者が、賃貸人と修繕業者等の法律行為（維持保全に係る契約等）の成立に向けて行う事実行為をいいます。
代理	賃貸人（本人）から代理権の授与を受けた賃貸管理業者（代理人）が、代理行為（維持保全に係る契約等）の意思表示を行ない、その意思表示の効果を賃貸人（本人）に帰属させる制度をいいます。

2. 賃貸住宅に係る家賃、敷金、共益費その他の金銭の管理を行う業務

「家賃、敷金、共益費その他の金銭」とは、賃貸人が入居者との賃貸借契約に基づいてその入居者より本来受領すべき金銭のことを指します。ただし、金銭の管理を行う業務については、賃貸住宅の賃貸人から委託を受けて、その**委託に係る賃貸住宅の維持保全を行うことと併せて行うもの**に限り、賃貸住宅管理業に該当します。

維持保全を	家賃等金銭管理を	管理業務になるか？
行う	行う	なる
行う	行わない	なる
行わない	行う	ならない
行わない	行わない	ならない

なお、**保証会社**が、賃貸人から委託を受けて通常の月額家賃を賃借人から受領し、賃貸人や管理業者に送金するなど、**金銭管理業務のみ**を行っている場合は、**賃貸住宅管理業に該当しません**。

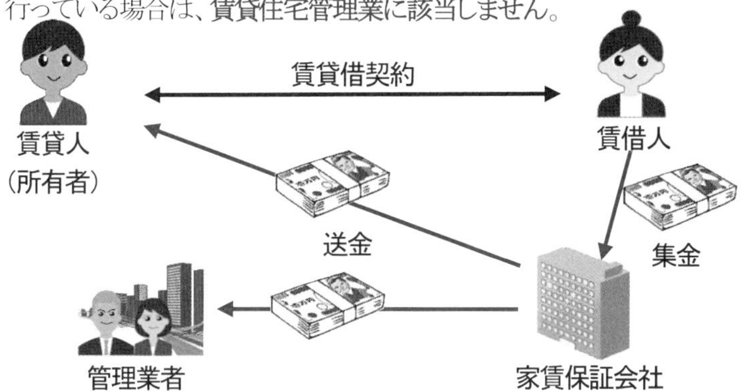

さらに、サブリース方式において、**サブリース業者が入居者から家賃、敷金、共益費等を受領する場合**には、これらはサブリース業者が賃貸人の立場として受領するものであることから、**「家賃、敷金、共益費その他の金銭」**には含まれません。

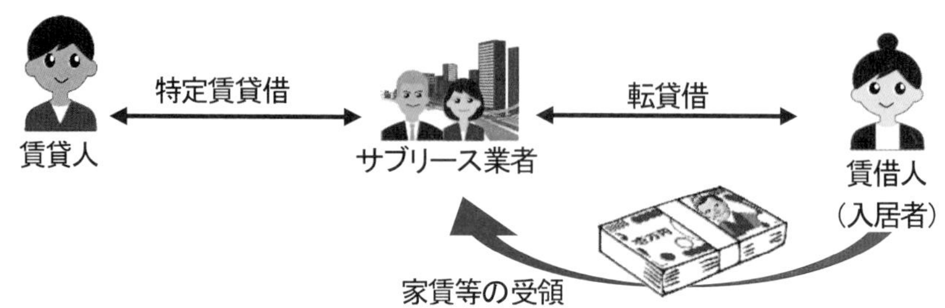

③事業

営利の意思を持って反復継続的に賃貸住宅管理業を行うことをいいます。営利の意思の有無については、客観的に判断されます。他の法令によって財産の管理を委託をした者の保護が図られている、信託や任意後見契約に基づく業務の実施はこの事業に含まれません。

(4)登録制～国土交通大臣への登録が必要？

賃貸住宅管理業を営もうとする管理戸数 200 戸以上の者は、国土交通大臣の登録を受けなければなりません。

賃貸住宅管理業の登録

有効期間は5年間

管理業者

国土交通大臣

規模	管理戸数 200 戸以上:義務 ※200 戸未満は任意
申請先	国土交通大臣
有効期間	5 年間
登録簿	国土交通大臣は、管理業者登録簿を**一般の閲覧**に供しなければなりません。

3 特定賃貸借契約の適正化のための措置等

サブリース業についての規制です

(1)制度の概要～サブリース業者にも規制が？

①法制化に至る背景事情

少子高齢化や単身世帯の増加、外国人居住者の増加等の社会経済情勢の変化に伴い、国民の生活基盤としての賃貸住宅の役割の重要性が増しています。

また、賃貸住宅の賃貸人については、相続等に伴って事業を開始するなど、事業経験の浅い者が増加するとともに、管理受託やサブリースにより事業を実施する者が増加しています。

さらに、サブリース業者が、建設業者や不動産販売業者等と連携して勧誘を行う際や、当該サブリース業者とのマスターリース契約の締結を促す広告を行う際に、オーナーとなろうとする者にサブリース方式での賃貸経営に係る潜在的なリスクを十分説明せず、マスターリース契約が適切に締結されないという事態が多発していました。

②目的

賃貸住宅の入居者の居住の安定の確保及び賃貸住宅の賃貸に係る事業の公正かつ円滑な実施を図るため、特定賃貸借契約の適正化のための措置等を講ずることにより、良好な居住環境を備えた賃貸住宅の安定的な確保を図り、もって国民生活の安定向上及び国民経済の発展に寄与することが目的です。

③制度の概要

サブリース規制は次の5つから成り立っています。

1. 誇大広告等の禁止(法28条)
2. 不当な勧誘等の禁止(法29条)
3. 契約締結前における契約内容の説明及び書面交付(法30条)
4. 契約締結時における書面交付(法31条)
5. 書類の閲覧(法32条)

(2)特定賃貸借契約の意味～マスターリース契約と同じ意味？

特定賃貸借契約とは、賃貸住宅の賃貸借契約であって、賃借人がその賃貸住宅を第三者に転貸する**事業を営む**ことを目的として締結されるものをいいます。つまり、実務でマスターリース契約と呼ばれる契約のことです。

事業を営むとは、営利の意思を持って反復継続的に転貸することをいいます。営利の意思の有無については、客観的に判断します。したがって、個人が賃借した賃貸住宅について、事情により、一時的に第三者に転貸するような場合は、特定賃貸借契約に該当しません。

なお、賃貸住宅の原賃貸人との間で特定賃貸借契約を締結した特定転貸事業者からその賃貸住宅を借り上げ、第三者への**再転貸**を行う場合、その**特定転貸事業者と再転貸を行う事業者との間の賃貸借契約**についても、**特定賃貸借契約**に該当します。

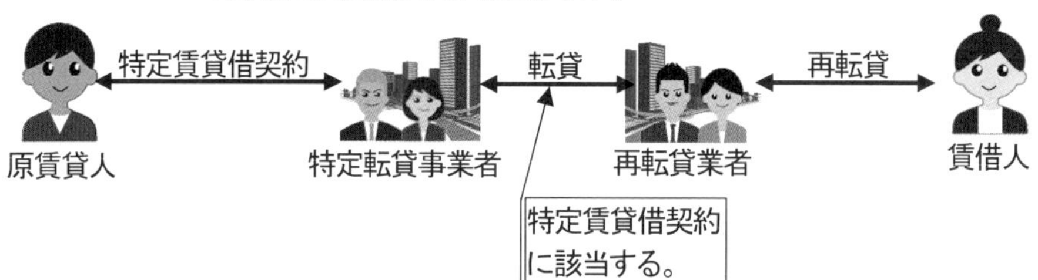

(3)特定賃貸借契約から除外される場合

賃借人が**人的関係、資本関係その他の関係において賃貸人と密接な関係を有する者**として国土交通省令で定める以下の者であるものは、特定賃貸借契約には該当しません。

<u>①賃貸人が個人である場合における次に掲げる者</u>

イ　賃貸人の親族

- 親族とは、民法第 725 条に定める 6 親等内の血族、配偶者及び 3 親等内の姻族をいいます。

ロ　当該賃貸人またはその親族が役員である法人

- 役員とは、次に掲げる者をいいます。

  1.株式会社においては、取締役、執行役、会計参与(会計参与が法人であるときは、その職務を行うべき社員)及び監査役

  2.合名会社、合資会社及び合同会社においては、定款をもって業務を執行する社員がいる場合には当該社員。その他の場合には全ての社員

  3.財団法人及び社団法人においては、理事及び監事

  4.特殊法人等においては、総裁、理事長、副総裁、副理事長、専務理事、理事、監事等法令により役員として定められている者

②賃貸人が会社である場合における次に掲げる会社等(関係会社)

イ　当該賃貸人の親会社
ロ　当該賃貸人の子会社
ハ　当該賃貸人の関連会社
ニ　当該賃貸人が他の会社等の関連会社である場合における当該他の会社等
ホ　当該賃貸人の親会社の子会社(当該賃貸人を除く)

③賃貸人が登録投資法人である場合における当該登録投資法人の資産運用会社の関係会社※

④賃貸人が特定目的会社である場合における当該特定目的会社の委託を受けて特定資産の管理及び処分に係る業務を行う者の関係会社※

⑤賃貸人が組合である場合における当該組合の業務執行者または当該業務執行者の関係会社※

⑥賃貸人が特例事業者である場合における当該特例事業者の委託を受けて当該特例事業者が当事者である不動産特定共同事業契約に基づき営まれる不動産取引に係る業務を行う不動産特定共同事業者の関係会社または当該業務を行う小規模不動産特定共同事業者の関係会社※

⑦賃貸人が賃貸住宅に係る信託の受託者である場合における次に掲げる者※

イ　当該信託の委託者または受益者(委託者等)の関係会社
ロ　委託者等が登録投資法人である場合における当該登録投資法人の資産運用会社の関係会社
ハ　委託者等が特定目的会社である場合における当該特定目的会社の委託を受けて特定資産の管理及び処分に係る業務を行う者の関係会社

※　③～⑦の「関係会社」は、賃貸人が次に掲げる場合には、それぞれ次に掲げる者の関係会社をいうものとし、賃貸人の関係会社を指すものではないことに留意しなければなりません。

賃貸人	関連会社
登録投資法人	当該登録投資法人の資産運用会社
特定目的会社	当該特定目的会社から特定資産の管理及び処分に係る業務の委託を受けた者

その構成員の間で不動産特定共同事業法第２条第３項第1号の不動産特定共同事業契約が締結されている民法上の組合	当該組合の業務執行者
特例事業者	当該特例事業者から委託を受けて不動産取引に係る業務を行う不動産特定共同事業者又は小規模不動産特定共同事業者
賃貸住宅に係る信託受託者	当該信託の委託者又は受益者（委託者等）、委託者等が登録投資法人である場合における当該登録投資法人の資産運用会社、委託者等が特定目的会社である場合における当該特定目的会社の委託を受けて特定資産の管理及び処分に係る業務の委託を受けた者 ▶ 登録投資法人が賃貸人である場合には、当該登録投資法人の資産運用会社の関係会社を賃借人とする賃貸借契約は、特定賃貸借契約に該当しません。 ▶ 登録投資法人が信託受益権を保有し、当該信託受益権の受託者である信託銀行が賃貸人である場合には、当該登録法人の資産運用会社の関係会社を賃借人とする賃貸借契約は、特定賃貸借契約に該当しません。

(4)特定転貸事業者～サブリース業者と同じ意味？

特定賃貸借契約に基づき賃借した賃貸住宅を第三者に転貸する事業を営む者をいいます。つまり、サブリース業を営む業者をいいます。

なお、営利の意思の有無については、客観的に判断されます。

賃貸住宅の**維持保全を行う業務を行っていない**特定転貸事業者は、管理業者に該当しないため、**登録対象外**となります。一方、特定転貸事業者が、賃貸人から委託を受けて 200 戸以上の賃貸住宅の維持保全業務を行う場合は登録が必要です。

管理業法は、特定転貸事業者や勧誘者による勧誘や特定賃貸借契約の締結といった行為に着目して、その適正化に必要な措置をすべての者に義務付けているので、営利の意思を持って反復継続的に賃貸住宅の転貸を行う場合は**その規模(200 戸未満であっても)によらず規制が課されます。**

付け足し サービス付高齢者住宅

サービス付き高齢者向け住宅については、住宅の所有者から運営事業者が住宅を借り受け入居者へ賃貸する形態により運営されます。このような形態は、営利目的で賃貸住宅を賃借し、第三者へ転貸する事業を営むものなので、**特定転貸事業者に該当します。**

4 誇大広告等の禁止

特定賃貸借契約の相手方を募集する広告の規制です

賃貸住宅管理業法のサブリース規制では、特定賃貸借契約の条件についての広告に規制をかけています。宅地建物取引業法はサブリース契約は規制の対象外となるので、それとの違いについて意識しておく必要があります。

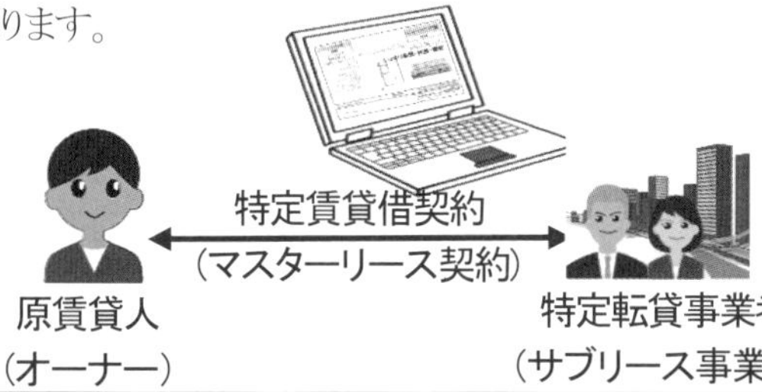

特定賃貸借契約
（マスターリース契約）
原賃貸人
（オーナー）
特定転貸事業者
（サブリース事業者）

(1)制度趣旨

特定転貸事業者自身または勧誘者が行う特定賃貸借契約の締結を促す広告において、賃貸人となろうとする者が賃貸事業の経験・専門知識が乏しいことを利用し、特定転貸事業者が支払うべき家賃や特定賃貸借契約の解除の条件等を明らかにせず、メリットのみを強調して、賃貸事業のリスクを小さく見せる表示等を行った場合、賃貸人となろうとする者は、広告の内容の真偽を判断することは困難であり、契約の内容等を誤認したまま特定賃貸借契約を締結することで、甚大な損害を被ることとなります。そのため、賃貸住宅管理業法においては、特定転貸事業者または勧誘者が、特定賃貸借契約に基づいて特定転貸事業者が支払うべき家賃、賃貸住宅の維持保全の実施方法、特定賃貸借契約の解除に関する事項等について、著しく事実に相違する表示または実際のものよりも著しく優良あるいは有利であるような表示を行う行為について禁止しています。

(2)誇大広告等をしてはならない事項

特定転貸事業者または勧誘者は、特定転貸事業に係る特定賃貸借契約の条件について広告をするときは、以下の誇大広告等になるような表示をしてはなりません。

①特定賃貸借契約に基づき特定転貸事業者が支払うべき家賃の額、支払期日及び支払方法等の賃貸の条件並びにその変更に関する事項

特定転貸事業者が賃貸人に支払うべき家賃の額、支払期日及びその支払い方法、当該額の見直しがある場合はその見直しの時期、借地借家法32条に基づく家賃の減額請求権及び利回りをいいます。

国土交通省「賃貸住宅の管理業務等の適正化に関する法律の解釈・運用の考え方」(抜粋)

広告において「家賃保証」「空室保証」など、空室の状況にかかわらず一定期間、一定の家賃を支払うことを約束する旨等の表示を行う場合は、「家賃保証」等の文言に隣接する箇所に、定期的な家賃の見直しがある場合にはその旨及び借地借家法第 32 条の規定により減額されることがあることを表示すること。表示に当たっては、文字の大きさのバランス、色、背景等から、オーナー等が一体として認識できるよう表示されているかに留意する。

マスターリース契約に係る賃貸経営により、確実に利益を得られるかのように誤解させて、投資意欲を不当に刺激するような表示をしていないこと。特に、実際にはマスターリース契約において利回りを保証するわけではないにもかかわらず、「利回り○%」とのみ記載し、利回りの保証がされると誤解させるような表示をしていないこと。

【具体例】

① サブリース業者がオーナーに支払う家賃の額、支払期日及び支払方法等の賃貸の条件並びにその変更に関する事項・契約期間内に定期的な家賃の見直しや借地借家法に基づきサブリース業者からの減額請求が可能であるにもかかわらず、その旨を表示せず、「○年家賃保証！」「支払い家賃は契約期間内確実に保証！一切収入が下がりません！」といった表示をして、当該期間家賃収入が保証されているかのように誤解されるような表示をしている

- 「○年家賃保証」という記載に隣接する箇所に、定期的な見直しがあること等のリスク情報について表示せず、離れた箇所に表示している
- 実際は記載された期間より短い期間毎に家賃の見直しがあり、収支シミュレーション通りの収入を得られるわけではないにも関わらず、その旨や収支シミュレーションの前提となる仮定(稼働率、家賃変動等)を表示せず、○年間の賃貸経営の収支シミュレーションを表示している
- 実際は記載の期間より短い期間で家賃の改定があるにもかかわらず、オーナーの声として○年間家賃収入が保証されるような経験談を表示している
- 広告に記載された利回りが実際の利回りを大きく上回っている
- 利回りを表示する際に、表面利回りか実質利回りかが明確にされていなかったり、表面利回りの場合に、その旨及び諸経費を考慮する必要がある旨を表示していない
- 根拠を示さず、「ローン返済期間は実質負担0」といった表示をしている

・根拠のない算出基準で算出した家賃をもとに、「周辺相場よりも当社は高く借り上げます」と表示している
・「一般的な賃貸経営は2年毎の更新や空室リスクがあるが、サブリースなら不動産会社が家賃保証するので安定した家賃収入を得られます。」といった、サブリース契約のメリットのみを表示している

②特定転貸事業者が行う賃貸住宅の維持保全の内容、頻度、実施期間、費用の分担に関する事項等

「費用の分担に関する事項」とは、維持保全の費用を負担する者及び当該費用に関する特定転貸事業者と賃貸人の負担割合をいいます。

国土交通省「賃貸住宅の管理業務等の適正化に関する法律の解釈・運用の考え方」（抜粋）
【留意事項】
実際には実施しない維持保全の内容の表示をしていないこと。
実施しない場合があるにもかかわらず、当然にそれらの内容が実施されると誤解させるような表示をしていないこと。
【具体例】
② 賃貸住宅の維持保全の実施方法
・実際にはサブリース業者が実施しない維持保全の業務を実施するかのような表示をしている
・実際は休日や深夜は受付業務のみ、又は全く対応されないにもかかわらず、「弊社では入居者専用フリーダイヤルコールセンターを設け、入居者様に万が一のトラブルも 24 時間対応しスピーディーに解決します」といった表示をしている

③特定賃貸借契約の解除に関する事項

契約期間、契約の更新時期及び借地借家法28条に基づく更新拒絶等の要件をいいます。

国土交通省「賃貸住宅の管理業務等の適正化に関する法律の解釈・運用の考え方」（抜粋）
【留意事項】
オーナーが支払うべき維持保全の費用について、実際のものよりも著しく低額であるかのように誤解させるような表示をしていないこと。
【具体例】
③ 賃貸住宅の維持保全の費用の分担に関する事項
・実際には毎月オーナーから一定の費用を徴収して原状回復費用に当てているにも関わらず、「原状回復費負担なし」といった表示をしている
・実際には、大規模修繕など一部の修繕費はオーナーが負担するにも関わらず、「修繕費負担なし」といった表示をしている
・修繕費の大半がオーナー負担にもかかわらず、「オーナーによる

維持保全は費用負担を含め一切不要！」といった表示をし、オーナー負担の表示がない

・維持保全の費用について、一定の上限額を超えるとオーナー負担になるにもかかわらず、「維持保全費用ゼロ」といった表示をしている

・維持保全の費用について、実際には、他社でより低い利率の例があるにもかかわらず「月々の家賃総額のわずか○%という業界随一のお得なシステムです」といった表示をしている

・実際には客観的な根拠がないにもかかわらず、「維持保全の費用は他社の半分程度で済みます」といった表示をしている

・月額費用がかかるにもかかわらず、「当社で建築、サブリース契約を結ばれた場合、全ての住戸に家具家電を設置！入居者の負担が減るので空室リスクを減らせます！」と表示し、月額費用の表示がない

【留意事項】

契約期間中であっても業者から解約することが可能であるにも関わらず、契約期間中に解約されることはないと誤解させるような表示をしていないこと。特に、広告において、「○年間借り上げ保証」など、表示された期間に解約しないことを約束する旨の表示を行う場合は、当該期間中であっても、業者から解約をする可能性があることや、オーナーからの中途解約条項がある場合であっても、オーナーから解約する場合には、借地借家法第 28 条に基づき、正当な事由があると認められる場合でなければすることができないことを表示すること。

また、オーナーが更新を拒絶する場合には、借地借家法第 28 条が適用され、オーナーからは正当事由がなければ解約できないにもかかわらず、オーナーから自由に更新を拒絶できると誤解させるような表示をしていないこと。

【具体例】

④ マスターリース契約の解除に関する事項

・契約期間中であっても業者から解約することが可能であるにも関わらずその旨を記載せずに、「30 年一括借り上げ」「契約期間中、借り上げ続けます」「建物がある限り借り続けます」といった表示をしている

・実際には借地借家法が適用され、オーナーからは正当事由がなければ解約できないにもかかわらず、「いつでも自由に解約できます」と表示している

・実際には、契約を解除する場合は、月額家賃の数か月を支払う必要があるにもかかわらずその旨を記載せずに、「いつでも借り上げ契約は解除できます」と表示している

(3)誇大広告等の意義

①誇大広告等の意味

誇大広告等とは、**著しく事実に相違する表示**をし、または**実際のものよりも著しく優良であり、もしくは有利であると人を誤認させるような表示**をすることをいいます。実際よりも優良であると見せかけて相手を誤認させる誇大広告に加え、虚偽の表示により相手を欺く虚偽広告も含まれ、広告の媒体は、新聞、雑誌、テレビ、インターネット等種類を問いません。特に、営業所等が作成する配布用のチラシやインターネットのホームページ等において適切な表示がなされているかについて、社内において遵守状況の確認を行うことが重要です。

②著しく事実に相違する表示(虚偽広告)

「事実に相違する」とは、広告に記載されている内容が実際の特定賃貸借契約の内容と異なることをいいます。

「著しく」とは、個々の広告の表示に即して判断されるべきものであるが、特定賃貸借契約の相手方となろうとする者が、広告に記載されていることと事実との相違を知っていれば通常、その特定賃貸借契約に誘引されないと判断される程度のことをいい、単に事実と当該表示との相違することの度合いが大きいことのみで判断されるものではありません。

「著しく事実に相違する表示」であるか否かの判断は、広告に記載された一つ一つの文言等のみからではなく、表示内容全体から特定賃貸借契約の相手方となろうとする者が受ける印象・認識により総合的に行わなければなりません。

③実際のものよりも著しく優良であり、もしくは著しく有利であると人を誤認させるような表示(誇大広告)

「実際のものよりも著しく優良であり、若しくは有利であると人を誤認させるような表示」に該当するかは、特定賃貸借契約の内容等についての専門的知識や情報を有していない者を誤認させる程度か、広告に記載された一つ一つの文言等のみでなく、表示内容全体から当該者が受ける印象・認識により総合的に判断しなければなりません。

> **国土交通省「賃貸住宅の管理業務等の適正化に関する法律の解釈・運用の考え方」(抜粋)**
> ⑥広告の表示に関する留意事項
> 明確かつ正確な表示を確保するためには、上記に挙げた個別の事項に関する留意事項の他、マスターリース契約の長所に係る表示のみを強調し、短所に係る表示が目立ちにくい表示を行っていないかについても留意が必要である。
> 例えば、マスターリース契約のオーナーとなろうとする者に対し、契約内容等のマスターリース契約に関する取引条件に訴求する方法とし

て、断定的表現や目立つ表現などを使ってマスターリース契約の内容等の取引条件を強調する表示(強調表示)が使われる場面がある。強調表示は、無条件、無制約に当てはまるものとオーナー等に受け止められるため、仮に例外などがあるときは、強調表示からは一般のオーナーとなろうとする者が通常は予期できない事項であって、マスターリース契約を選択するに当たって重要な考慮要素となるものに関する表示(打消し表示)を分かりやすく適切に行わなければならない。打消し表示の内容が正しく認識されるためには、すべての媒体に共通して、以下に留意する必要がある。※1

※1 記載した留意点の他、消費者庁「打消し表示に関する表示方法及び表示内容に関する留意点」も参照されたい。

・表示物の媒体ごとの特徴も踏まえた上で、オーナーとなろうとする者が実際に目にする状況において適切と考えられる文字の大きさで表示されているか。
・打消し表示が強調表示の近くに表示されていたとしても、強調表示が大きな文字で表示されているのに対し、打消し表示が小さな文字で表示されており、強調表示に対する打消し表示に気づくことができないような表示になっていないか。
・打消し表示が強調表示から離れた場所に表示されており、打消し表示に気づかない又は当該打消し表示がどの強調表示に対する打ち消し表示であるか認識できないような表示となっていないか。
・打消し表示の文字と背景との区別がつきにくい表示となっていないか。

さらに、広告媒体に応じて、以下の点に特に留意する必要がある。

(紙面広告)
・打消し表示は、強調表示に隣接した箇所に表示した上で、文字の大きさのバランス、色、背景等から両者を一体として認識できるよう表示されているか。

(Web 広告(PC・スマートフォン))
・強調表示に隣接した箇所に打消し表示を表示しているか。
・同一画面にある他の表示と比べて、打消し表示がより注意を引きつける文字の大きさになっているか。
・打消し表示は、強調表示に隣接した箇所に表示した上で、文字の大きさのバランス、色、背景等から両者を一体として認識できるよう表示されているか。

(動画広告)
・打消し表示が表示される時間が短く、読み終えることができないような表示になっていないか。

・強調表示が表示された後、画面が切り替わって打消し表示が表示され、打消し表示に気づかない、又はどの強調表示に対する打消し表示であるか認識できないような表示になっていないか。
・文字と音声の両方で表示された強調表示に注意が向けられ、文字のみで表示された打消し表示に注意が向かないような表示になっていないか。

また、体験談を用いる場合は、賃貸住宅経営は、賃貸住宅の立地等の個別の条件が大きな影響を与えるにも関わらず、体験談を含めた表示全体から、「大多数の人がマスターリース契約を締結することで同じようなメリットを得ることができる」という認識を抱いてしまうことから、体験談とは異なる賃貸住宅経営の実績となっている事例が一定数存在する場合等には、「個人の感想です。経営実績を保証するものではありません」といった打消し表示が明瞭に記載されていたとしても、問題のある表示となるおそれがあるため、体験談を用いることは、第28条違反となる可能性がある。

第３章
公正競争規約等における広告規制

1 不当景品類および不当表示防止法

広告を出す際は必ず参考にする規制です

(1)不当景品類および不当表示防止法の目的

景品表示法(正確には、不当景品類及び不当表示防止法といいます)は、商品および役務の取引に関連する不当な景品類および表示による顧客の誘引を防止するため、一般消費者による自主的かつ合理的な選択を阻害するおそれのある行為の制限および禁止について定めることにより、**一般消費者の利益を保護することを目的とする法律**です。つまり、消費者がより良い商品・サービスを安心して選ぶことができる環境づくりのための大切な役割を担う法律ということです。

(2)不当な表示の禁止

品質や価格についての情報は、消費者が商品・サービスを選択する際の重要な判断材料であり、消費者に正しく伝わる必要があります。ところが、商品・サービスの品質や価格について、実際よりも著しく優良または有利であると見せかける表示が行われると、消費者の適正な選択を妨げられることになります。このため、景品表示法では、**消費者に誤認される不当な表示を禁止**しています。

用語

表示…顧客を誘引するための手段として、事業者が不動産の内容または取引条件その他取引に関する事項について行う広告その他の表示であって、内閣総理大臣が指定するものをいいます。たとえば、チラシ・パンフレット・ダイレクトメール・看板・放送・インターネットなどを利用した広告表示です。

付け足し 景品類の制限及び禁止

内閣総理大臣は、不当な顧客の誘引を防止し、一般消費者による自主的かつ合理的な選択を確保するため必要があると認めるときは、景品類の価額の最高額もしくは総額、種類もしくは提供の方法その他景品類の提供に関する事項を制限し、または景品類の提供を禁止することができます。

(3)違反をした場合の措置

内閣総理大臣は、景品類の制限もしくは禁止、または不当な表示の禁止規定に反する行為があるときは、その事業者に対し、その行為の差止めもしくはその行為が再び行われることを防止するために必要な事項またはこれらの実施に関連する公示その他必要な事項を命ずることができます。**この命令は、その違反行為が既になくなっている場合でもすることができます。**

2 不動産表示に関する公正競争規約

不動産業界が作った広告のルールです

(1) 不動産表示に関する公正競争規約とは

不動産の表示に関する公正競争規約(以下、「規約」と略します。)は、景品表示法に基づき、不動産の取引について行う表示に関する事項を定めることにより、不当な顧客の誘引を防止し、一般消費者による自主的かつ合理的な選択および事業者間の公正な競争を確保することを目的として作られたものです。

規約をさらに詳しく解説したものに「不動産の表示に関する公正競争規約施行規則」があります。本書では「規則」と略します。

(2) 広告表示の開始時期の制限

事業者は、宅地の造成または建物の建築に関する工事の完了前においては、宅建業法の許可等の処分があった後でなければ、その工事に係る宅地または建物の内容または取引条件その他取引に関する広告表示をしてはなりません。

事業者…宅建業法3条1項の免許を受けて宅建業を営む者であって、公正取引協議会の構成団体に所属するものおよびこの規約に個別に参加するものをいいます。

ただし、以下の2つの場合は、このルールが適用されません。

①建築条件付土地取引に関する広告表示中に表示される建物の設計プランに関する表示

⇒ただし、以下の要件をすべて満たす必要があります。

<table>
<tr><td>(1) 次の事項について、見やすい場所に、見やすい大きさ、見やすい色彩の文字により、分かりやすい表現で表示していること。
ア 取引の対象が建築条件付土地である旨
イ 建築請負契約を締結すべき期限(土地購入者が表示された建物の設計プランを採用するか否かを問わず、土地購入者が自己の希望する建物の設計協議をするために必要な相当の期間を経過した日以降に設定される期限)
ウ 建築条件が成就しない場合においては、土地売買契約は、解除され、かつ、土地購入者から受領した金銭は、名目のいかんにかかわらず、全て遅滞なく返還する旨
エ 表示に係る建物の設計プランについて、次に掲げる事項
・そのプランは、土地の購入者の設計プランの参考に資するための一例であって、それを採用するか否かは土地購入者の自由な判断に委ねられている旨
・そのプランに係る建物の建築代金その他必要となる費用の内容と額</td></tr>
<tr><td>(2) 土地取引に係る規約8条に規定する必要な表示事項(次ページ内の②)を満たしていること。</td></tr>
</table>

②自由設計型マンション企画に関する表示

→ただし、以下の要件をすべて満たす必要があります。

自由設計型マンション企画…特定の土地を前提とするマンション建築の基本計画を示してその計画について一般消費者の意見を聴取し、これを反映させた実施計画を確定し、広告表示の開始の要件を満たした後に、売買契約をする方式によるマンションの建築企画をいいます。

(1) 次の事項について、見やすい場所に、見やすい大きさ、見やすい色彩の文字により、分かりやすい表現で表示していること。 ア 当該企画に係る基本計画である旨および基本計画の性格 イ 当該企画の実現に至るまでの手順 ウ 当該企画に関する意見聴取のための説明会等の開催時期および場所 エ 意見聴取に応じた一般消費者に対し、当該企画に基づく物件その他の物件の取引を拘束するものではなく、また、これらの取引において何ら特別の取扱いをするものではない旨 オ 当該企画の実施に際しては、宅建業法 33 条に規定する許可等の処分(建築確認等)を受ける必要がある旨および未だ受けていない旨
(2) 当該企画に係る基本計画について、建蔽率・容積率の制限の範囲内において建築可能な限度を示すための透視図並びに一般消費者の意見を求める基礎となる外観図および平面スケッチを示す場合においては、一般消費者の意見を聴取する場合の手がかりとして示すものであって、具体的な実施計画の内容を示すものではない旨を、これらの表示に接する位置に明示していること。
(3) 当該企画のコンセプトに関する説明および前号に規定する図面等を除き、建物の具体的な設計プランを表示していないこと。

(3)必要な表示事項

用語

規則で定める表示媒体…インターネット広告、新聞・雑誌広告、新聞折込チラシ等、パンフレット等(規則2条)

事業者は、規則で定める表示媒体を用いて物件の表示をするときは、規則で定める物件の種別(分譲宅地、現況有姿分譲地、売地、貸地、新築分譲住宅、新築住宅、中古住宅、マンション…等)ごとに、次の事項について、**見やすい場所に、見やすい大きさ、見やすい色彩の文字により、分かりやすい表現で明瞭に表示**しなければなりません(規約8条)。

(1) 広告主に関する事項
(2) 物件の所在地、規模、形質その他の内容に関する事項
(3) 物件の価格その他の取引条件に関する事項
(4) 物件の交通その他の利便および環境に関する事項
(5) 前各号に掲げるもののほか、規則で定める事項

一棟リノベーションマンション…共同住宅等の1棟の建物全体(内装、外装を含みます。)を改装または改修し、マンションとして住戸ごとに取引するものであって、その工事完了前のもの、もしくはその工事完了後1年未満のもので、かつ、工事完了後居住の用に供されていないものをいいます。

《適用除外》 次の広告表示については**上記の規約 8 条が適用されません**。ただし、物件の内容または取引条件を併せて表示するものには適用されます。

(1) 分譲宅地、新築分譲住宅、新築分譲マンションまたは一棟リノベーションマンションの販売に先立ち、当該物件の名称を募集するためまたは名称を考案するための手掛かりとして当該物件のおおむねの所在地(都道府県、郡、市区町村、字又は街区番号まで)、物件種別、おおむねの規模および開発理念のみを表示する広告

(2) 物件情報展示会その他の催事の開催場所、開催時期、または常設の営業所の場所を案内する広告表示であって、展示している物件数、その物件の種別および価格の幅のみを表示するもの
(3) 住宅友の会その他の顧客を構成員とする組織の会員を募集する広告表示であって、現に取引している物件または将来取引しようとする物件について、その物件の種別、販売(賃貸を含みます。以下同じです。)中であるか販売予定であるかの別および最寄駅のみを表示するもの
(4) 企業広告の構成要素として現に取引している物件または将来取引しようとする物件の広告表示であって、その物件の種別、販売中であるか販売予定であるかの別および最寄駅のみを表示するもの(その広告の主旨が特定の物件の予告その他取引に関する広告表示と認められるものを除きます。)

《一部省略》 **予告広告**にあっては、**前記規約 8 条にかかわらず**規則で定めるところにより、**必要な表示事項の一部を省略する**ことができます。予告広告を行う場合においては、その予告広告に係る物件の取引開始前に、次に掲げるいずれかの方法により本広告を行わなければなりません。

(1)予告広告を行った媒体と同一の媒体を用い、かつ、予告広告を行った地域と同一またはより広域の地域において実施する方法
(2) インターネット広告により実施する方法 この方法により本広告を行うときは、予告広告において、インターネットサイト名(アドレスを含む。)および掲載予定時期を明示しなければなりません。

予告広告においては、予告広告である旨、販売予定時期および次の事項を、見やすい場所に、見やすい大きさ、見やすい色彩の文字により、分かりやすい表現で明瞭に表示しなければなりません。

(1) 予告広告である旨 目立つ場所に 14 ポイント以上の大きさの文字で表示しなければなりません。
(2) 価格や賃料(入札・競り売りの方法による場合は、最低売却価格または最低取引賃料)が未定である旨または予定最低価格(賃料)、予定最高価格(賃料)および予定最多価格帯(販売戸数または販売区画数が10未満の場合は省略可)
(3) 販売予定時期または取引開始予定時期 これは(1)の表示に近接する場所に表示しなければなりません。
(4) 本広告を行い取引を開始するまでは、契約や予約の申込みに一切応じない旨、および申込みの順位の確保に関する措置を講じない旨 これは(1)の表示に近接する場所に表示しなければなりません。

予告広告…販売区画数や戸数が2以上の分譲宅地、新築分譲住宅、新築分譲マンションもしくは**一棟リノベーションマンション**、または、賃貸戸数が 2 以上の新築賃貸マンションや賃貸アパートであって、価格や賃料が確定していないため、直ちに取引することができない物件について、規則に規定する表示媒体を用いて、その本広告に先立ち、その取引開始時期をあらかじめ告知する広告表示をいいます。

(5) 予告広告をする時点において、販売区画、販売戸数または賃貸戸数が確定していない場合は、次の事項を明示しなければなりません。 ア 販売区画数、販売戸数または賃貸戸数が未定である旨 イ 物件の取引内容および取引条件は、全ての予定販売区画、予定販売戸数または予定賃貸戸数を基に表示している旨およびその区画数または戸数 ウ 予告広告以降に行う本広告において販売区画数、販売戸数または賃貸戸数を明示する旨

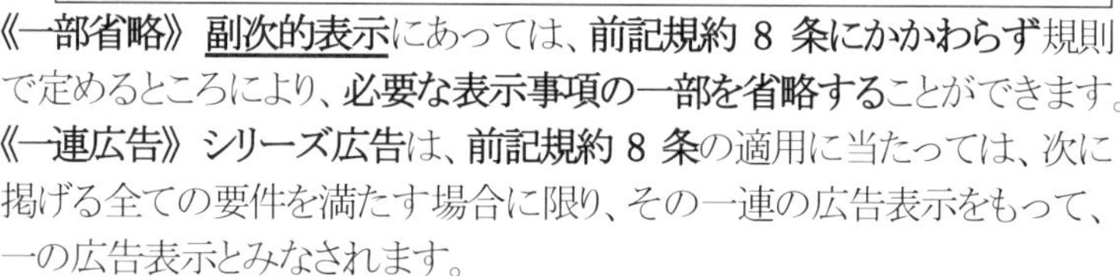
《一部省略》 **副次的表示**にあっては、**前記規約 8 条にかかわらず**規則で定めるところにより、**必要な表示事項の一部を省略する**ことができます。
《一連広告》 **シリーズ広告**は、**前記規約 8 条**の適用に当たっては、次に掲げる全ての要件を満たす場合に限り、その一連の広告表示をもって、一の広告表示とみなされます。

(1) 新聞、雑誌またはインターネットによる広告であること。
(2) シリーズ広告中の最後に行う広告（以下「最終広告」という。）において、次の必要な表示事項を表示していること。 ・広告主に関する事項 ・物件の所在地、規模、形質その他の内容に関する事項 ・物件の価格その他の取引条件に関する事項 ・物件の交通その他の利便及び環境に関する事項　等
(3) 各回の広告において、次の事項を、見やすい場所に、見やすい大きさ、見やすい色彩の文字により、分かりやすい表現で明瞭に表示していること。 ア シリーズ広告である旨 イ 広告の回数 ウ 広告中におけるその広告の順位 エ 次回の広告の掲載予定日（最終広告を除く。） オ 契約または予約の申込みに応じない旨および名目のいかんにかかわらず申込みの順位の確保に関する措置を講じない旨（最終広告を除く。）
(4) 宅地の造成または建物の建築に関する工事の完了前においては、宅建業法 33 条に規定する許可等の処分があった後であること。

副次的表示…分譲宅地、新築分譲住宅、新築分譲マンションまたは**一棟リノベーションマンション**に関する広告表示であって、一の広告物において、主として取引しようとする物件の広告表示に付加して行う他の物件に関する広告表示をいいます。

(4)特定事項等の明示義務

《特定事項の明示義務》

事業者は、一般消費者が通常予期することができない物件の地勢、形質、立地、環境等に関する事項または取引の相手方に著しく不利な取引条件であって、次の事項については、見やすい場所に、**見やすい大きさ**、見やすい色彩の文字により、分かりやすい表現で明瞭に表示しなければなりません(規約13条)。ただし、**賃貸住宅には適用されません**。

原則として7ポイント以上の大きさの文字による表示をいいます。

(1) 建築条件付土地の取引については、その取引の対象が土地である旨並びにその条件の内容およびその条件が成就しなかったときの措置の内容。
(2) **建築基準法42条2項の規定により道路とみなされる部分**(セットバックを要する部分)を含む土地については、その旨。併せて、セットバックを要する部分の面積がおおむね**10%以上**である場合は**その面積**。
(3) 道路法18条1項の規定により道路区域が決定され、または都市計画法20条1項の告示が行われた都市計画施設の区域に係る土地についてはその旨。
(4) **建築基準法42条に規定する道路に2m以上接していない土地**は、「**再建築不可**」または「**建築不可**」
(5) **建築基準法40条の規定に基づく地方公共団体の条例により附加された敷地の形態に対する制限に適合しない土地**については、「**再建築不可**」または「**建築不可**」と明示すること。
(6) 都市計画法7条に規定する**市街化調整区域に所在する土地**については、「**市街化調整区域。宅地の造成及び建物の建築はできません。**」と明示すること(新聞折込チラシ等およびパンフレット等の場合には16ポイント以上の大きさの文字)。 ⇒ただし、同法29条に規定する開発許可を受けている等であれば明示できますが、住宅等を建築するための条件を明示する必要があります。
(7) 土地取引において、その土地上に古家、廃屋等が存在するときは、その旨
(8) **路地状部分のみで道路に接する土地**であって、その路地状部分の面積がその土地面積のおおむね**30%以上**を占めるときは、路地状部分を含む旨および路地状部分の割合または面積。
(9) 傾斜地を含む土地であって、傾斜地の割合がその土地面積のおおむね30%以上を占める場合(**マンション及び別荘地等を除く。**)は、傾斜地を含む旨および傾斜地の割合又は面積。
(10) 土地の有効な利用が阻害される著しい不整形画地及び区画の地盤面が2段以上に分かれている等の著しく特異な地勢の土地については、その旨。
(11) 土地が擁壁によっておおわれないがけの上またはがけの下にあるときは、その旨。 ⇒その土地に建築(再建築)するに当たり、制限が加えられているときは、その内容を明示する必要があります。

建築する建物が以下の同法43条2項各号に該当する建築物の場合は不要です。①4m以上の道で利用者少数の国土交通省令基準に適合する建築物、②建築審査会同意の上で許可された近場に空き地がある建築物(本書第3編第2章4-1道路規制を参照して下さい)。

傾斜地の割合が30%以上を占めるか否かにかかわらず、傾斜地を含むことにより、その土地の有効な利用が著しく阻害される場合(**マンションを除く。**)は、その旨及び傾斜地の割合または面積を明示しなければなりません。

(12) 土地の全部または一部が高圧電線路下にあるときは、その旨およびそのおおむねの面積。 ⇒建物その他の工作物の建築が禁止されているときは、併せてその旨を明示する必要があります。
(13) 地下鉄の線路を敷設する場合等において、土地の全部または一部の地下の範囲を定めた地上権が設定されているときは、その旨。 ⇒地上権の行使のために土地の利用に制限が加えられているときは、併せてその旨を明示する必要があります。
(14) 建築工事に着手した後に、同工事を相当の期間にわたり中断していた新築住宅または新築分譲マンションについては、建築工事に着手した時期及び中断していた期間。
(15) 沼沢地、湿原または泥炭地等については、その旨。
(16) 国土利用計画法による許可または事前届出を必要とする場合は、その旨。

《記事広告における「広告である旨」の明示義務》

事業者は、記事広告(編集記事形式の広告表示)にあっては、その広告表示中に広告である旨を、規則で定めるところにより、前記特定事項と同様の方法で表示しなければなりません(規約14条)。

(5)表示基準

《物件の内容・取引条件等に係る表示基準》

以下の項目について、実際のものよりも優良であると誤認されるおそれのある表示は不当表示となります。

参考資料

ただし、パンフレット等を除き都道府県および郡は省略することができます。

(1) 取引態様
「売主」、「貸主」、「代理」または「媒介(仲介)」の別をこれらの用語を用いること。
(2) 物件の所在地
都道府県(県庁所在地、政令指定都市および特別区の場合は省略可)、郡、市区町村、字および地番を表示すること。
(3) 交通の利便性
①交通の利便については、公共交通機関を利用することが通例である場合には、次の基準により表示すること。 ア 鉄道、都市モノレールまたは路面電車(以下「鉄道等」という。)の最寄りの駅または停留場(以下「最寄駅等」という。)の名称および物件から最寄駅等までの徒歩所要時間を明示。 イ 鉄道等の最寄駅等からバスを利用するときは、最寄駅等の名称、物件から最寄りのバスの停留所までの徒歩所要時間、同停留所から最寄駅等までのバス所要時間を明示。 ⇒この場合は停留所の名称を省略することができます。 ウ バスのみを利用するときは、最寄りのバスの停留所の名称および物件から同停留所までの徒歩所要時間を明示。 ②電車、バス等の交通機関の所要時間は、次の基準により表示すること。 ア 起点および着点とする鉄道、都市モノレールの駅もしくは路面電車の停留場(以下「駅等」という。)またはバスの停留所の名称を明示。

⇒物件から最寄駅等までバスを利用する場合で、物件の最寄りの停留所から最寄駅等までのバスの所要時間を表示するときは、停留所の名称を省略することができます。

イ 特急、急行等の種別を明示。

ウ 朝の通勤ラッシュ時の所要時間を明示。

⇒平常時の所要時間をその旨を明示して併記することができます。

エ 乗換えを要するときは、その旨を明示し、ウの所要時間には乗り換えにおおむね要する時間を含めること。

③公共交通機関は、**現に利用できるものを表示**し、特定の時期にのみ利用できるものは、その利用できる時期を明示。

④新設予定の駅等またはバスの停留所は、当該路線の運行主体が公表したものに限り、その新設予定時期を明示して表示することができる。

ただし、新設の路線については、路線の新設に係る国土交通大臣の許可処分またはバス会社等との間に成立している協定の内容を明示して表示することができます。

(4) 各種施設までの距離または所要時間

①道路距離または所要時間を表示するときは、起点および着点を明示(他の規定によりその表示を省略することができることとされている場合を除く。)。

	起点・着点	注意点
物件の起点	物件の区画のうち駅その他施設に最も近い地点	マンションやアパートの場合は建物の出入口
駅その他施設の着点	その施設の出入口	施設の利用時間内において常時利用できるものに限ります。

②団地(一団の宅地または建物をいう。以下同じ。)と駅その他の施設との間の道路距離または所要時間は、取引する区画のうちそれぞれの施設ごとにその施設から最も近い区画(マンションやアパートにあっては、その施設から最も近い建物の出入口)を起点として算出した数値とともに、その施設から最も遠い区画(マンションやアパートにあっては、その施設から最も遠い建物の出入口)を起点として算出した数値も表示。

③**徒歩**による所要時間は、**道路距離 80m**につき 1 分間を要するものとして算出した数値を表示。

⇒1 分未満の**端数が生じたときは、1 分として算出**します。

④**自動車**による所要時間は、道路距離を明示して、走行に通常要する時間を表示。

⇒表示された時間が有料道路(橋を含む。)の通行を含む場合のものであるときは、その旨を明示。ただし、その道路が高速自動車国道であって、周知のものであるときは、有料である旨の表示を省略することができます。

⑤**自転車**による所要時間は、道路距離を明示して、走行に通常要する時間を表示。

(5) 団地の規模

開発区域を工区に分けて工区ごとに開発許可を受け、その開発許可に係る工区内の宅地または建物について表示をするときは、開発区域全体の規模およびその開発計画の概要を表示。

⇒全体計画中に開発許可を受けていない部分を含むときは、その旨を明示しなければなりません。

(6) 面積

①面積は、メートル法により表示。

⇒1㎡未満の数値は、切り捨てて表示することができます。

②土地の面積は、水平投影面積を表示。

⇒取引する全ての区画の面積を表示しなければなりません。ただし、パンフレット等の媒体を除き、最小土地面積および最大土地面積のみで表示することができます。

③建物の面積(マンションにあっては専有面積)は、延べ面積を表示し、これに車庫、地下室等(地下居室は除く。)の面積を含むときは、その旨およびその面積を表示。

取引する全ての建物の面積を表示しなければなりません。ただし、新築分譲住宅、新築分譲マンション、一棟リノベーションマンション、新築賃貸マンション、新築賃貸アパート、共有制リゾートクラブ会員権については、パンフレット等の媒体を除き、最小建物面積及び最大建物面積のみで表示することができます。

④住宅の居室等の広さを畳数で表示する場合は、畳 1 枚当たりの広さは 1.62㎡(各室の壁心面積を畳数で除した数値)以上の広さがあるという意味で用いなければなりません。

(7) 物件の形質

①採光および換気のための窓その他の開口部の面積のその室の床面積に対する割合が建築基準法 28 条の規定(本書第 3 編第 2 章 3 単体規定を参照して下さい。)に適合していないため、同法において**居室と認められない納戸その他の部分については、その旨を「納戸」等と表示**。

②遮音、断熱等を目的とした建築部材自体の性能を表示する場合において、実際の住宅内における遮音、断熱性能等がその構造等から当該部材自体の性能とは異なる可能性がある場合には、その旨を表示。

③地目は、登記簿に記載されているものを表示。

⇒現況の地目と異なるときは、**現況の地目を併記**しなければなりません。

④宅地の造成材料または建物の建築材料について、これを強調して表示するときは、その材料が使用されている部位を明示。

⑤建物を増築、改築、改装または改修したことを表示する場合は、その**内容および時期**を明示。

(8) 写真・絵図

① 宅地または建物の写真や動画は、取引するものを表示。

⇒ただし、取引する建物が建築工事の完了前である等その建物の写真や動画を用いることができない事情がある場合においては、**取引する建物を施工する者が過去に施工した建物であり、かつ、次のア・イに限り、他の建物の写真や動画を用いることができます**。この場合においては、その写真や動画が**他の建物である旨**、および**アに該当する場合は、取引する建物と異なる部位**を、写真の場合は**写真に接する位置**に、動画の場合は画像中に明示しなければなりません。

ア 建物の外観は、取引する建物と構造、階数、仕様が同一であって、規模、形状、色等が類似するもの。

イ 建物の内部は、写される部分の規模、仕様、形状等が同一のもの。

②宅地または建物のコンピュータグラフィックス、見取図、完成図または完成予想図は、その旨を明示して用い、その物件の**周囲の状況について表示**するときは、**現況に反する表示をしてはなりません。**

(9) 設備・施設等

①上水道(給水)は、公営水道、私営水道または井戸の別を表示。

②ガスは、都市ガスまたはプロパンガスの別を明示。

③温泉法による温泉については、次の事項を明示。

ア 温泉に加温したものについては、その旨

イ 温泉に加水したものについては、その旨

ウ 温泉源から採取した温泉を給湯管によらずに供給する場合(運び湯の場合)は、その旨

エ 共同浴場を設置する場合において、循環装置または循環ろ過装置を使用する場合は、その旨

④団地内または物件内のプール、テニスコート、スポーツジム、シアタールーム等の共用施設について表示するときは、それらの施設の内容、運営主体、利用条件及び整備予定時期を明示。

⑤都市計画法 29 条の開発許可を受けて開発される団地に設置することがその開発許可の内容となっている公共・公益施設および生活利便施設またはその団地に地方公共団体が設置に関し事業決定している公共・公益施設は、その整備予定時期を明示して表示することができます。

(10) 生活関連施設

①前記(9)の公共・公益施設以外の学校、病院、官公署、公園その他の公共・公益施設は、次に掲げるところにより表示。

ア 現に利用できるものを表示。

イ 物件からの道路距離または徒歩所要時間を明示。

ウ その施設の名称を表示。

⇒ただし、公立学校及び官公署の場合は、パンフレットを除き、省略できます。

②上記アの規定にかかわらず、学校については、学校の設置について必要とされる許可等の処分を受けているものまたは国もしくは地方公共団体が事業決定しているものにあっては、現に利用できるものと併せて表示する場合に限り、その整備予定時期を明示して表示することができます。

⇒学校以外の施設については、都市計画法 11 条に定める都市施設であって、同法 20 条 1 項に規定する告示があったものに限り、その内容を明示して表示することができます。

③デパート、スーパーマーケット、コンビニエンスストア、商店等の商業施設は、現に利用できるものを物件からの道路距離又は徒歩所要時間を明示して表示。

⇒ただし、工事中である等その施設が将来確実に利用できると認められるものにあっては、その整備予定時期を明示して表示することができます。

ただし、その写真や動画を大きく掲載するなど、取引する建物であると誤認されるおそれのある表示をしてはなりません。

④地方公共団体等の地域振興計画、再開発計画または都市計画等の内容は、その計画の実施主体者がその整備予定時期を公表したものに限り、表示することができます。

⇒その計画に係る施設等については、整備予定時期および表示の時点において計画が実施手続のどの段階にあるかを明示して表示しなければなりません。

⑤国もしくは地方公共団体が新設する道路であって、道路法 18 条の規定による告示が行われた道路その他の道路または高速道路株式会社法 1 条に規定する株式会社もしくは地方道路公社等が新設する道路であって、その建設について許認可を受けまたは工事実施計画書について認可を受けた新設予定道路に限り、表示することができます。

⇒その整備予定時期および表示の時点において計画がその実施手続のどの段階にあるかを明示して表示しなければなりません。

(11) 価格・賃料

①土地の価格については、上下水道施設・都市ガス供給施設の設置のための費用その他宅地造成に係る費用(これらの費用に消費税及び地方消費税(以下「消費税等」という。)が課されるときは、その額を含む。)を含めて表示。

②土地の価格については、1 区画当たりの価格を表示。

⇒ただし、1 区画当たりの土地面積を明らかにし、これを基礎として算出する場合に限り、1 ㎡当たりの価格で表示することができます。

③前記②の場合において、取引する全ての区画の価格を表示。

⇒ただし、分譲宅地の価格については、パンフレット等の媒体を除き、1 区画当たりの最低価格、最高価格および最多価格帯並びにその価格帯に属する販売区画数のみで表示することができます。また、この場合において、販売区画数が 10 未満であるときは、最多価格帯の表示を省略することができます。

④現況有姿分譲地の価格については、分割可能最小面積を明示して、1 ㎡当たりの価格を表示。

⇒1 ㎡当たりの価格が異なる土地があるときは、それぞれの面積を明示して、最低価格および最高価格を表示しなければなりません。

敷地の価格(その敷地が借地であるときは、その借地権の価格)、および建物(電気、上下水道および都市ガス供給施設のための費用等を含む)に係る消費税等の額を含みます。(11)において以下同じ扱いです。

⑤住宅(マンションにあっては住戸)の価格については、1 戸当たりの価格を表示。

⑥前記⑤の場合において、取引する全ての住戸の価格を表示。

⇒ただし、新築分譲住宅、新築分譲マンション及び一棟リノベーションマンションの価格については、パンフレット等の媒体を除き 1 戸当たりの最低価格、最高価格及び最多価格帯並びにその価格帯に属する住宅または住戸の戸数のみで表示することができます。また、この場合において、販売戸数が 10 戸未満であるときは、最多価格帯の表示を省略することができます。

⑦賃貸される住宅(マンションやアパートにあっては住戸)の賃料については、取引する全ての住戸の 1 か月当たりの賃料を表示。

⇒ただし、新築賃貸マンションまたは新築賃貸アパートの賃料については、パンフレット等の媒体を除き、1 住戸当たりの最低賃料および最高賃料のみで表示することができます。

⑧管理費については、1 戸当たりの月額(予定額であるときは、その旨)を表示。

⇒ただし、住戸により管理費の額が異なる場合において、その全ての住宅の管理費を示すことが困難であるときは、最低額および最高額のみで表示することができます。

⑨共益費については、1 戸当たりの月額(予定額であるときは、その旨)を表示すること。ただし、住戸により共益費の額が異なる場合において、その全ての住宅の共益費を示すことが困難であるときは、最低額および最高額のみで表示することができる。

⑩修繕積立金については、1戸当たりの月額(予定額であるときは、その旨)を表示。

⇒ただし、住戸により修繕積立金の額が異なる場合において、その全ての住宅の修繕積立金を示すことが困難であるときは、最低額および最高額のみで表示することができます。

(12) 住宅ローン等

①住宅ローンについては、次の事項を明示して表示。

ア 金融機関の名称もしくは商号または都市銀行、地方銀行、信用金庫等の種類

イ 借入金の利率および利息を徴する方式(固定金利型、固定金利指定型、変動金利型、上限金利付変動金利型等の種別)または返済例(借入金、返済期間、利率等の返済例に係る前提条件を併記すること。また、ボーナス併用払のときは、1か月当たりの返済額の表示に続けて、ボーナス時に加算される返済額を明示すること。)

②割賦販売については、次の事項を明示して表示。

ア 割賦販売である旨

イ 割賦限度額

ウ 利息の料率(実質年率)

エ 支払期間及び回数

オ 割賦販売に係る信用調査費その他の費用を必要とするときは、その旨およびその額

③購入した物件を賃貸した場合における「利回り」の表示については、その物件の1年間の予定賃料収入のその物件の取得対価に対する割合であるという意味で用い、次に掲げる事項を明示して表示。

ア その物件の 1 年間の予定賃料収入のその物件の取得対価に対する割合である旨

イ 予定賃料収入が確実に得られることを保証するものではない旨

ウ 利回りは、公租公課その他その物件を維持するために必要な費用の控除前のものである旨

節税効果…給与所得者等が不動産所得を得ることとなった場合等に、税法上認められた方法により、課税総所得金額を減少させ、税負担を軽減することをいいます。

《節税効果、賃料収入の確実性の表示基準》

事業者は、リース方式によるマンション等について、節税効果について表示するときは、次の表示をしなければなりません（規約16条）。

(1) 節税効果があるのは不動産所得が赤字となる場合であり、同所得が黒字となる場合には納税額が増加する旨。
(2) 不動産所得に係る必要経費が減少した場合は、節税効果も減少する旨。
(3) 具体的な計算例を表示する場合は、その物件を購入した年度（初年度）の次の年度以降のものを表示すること。 ⇒ただし、次年度以降の計算例と併せて表示し、かつ、初年度の節税額を強調しないときに限り、初年度の計算例を表示することができます。

事業者は、リース方式によるマンション等について、その賃料収入の確実性等について表示するときは、次の表示をしなければなりません（規約16条）。

(1) 購入者がその物件による賃料収入等を得ることができない場合には、その売主またはその指定する者（以下「売主等」という。）が賃料収入を保証する旨を表示するときは、その保証主体、保証の内容、保証期間その他の条件を明示。
(2) 購入者の希望により、売主等が購入者から当該物件を転貸目的で賃借し、賃料を支払うことを条件としている場合においてその旨の表示をするときは、売主等と購入者との賃貸借契約について、次に掲げる事項を明示。 ア 権利金、礼金等の支払の要否および支払を必要とする場合は、その額 イ 敷金、保証金等の支払の要否および支払を必要とする場合は、その額 ウ 賃料（月額） エ 賃料のほかに、管理費の支払の要否 オ 賃借期間 カ 賃貸借契約の更新および賃料の改定に関する事項 キ その他の重要な条件

前記 2 つの場合において、次に掲げる広告表示は、当該広告表示を裏付ける合理的な根拠を示す資料を現に有している場合を除き、表示してはなりません。

(1) 将来にわたって、当該物件が賃貸市場における商品価値を確実に保持するかのような表示
(2) 将来にわたって、確実に安定した賃料収入が確保されるかのような表示
(3) 将来において、当該物件の資産価値が確実に増大するかのような表示

《入札および競り売りの方法による場合の表示基準》

事業者は、入札または競り売りの方法により取引する場合の表示は、次に掲げる場合に応じた表示もしなければなりません(規則11条)。

(1) 入札の方法による場合
次に掲げる事項を明示して表示。 ア 入札を行う旨 イ 入札参加手続の概要 ウ 入札の期日又は期間 エ 最低売却価格または最低取引賃料 オ 入札物件の概要および現地確認方法

(2) 競り売りの方法による場合
次に掲げる事項を明示して表示。 ア 競り売りを行う旨および競り上げまたは競り下げの別 イ 競り売り参加手続の概要 ウ 競り売りの期日または期間 エ 競り上げまたは競り下げの場合における表示事項

競り上げの場合	最低売却価格または最低取引賃料
競り下げの場合	競り開始価格または賃料、最低成立価格があるときは、その旨および競りが不成立の場合においては、最低成立価格を公開する旨

(2) 競り売りの方法による場合(続き)
オ 競り売りが不成立の場合において、競り売り参加者のうち最も高い取引希望価格を申し出た者にその後の価格交渉権を与える場合には、その旨 カ 競り売り物件の概要および現地確認方法

(6)特定用語等の使用基準

《特定用語の使用基準》

事業者は、次に掲げる用語またはこれらの用語に類する用語を用いて表示するときは、それぞれに定める意義に即して使用しなければなりません(規約18条)。

(1) 新 築
建築工事完了後 **1 年未満**であって、**居住の用に供されたことがない**ものをいいます。

(2) 新発売
新たに造成された宅地、新築の住宅(造成工事または建築工事完了前のものを含む。)または**一棟リノベーションマンション**について、一般消費者に対し、初めて購入の申込みの勧誘を行うこと(一団の宅地または建物を数期に区分して販売する場合は、期ごとの勧誘)をいい、その申込みを受けるに際して一定の期間を設ける場合においては、その期間内における勧誘をいいます。

広告表示においてDKまたはLDKとの表示を用いるときに、規約の要件を備えているのであれば、単に2DK、3LDK等と表示すればよく、また、形状や機能がどのようなものであるか解るよう積極的に間取り図などを表示し、これに各部屋の畳数を付記することが望ましいとされています。

(3) ダイニング・キッチン DK
台所と食堂の機能が1室に併存している部屋をいい、住宅(マンションにあっては、住戸。次の(4)でも同じ。)の居室(寝室)数に応じ、その用途に従って使用するために必要な広さ、形状および機能を有するものをいいます。
(4) リビング・ダイニング・キッチン LDK
居間と台所と食堂の機能が1室に併存する部屋をいい、住宅の居室(寝室)数に応じ、その用途に従って使用するために必要な広さ、形状および機能を有するものをいいます。
(5) 宅地の造成工事の完了
宅地上に建物を直ちに建築することができる状態に至ったことをいい、その工事の完了に際し、都市計画法その他の法令による工事の完了の検査を受けることが必要とされるときは、その検査に合格したことをいいます。
(6) 建物の建築工事の完了
建物をその用途に従い直ちに使用することができる状態に至ったことをいいます。

《禁止用語》

事業者は、次に掲げる用語を用いて表示するときは、それぞれの表示内容を裏付ける合理的な根拠を示す資料を現に有している場合を除いて、使用できません。

(1) 物件の形質その他の内容または価格その他の取引条件に関する事項
「最高」、「最高級」、「極」、「特級」等、最上級を意味する用語
(2) 物件の価格または賃料等
「買得」、「掘出」、「土地値」、「格安」、「投売り」、「破格」、「特安」、「激安」、「バーゲンセール」、「安値」等、著しく安いという印象を与える用語
(3) 物件の形質その他の内容または役務の内容
「完全」、「完ぺき」、「絶対」、「万全」等、全く欠けるところがないことまたは全く手落ちがないことを意味する用語
(4) 物件の形質その他の内容、価格その他の取引条件または事業者の属性に関する事項
「日本一」、「日本初」、「業界一」、「超」、「当社だけ」、「他に類を見ない」、「抜群」等、競争事業者の供給するものまたは競争事業者よりも優位に立つことを意味する用語
(5) 物件
「特選」、「厳選」等、一定の基準により選別されたことを意味する用語、および「完売」等、著しく人気が高く、売行きがよいという印象を与える用語

(7)物件の名称の使用基準

物件の名称として地名等を用いる場合において、その物件が所在する市区町村内の町もしくは字の名称または地理上の名称を用いる場合を除いては、次に定めるところによります(規約 19 条)。

(1) 物件の所在地において、慣例として用いられている地名または歴史上の地名がある場合は、その地名を用いることができます。
(2) 物件の最寄りの駅、停留場または停留所の名称を用いることができます。
(3) 物件が公園、庭園、旧跡その他の施設または海(海岸)、湖沼もしくは河川の岸もしくは堤防から直線距離で 300m以内に所在している場合は、これらの名称を用いることができます。
(4) 物件から直線距離で 50m以内に所在する街道その他の道路の名称(坂名を含む。)を用いることができます。

別荘地(別荘またはリゾートマンションを含む。)にあっては、上記に掲げるところによるほか、次に定めるところによることができます。

(1) 物件が自然公園法による自然公園の区域内に所在する場合は、その自然公園の名称を用いることできます。
(2) 物件がその最寄りの駅から直線距離で 5,000m以内に所在する場合は、その最寄りの駅の名称を用いることができます。 ⇒ただし、当該物件がその最寄りの駅から同じく 5,000mを超える地点に所在する場合は、併せてその距離を明記する場合に限り、その最寄りの駅の名称を用いることができます。
(3) 物件が地勢および地形上、山、山脈、山塊等の一部に位置している場合は、その山、山脈、山塊等の名称を用いることができます。
(4) 物件が海(海岸)、湖沼または河川の岸または堤防から直線距離で 1,000m以内に所在している場合は、その海(海岸)、湖沼または河川の名称を用いることができます。
(5) 物件が温泉地、名勝、旧跡等から直線距離で 1,000m以内に所在している場合は、その温泉地、名勝、旧跡等の名称を用いることができます。

(8)不当な二重価格表示

事業者は、物件の価格、賃料または役務の対価について、二重価格表示をする場合において、事実に相違する広告表示または実際のものもしくは競争事業者に係るものよりも有利であると誤認されるおそれのある広告表示をしてはなりません。

二重価格表示…実際に販売する価格(実売価格)にこれよりも高い価格(比較対照価格)を併記する等の方法により、実売価格に比較対照価格を付すことをいいます。

(8)おとり広告

事業者は、次に掲げる広告表示をしてはなりません。

1.物件が存在しないため、実際には取引することができない物件に関する表示
2.物件は存在するが、実際には取引の対象となり得ない物件に関する表示
3.物件は存在するが、実際には取引する意思がない物件に関する表示

用語

比較広告…自己の供給する物件または役務について、これと競争関係にある特定の物件等を比較対象物件等として示し(暗示的に示す場合を含む。)、物件等の内容または取引条件について、客観的に測定または評価することによって比較する広告表示をいいます。

(9)不当な比較広告

事業者は、比較広告において、次に掲げる広告表示をしてはなりません。

・実証されていない、または実証することができない事項を挙げて比較する表示

・一般消費者の物件等の選択にとって重要でない事項を重要であるかのように強調して比較するものおよび比較する物件等を恣意的に選び出すなど不公正な基準によって比較する表示

・一般消費者に対する具体的な情報ではなく、単に競争事業者またはその物件等を誹謗しまたは中傷する表示

(10)表示の修正・取りやめおよび取引の変更等の公示

事業者は、継続して物件に関する広告その他の表示をする場合において、当該広告その他の表示の内容に変更があったときは、速やかに修正し、またはその表示を取りやめなければなりません。

また、物件に関する広告その他の表示を行った後、やむを得ない事情により当該表示に係る物件の取引を変更し、延期しまたは中止したときは、速やかにその旨を公示しなければなりません。

第４章
省エネ法に基づく性能表示

(1)脱炭素社会に向けての法整備の動向

CO2 排出量全体の約 3 分の 1 を占める住宅・建築物について、エネルギー消費・CO2 排出のさらなる削減が求められています。そのための重要な一歩として、2024 年に省エネ性能ラベルの表示が始まります。住宅・ビルなど、建築物の販売・賃貸に従事するすべての人が担い手となる制度です。

また、2025 年 4 月からは省エネ基準適合が義務化され、建築確認には適合が必須となります。

さらに、2030 年には、新築される建築物について ZEH・ZEB 水準の省エネ性能を確保し、温室効果ガス 46%削減(2013 年度比)を実現することを目標にしています。

なお、かなり先の話しですが、2050 年には、既存ストックを含めた全体平均で ZEH・ZEB 水準の省エネ性能を確保し、カーボンニュートラルを実現することを目標に定めています。

(2)省エネ性能表示制度が努力義務に

2024 年 4 月 1 日から住宅・建築物を販売・賃貸する事業者に、省エネ性能ラベルの表示が努力義務となります。省エネ性能の高い住宅・ビルが、それを反映した価格や賃料で取引される市場環境の実現を目指すことが目的です。

具体的には、脱炭素社会の実現に資するための建築物のエネルギー消費性能の向上に関する法律(省エネ法)が改正され、同法 7 条「建築物の販売又は賃貸を行う事業者は、その販売又は賃貸を行う建築物について、エネルギー消費性能の表示に努めなければならない。」とだけ規定していたものが次のように強化されました。

建築物の販売・賃貸事業者に対するエネルギー消費性能の表示の努力義務を課すとともに、新たに次の措置を講じました。

①国土交通大臣は、建築物の省エネ性能に関して販売・賃貸事業者が表示すべき事項及び表示に際して遵守すべき事項を定め、告示する。すでに告示されています。

②国土交通大臣は、販売・賃貸事業者が告示で定めるところに従って表示していないと認めるときは、告示に従って表示すべき旨を勧告することができる。

③国土交通大臣は、勧告を受けた者がその勧告に従わなかったときは、その旨を公表することができる。

④国土交通大臣は、勧告を受けた者が正当な理由がなくその勧告に係る措置をとらなかった場合において、建築物の省エネ性能の向上を著しく害すると認めるときは、審議会の意見を聴いて、勧告に係る措置を

とるよう命令することができる。また、命令に違反した者は、100 万円以下の罰金に処することとする。

このように、建築物の販売・賃貸事業者に対し、国土交通大臣が定める告示に従って省エネ性能を表示するよう努めることを求めるとともに、社会的な影響が大きい場合等に必要な措置を講じることにより適正化を図ることとしています。

(3)表示の努力義務が課せられる対象物件

2024 年 4 月 1 日以降に建築確認の申請を行う新築建築物、及びその物件が同時期以降に再販売・再賃貸される場合です。分譲一戸建て・分譲マンション・賃貸住宅・買取再販住宅等の住宅、及び貸し事務所ビル・貸しテナントビル等の非住宅の両方です。ただし、販売又は賃貸する用途でない建築物(注文住宅やウィークリーマンション)、自社ビル、民泊施設は除外されています。

なお、アパート・マンションのオーナーが「反復継続的に賃貸を行っている」場合等は、個人であっても「賃貸を行う事業者」に該当するものと考えられ、制度の対象となります。また、その建物をサブリースしている場合は、サブリース事業者も賃貸事業者として制度の対象となります。

(4)省エネ性能表示は 2 種類ある

省エネ性能表示制度の発行物は、省エネ性能ラベルとエネルギー消費性能の評価書の 2 種類あります。そして、その発行方法にも 2 種類あり、販売・賃貸事業者が自ら、国が指定する WEB プログラムもしくは仕様基準に沿って建築物の省エネ性能の評価を行う「自己評価」と、第三者の評価機関に依頼し建築物の省エネ性能を評価する「第三者評価」です。第三者評価は現在 BELS(ベルス)のみとなっています。

(5)活用場面は広告と契約時

販売業者や貸主から委託を受けた管理会社等は、評価性能ラベルを広告に掲載し、消費者に伝達します。また、物件の契約の際などにラベルと評価書を使用して、消費者へ説明をします(ガイドラインにおいて望ましい取組みとして位置付けられています)。

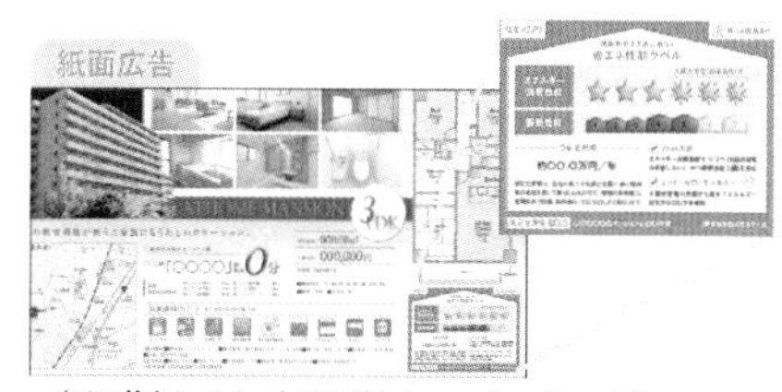

(出典)国土交通省ホームページ

再販時も省エネ性能の広告表示ができるように、発行物(省エネ性能ラベル・評価書)の保管をしておくとよいでしょう。

第 3 編　リスクの説明

はじめに

第 1 編では、都環会が定める広告・投資勧誘の基本方針におけるリスクの説明を解説しました。しかし、リスクの説明に関しては、同基本方針とは別に宅地建物取引業法、賃貸住宅管理業法、消費者契約法等が複雑に絡み合っています。
本編では、それぞれの法令の目的とするところと、規制対象を学び、日々の業務で違法・不当なリスクの説明をしないようそれぞれの法律に定める要件と罰則等の効果を理解して下さい。

本章における記述は以下の書籍を参考にしています。引用する場合は本文にも著者名のみを記述しています。

○田中嵩二「これで合格宅建士基本テキスト」Ken 不動産研究(2024 年 4 月)
○岡本正治・宇仁美咲「三訂版[逐条解説]宅地建物取引業法」大成出版(2021 年 3 月 19 日) **略記:岡本・宇仁・宅建業法**
○鬼丸勝之監修、全日本不動産協会編「宅地建物取引業法の話」理工図書(昭和 27 年 8 月) **略記:鬼丸監修・宅建業法の話**
○五十嵐紀男「宅地建物取引業法」注釈特別刑法補巻(1)」青林書院(平成 2 年 8 月 **略記:五十嵐・宅建業法**
○河野正三編著「改正宅地建物取引業法の解説」住宅新報社(昭和 42 年 8 月) **略記:河野・改正宅建業法解説**
○一般社団法人賃貸不動産経営管理士協議会「賃貸不動産権利の知識と実務〔令和 5 (2023)年度版〕」大成出版社(2023 年 4 月)
○消費者消費者制度化編「逐条解説・消費者契約法〔第 5 版〕」商事法務(2023 年 12 月)

第1章
宅地建物取引業法における リスクの説明

1 業務処理の原則

事業をスタートした後のルールです

宅建業法では「第5章　業務」と題して、多くのルールを定めています。その目的は、業務の適正な運営と宅地建物の取引の公正とを確保することにあります。その目的を達成するため、宅建業者に対する一般的な業務規制、売買等の契約締結に至る過程、契約締結、契約の履行、契約関係からの離脱までの一連の取引過程について規定を設けています。

(1)業務上の規制の全体像

業務上の規制は大きく次の5分野に分かれています。

① 業務処理の原則・従業者教育・取引士の設置

② 契約締結に至る適正な判断の確保

・不当な取引勧誘の禁止（誇大広告等の禁止等）

・正確な情報の提供（重要事項説明等）

③ 適正な契約内容の確保

・契約の内容の明確化（書面の交付義務）

・売主業者との売買における不当条項の規制（損害賠償額の予定等）

・媒介・代理報酬の制限等

④ 契約の履行の確保

・取引紛争を誘発する取引規制（他人物・未完成物件の売買の規制）

・不当な履行遅延の禁止・損害補填の措置（保全措置・供託所説明）

⑤ 契約からの離脱の確保

・申込みの撤回の妨げ禁止

・相手方等の保護に欠ける行為の禁止

(2)信義誠実

宅建業者は、取引の関係者に対し、**信義**を旨とし、**誠実**にその業務を行わなければなりません。宅地建物の取引は衣食住に関わる生活や事業活動の基盤となる重要な財産なので、宅地建物取引の適正化を図るため特に宅建業法に定められています。

(3)不動産投資ビジネスがマネーゲーム化しないようにする

取引一任代理等を行うには国土交通大臣の認可を受けなければなりません。この認可を受けた宅建業者は、業務処理の原則の1つとして**投機的取引を抑制するように配慮する義務**を負います。

取引一任代理…宅地または建物の取引の代理・媒介において、取引の判断を一任され、それに基づき取引の代理・媒介を行なうことをいいます。不動産の証券化などに伴う、投資法人や信託財産受託会社からの資産運用の受託、特定目的会社や受託信託会社からの取引代理・媒介業務の受託については、その業務の円滑実施のため、国土交通大臣から取引一任代理等の認可を受ければ、個別の媒介契約は締結しなくてもよいとされています（取引一任代理等に係る特例）。

2 重要事項の説明（方法）

契約前に契約書とは別の書面で説明します

宅建業法では、**契約前に売買・貸借等の相手方等に対して法令に基づく制限等を記載した書面の交付と説明の義務**を宅建業者に課しています。これを重要事項説明といいます。

それはなぜ？

ひと昔前（昭和42年以前）は、宅建業法には重要事項説明の規定はありませんでした。あったのは「重要な事項について、故意に事実を告げず、または不実のことを告げる行為」を禁止する規定でした。ただ、これでは「重要な事項」が包括的でその範囲も明確ではなく、故意を要件とするため過失による場合を規制できませんでした。購入者等に宅地建物取引に関する知識が乏しいにもかかわらず、取引物件等に関する重要な事項を明確かつ十分に説明しないまま取引を進め契約が成立した後に、都市計画法等の公法上の制限、抵当権等の第三者の権利その他の事項について当事者の認識の違いが紛争の火種となっていました。

(1) 重要事項説明の方法～どうやって説明するの？

宅建業者は、**取引士に、物件を取得しまたは借りようとする人に対して、契約が成立するまでの間に、書面**（**電磁的方法によるものを含む**）**を交付**して重要事項の**説明をさせなければなりません**。

① 重要事項の説明～ネット上で重要事項説明もできるの？

宅建業者は、重要事項説明書面に記載した事項を、説明しなければなりません。面と向かって説明する方法以外にも、**テレビ会議等のITを活用すること**（以下、IT重説と略します）**もできます**。

ただし、IT重説は、以下の事項を満たしている場合に限り、対面による重要事項説明と同様に取り扱われます。

1. 取引士および重要事項の説明を受けようとする者が、図面等の書類および説明の内容について十分に理解できる程度に**映像を視認**でき、かつ、**双方が発する音声を十分に聞き取ることができる**とともに、**双方向でやりとりできる環境**において実施していること。
2. 取引士により記名された**重要事項説明書および添付書類**を、重要事項の説明を受けようとする者にあらかじめ**交付**（**電磁的方法による提供を含む**）していること。
3. 重要事項の説明を受けようとする者が、重要事項説明書および添付書類を確認しながら説明を受けることができる状態にあること並びに映像および音声の状況について、取引士が重要事項の説明を開始する前に確認していること。
4. 取引士が、取引士証を提示し、重要事項の説明を受けようとする者が、その**取引士証を画面上で視認できたことを確認**していること。

なお、取引士は、ITを活用した重要事項の説明を開始した後、映像を視認できない、または音声を聞き取ることができない状況が生じた場合には、直ちに説明を中断し、その状況が解消された後に説明を再開しなければなりません。

IT 重説の場合、取引士は、説明の相手方が取引士証を視認できたことを確認する必要があります。たとえば、取引士証を表示させた後、説明の相手方に表示されている取引士証の氏名を読み上げてもらうこと等により、相手方が視認できていることを確認します。
また、取引士は、説明の相手方に対して、自身の取引士証をカメラにかざし、その内容を相手方の画面上で確認してもらいます。そのため、説明の相手方は、少なくとも画面に表示される氏名等の文字を読むことができるほか、取引士の画面上の顔と取引士証の写真の顔と比べて同一人物であることが確認できることも必要です。

② 書面の交付～データを送付できるの？

宅建業者は重要事項説明書面をその説明前に相手方に交付していなければなりません。ただし、**相手方の承諾を得ていれば、電磁的方法により提供**することもできます。
具体的に、電磁的方法とは以下のものをいいます。

1. 電子書面を電子メール等により提供する方法
2. 電子書面を Web ページからのダウンロード形式により提供する方法
3. 電子書面を記録した CD-ROM や USB メモリ等を交付する方法

ただ、電磁的方法による場合は、以下の基準に適合していなければなりません。

1. 相手方が相手方ファイルへの記録を出力することにより書面を作成することができるものであること。
2. ファイルに記録された記載事項について、改変が行われていないかどうかを確認することができる措置を講じていること。
3. 前記 2.に掲げる方法の場合は、記載事項を宅建業者等の使用に係るパソコン等に備えられたファイルに記録する旨、または記録した旨を相手方に対し通知するものであること。 　ただし、相手方がその記載事項を閲覧していたことを確認したときは、通知する必要がありません。
4. 書面の交付に係る取引士が明示されるものであること。

また、電磁的方法により重要事項説明書を提供する場合は、相手方が書面の状態で確認できるよう、書面に出力可能な形式で提供するとともに、相手方において、記載事項が改変されていないことを将来において確認できるよう、電子署名等の方法により、記載事項が交付された時点と、将来のある時点において、記載事項が同一であることを確認することができる措置を講じることが必要です。
なお、**電磁的方法による提供**であっても、**取引士の記名は必要**です。

③ 取引士証の提示義務～IT 重説の場合はカメラ越しに？

取引士は、重要事項説明をするときは、説明の相手方に対し、**取引士証を提示**しなければなりません。具体的には、取引士証を胸に着用する等により、相手方または関係者に明確に示されるようにしなければなりません。なお、提示に当たり、個人情報保護の観点から、取引士証の住所欄にシールを貼ったうえで提示することもできます。ただし、シールは容易にはがすことができるものを使用し、取引士証を汚損しないよう注意しなければなりません。

付け足し 旧姓使用

旧姓が併記された免許証の交付を受けた日以降は、希望する者は、重要事項説明書面については旧姓を併記または旧姓を使用することができます。政令使用人も、変更届出書が受理された日以降は、同様に使用することができます。

また、重要事項説明書面に記載する代表者および政令使用人と取引士が同一人物の場合は、いずれも旧姓併記、旧姓使用または現姓使用として表記を統一するか、どちらかを旧姓併記とし、もう一方を旧姓使用または現姓使用しなければなりません。

④ 説明の相手方～誰に対して説明・交付するの？

宅建業法上、「その者が取得し、又は借りようとしている宅地又は建物に関し」重要事項**説明**を行い、重要事項説明書面を**交付**しなければならないことになっています。**委託関係の有無にかかわらず義務を負います**。

たとえば、売主とだけ媒介契約を締結している場合でも、買主に対して重要事項説明とその書面の交付をする義務を負います。

具体的には、次の者に対して行います。

宅建業者が自ら売買または交換をする場合
・売買の買主 ・交換により宅地や建物を取得しようとする者
宅建業者（代理業者・媒介業者）が売買・交換・貸借の代理、媒介をする場合
・売買の買主 ・交換により宅地や建物を取得しようとする者 ・貸借の借主

なお、重要事項説明は、一般の消費者を保護するための制度でもあります。したがって、**説明の相手方が宅建業者の場合は、説明を省くことができます**。

⑤ 違反した場合～違反するとどうなるの？

重要事項説明をしなかったり、重要事項説明書面を交付しなかったりした場合は、指示処分、業務停止処分の対象となり、情状が特に重いときは免許の取消処分の対象にもなります。ただし、重要事項説明が必要な内容について故意に事実を告げなかったり、不実のことを告げたりする場合を除き、**罰則はありません**。

(2)重要事項説明書面～相手方が宅建業者でも書面は必要？

宅建業法35条には、宅建業者が重要事項説明書面に記載しなければならない事項が列挙されています。これは、**最低限記載しなければならないものを定めたもの**なので、実際の取引では、一般消費者でもある取得希望者等に情報提供するという目的を実現するために、より多くの事項を記載し説明しています。

相手方が宅建業者でも書面の交付(電磁的方法による提供を含む)**は省略できません。**

付け足し　複数の宅建業者が関与する場合は？

媒介した全ての宅建業者に所属する取引士が連名で記名し、全ての宅建業者に重要事項説明が義務付けられています。ただし、媒介した宅建業者の中の1つの宅建業者に所属する取引士が代表で説明してもかまいません。

3 重要事項の説明（内容）

取引態様、宅地・建物の別で記載事項が異なります

(1)すべての取引で記載するもの

①登記された権利の種類および内容ならびに登記名義人または登記簿の表題部に記録された所有者の氏名（法人にあっては、その名称）

登記には原則として対抗要件しかないといえども、ちゃんと登記されていないような不動産は、「本当に売主・貸主のものなのかな？」と不安になると思います。登記されている権利がなければ、「ない」と記載します。なお、**移転登記の申請時期までは記載する必要がありません**。

②飲用水、電気およびガスの供給ならびに排水のための施設の整備の状況（これらの施設が整備されていない場合においては、その整備の見通しおよびその整備についての特別の負担に関する事項）

これら**インフラ整備が整っていない場合は生活が困難**になります。ガス配管設備等については、都市ガスかプロパンガスかで後でもめることがよくあるので、その種類までも記載する必要があります。

③工事の完了時における形状・構造（図面が必要なときは、図面を添付）

宅地	造成工事完了時におけるその宅地に接する**道路の構造および幅員**
建物	工事完了時におけるその建物の主要構造部、**内装および外装**の構造または仕上げならびに設備の設置および構造

④代金、交換差金および借賃以外に授受される金銭の額および当該金銭の授受の目的

いろいろな名目で趣旨不明の金銭を要求するトラブル事例が多いので定められたものです。ない場合は「**ない**」と記載しなければなりません。なお、**37 条書面（契約書面）にも同様の内容を記載**しますが、さらに**授受の時期も記載**するようになっています。

用語

代金、交換差金および借賃以外に授受される金銭…売買における手付金等、賃貸借における敷金、保証金、礼金、権利金、更新料等を指します。

⑤契約の解除に関する事項

手付解除、ローン解除、合意解除等の定めです。ない場合は「**ない**」と記載しなければなりません。

なお、**37 条書面（契約書面）にも同様の内容を記載**します。

⑥損害賠償額の予定または違約金に関する事項

損害賠償額の予定や違約金は、代金の 10%～20%相当の多額な約定をすることが多いので、契約当事者に対して、**あらかじめそのリスクを認識してもらう必要**があります。ない場合は「**ない**」と記載しなければなりません。なお、**37 条書面（契約書面）にも同様の内容を記載**します。

支払金または預り金…代金、交換差金、借賃、権利金、敷金その他いかなる名義をもって授受されるかを問わず、宅建業者の相手方等からその取引の対象となる宅地または建物に関し受領する金銭をいいます。

⑦支払金または預り金を受領しようとする場合において、保証協会が行う一般保証業務等の保全措置を講ずるかどうか、およびその措置を講ずる場合におけるその措置の概要

措置を講じない場合は「**講じない**」旨を記載しなければなりません。
ただし、①**受領する額が 50 万円未満のもの**、②**保全措置が講ぜられている手付金等**、③売主または交換の当事者である宅建業者が**登記以後に受領**するもの、④報酬の**いずれかに当てはまる場合は記載する必要がありません**。

⑧宅地造成及び特定盛土等規制法により指定された造成宅地防災区域内にあるときはその旨

造成宅地防災区域とは、造成された一団の宅地のうち、地震等によって地盤の滑動などの災害が発生する恐れが大きいとして指定される区域をいいます。

⑨土砂災害警戒区域等における土砂災害防止対策の推進に関する法律により指定された土砂災害警戒区域内にあるときはその旨

土砂災害警戒区域とは、土砂災害が発生した場合、住民の生命または身体に危害が生ずるおそれがあると認められる土地の区域で、警戒避難体制を特に整備すべき土地の区域です。

⑩津波防災地域づくりに関する法律により指定された津波災害警戒区域内にあるときはその旨

津波災害警戒区域とは、津波が発生した場合に住民等の生命または身体に危害が生ずるおそれがあり、津波による人的災害を防止するために警戒避難体制を特に整備すべきとして指定された土地の区域をいいます。

⑪水防法施行規則 11 条 1 号の規定により当該宅地または建物が所在する市町村の長が提供する図面に当該宅地または建物の位置が表示されているときは、当該図面における当該宅地又は建物の所在地

水害ハザードマップ上のどこに所在するかについて消費者に確認せしめるもので、取引の対象となる宅地建物の位置を含む水害ハザードマップを、洪水・内水・高潮のそれぞれについて提示し、その宅地建物の概ねの位置を示します。

(2)建物の貸借では記載しなくてよいもの

①都市計画法、建築基準法等に基づく制限に関する事項の概要

たとえば、都市計画法上の建築制限や建築基準法上の用途地域等の規制、防火地域・準防火地域内の規制、容積率および建蔽率の制限の概要等です。
なお、単に法令名、条文の記載、法的規制の種類や名称等を記載するだけでは不十分です。買主(借主)が契約を締結するかどうかを判断するに必要な情報を収集、提供することがその目的なので、宅地建物がどのような建築制限、工事制限、利用制限等の法令上の制限を受けるかについて具体的に調査、記載する必要があります。
都市計画法・建築基準法以外にも多くの法令上の制限が重要事項説明書面の記載内容となっています。

②急傾斜地の崩壊による災害の防止に関する法律における急傾斜地崩壊危険区域内にある旨および立木林の伐採には都道府県知事等の許可を受けなければならないこと

③津波防災地域づくりに関する法律における津波防護施設区域における行為の制限、指定津波防護施設の改築等についての届出、指定避難施設に関する届出、管理協定の効力の概要

なお、津波災害警戒区域内にある旨は建物貸借の場合にも記載が必要なことと混同しないようにしましょう。

④私道に関する負担に関する事項

私道には、建築基準法上の道路位置指定を受けた道路、通行地役権が存在する通路、袋地の場合は隣地通行権、賃借権・使用貸借(無償)による通行権等があります。負担がない場合は「**ない**」と記載する必要があります。

私道に関する負担…他人が通行するために土地の一部を提供したり、通行のために負担金を支払ったりすることをいいます。

⑤長期優良住宅の普及の促進に関する法律における容積率の特例

その敷地面積が政令で定める規模以上である住宅のうち、認定長期優良住宅建築等計画に基づく建築に係る住宅であって、特定行政庁が交通上、安全上、防火上及び衛生上支障がなく、かつ、その建蔽率、容積率及び各部分の高さについて総合的な配慮がなされていることにより市街地の環境の整備改善に資すると認めて許可したものの容積率は、その許可の範囲内において、法定の限度を超えることができます。

付け足し 法令上の制限事項の特殊なもの

法令名	記載内容	宅地		建物	
		売買	貸借	売買	貸借
新住宅市街地開発法	31条(新住宅市街地開発事業により造成された宅地における建築義務)	必要	不要	必要	不要
	32条1項(造成宅地等に関する権利の処分の制限)	必要	必要	必要	必要
新都市基盤整備法	39条(新都市基盤整備事業に係る土地整理における仮換地指定に伴う従前の宅地の使用収益の制限)(使用収益停止処分に伴う使用収益の制限)	必要	必要	必要	不要
	50条(建築物の建築義務)	必要	不要	必要	不要
	51条1項(開発誘導地区内の土地等に関する権利の処分の制限)	必要	必要	必要	必要

流通業務市街地の整備に関する法律	5条1項（流通業務地区内における流通業務施設以外の施設の建設等の制限）	必要	必要	必要	不要
	37条1項（流通業務団地造成事業により造成された敷地における流通業務施設の建設義務）	必要	不要	必要	不要
	38条1項（造成敷地等の処分の制限）	必要	必要	必要	必要

(3) 宅地建物の売買の場合に記載が必要なもの

①手付金等を受領しようとする場合における保全措置の概要

自ら売主制限の1つで、宅建業者が一定額以上の手付金等を、**宅建業者ではない買主**から受領するには、銀行等を保証人とする等の保全措置を必要とするものです。**買主はこのような保全措置について知識がないのが普通**なので、買主に事前に理解させておく必要があり、記載事項となっています。

②代金または交換差金に関する金銭の貸借のあっせんの内容およびそのあっせんに係る金銭の貸借が成立しないときの措置

宅地建物の売買では買主が金融機関から住宅ローンの融資を受けて代金または一部に充当することが普通です。買主自ら金融機関と交渉して融資を受ける場合もありますが、売主業者や媒介業者から金融機関のあっせんを受けて、金銭消費貸借契約を結ぶ場合もあります。この場合、**買主の所得等の理由で融資が受けられないときもあるので、買主に売買契約を無条件で解除することができるとの「ローン特約解除」を定めておく**ことが普通です。

あっせんしない場合は「**しない**」と記載しなければなりません。

なお、37条書面（契約書面）にも同様の内容を記載します。

③宅地または建物が種類または品質に関して契約の内容に適合しない場合におけるその不適合を担保すべき責任の履行に関し保証保険契約の締結その他の措置で国土交通省令・内閣府令で定めるものを講ずるかどうか、およびその措置を講ずる場合におけるその措置の概要

国土交通省令・内閣府令で定める措置とは、①宅地または建物の不適合を担保すべき責任の履行に関する保証保険契約または責任保険契約の締結、②宅地または建物の不適合を担保すべき責任の履行に関する保証保険または責任保険を付保することを委託する契約の締結、③宅地または建物の不適合を担保すべき責任の履行に関する債務について銀行等が連帯して保証することを委託する契約の締結のうちのいずれかをいいます。

分譲マンションが耐震偽装等により耐震補強工事や建替えが必要とな

った場合、**買主が担保責任を追及しても、売主業者が資金不足で損害を填補できないことがほとんど**なので、記載事項となっています。
なお、37条書面(契約書面)にも同様の内容を記載します。

(4)宅地建物の貸借の場合に記載が必要なもの

①契約期間および契約の更新に関する事項

②借地借家法に規定する定期借地権の適用を受けるものを設定しようとするとき、または定期建物賃貸借もしくは高齢者の居住の安定確保に関する法律の規定の適用を受ける終身建物賃貸借をしようとするときは、その旨

終身建物賃貸借…
借主の死亡のときまで存続し、借主が死亡したときに終了する建物の賃貸借契約をいいます。「高齢者の居住の安定確保に関する法律」によって認められた賃貸借契約で、この契約を締結する事業者は、住宅のバリアフリー化や前払い家賃の保全措置を講じるなど、一定の条件を満たした上で都道府県知事の認可を得なければなりません。また、契約は公正証書等書面によらなければなりません。

③宅地または建物の用途その他の利用に係る制限に関する事項(建物が区分所有権の目的である場合は、専有部分の用途その他の利用の制限に関する規約の定めの内容を除く)

④敷金その他いかなる名義をもって授受されるかを問わず、契約終了時において精算することとされている金銭の精算に関する事項

賃貸借契約成立時に賃借人が賃貸人に敷金を差し入れた場合、明渡し後に返還する敷金から通常損耗分の原状回復費用に充てるため一定の額を敷引として控除した上で残額を返還する特約(**敷引特約**)がされる場合があります。この特約は、**賃借人が契約を結ぶ際の重要な判断基準**となります。なお、敷金の**保管方法についてまでは記載する必要がありません**が、どのように精算するかについては記載しなければなりません。

⑤宅地または建物(区分所有建物を除く)の管理が委託されているときは、その委託を受けている者の氏名(法人にあっては、その商号または名称)および住所(法人にあっては、その主たる事務所の所在地)

アパート等の賃貸においては、賃貸住宅の管理業務等の適正化に関する法律2条1項の賃貸住宅を取引の対象とする場合には、重要事項説明書に管理業務の委託を受けた者の氏名(法人にあってはその商号または名称)、住所(法人にあってはその主たる事務所の所在地)および登録番号を記載し、その旨説明しなければなりません。

(5)建物の売買と貸借で記載が必要なもの

①建物について、石綿の使用の有無の調査の結果が記録されているときは、その内容

石綿(アスベスト)は、防火・防音・断熱用の建築材料として使用されていましたが、現在は使用が禁止されています。ただ、規制前の建物などにはまだ使用されているものもあるので記載事項となっています。
「**その内容**」というのは、**調査の実施機関、調査の範囲、調査年月日、石綿の使用の有無と石綿の使用の箇所**をいいます。
ただし、記録が存在しなかったり、調査記録があっても不完全であったりして、売主、管理業者、施工会社等に補足情報の告知を求め、それでもなお判明しないときはその旨を説明すればよいことになっています。

②建物（昭和 56 年 6 月 1 日以降に新築の工事に着手したものを除く。）が建築物の耐震改修の促進に関する法律に規定する基本方針のうち法定の技術上の指針となるべき事項に基づいて、一定の有資格者等が行う耐震診断を受けたものであるときは、その内容

耐震診断とは、地震に対する安全性を評価することをいいます。昭和 56 年 6 月 1 日に法改正がされ、新耐震基準に基づいて建築物が設計施工されるようになりました。その後、平成 7 年の阪神・淡路大震災で昭和 56 年以前の旧耐震基準による建築物の被害が甚大だったので、その後、「建築物の耐震改修の促進に関する法律」が制定されました。

なお、宅建業者に**耐震診断を実施する義務**まではありません。

③建物が既存の建物であるときは、建物状況調査を実施しているかどうか、および実施している場合におけるその結果の概要

建物状況調査の結果の概要とは、建物状況調査を実施した建築士（既存住宅状況調査技術者）により作成される、調査対象部位ごとの劣化事象等の有無などが記載された書面をいいます。

なお、宅建業者に**建物状況調査をする義務**はありません。

建物状況調査についての記載が必要となるものは、その実施後 1 年（鉄筋コンクリート造または鉄骨鉄筋コンクリート造の共同住宅等（住宅品質確保法施行規則に規定する共同住宅等）にあっては 2 年）を経過していないものに限られます。

(6)建物の売買で記載が必要なもの

①設計図書、点検記録その他の建物の建築および維持保全の状況に関する書類の保存の状況

なお、保存の有無について記載すればよく、それぞれの書類に記載されている内容についてまでは記載する必要はありません。

住宅ローンの借入、既存住宅売買瑕疵保険の付保、居住開始後のリフォームやメンテナンスの実施等のために必要となる**書類**として、「建築基準法令に適合していることを証明する書類」、「新耐震基準への適合性を確認できる書類」、「新築時及び増改築時に作成された設計図書類」、「新築時以降に行われた調査点検に関する実施報告書類」に該当する書類が重要事項説明の対象となります。

②建物が住宅の品質確保の促進等に関する法律に規定する住宅性能評価を受けた新築住宅であるときは、その旨

住宅性能評価制度を利用した新築住宅である旨を記載するだけでは不十分です。その内容を買主等が理解できるようにしなければなりません。ただ、その評価の具体的内容まで記載する義務まではありません。

(7)建物の貸借で記載が必要なもの

①台所、浴室、便所その他の建物の設備の整備の状況

賃貸物件の場合は、貸主の承諾なく賃貸物件の設備を変更できないので、重要事項説明書面に記載する必要があります。

なお、**事業用でも居住用でも記載が必要**です。

(8)宅地の貸借で記載が必要なもの

①契約終了時におけるその宅地の上の建物の取壊しに関する事項を定めようとするときは、その内容

宅地の貸借においては、**定期借地権**のように、賃貸借契約の期間満了の場合に契約の更新および建物の築造による存続期間の延長、建物買取請求権がない賃貸借契約においては、**契約終了によって土地上の建物を取り壊して原状に復してこれを返還する必要が生じる**ので、その内容を記載しなければなりません。

(9)区分所有建物の場合の追加事項

区分所有建物というのはマンションのことです。詳しくは本書の権利関係編で詳しく説明します。区分所有建物ならではの特徴もあるので、これまで説明した内容に追加して、説明する内容があります。

《売買だけでなく貸借でも記載すべきもの》

①専有部分の用途その他の利用の制限に関する規約の定め(案を含む)があるときは、その内容

たとえば、居住用以外への用途使用の禁止、ペット飼育禁止等が典型です。規約は、区分所有者(買主等)だけでなく、**占有者(借主等)にも効力が及ぶ**ので、貸借の場合にも記載が必要となっています。

②一棟の建物およびその敷地の管理が委託されているときは、その委託を受けている者の氏名(法人にあっては、その商号または名称)および住所(法人にあっては、その主たる事務所の所在地)

マンションの管理がきちんと行われるかどうかは、**良好な居住環境の確保に重大な影響を与えます**。その管理が委託されている場合は、委託を受けた者が誰なのかは重要です。ただし、**委託された業務の内容までは記載する必要がありません**。

なお、管理を受託している者が、マンションの管理の適正化の推進に関する法律 44 条の登録を受けている者である場合には、その登録番号も記載しなければなりません。

《貸借の場合には記載する必要がないもの》

①一棟の建物の敷地に関する権利の種類、内容

一棟の建物の敷地とは、建物が所在する土地とその土地と一体として管理・使用する庭や通路その他規約敷地をいいます。権利の種類には、所有権、地上権、賃借権等があります。権利の内容については、地上権や借地権の存続期間、定期借地権の場合は更新がなく建物買取請求権もないこと等を記載します。

②共用部分に関する規約の定め(案を含む)があるときは、その内容

共用部分とは、専有部分以外の建物の部分等をいいます。集会室や管理人室等に関する規約などが典型例です。

なお、規約の定めは、相当な量になるので、記載に代えて規約等を別に添付することも可能です。

③一棟の建物またはその敷地の一部を特定の者にのみ使用を許す旨の規約(これに類するものを含む)の定め(案を含む)があるときは、

区分所有建物は一戸建ての建物とは異なり、一棟の建物の構造上区分された数個の部分が独立して取引の対象となり、一棟の建物のうち専有部分と共用部分とがある等権利関係が複雑であり、さらに、相当な量にのぼる規約その他の定めが存します。これらの事項はいずれも個々の取引において買主や借主がその条件で契約を結ぶかどうかを判断するにあたり、その意思決定に影響を与える事項なので、特に追加して記載するものとなっています。

その内容

1階住戸の専用庭や専有部分である各住戸に設置されているバルコニー等敷地と共用部分等の一部について、特定の区分所有者が排他的に使用できる権利を**専用使用権**といいます。ただし、その**使用者の氏名および住所までは記載する必要がありません。**

④一棟の建物の計画的な維持修繕のための費用、通常の管理費用、その他の建物の所有者が負担しなければならない費用を特定の者のみ減免する旨の特約の定め（案を含む）があるときは、その内容

新築分譲マンションの場合は、分譲開始時点では管理組合が機能していないので、売主の宅建業者等が管理規約を作り、管理組合が承認するという方法が一般です。その際、売主の宅建業者には管理費・修繕積立金の負担を免除する規約を定めることがあります。したがって、**買主が減免対象者であるか否かに関係なく記載する必要があります。**

⑤一棟の建物の計画的な維持修繕のための費用の積立てを行う旨の規約の定め（案を含む）があるときは、その内容とすでに積み立てられている額

修繕積立金は大規模修繕等に備えて計画的に徴収する準備金です。修繕積立金に滞納がある場合には、その額によっては、大規模修繕自体ができなくなるおそれがあります。したがって、できる限り直近の数値（直前の決算期における額等）の時点を明示して記載し、**滞納があるときはその額を告げなければなりません。**

⑥建物の所有者が負担しなければならない通常の管理費用の額

管理費用とは、区分所有建物の日常的な維持管理に充てられる費用をいいます。滞納がある場合には、買主は売主と連帯して支払う義務を負うことになるので、修繕積立金と同じく管理費用についても、月々の管理費だけでなく、**滞納管理費等の有無、額を記載**しなければなりません。

⑦一棟の建物の維持修繕の実施状況が記録されているときは、その内容

分譲マンションが適正に維持修繕されているかどうかはその財産的価値、居住環境に影響を与えるので、その物件を購入するにあたっては重要な判断基準となります。そこで、維持修繕の実施状況の記録が記載事項となっています。

中古マンションの場合はその記録が保存されていないものもあり、その調査義務まで宅建業者に課すことは酷なので、管理業者や売主に照会の上、存在しないことが確認された場合は、「記録されていない」旨を記載すればよいことになっています。

(10) 宅地または建物の割賦販売の場合における追加事項

宅地または建物の割賦販売（代金の全部または一部について、目的物の引渡し後1年以上の期間にわたり、かつ、2回以上に分割して受領することを条件として販売することをいいます。）の相手方に対して、その者が取得しようとする宅地または建物に関し、その割賦販売の契約が成立するまでの間に、前記のほか、以下の事項を記載しなければなりません。

① 現金販売価格

宅地または建物の引渡しまでにその代金の全額を受領する場合の価格のことです。

② 割賦販売価格

割賦販売の方法により販売する場合の価格のことです。

③ 宅地または建物の引渡しまでに支払う金銭の額及び賦払金の額並びにその支払の時期及び方法

割賦販売の契約に基づく各回の代金の支払分で目的物の引渡し後のものです。

割賦販売…代金の全部または一部について、目的物の引渡し後1年以上の期間にわたり、かつ、2回以上に分割して受領することを条件として販売することをいいます。

(11)宅地または建物に係る信託の受益権

宅建業者は、宅地または建物に係る信託(その宅建業者を委託者とするものに限ります)の受益権の売主となる場合における売買の相手方に対して、その者が取得しようとしている信託の受益権に係る信託財産である宅地または建物に関し、少なくとも以下の事項について、記載(⑤において図面を必要とするときは、図面)しなければなりません。

① 信託財産である宅地または建物の上に存する登記された権利の種類及び内容並びに登記名義人または登記簿の表題部に記録された所有者の氏名(法人にあっては、その名称)

② 信託財産である宅地または建物に係る都市計画法、建築基準法その他の法令に基づく制限で政令で定めるものに関する事項の概要

政令で定めるものは、前記(1)～(10)に掲げる法律の規定(これらの規定に基づく命令及び条例の規定を含む)に基づく制限でその信託財産である宅地または建物に係るもの及び都市計画法施行法38条3項の規定により、なお従前の例によるものとされる緑地地域内における建築物または土地に関する工事もしくは権利に関する制限で当該信託財産である宅地または建物に係るものとされています。

③ 信託財産である宅地または建物に係る私道に関する負担に関する事項

④ 信託財産である宅地または建物に係る飲用水、電気及びガスの供給並びに排水のための施設の整備の状況(これらの施設が整備されていない場合においては、その整備の見通し及びその整備についての特別の負担に関する事項)

⑤ 信託財産である宅地または建物が宅地の造成または建築に関する工事の完了前のものであるときは、その完了時における形状、構造その他国土交通省令で定める事項

国土交通省令で定める事項は、当該信託財産が宅地の場合にあっては宅地の造成の工事の完了時における当該宅地に接する道路の構造及び幅員、建物の場合にあっては建築の工事の完了時における当該建物の主要構造部、内装及び外装の構造または仕上げ並びに設備の設置及び構造となります。

⑥ 信託財産である建物が建物の区分所有等に関する法律2条1項に規定する区分所有権の目的であるものであるときは、その建物を所有するための一棟の建物の敷地に関する権利の種類及び内容、同条4項に規定する共用部分に関する規約の定めその他の一棟の建物又はその敷地（一団地内に数棟の建物があって、その団地内の土地またはこれに関する権利がそれらの建物の所有者の共有に属する場合には、その土地を含む）に関する権利及びこれらの管理または使用に関する事項で国土交通省令で定めるもの

国土交通省令で定める事項は、以下に掲げるものをいいます。

1. 信託財産である建物を所有するための一棟の建物の敷地に関する権利の種類及び内容
2. 区分所有法2条4項に規定する共用部分に関する規約の定め（その案を含む）があるときは、その内容
3. 区分所有法2条3項に規定する専有部分の用途その他の利用の制限に関する規約の定め（その案を含む）があるときは、その内容
4. 信託財産である一棟の建物又はその敷地の一部を特定の者にのみ使用を許す旨の規約（これに類するものを含む）の定め（その案を含む）があるときは、その内容
5. 信託財産である一棟の建物の計画的な維持修繕のための費用、通常の管理費用その他の当該建物の所有者が負担しなければならない費用を特定の者にのみ減免する旨の規約（これに類するものを含む）の定めがあるときは、その内容
6. 信託財産である一棟の建物の計画的な維持修繕のための費用の積立てを行う旨の規約（これに類するものを含む）の定めがあるときは、その内容及び既に積み立てられている額
7. 信託財産である建物の所有者が負担しなければならない通常の管理費用の額
8. 信託財産である一棟の建物及びその敷地の管理が委託されているときは、その委託を受けている者の氏名（法人にあっては、その商号または名称）及び住所（法人にあっては、その主たる事務所の所在地）
9. 信託財産である一棟の建物の維持修繕の実施状況が記録されているときは、その内容

⑦ その他信託の受益権の売買の相手方の利益の保護の必要性を勘案して国土交通省令で定める事項

国土交通省令で定める事項は、以下に掲げるものです。表の○は記載必要、×は記載不要という意味です。

記載事項	宅地	建物
1. 信託財産である宅地または建物が宅地造成等規制法20条1項により指定された造成宅地防災区域内にあるときは、その旨	○	○
2. 信託財産である宅地または建物が土砂災害警戒区域等における土砂災害防止対策の推進に関する法律7条1項により指定された土砂災害警戒区域内にあるときは、その旨	○	○
3. 信託財産である宅地または建物が津波防災地域づくりに関する法律53条1項により指定された津波災害警戒区域内にあるときは、その旨	○	○
4. 水防法施行規則11条1号の規定によりその信託財産である宅地または建物が所在する市町村の長が提供する図面にその信託財産である宅地または建物の位置が表示されているときは、図面におけるその信託財産である宅地または建物の所在地	○	○
5. 信託財産である建物について、石綿の使用の有無の調査の結果が記録されているときは、その内容	×	○
6. 信託財産である建物(昭和56年6月1日以降に新築の工事に着手したものを除く)が建築物の耐震改修の促進に関する法律4条1項に規定する基本方針のうち同条2項3号の技術上の指針となるべき事項に基づいて次に掲げる者が行う耐震診断を受けたものであるときは、その内容 イ 建築基準法77条の21第1項に規定する指定確認検査機関 ロ 建築士 ハ 住宅の品質確保の促進等に関する法律5条1項に規定する登録住宅性能評価機関 ニ 地方公共団体	×	○

7. 当該信託財産である建物が住宅の品質確保の促進等に関する法律5条1項に規定する住宅性能評価を受けた新築住宅であるときは、その旨	×	○
8. 信託財産である宅地または建物が種類または品質に関して契約の内容に適合しない場合におけるその不適合を担保すべき責任の履行に関し保証保険契約の締結その他の措置で次に掲げるものを講じられているときは、その概要 イ 信託財産である宅地または建物が種類または品質に関して契約の内容に適合しない場合におけるその不適合を担保すべき責任の履行に関する保証保険契約または責任保険契約の締結 ロ 信託財産である宅地または建物が種類または品質に関して契約の内容に適合しない場合におけるその不適合を担保すべき責任の履行に関する保証保険又は責任保険を付保することを委託する契約の締結 ハ 信託財産である宅地または建物が種類または品質に関して契約の内容に適合しない場合におけるその不適合を担保すべき責任の履行に関する債務について銀行等が連帯して保証することを委託する契約の締結	○	○

ただし、その売買の相手方の利益の保護のため支障を生ずることがない場合として国土交通省令で定める場合は、記載する必要がありません。国土交通省令で定める場合は、次に掲げる場合をいいます。

1. 金融商品取引法2条31項に規定する特定投資家(同法34条の2第5項により特定投資家以外の顧客とみなされる者を除く)及び同法34条の3第4項により特定投資家とみなされる者を信託の受益権の売買の相手方とする場合
2. 信託の受益権の売買契約の締結前1年以内に売買の相手方に対しその契約と同一の内容の契約について書面を交付して説明をしている場合
3. 売買の相手方に対し金融商品取引法第二条第十項に規定する目論見書(書面を交付して説明すべき事項のすべてが記載されているものに限る。)を交付している場合

参考資料

なお、書面を交付して説明をした日(右記により書面を交付して説明をしたものとみなされた日を含む)から1年以内にその説明に係る売買契約と同一の内容の売買契約の締結を行った場合には、その締結の日において書面を交付して説明をしたものとみなして、右記2.が適用されます。

4 供託所等に関する説明

重要事項説明とは別に供託所の情報を伝えます

宅建業者は、事前に営業保証金や保証協会についての情報を相手方に伝えなければなりません。
営業保証金とは、宅建業者が営業活動として行う取引で相手方に損害を与えた場合に備えて、宅建業者に、供託所に一定額の金銭または有価証券を供託することを義務付け、これを損害の穴埋めに充てるものです。
昭和32年に営業保証金制度が導入された後、日本は高度成長期を迎えました。不動産の取引価格も高額となり、当初の営業保証金の額のままでは不十分になりました。そこで、昭和47年の改正でそれまでの営業保証金の額を5倍に引き上げるとともに、宅地建物取引業保証協会(以下、保証協会といいます。)を設立し、弁済業務保証金制度を作りました。

(1)重要事項説明書面に記載するの？

法律上は重要事項説明の内容とはされていません。したがって、取引士に説明させる義務もなければ、重要事項説明のように書面を交付する義務もありません。

それはなぜ？

宅建業者と取引したお客さんは、万一、取引上の事故で損失を被ったときには、供託所に還付を求めることができます。しかし、一般の人はそのような制度を知らないのが普通だからです。

(2)供託した額は説明しなくてもいいの？

供託所等について、以下の表の内容を説明しなければなりません。なお、**供託した額までは説明する必要がありません**。

営業保証金を供託	保証協会に加入
①営業保証金を供託した主たる事務所の最寄りの供託所 ②その所在地	①社員である旨 ②当該一般社団法人(保証協会)の名称 ③住所および事務所の所在地 ④保証協会が弁済業務保証金を供託した供託所およびその所在地

(3)相手方が宅建業者の場合は説明不要？

重要事項説明と同じく、**相手方が宅建業者の場合は説明する必要がありません**。

(4)説明しないとどうなるの？

供託所等の説明義務に違反した場合は、指示処分の対象となります。

5 事実不告知・不実告知の禁止

故意に重要事項説明で嘘をつくと犯罪になる

それはなぜ？

宅建業者が取引知識や経験の乏しい購入者等に対し、重要な事実を告知しないままに取引を勧誘することは一種の詐欺的行為といえ、業務の適正な運営と取引の公正を著しく害することになります。このことは宅建業法制定の契機にもなったことから、制定当初から、宅建業者が業務上してはならない行為のうちで最も重要なものと位置づけ、厳罰をもって臨んでいます（鬼丸監修宅建業法の話72頁、五十嵐・宅建業法 71頁）。

(1)禁止行為

宅建業者は、その業務に関して、その**①相手方等**に対し、宅地建物の売買、交換もしくは貸借の**②契約の締結について勧誘をするに際し**、またはその**③契約の申込みの撤回もしくは解除**もしくは**④宅建業に関する取引により生じた債権の行使を妨げるため**、次のいずれかに該当する事項（以下、「重要な事項」といいます。）について、**⑤故意に事実を告げず、または不実のことを告げる行為**を、してはなりません（法47条1号）。

1. 重要事項説明（法35条）の対象となる事項
2. 供託所等に関する説明事項
3. 37条書面（売買・交換・貸借の契約書）に記載すべき事項
4. その他、宅地建物の所在、規模、形質、現在もしくは将来の利用の制限、環境、交通等の利便、代金、借賃等の対価の額もしくは支払方法その他の取引条件またはその宅建業者もしくは取引の関係者の資力もしくは信用に関する事項であって、**その相手方等の判断に重要な影響を及ぼす**こととなるもの

▶ 1～3に掲げる事項については、4に掲げる事項と異なり、故意による事実不告知・不実告知があれば、相手方等の判断に重要な影響を及ぼすこととなるかどうかにかかわらず処罰されます。

(2)要件

以下の要件を満たすと事実不告知・不実告知の禁止行為にあたり監督処分や刑事罰に処せられることになります。

① 相手方等

故意による重要事項の不告知・不実告知の対象は買主、借主、交換で宅地建物を取得しようとする者に加え、売主、貸主も含まれます。

▶ 一般の消費者はもちろんのこと、事業者や宅建業者も相手方等に含まれます。

② 契約の締結について勧誘をするに際し

相手方等がいまだ契約締結の意思決定をしていないときに、宅建業者が相手方等と売買・交換・貸借の契約を締結することを目的として、または相手方等に契約を締結させる意図の下に働きかけることをいいます。それぞれの重要事項が相手方等にとって重要な事実であることを認識しつつ、あえてこれを告げない、または事実に反することを告げる行為をいいます。

《裁判例》

- 売買契約締結時に、時価 235 万円程度の土地を「現在は 600 万円だが 3 年後には何倍にも値上がりする、その時は私が責任をもって転売してやる、そうすればもうかる。」と述べ、591 万円で売買契約を締結させた事案について、東京地裁は、代金や転売に関する「重要な事項」について不実のことを告げる行為にあたるとしています(東京地判昭和 58 年 6 月 13 日)。
- 未完成の分譲マンションの販売の勧誘に際し、隣地に建物建築計画があることを知っていながらこれを告げなかった事案について、東京地裁は、買主に契約締結を勧誘するに際し、販売物件の環境に関する「重要な事項」について不告知行為にあたるとしています(東京地判平成 11 年 2 月 25 日、東京地判平成 18 年 8 月 30 日)。

「重要な事項」のいずれかに該当する重要な事実の不告知・不実告知の行為があれば足り、宅建業者による契約締結の勧誘によって、実際に相手方等が契約を締結したかどうかは問いません。

③ 契約の申込みの撤回もしくは解除を妨げるため

相手方等の契約の申込みの撤回(クーリング・オフ等)や解除(債務不履行解除、手付解除、ローン解除等)をする意思を翻えさせたり断念させるとか諦めさせるほか、契約の申込みの撤回や解除を先延ばしさせるように仕向けたり、協力しない等、その実現を阻止する目的または意図があることをいいます。

- 実際に相手方等が申込みの撤回や契約解除が妨げられたかどうかは問いません。

④ 宅建業に関する取引により生じた債権の行使を妨げるため

相手方等と宅建業者との宅建業取引から生じる、宅建業者に対し請求できる権利の実現を妨げる目的または意図があることをいいます。
たとえば、宅地建物の売買・交換・貸借の契約に関して、相手方等の宅建業者に対する売買代金請求権、契約解除による原状回復請求権、錯誤取消し(民法 95 条)等に基づく不当利得返還請求債権(民法 703 条、704 条)、損害賠償請求権(民法 709 条、民法 415 条)等のほか、売買契約に基づく所有権移転登記手続請求権、引渡し請求権です。また、相手方等が契約関係から離脱するために宅建業者に対し売買契約に基づいて手付解除や契約解除権の意思表示をすることも

実際に相手方等が債権行使を妨げられたかどうかは問いません。

含まれます。「宅地建物取引業に関する取引により生じた債権」は、宅地建物の売買、交換、賃借の契約に限定されし、また相手方等の宅建業者に対する「取引により生じた債権」は金銭債権に限られません。

《裁判例》
売買契約が成立した後（引渡前）に、媒介業者が建物内での自殺の事実を知ったが、もしこの事実を買主が知ってしまったら錯誤取消し（民法 96 条）や説明義務違反、契約不適合責任（民法 566 条）等を主張して残代金の支払を拒絶するのではないかと思い、あえてその事実を告げなかった行為は重要な事実の不告知にあたるとする裁判例があります（高松高判平成 26 年 6 月 19 日判時 2236 号 101 頁）。

⑤ 故意による事実不告知・不実告知

故意に「事実を告げず」（**事実不告知**）とは、宅建業者が「重要な事項」のいずれかに該当する事実を認識しているにもかかわらず、あえてこれを告げない行為をいいます。
故意に「不実のことを告げる行為」（**不実告知**）とは、宅建業者が「重要な事項」について、事実でないことを認識していながらあえて事実に反することを告げる行為をいいます。

- ▶ 事実を知らないために告げなかったとか、注意義務違反により結果的に事実に反することを告げたといった過失に基づく行為は含まれません（五十嵐・宅建業法 75 頁参照）。
- ▶ 「重要な事項」の内容の説明までは必要とせず、相手方が一定の事実を認識できる状態に置くことで「告知」になります。
- ▶ 告知の方法は、方式を問わず、書面の提示や交付に限られず、口頭で足ります（五十嵐・宅建業法 75 頁、詳解不動産仲介契約 304 頁）。

過失による重要な事実の不告知・不実告知は、重要事項説明義務（法 35 条 1 項）に違反する場合には指示処分または業務停止処分の対象となります。

(3)「重要な事項」

宅建業法では、下記のとおり、事実不告知・不実告知の対象事項を列挙しています。

1. 重要事項説明（法 35 条）の対象となる事項
2. 供託所等に関する説明事項
3. 37 条書面（売買・交換・貸借の契約書）に記載すべき事項
4. その他、宅地建物の所在、規模、形質、現在もしくは将来の利用の制限、環境、交通等の利便、代金、借賃等の対価の額もしくは支払方法その他の取引条件またはその宅建業者もしくは取引の関係者の資力もしくは信用に関する事項であって、**その相手方等の判断に重要な影響を及ぼす**こととなるもの ▶ 1〜3 に掲げる事項については、4 に掲げる事項と異なり、故意によ

る事実不告知・不実告知があれば、相手方等の判断に重要な影響を及ぼすこととなるかどうかにかかわらず処罰されます。

平成 17 年に発覚した建物耐震偽装に端を発した建築基準法、建築士法等の改正に伴い、消費者保護の観点から、宅建業者の情報の開示に主眼をおいて、平成 18 年に宅建業法が改正されました。改正前は 1 年以下の懲役もしくは 100 万円以下の罰金とされていましたが、法 47 条 1 号について独立して罰則を設け、2 年以下の懲役もしくは 300 万円以下の罰金としてその内容も強化されました。そこで、「重要な事項」の文言についても罪刑法定主義の観点から構成要件をより明確化しました。

ここでは、前記の 1～4 の列挙事項のうち、4 の事項だけを解説します。

① 利用の制限

誇大広告等の禁止規定の「利用の制限」は、公法上の制限、私法上の制限により所有権を完全に使用、収益、処分できない場合を指しますが、ここにいう「利用の制限」は、事実不告知・不実告知の禁止規定の趣旨にかんがみ、法的な制限はなくても社会通念に照らし取引物件を利用することに事実上の障害や負担、制約がある場合も含まれると解すべきとされています(岡本・宇仁・宅建業法 829 頁)。

② 環境

環境とは、取引物件を取り巻く状況をいいます。居住用物件(戸建て、マンション等)の売買では、買主が日照・眺望の良さ、居住の快適性、良好な住環境を重視し、宅建業者も広告に「緑に包まれた閑静な住宅」、「日照、眺望良好」、「全戸オーシャンビューのリビングが自慢」等、景観や住環境の良さを強調し販売活動することがあります。このような場合、買主にとって売買の目的物が享受する日照・眺望、良好な住環境は購入するかどうかの判断要素の一つとなります。もちろん、将来、既存建物が解体されて中高層マンションが建設され周辺環境が大きく変化する可能性はあり、契約締結時の住環境がいつまでも続くことはあり得ず、売主がこれを確約・保証できないことは買主も認識できることです。とは言え、新築マンションや宅地分譲販売において、周辺環境に関する紛争は少なくないため、宅建業者は、重要事項説明書に「将来周辺環境(日照、眺望、採光、通風、電波受信等)が変化することがあり、あらかじめご了承ください」といった容認条項を設けるべきです。

《裁判例》

買主が購入しようとする居住用建物の南側隣地に高層マンションの建設事業計画があり、取引物件に対し日照阻害、眺望阻害の可能性が存在することを知りながら、その事実を告げないことは、取引物件の住環境や生活環境の快適性が阻害される可能性があることを告げない行為として、「環境」に関する事項についての事実不告知に当たるとする裁判例があります（東京地判平成11年2月25日判時1676号71頁）。

取引物件の隣地またはごく近くに暴力団事務所が所在し、宅建業者がこれを知りながらその事実を告げない場合も、住環境の良好さ、平穏さを欠いていることを告げない行為に該当し、「環境」に関する事項についての事実不告知となります。

特に、売買の目的物が賃貸物件（収益物件）である場合、賃料の支払状況、用法違反の有無等、賃貸借関係における信頼関係を破壊するような事情がないか等、賃借人に関する事情は、賃貸人となる買主にとって、安定した賃料収入と支障なき維持管理の指標であって、賃貸物件を購入するかどうかを判断する上で重要な事項となります。したがって、宅建業者は、暴力団関係者の入居の有無について調査・確認すべきといえます。どこまでの調査義務を負うのかについて以下の裁判例が参考になります。

《裁判例》

宅建業者の媒介により、賃貸物件（専有住戸）を購入し買主が、購入後に、賃借人が暴力団組員であったことを知り、不法行為（調査・説明義務違反等）に基づく損害賠償請求と錯誤無効を主張した事案について、東京地裁は、「賃貸中の建物売買の媒介であるから、賃貸借関係における重要事項としては、主に賃料支払状況、用方違反の有無、賃借人自身の居住（占有）があげられ」、「賃借人がどのような人物であるかはそれ自体、買主に主観的に関心があっても、賃貸借中の建物売買を媒介する宅建業者としては、客観的に、通常買主が重視し、関心を寄せる右各重要事項について調査すべきであるが、賃借人の属性については、賃貸借関係を将来継続し難くなる事情に関してのみ重要な事項として調査対象となると考えられる。その調査の方法、程度については、賃借人の思想・信条・職業・私生活等プライバシーの保護の観点や権利の移転の媒介という契約の内容、事実上の制約という観点からして自ずから制限され、原則としてその物件の所有者又は当該賃貸借契約を管理している管理会社に対し賃借人が提出した入居申込書に記載された身元・職業を確認するほか、当該物件の外観から通常の用方がなされているかを確認し、その結果を依頼者に報告すれば足り、当該物件を内見したり、直接賃借人から事情を聴取することまでの調査義務を負うことはないというべきである。ただし、右調査において、正常な賃貸借契約関係が係属していないことが窺われる場合には、その点につき適当な方法で自ら調査し、または、その旨を依頼者に報告して注意を促す義務を有するものと考えるのが相当である」として、「本件建物の応接室に神棚、組の看板、入れ墨姿の写真を飾っているものの、本件建物の表札は名前だけであり、他の暴力団関係者や組事務所として使用している外観を表示するものを設置するなどしておらず、組員が出入りしている事情も窺えず、そして、賃料の支払いは本件訴え提起まで大方順調であり、賃貸人や管理人、他の本件マンション住人と紛争を起こしたり、苦情をよせられたことはなかったのであるから、右事実関係のもとでは、賃借人が暴力団員であることをもって、賃借人の属性として、賃貸借関係を将来継続し難くなる事情に関して重要な事項となるとは直ちに言えない」と判示しています（東京地判平成９年10月20日）。

③ 交通等の利便

交通手段や日常生活での利便性に関する事項をいいます。

たとえば、買主が商業施設、交通機関の施設等が近接する場所に存在する店舗物件を希望しているにもかかわらず、その商業施設等が近い将来経営不振で閉鎖されることや、交通機関が廃止移設される等の事実を知りながら、それを告げない行為等です。

④ その他の取引条件

契約当事者間で明示または黙示の合意により成立した契約内容を構成する事項をいいますが、宅建業者の相手方等が契約するか否かを判断するに至る前提事実や判断に当たって考慮する事実も含みます。

なお、「取引条件」は概括的かつ規範的な概念であり、宅地建物の売買等の契約は個別性が強いため「取引条件」に当たるか否かは、個々の取引事情に応じ、契約当事者の属性や締結に至る経過、その意思、当該契約の性質、契約の目的物、契約目的、取引動機等にかんがみて判断されます。もちろん、「取引条件」であったとしても、直ちに「相手方等の判断に重要な影響を及ぼすこととなる」取引条件に該当するわけではありません。

たとえば、売買契約では、取引物件の契約不適合責任（民法 562～566 条）を免除制限する特約（免責特約）、ローン特約、買換え特約、賃貸物件の売買であれば建物賃借人に建物を賃貸した状態で売却するとの特約（居付きの特約）や建物賃貸借契約における原状回復義務についての特約等です。

⑤ 資力、信用

資力とは売買代金、賃料等の支払能力があることをいいます。

- 「信用」とは宅地建物取引に関し契約を約定どおり履行するとの信頼や社会的信用をいいます。
- 「取引の関係者」とは取引の相手方（売主、買主、借主等）のほか、賃貸借契約の保証人の「資力若しくは信用に関する事項」、共同媒介する別の宅建業者や司法書士の「資力若しくは信用に関する事項」も含まれます。宅地建物取引に何らかの形で関与した者というのではなく、「資力若しくは信用に関する事項」が問題となるような「取引の関係者」に限定されると解されています（岡本・宇仁・宅建業法831頁)。

⑥ 宅建業者の相手方等の判断に重要な影響を及ぼすこととなるもの

宅建業者の相手方等が契約締結、申込みの撤回等をするかどうかの意思決定や契約内容の意思決定等を大きく左右することをいいます。つまり、もし宅建業者が相手方等に対し、事実を告げ、または事実に反することを告げなかった場合、相手方等は、その意思決定をせず、別の意思決定をしていたであろうことをいいます。
判断に重要な影響を及ぼすこととなるか否かは、個々具体的な契約によって異なり、相手方等の属性(消費者、事業者、宅建業者等)、契約目的や取引動機(用途が居住用物件、事業用物件、収益物件か、転売目的等)、契約に至る経過、契約目的の達成の有無、取引価格の減価もしくは増加の要因等を総合的に勘案します。

例えば、売買の目的物の土地が都市計画法等の行政規制により買主が計画していた建物が建築できないとか、土壌汚染除去費用が取引価格に比較して過大な費用を要する場合等があります。

それはなぜ?

法律制定当初から買主等が契約を締結するかどうかの適正な判断への不当干渉に関しては、故意による事実不告知・不実告知の禁止規定があり、また、昭和42年改正で手付貸与による誘引行為の禁止が規定されていました。しかし、その後、詐欺的取引、威迫、困惑型等の悪質な契約勧誘による消費者被害が増え始めたため、これらの規定だけでは不十分となり、契約誘引に関する法47条の2の規定が平成7年に追加されました。さらに、平成22年頃から投資用マンションの悪質な販売勧誘が増えたため、詳細な規定が追加されました。

(4)違反に対する措置

違反した行為は、指示処分、業務停止処分の対象となり、情状が特に重い場合等には免許の取消処分を受けます。さらに、刑事罰として、2年以下の懲役もしくは300万円以下の罰金に処せられ、またはこれが併科されます。法人に対して1億円以下の罰金が科せられます。
なお、宅建業者が取引の相手方等に対し故意に事実不告知不実告知により損害を与えた場合、債務不履行または不法行為による損害賠償責任という民事上の責任も負います(東京地判昭和58年6月13日、東京地判平成11年2月25日、松山地判平成10年5月11日等)。

6 断定的判断の提供行為

自社物件なのか仲介なのかは広告で明示する

(1)禁止行為

宅建業者または代理人・使用人・その他の従業者は、宅建業に係る**①契約の締結**の**②勧誘をするに際し**、その相手方等に対し、**③利益を生ずることが確実である**とか、契約の目的物である**宅地建物の④将来の環境や交通その他の利便**について**⑤誤解させるべき断定的判断**を提供する行為をしてはなりません(法47条の2第1項、施行規則16条の11第1号イ)。

(2)要件

それぞれの要件の意味は次のとおりです。

① 契約の締結の勧誘

契約締結の意思を抱くよう勧めたり誘う等して働きかける行為をいいます。具体的には、営業販売員が契約締結を勧めたり誘ったりする行為だけでなく、事業案内のパンフレットや物件資料を送付する等して取引物件の売却、購入等の契約締結の意思を抱かせるよう誘導する行為をいいます。

② 勧誘するに際して

販売広告、営業訪問、現地案内、営業セールス、契約交渉から契約締結に至るまでの取引過程をいいます。

③ 利益を生ずること

宅地建物の値上がりにより資産価値が上がることだけでなく、転売利益の獲得や賃貸マンション等の収益物件の収益性が高いことも指します。

- ▶ 「2〜3年後には、物件価格の上昇が確実である」、「この物件を購入したら、一定期間、確実に収入が得られる。損はしない」などと告げることにより勧誘する場合が典型例です。
- ▶ 違法行為にあたるためには、利益とは具体的に何を指すのかとともに断定的判断の提供行為に当たる行為が何であるかについて認定する必要があります。

それはなぜ?

法律制定当初から買主等が契約を締結するかどうかの適正な判断への不当干渉に関しては、故意による事実不告知・不実告知の禁止規定があり、また、昭和42年改正で手付貸与による誘引行為の禁止が規定されていました。しかし、その後、詐欺的取引、威迫、困惑型等の悪質な契約勧誘による消費者被害が増え始めたため、これらの規定だけでは不十分となり、契約誘引に関する法47条の2の規定が平成7年に追加されました。さらに、平成22年頃から投資用マンションの悪質な販売勧誘が増えたため、詳細な規定が追加されました。

④ 将来の環境

宅地建物を取り巻く周辺状況、たとえは、高層マンションの建設の見込み等をいい、交通とは道路、鉄道、最寄りの駅等の設置、その他の利便とは商業施設、学校、病院等の設備をいいます。

- 「将来南側に5階建て以上の建物が建つ予定は全くない」、「○○の位置には、国道が2～3年後に必ず開通する」などと告げることにより勧誘する場合が典型例です。
- 将来の環境や交通その他の利便について誤解させるべき断定的判断を提供する行為があれば足り、その結果として利益を生ずることが確実であるかどうかは要件となっていません。

参考資料

他の法律では「不確実な事項」(金融商品取引法38条2号)、「物品、権利、役務その他の消費者契約の目的となるものに関し、将来におけるその価額、将来において当該消費者が受け取るべき金額その他の将来における変動が不確実な事項」(消費者契約法4条1項2号)と規定しています。しかし、宅建業法は、利益の発生と将来の環境・交通その他の利便に限定しています。

⑤ 誤認させるべき断定的判断の提供

現実に利益を生ずるか、環境、交通その他の利便がどのように変化するかは、不確実であって契約勧誘の時点では予測し難いものであるにもかかわらず、あたかもこれが確実であると誤解させるような決めつけによって一定の判断を提供することをいいます。

- 「3 年後には 3 倍以上の価格になるから買うなら今です」、「販売住戸の南側には建設予定はないので見晴らし最高です」、「数年後に高齢者施設や総合病院等が必ず進出する」等と告げて、これらが必ず実現し、それによって宅建業者の相手方等に利益を生ずることが確実であるかのような強い期待を抱かせる判断を提供することが典型例です。
- 将来利益に関する情報の提供に当たっては、将来の紛争を防止する観点から、その宅地建物取引に関し考えられるリスクについてもあらかじめ説明することが望ましいとされています。

なお、断定的判断の提供行為は、**故意である必要がありません**。

(3)違反した場合の措置

違反した場合、指示処分、業務停止処分の対象となり、情状が特に重い場合等には免許の取消処分を受けます。刑事罰はありません。

なお、不当勧誘行為・誤認・困惑等による契約の私法上の効果について宅建業法は規定を置いていません。私法上の効力は民法(錯誤取消し、詐欺取消し、説明義務違反による損害賠償等)または消費者契約法(取消し)によることになります。

第 2 章
賃貸住宅管理業法におけるリスクの説明

1 賃貸住宅管理業法における業務処理原則

管理受託契約とサブリース契約でそれぞれ異なります

賃貸住宅管理業法は、賃貸住宅管理業の登録制度と、特定賃貸借契約の行為規制の2つのパートから成り立っています。ビジネスモデルとしてサブリース方式を採用している場合でも、購入者でありオーナーでもある賃貸人から賃貸管理も受託することが多く、法的には両方のルールが適用されることになります。もちろん、サブリースだけを行い、賃貸管理の受託は別会社に行わせるというスキームで行う会社もあるので、管理受託契約の契約当事者が誰であるのかを確認したうえで、法的に、如何なる内容の告知まで義務付けられているのかを把握しなければなりません。

(1)登録業者の業務処理の原則

賃貸住宅管理業の登録を受けている管理業者は、信義を旨とし、誠実にその業務を行わなければなりません。

具体的には、賃貸住宅管理業の専門家として、**専門的知識をもって適切に管理業務を行う**とともに、賃貸住宅の賃貸人が安心して管理業務を委託することができる環境を整備しなければなりません。また、常に賃貸住宅の**オーナーや入居者等の視点に立ち**、業務に誠実に従事する必要があります。さらに、紛争等を防止、賃貸借契約の更新に係る業務、契約の管理に関する業務、入居者への対応に関する業務のうち、賃貸住宅管理業の登録が必要となる**「賃貸住宅の維持保全」には含まれない賃貸住宅の管理に関する業務を含め**、賃貸住宅管理業の円滑な業務の遂行を図るべきです。

(2)サブリース業者の業務処理の原則

賃貸住宅管理業法には、登録業者に対しては、前記(1)にあるように一般原則規定が置かれていますが、特定賃貸借契約を行う業者に対しては同様の規定が置かれていません。

しかし、国土交通省が公表する同法ガイドラインでは、次のことを定めています。以下引用します。

「賃貸住宅をめぐっては、少子高齢化や単身世帯の増加、外国人居住者の増加等の社会経済情勢の変化に伴い、国民の生活基盤としての賃貸住宅の役割の重要性が増している一方、賃貸住宅の賃貸人については、相続等に伴って事業を開始するなど、事業経験の浅い者が増加するとともに、管理受託やサブリースにより事業を実施する者が増加している。

このような中、サブリース事業については、サブリース業者が、建設業者や不動産販売業者等と連携して勧誘を行う際や、当該サブリース業者とのマスターリース契約の締結を促す広告を行う際に、オーナーとなろうとする者にサブリース方式での賃貸経営に係る潜在的なリスクを十分説明せず、マスターリース契約が適切に締結されないという事態が多発している。
具体的には、マスターリース契約に基づいてサブリース業者が支払うべき家賃に関するリスク(例:将来的に家賃の額が変更される可能性)、マスターリース契約の解除の条件(例:賃貸人からの解約には正当事由が必要)等を明らかにしないことで、オーナーとなろうとする者が内容の真偽や適否を判断することが難しく、契約内容等を理解せず誤認したままマスターリース契約を締結することで、家賃減額や契約解除等を巡るトラブルが発生しているという実態がある。」

2 管理業者の重要事項説明（方法）

200戸以上の管理物件がある場合は重要事項説明する

(1) 重要事項説明～受託契約前にオーナーに説明が必要？

賃貸住宅管理業者は、管理受託契約を締結しようとするときは、管理業務を委託しようとする賃貸住宅の賃貸人（賃貸住宅管理業者である者その他の管理業務に係る専門的知識及び経験を有すると認められる者として国土交通省令で定めるものを除く。）に対し、当該管理受託契約を締結するまでに、管理受託契約の内容及びその履行に関する事項であって国土交通省令で定めるものについて、書面を交付して説明しなければなりません（賃貸住宅管理業法13条1項）。

(2) 説明担当者と相手方

業務管理者…管理業務の実務経験を2年以上有し、登録証明事業による証明を受けている者かまたは宅地建物取引士（管理業務の実務についての講習を修了した者）の中から、登録業者が事務所等に配置するものとして選任した者をいいます。

重要事項説明は、賃貸人から委託を受けようとする賃貸住宅管理業者**自らが行う**必要があります。業務管理者が担当する必要はありませんが、**業務管理者の管理及び監督の下に行われる**必要があります。

業務管理者または一定の実務経験を有する者など専門的な知識及び経験を有する者によって行われることが望まれます。

重要事項説明の相手方は管理業務を委託しようとする賃貸住宅の賃貸人です。

契約の相手方本人の意思により、委任状等をもって代理権を付与された者に対し、重要事項説明を行うこともできます。しかし、管理業者が管理受託契約の相手方に対して働きかけて契約の相手方にその代理人を紹介して選任させた上、当該代理人に対して重要事項説明を行ったような例外的な場合には、その趣旨に照らし、当該代理人が契約の相手方本人に対して当該説明をしたと評価することができる事情がない限り、重要事項説明をしたとは認められません。

(3)説明のタイミング

管理受託**契約前**に行わなければなりません。賃貸人が契約内容を十分に理解した上で契約を締結できるよう、説明から契約締結までに1週間程度の期間をおくことが望まれます。
ただし、説明から契約締結までの期間を短くせざるを得ない場合には、事前に管理受託契約重要事項説明書等を送付し、その送付から一定期間後に、説明を実施するなどして、管理受託契約を委託しようとする者が契約締結の判断を行うまでに十分な時間をとることが望まれます。

(4)説明の方法

管理業者が、管理受託契約の内容及びその履行に関する事項であって国土交通省令で定めるものについて、書面を交付して説明する方式が原則です。資格者証や従業者証明書の提示は不要です。
重要事項説明にテレビ会議等の IT を活用するに当たっては、**次に掲げるすべての事項を満たしている場合に限り**、対面による説明と同様に取り扱われます。

① 説明者及び重要事項の説明を受けようとする者が、図面等の書類及び説明の内容について十分に理解できる程度に**映像が視認**でき、かつ、**双方が発する音声を十分に聞き取ることができる**とともに、**双方向でやりとりできる環境**において実施していること
② 重要事項説明を受けようとする者が承諾した場合を除き、管理受託契約重要事項説明書及び添付書類をあらかじめ送付していること
③ 重要事項の説明を受けようとする者が、重要事項説明書及び添付書類を確認しながら説明を受けることができる状態にあること並びに映像及び音声の状況について、管理業者が重要事項の説明を開始する前に確認していること

参考資料
説明の相手方に事前に重要事項説明書等を読んでおくことを推奨するとともに、管理受託契約重要事項説明書等の送付から一定期間後に、IT を活用した管理受託契約重要事項説明を実施することが望ましいです。

付け足し　変更契約における電話方式

重要事項説明は、対面か IT の活用による説明が望ましいですが、変更契約に関しては、次に掲げるすべての事項を満たしている場合に限り、**電話による説明**をもって対面による説明と同様に扱われます。

① 事前に管理受託契約**変更契約**の重要事項説明書等を送付し、その送付から一定期間後に説明を実施するなどして、賃貸人が変更契約締結の判断を行うまでに十分な時間をとること
② 賃貸人から管理業者に対し、電話により管理受託契約変更契約の重要事項説明を行ってほしいとの依頼があること

参考資料
賃貸人から管理業者に対し、電話により重要事項説明を行ってほしいとの依頼があった場合であっても、賃貸人から、対面か IT の活用による説明を希望する旨の申出があったときは、当該方法により説明しなければなりません。

③ 賃貸人が、管理受託契約変更契約の重要事項説明書等を確認しながら説明を受けることができる状態にあることについて、管理業者が重要事項説明を開始する前に確認していること
④ 賃貸人が、電話による説明をもって当該管理受託契約変更契約の重要事項説明の内容を理解したことについて、管理業者が重要事項説明を行った後に確認していること

(5)重要事項説明書の交付方法

原則として、紙に印刷した書面を交付する方法によります。ただし、電磁的方法で提供する方法も可能です。その際は以下の要件を満たす必要があります。

① 相手方がこれを確実に受け取れるように、用いる方法(電子メール、WEB でのダウンロード、CD-ROM 等)やファイルへの記録方法(使用ソフトウェアの形式やバージョン等)を示した上で、電子メール、WEB による方法、CD-ROM 等相手方が承諾したことが記録に残る方法で承諾を得ること
② 出力して書面を作成でき、改変が行われていないか確認できることが必要であること

(6)重要事項説明と書面交付が不要となる場合

以下の者に対しては、重要事項説明及びその書面の交付を行う必要がありません。

①**管理業者**
②**特定転貸事業者**
③**宅地建物取引業者**
④特定目的会社
⑤組合
⑥賃貸住宅に係る信託の受託者(委託者等が①～④までのいずれかに該当する場合に限る)
⑦独立行政法人都市再生機構

3 管理業者の重要事項説明（内容）

管理受託契約についてのリスクの説明です

(1) 重要事項説明の内容

重要事項説明書面には、管理受託契約の内容及びその履行に関する事項等を記載します。具体的には以下の事項です。

①管理受託契約を締結する管理業者の商号、名称または氏名並びに登録年月日及び登録番号

▶ 組織運営に変更のない商号または名称等の変更等、形式的な変更と認められる場合はこれに該当せず、その場合、本条に基づく管理受託契約重要事項説明等は行わないこととして差し支えありません。

②管理業務の対象となる賃貸住宅

▶ 管理業務の対象となる賃貸住宅の所在地、物件の名称、構造、面積、住戸部分（部屋番号）その他の部分（廊下、階段、エントランス等）、建物設備（ガス、上水道、下水道、エレベーター等）、附属設備等（駐車場、自転車置き場等）等について記載し、説明すること

③管理業務の内容及び実施方法

▶ 管理業者が行う管理業務の内容について、回数や頻度を明示して可能な限り具体的に記載し、説明すること

▶ 管理業務と併せて、入居者からの苦情や問い合わせへの対応を行う場合は、その内容についても可能な限り具体的に記載し、説明すること

④報酬の額並びにその支払の時期及び方法

⑤④に掲げる報酬に含まれていない管理業務に関する費用であって、管理業者が通常必要とするもの

▶ 管理業者が管理業務を実施するのに伴い必要となる水道光熱費や、空室管理費等が考えられます。

⑥管理業務の一部の再委託に関する事項

▶ 管理業者は、管理業務の一部を第三者に再委託することができることを事前に説明するとともに、再委託することとなる業務の内容、再委託予定者を事前に明らかにすること

⑦責任及び免責に関する事項

▶ 管理受託契約の締結にあたり、賃貸人に賠償責任保険等への加入を求める場合や、当該保険によって保障される損害については管理業者が責任を負わないこととする場合は、その旨を記載し、説明すること

⑧委託者への報告に関する事項

▶ 管理業者が行う管理業務の実施状況等について、賃貸人へ報告する内容やその頻度について記載し、説明すること

⑨契約期間に関する事項

▶ 管理受託契約の始期、終期及び期間について説明すること
▶ 契約更新時に、契約の同一性を保ったままで契約期間のみを延長する場合は、説明が不要です。

⑩賃貸住宅の入居者に対する③に掲げる事項の周知に関する事項

▶ 管理業者が行う③に記載する管理業務の内容及び実施方法について、どのような方法(対面での説明、書類の郵送、メール送付等)で入居者に対して周知するかについて記載し、説明すること

⑪契約の更新及び解除に関する事項

▶ 賃貸人と管理業者間における契約の更新の方法について事前に説明すること
▶ 賃貸人または管理業者が、契約に定める義務に関してその本旨に従った履行をしない場合には、その相手方は、相当の期間を定めて履行を催告し、その期間内に履行がないときは、解除することができる旨を事前に説明すること

(2)ケーススタディ

契約期間中に前記①～⑪に掲げる事項に変更があった場合

管理受託契約の変更契約を締結しようとする場合には、変更のあった事項について、賃貸人に対して書面の交付等を行った上で説明すれば足ります。

管理業法の施行前に締結された管理受託契約で、施行後に賃貸人に対して重要事項説明を行っていない場合

管理受託契約変更契約を締結しようとするときに、前記①～⑪に掲げる全ての事項について、重要事項説明を行う必要があります。

契約の同一性を保ったままで契約期間のみを延長する場合や、組織運営に変更のない商号や名称等の変更

形式的な変更と認められる場合は、重要事項説明が不要です。

管理受託契約が締結されている賃貸住宅が、契約期間中に現賃貸人から売却等されることにより、賃貸人たる地位が新たな賃貸人に移転し、従前と同一内容によって当該管理受託契約が承継される場合

管理業者は、賃貸人たる地位が移転することを認識した後、遅滞なく、新たな賃貸人に当該管理受託契約の内容が分かる書類を交付することが望ましいとされています。
なお、管理受託契約において委託者の地位承継にかかる特約が定められておらず、管理受託契約が承継されない場合、新たな賃貸人との管理委託契約は新たな契約と考えられるため、管理業者は、新たな賃貸人に重要事項説明と書面の交付を行わなければなりません。

管理受託契約と特定賃貸借契約を1つの契約として締結する場合

管理受託契約の重要事項説明書と特定賃貸借契約の重要事項説明書を1つの書面にまとめることができます。

《実際の重要事項説明書サンプル》
（国土交通省発表「管理受託契約　重要事項説明書（別添1様式）」）

管理受託契約 重要事項説明書　<記載例>

（第一面）

令和○年○月○日

○○ ○○ 殿（甲）

第一面に記載した賃貸住宅の管理受託契約の内容等について、賃貸住宅の管理業務の適正化に関する法律第13条の規定に基づき、次のとおり説明します。

この書面には、管理受託契約を締結する上での留意点が記載されています。あらかじめよくお読みいただき、ご不明な点はご確認ください。

(1)管理受託契約を締結する賃貸住宅管理業者の商号等

賃貸住宅管理業者（乙）	商号（名称）	○ ○株式会社
	代表者	代表取締役 ○ ○ ○○
	住所	○ ○県○○市○○○－○－○
	連絡先	電話番号○○－○○○○－○○○○
	登録年月日	令和○年○月○日
	登録番号	賃貸住宅管理業者登録番号（ ）第　　号

説明をする者	氏名	○○ ○○
	事務所住所	○ ○県○○市○○○－○－○
	連絡先	電話番号○○－○○○○－○○○○
	資格	賃貸不動産経営管理士　登録番号（　　　）

業務管理者	氏名	○○ ○○
	事務所住所	○ ○県○○市○○○－○○
	連絡先	電話番号○○－○○○○－○○○○
	証明番号又は登録番号	（1）0123456

※1「証明番号又は登録番号」欄については、法施行規則第14条第1号に該当する者については登録証明事業による証明番号を記入し、括弧内に登録証明事業の登録番号（※2）を記入すること。同条第2号に該当する者については宅地建物取引士証の登録番号を記入し、括弧内に登録を受けた都道府県名等を記入すること。

※2令和2年度までの賃貸不動産経営管理士試験に合格し賃貸不動産経営管理士証の交付を受けた者が移行講習を修了した場合、括弧内の記載及び隣接する箇所に交付済みの移行講習修了証番号を記載すること。

1

（第二面）

(2)管理業務の対象となる賃貸住宅

建物の名称・所在地等	名称	○○ハウス	
	所在地	○○県○○市○○○－○－○	
	構造等	軽量鉄骨造　2階建　6戸	
	面積	敷地面積	○○○.○㎡
		建築面積	○○○.○㎡
		延べ面積	○○○○.○㎡
住戸部分		別紙「住戸明細表」に記載の通り	
その他の部分		廊下、階段、エントランス	
建物設備		ガス	都市ガス
		上水道	水道本管より直結
		下水道	公共下水
		共聴アンテナ	BS
附属設備等		駐車場	有（本契約の対象に含む）
		自転車置場	有（本契約の対象に含む）

2

3 管理業者の重要事項説明(内容)

(第三面)

(3)管理業務の内容及び実施方法・管理業務の一部の再委託に関する事項

[illegible]		[illegible]	[illegible]	[illegible]	
点検・清掃等	玄関・廊下・階段	外観点検 ○回/年 清掃･･･	■	□	
	駐輪場・駐車場	外観点検 ○回/年 清掃･･･	■	□	
	駐車場・自転車置場	外観点検 ○回/年 清掃･･･	■	□	
	ゴミ集積所	外観点検 ○回/年 清掃･･･	■	□	
	照明器具	外観点検 ○回/年 清掃･･･	■	□	
	自動火災報知器	法定点検 ○回/年	□	■	○ ○○
	消火設備	法定点検 ○回/年	□	■	○ ○○
	防災設備	外観点検 ○回/年	□	■	○ ○○
修繕等	見積り・手配	修繕工事の見積り・手配	■	□	
家賃等の徴収等	家賃等の徴収	借主からの家賃等の徴収、引渡し	■	□	
	未収金の督促	未収金リストの作成 滞納者に対し督促状による督促	□	■	○ ○○
	管理費用の支払代行	甲が負担する共用部分に係る管理費用の支払代行	■	□	
	敷金の管理	預かり金(債務)として分別管理	■	□	
	敷金等の精算事務	精算書作成、残余金の返還等	■	□	
	更新料の収納	更新料の請求及び督促	■	□	
	報告事務	月次報告書の作成及び報告	■	□	
その他	入居者管理事務	入・退居立会い・室内点検等 入居者からの建物・設備の苦情等への対応 入居者や近隣住民からの苦情対応 入居者の退去手続き対応等 入居募集対応(契約締結業務) 空室管理(定期的な巡回、換気)	□	■	○ ○○
	契約業務		■	□	

※実施箇所等の例:点検・清掃(玄関、廊下、階段、駐輪場、駐車場、屋根、外壁、植栽、フェンス、掲示板、駐車場、自転車置場、ゴミ集積所、水道、外灯、照明器具、受水槽、配水管、テレビ共聴設備、自動火災報知器、消火設備、防災設備、防犯設備)、修繕等(見積り・手配等)、その他(入居者からの苦情や問い合わせへの対応等)

※内容の例:法定点検、定期巡回点検、緊急時巡回点検、修繕、修繕業者への発注、設備の管理、清掃(清掃作業の具体的内容)等

3

(第四面)

[illegible]

金額		支払期限	支払方法
管理報酬	家賃及び共益費(管理費)の○% (別途、消費税) 円	当月分・翌月分を 毎月 日まで	振込 / 持参

※賃借人からの家賃等から管理報酬を相殺し、甲に送金する場合はその旨を説明し記載すること

(5)乙が甲に引き渡す敷金及び家賃等の時期及び方法

金額		支払時期	支払方法
家賃	円	当月分・翌月分を 毎月 日まで	振込 / 持参
敷金	家賃 か月相当分 円		振込 / 持参

(6)報酬に含まれていない管理業務に関する費用であって、乙が通常必要とするもの

空室管理時の水道光熱費

(7)財産の分別管理に関する事項

乙は以下の方法により、乙の財産と受領済みの家賃・敷金等につき分別管理を行う。

・乙の保有財産に係る口座とは別個の家賃等収納・保管専用口座を設け受領するとともに、帳簿や会計ソフト上でもオーナー毎に固有財産と家賃等を分別。

(8)定期報告に関する事項

・報告の対象となる期間
・管理業務の実施状況
・管理業務の対象となる賃貸住宅の維持保全の状況
・管理業務の対象となる賃貸住宅の入居者からの苦情の発生状況及び対応状況

※頭書(3)に記載する管理業務の実施状況を定期的に報告することとします。また、甲は必要があると認められるときは、乙に対して管理業務の実施状況に関して報告を求めることができることとします。

4

(第五面)

(9)責任及び免責に関する事項

・天災等による損害等、乙が責任を負わないこととする場合は、その旨を記載し、説明すること。
・甲が賠償責任保険等への加入をすることや、その保険に対応する損害については乙が責任を負わないこととする場合は、その旨を記載し、説明すること。

(10)契約期間に関する事項

契約期間	(始期) 令和 年 月 日から (終期) 令和 年 月 日まで	年 月間

(11)入居者への対応に関する事項

入居者へ周知する内容	入居者への周知方法
・上記(3)乙が行う管理業務の実施方法 ・乙の連絡先 ・乙による本物件の管理業務の終了及び新たに管理を行うことになる者	メール又は郵送により周知します

(12)契約の更新又は解除に関する事項

a. 契約の更新について

甲及び乙は、協議の上、本契約を更新することができ、更新の際には甲又は乙は、契約期間が満了する日までに、相手方に対し、文書でその旨を申し出るものとする。

b. 契約の解除について

甲は乙が契約に定める義務の履行に関してその履行義務を果たさない場合には、その相手方は相当の期間を定めて履行を催促し、その期間内に当該義務が履行されないが無い場合は、本契約を解除することができる。

乙は、甲に対して少なくとも○ヶ月前に解約の申し入れを行うことにより、本契約を解約することができます。

c. 解約の申し入れについて

甲または乙は、その相手方に対して、少なくとも○か月前に文書により解約の申入れを行うことにより、本契約を終了させることができる。

5

(第六面)

住戸明細表

(1)賃貸借の目的物

建物名称	
建物所在地	

(2)住戸内の設備

設備	有無	備考
エアコン一基	有・無	
バルコニー(1階は除く)	有・無	
オートロック	有・無	
システムキッチン	有・無	
フローリング床	有・無	
浴室乾	有・無	
追焚き機能付風呂	有・無	
浴室乾燥機	有・無	
独立洗面台	有・無	
クローゼット又は1間収納	有・無	
大型下足入れ	有・無	
電話2回線以上	有・無	
宅配ボックス	有・無	
	有・無	
	有・無	
	有・無	

(3)住戸内訳

部屋番号	面積		間取り	家賃	備考
	壁芯・内法	㎡		円	
	壁芯・内法	㎡		円	
	壁芯・内法	㎡		円	
	壁芯・内法	㎡		円	
	壁芯・内法	㎡		円	
	壁芯・内法	㎡		円	
	壁芯・内法	㎡		円	
	壁芯・内法	㎡		円	
	壁芯・内法	㎡		円	

6

4 サブリース業者の重要事項説明（方法）

説明の方法は管理受託契約重要事項説明と同じです

(1) 重要事項説明〜特定賃貸借契約前にオーナーに説明が必要？

特定転貸事業者は、特定賃貸借契約を締結しようとするときは、特定賃貸借契約の相手方となろうとする者（特定転貸事業者である者その他の特定賃貸借契約に係る専門的知識及び経験を有すると認められる者として国土交通省令で定めるものを除く）に対し、**その特定賃貸借契約を締結するまでに**、特定賃貸借契約の内容及びその履行に関する事項等について、**書面を交付して説明しなければなりません。**

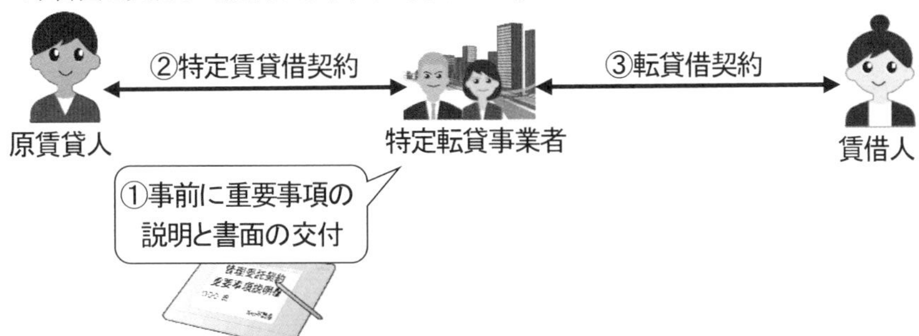

(2) 説明担当者と相手方

特定転貸事業者自らが行う必要があります。説明担当者は、一定の実務経験を有する者や賃貸不動産経営管理士など、専門的な知識及び経験を有する者によって行われることが望ましいとされています。

説明の相手方は、特定賃貸借契約の締結を希望する賃貸人に対して行います。

なお、特定賃貸借契約が締結されている家屋等が、契約期間中現賃貸人から売却等されることにより、賃貸人たる地位が新たな賃貸人に移転し、従前と同一内容によって当該特定賃貸借契約が承継される場合、特定転貸事業者は、賃貸人たる地位が移転することを認識した後、遅滞なく、新たな賃貸人に当該特定賃貸借契約の内容が分かる書類を交付することが望ましいとされています。

また、特定転貸事業者は、相手方が特定賃貸借契約重要事項説明の対象となる場合は、その者が特定賃貸借契約について一定の知識や経験があったとしても、法定の事項を書面に記載し、十分な説明をすることが必要です。その上で、説明の相手方の知識、経験、財産の状況、賃貸住宅経営の目的やリスク管理判断能力等に応じた説明を行うことが望ましい

参考資料

契約の同一性を保ったままで契約期間のみを延長することや、組織運営に変更のない商号または名称等の変更等、形式的な変更と認められる場合は、本条に基づく特定賃貸借契約重要事項説明は行わないこととして差し支えありません。

ことから、説明の相手方の属性やこれまでの賃貸住宅経営の実績に留意しなければなりません。

(3)説明のタイミング

特定賃貸借契約を締結するまでに行わなければなりません。
重要事項説明については、特定賃貸借契約の相手方となろうとする者が契約内容とリスク事項を十分に理解した上で契約を締結できるよう、説明から契約締結までに1週間程度の期間をおくことが望ましいとされています。ただし、説明から契約締結までの期間を短くせざるを得ない場合には、事前に特定賃貸借契約重要事項説明書等を送付し、その送付から一定期間後に、説明を実施するなどして、特定賃貸借契約の相手方となろうとする者が契約締結の判断を行うまでに十分な時間をとることが必要です。
ただし、契約期間中または契約更新時に変更を内容とする契約（特定賃貸借契約変更契約）を締結しようとするときに、重要事項説明を行う場合にあっては、説明を受けようとする者が承諾した場合に限り、説明から契約締結まで期間をおかないこととして差し支えありません。

(4)説明の方法

書面を交付して説明しなければなりません。ただし、原賃貸人となる**相手方の承諾**があれば、**電子書面での送信**もできます。
また、IT での重要事項説明も可能です。ただし、図面等の書類及び説明の内容について十分に理解できる程度に映像を視認でき、かつ、双方が発する音声を十分に聞き取ることができる状態及び双方向でのやりとりができる環境が必須です。
重要事項説明の際に、**資格者証や従業者証明書の提示は不要**です。
電話やメールによる重要事項説明はできません。

参考資料

なお、賃貸人から特定転貸事業者に対し、電話により特定賃貸借契約変更契約の重要事項説明を行ってほしいとの依頼があった場合であっても、賃貸人から、対面又はITの活用による説明を希望する旨の申出があったときは、当該方法により説明する必要があります。

付け足し 変更契約における電話方式

新規契約の重要事項説明については、電話やメールによる手段のみでの重要事項説明は認められません。ただし、特定賃貸借契約変更契約（契約更新含む。以下同じ）の重要事項説明については、次に掲げるすべての事項を満たしている場合に限り、電話による説明をもって対面による説明と同様に取扱うものとします。

① 事前に特定賃貸借契約変更契約の重要事項説明書等を送付し、その送付から一定期間後に説明を実施するなどして、賃貸人が変更契約締結の判断を行うまでに十分な時間をとること
② 賃貸人から特定転貸事業者に対し、電話により特定賃貸借契約変更契約の重要事項説明を行ってほしいとの依頼があること
③ 賃貸人が、特定賃貸借契約変更契約の重要事項説明書等を確認し

ながら説明を受けることができる状態にあることについて、特定転貸事業者が重要事項説明を開始する前に確認していること

④ 賃貸人が、電話による説明をもって当該特定賃貸借契約変更契約の重要事項説明の内容を理解したことについて、特定転貸事業者が重要事項説明を行った後に確認していること

国土交通省「賃貸住宅の管理業務等の適正化に関する法律の解釈・運用の考え方」第30条関係（抜粋）

なお、説明に際しては、別添2の「特定賃貸借契約重要事項説明書」に準拠した書面を用いることが望ましい。

また、特定転貸事業者については、一般に、特定賃貸借契約又は当該特定賃貸借契約に付随する契約により、本来賃貸人が行うべき賃貸住宅の維持保全を、賃貸人からの依頼により賃貸人に代わって行っており、この場合における特定転貸事業者は当該賃貸人との間で管理受託契約を締結しているものと解されるが、当該特定転貸事業者は、当該管理受託契約の内容を特定賃貸借契約重要事項説明書に記載し、当該特定賃貸借契約重要事項説明書を用いて特定賃貸借契約重要事項説明の場において管理受託契約重要事項説明を行うことができる。この場合、当該特定賃貸借契約重要事項説明書には、第13条関係2(1)～(11)に掲げる事項を記載し、これらの事項について第13条関係1の管理受託契約重要事項説明と同様の方法により説明を行う必要があり、説明については、業務管理者の管理及び監督の下に行われる必要があり、また、業務管理者又は一定の実務経験を有する者など専門的な知識及び経験を有する者によって行われることが望ましい。

(5) 重要事項説明と書面交付が不要となる場合

以下の者に対しては、重要事項説明及びその書面の交付を行う必要がありません。

①特定転貸事業者
②管理業者
③宅地建物取引業者
④特定目的会社
⑤組合
⑥賃貸住宅に係る信託の受託者
⑦独立行政法人都市再生機構
⑧地方住宅供給公社

5 サブリース業者の重要事項説明（内容）

サブリース業者は賃貸借契約のリスク説明です

(1)重要事項説明の内容

重要事項説明書面には、特定賃貸借契約の内容及びその履行に関する事項等を記載します。具体的には以下の事項です。

① 特定賃貸借契約を締結する特定転貸事業者の商号、名称又は氏名及び住所

賃貸住宅管理業の登録を受けていない特定転貸事業者については、特定賃貸借契約重要事項説明のひな形（「賃貸住宅の管理業務等の適正化に関する法律の解釈・運用の考え方」別添2）の第二面の「登録年月日」、「登録番号」及び「業務管理者」の欄については記載する必要はありません。（特定賃貸借標準契約書についても同様）

② 特定賃貸借契約の対象となる賃貸住宅

特定賃貸借契約の対象となる賃貸住宅の所在地、物件の名称、構造、面積、住戸部分（部屋番号、住戸内の設備等）、その他の部分（廊下、階段、エントランス等）、建物設備（ガス、上水道、下水道、エレベーター等）、附属設備等（駐車場、自転車置き場等）等について記載し、説明することが必要となります。

③ 特定賃貸借契約の相手方に支払う家賃の額、支払期日及び支払方法等の賃貸の条件並びにその変更に関する事項

- 特定転貸事業者が賃貸人に支払う家賃の額、家賃の設定根拠、支払期限、支払い方法、家賃改定日等について記載し、説明する必要があります（家賃の他、敷金がある場合も同様）。
- 家賃の設定根拠については、近傍同種の家賃相場を示すなどして記載の上、説明しなければなりません。
- 契約期間が長期である場合などにおいて、賃貸人が当初の家賃が契約期間中変更されることがないと誤認しないよう、家賃改定のタイミングについて説明し、当初の家賃が減額される場合があることを記載し、説明しなければなりません。
- 契約において、家賃改定日が定められていても、その日以外でも、借地借家法に基づく減額請求が可能であることについて記載し、説明しなければなりません。
- 入居者の新規募集や入居者退去後の募集に一定の時間がかかるといった理由から、特定転貸事業者が賃貸人に支払う家賃の支払いの免責期間を設定する場合は、その旨を記載し、説明しなければばなりません。

- 入居率に応じて特定転貸事業者(サブリース業者)が受領する家賃が変動する場合等、契約の相手方(賃貸人)に対して支払う家賃が一定ではないケースでは、状況に応じて家賃が変動する旨を説明すれば家賃の○%と記載することは可能です。
- 既に賃貸人が所有している物件の特定賃貸借契約(マスターリース契約)を行う場合、または、新築物件において引き渡し日が確定していない場合は、記載は不要ですが未定である旨を必ず説明し、引き渡しが決定した時点で契約の相手方に対しその旨説明し、後日契約締結時書面の再交付を行う必要があります。

④ 特定転貸事業者が行う賃貸住宅の維持保全の実施方法

- 特定転貸事業者が行う賃貸住宅管理業法2条2項規定の維持保全の内容について、回数や頻度を明示して可能な限り具体的に記載し、説明する必要があります。
- 賃貸住宅の維持保全と併せて、入居者からの苦情や問い合わせへの対応を行う場合は、その内容についても可能な限り具体的に記載し、説明しなければなりません。なお、維持又は修繕のいずれか一方のみを行う場合や入居者からの苦情対応のみを行い維持及び修繕(維持・修繕業者への発注等を含む。)を行っていない場合であっても、その内容を記載し、説明することが望ましいです。
- マンション等の分譲販売において、特定転貸事業者(サブリース業者)が専有部分のみを管理し、マンション共用部分の管理は当該マンションの管理業者が行う場合における、維持保全の実施方法や修繕方法については、「マンション等の分譲販売の場合、共用部分は管理組合の管理になるため賃貸人の負担となる(管理組合本法規則に準じる)」旨を記載し説明しなければなりません。(費用分担についても同様)
- 維持保全の実施方法について、委託先が決定していない場合は、「未定」と記載した上で説明し交付することができますが、委託先の決定後に再交付することが望ましいとされています。

⑤ 特定転貸事業者が行う賃貸住宅の維持保全に要する費用の分担に関する事項

- 特定転貸事業者が行う維持保全の具体的な内容や設備毎に、賃貸人と特定転貸事業者のどちらが、それぞれの維持や修繕に要する費用を負担するかについて記載し、説明しなければなりません。その際、賃貸人が費用を負担する事項について誤認しないよう、例えば、設備毎に費用負担者が変わる場合や、賃貸人負担となる経年劣化や通常損耗の修繕費用など、どのような費用が賃貸人負担になるかについて具体的に記載し、説明しなければなりません。

- 修繕等の際に、特定転貸事業者が指定する業者が施工するといった条件を定める場合は、必ずその旨を記載し、説明しなければなりません。

⑥ 特定賃貸借契約の相手方に対する維持保全の実施状況の報告に関する事項

特定転貸事業者が行う維持保全の実施状況について、賃貸人へ報告する内容やその頻度について記載し、説明しなければなりません。

⑦損害賠償額の予定又は違約金に関する事項

引渡日に物件を引き渡さない場合や家賃が支払われない場合等の債務不履行や契約の解約の場合等の損害賠償額の予定又は違約金を定める場合はその内容を記載し、説明しなければなりません。

⑧ 責任及び免責に関する事項

- 天災等による損害等、特定転貸業者が責任を負わないこととする場合は、その旨を記載し、説明しなければなりません。
- 賃貸人が賠償責任保険等への加入をすることや、その保険に対応する損害については特定転貸事業者が責任を負わないこととする場合は、その旨を記載し、説明しなければなりません。

⑨ 契約期間に関する事項

- 契約の始期、終期、期間及び契約の類型（普通借家契約、定期借家契約）を記載し、説明しなければなりません。また、契約期間は、家賃が固定される期間ではないことを記載し、説明しなければなりません。
- 契約の相手方に特定賃貸借契約（マスターリース契約）のリスク事項を事前に認知してもらうことが重要事項説明の主眼であるため、契約期間に関する事項について、契約期間中に解約する意思がない場合でも、借地借家法の観点から重要事項説明書記載例のとおり、「本契約では、契約期間中においても、当社から解約の申し入れをすることにより、解約をすることができます。」と記載しておく必要があります。借地借家法の規定は強行規定であるためです。
- 契約の相手方に特定賃貸借契約（マスターリース契約）のリスク事項を事前に認知してもらうことが重要事項説明の主眼であるため、特定転貸事業者（サブリース業者）から契約期間中の解約や減額請求をする予定（そのような実績もない）がない場合であっても、重要事項説明書記載例のとおり、借地借家法の規定を記載する必要があります。借地借家法の規定は強行規定であるためです。
- 特定賃貸借標準契約書では、中途解約に係る条項の規定がありませんが、借地借家法第 28 条の正当事由が少なくとも必要である旨を記載し説明するのであれば、貸主から借主に対して、解約の申入れをすることにより、契約期間中に契約を解約することができる「中途解約条項」を追記することは可能です。

⑩ 転借人の資格その他の転貸の条件に関する事項

反社会的勢力への転貸の禁止や、学生限定等の転貸の条件を定める場合は、その内容について記載し、説明しなければなりません。

⑪ 転借人に対する④に掲げる事項の周知に関する事項

特定転貸事業者が行う④に記載する維持保全の内容についてどのような方法(対面での説明、書類の郵送、メール送付等)で周知するかについて記載し、説明しなければなりません。

⑫ 特定賃貸借契約の更新及び解除に関する事項

- 賃貸人と特定転貸事業者間における契約の更新の方法(両者の協議の上、更新することができる等)、契約の解除の場合の定めを設ける場合はその内容及び⑦について記載し、説明しなければなりません。
- 賃貸人または特定転貸事業者が契約に定める義務に関してその本旨に従った履行をしない場合には、その相手方は、相当の期間を定めて履行を催告し、その期間内に履行がないときは契約を解除することができる旨を記載し、説明しなければなりません。
- 契約の更新拒絶等に関する借地借家法の規定の概要については、⑭の内容を記載し、説明しなければなりません。

⑬ 特定賃貸借契約が終了した場合における特定転貸事業者の権利義務の承継に関する事項

- 特定賃貸借契約が終了した場合、賃貸人が特定転貸事業者の転貸人の地位を承継することとする定めを設け、その旨を記載し、説明しなければなりません。
- 特に、転貸人の地位を承継した場合に、正当な事由なく入居者の契約更新を拒むことはできないこと、特定転貸事業者の敷金返還債務を承継すること等について賃貸人が認識できるようにしなければなりません。

⑭ 借地借家法その他特定賃貸借契約に係る法令に関する事項の概要

《借地借家法32条1項(借賃増減請求権)について》

- 特定賃貸借契約を締結する場合、借地借家法32条1項(借賃増減請求権)が適用されるため、特定転貸事業者が賃貸人に支払う家賃が、変更前の家賃額決定の要素とした事情等を総合的に考慮した上で、1)土地又は建物に対する租税その他の負担の増減により不相当となったとき、2)土地又は建物の価格の上昇又は低下その他の経済事情の変動により不相当となったとき、3)近傍同種の建物の借賃に比較して不相当となったときは、契約の条件にかかわらず、特定転貸事業者は家賃を相当な家賃に減額を請求することができること及び空室の増加や特定転貸事業者の経営状況の悪化等が生じたとしても、上記のいずれかの要件を充足しない限りは、同条に基づく減額請求はできないことを記載し、説明しなければなりません。

▶ 特に、契約において、家賃改定日が定められている場合や、一定期間特定転貸事業者から家賃の減額はできないものとする等の内容が契約に盛り込まれていた場合であっても、同条に基づき、特定転貸事業者からの家賃の減額請求はできることを記載して説明し、賃貸人が、これらの規定により、特定転貸業者からの家賃減額はなされないと誤認しないようにしなければなりません。

▶ さらに、借地借家法に基づき、特定転貸事業者は減額請求をすることができるが、賃貸人は必ずその請求を受け入れなければならないわけでなく、賃貸人と特定転貸事業者との間で、変更前の家賃決定の要素とした事情を総合的に考慮した上で、協議により相当家賃額が決定されることを記載し、説明しなければなりません。なお、家賃改定額について合意に至らない場合は、最終的に訴訟によることとなります。

《借地借家法28条（更新拒絶等の要件）について》

▶ 普通借家契約として特定賃貸借契約を締結する場合、借地借家法28 条（更新拒絶等の要件）が適用されるため、賃貸人から更新を拒絶する場合には、次に掲げる事項を考慮して、正当の事由があると認められる場合でなければすることができない旨を記載し、説明しなければなりません。

・賃貸人及び特定転貸事業者（転借人（入居者）を含む）が建物の使用を必要とする事情
・建物の賃貸借に関する従前の経過
・建物の利用状況及び建物の現況並びに賃貸人が建物の明渡しの条件として又は建物の明渡しと引換えに特定転貸事業者（転借人（入居者）を含む）に対して財産上の給付をする旨の申出をした場合におけるその申出

　特に、契約において、賃貸人と特定転貸事業者の協議の上、更新することができる等の更新の方法について定められている場合に、賃貸人が、自分が更新に同意しなければ、特定転貸事業者が更新の意思を示していても、契約を更新しないことができると誤認しないようにしなければなりません。

《借地借家法38条（定期建物賃貸借）について》

▶ 定期借家契約として特定賃貸借契約を締結する場合、家賃は減額できないとの特約を定めることにより、借地借家法 32 条の適用はなく、特定転貸事業者から家賃の減額請求はできないこと、契約期間の満了により、契約を終了することができること、賃貸人からの途中解約は原則としてできないことを記載し、説明しなければなりません。

(2)ケーススタディ

以下、国土交通省が公表する「賃貸住宅管理業法 FAQ 集(令和5年3月31日時点版)」を紹介します(抜粋)。

Q. 特定賃貸借契約と管理受託契約を1つの契約として締結する場合、管理受託契約の重要事項説明書と特定賃貸借契約の重要事項説明書を1つの書面にまとめること、及び、管理受託契約の締結時書面と特定賃貸借契約の締結時書面を1つの書面にまとめることは可能ですか。

A. 特定賃貸借契約と管理受託契約を1つの契約として締結する場合、法第 13 条の規定に基づく書面と法第 30 条の規定に基づく書面を1つにまとめること、及び、法第 14 条の規定に基づく書面と法第 31 条の規定に基づく書面を1つにまとめることは可能です。

Q. 特定賃貸借契約(マスターリース契約)の重要事項説明は、アパート等の建物請負契約前(勧誘時など)の段階で行う必要がありますか。

A. 特定賃貸借契約(マスターリース契約)の重要事項説明は、アパート等の建物請負契約前(勧誘時など)の段階で行う必要はありません。しかし、特定転貸事業者(サブリース業者)による借り上げを前提に建設請負契約や土地等の売買契約を締結した後、特定賃貸借契約の判断に影響を及ぼす重要な事項を認識しても、既にその時点で多額の債務が発生している状況となり建設請負契約等の解約を行うことは現実的に困難なものとなります。そのため、特に、建設業者や不動産業者が、賃貸住宅の建設や土地等の購入等を勧誘する際に特定賃貸借契約の勧誘を行う場合には、特定賃貸借契約のリスクを含めた事実を告知し、勧誘時点でオーナーとなろうとする者が当該契約のリスクを十分に認識できるようにすることが重要となります。その際、特定転貸事業者が重要事項説明の際に使用する特定賃貸借契約を締結する上でのリスク事項を記載した書面を交付して説明することを推奨しております。

Q. 特定賃貸借契約(マスターリース契約)の重要事項説明を他の営業所の従業員、出向先の社員又は、特定の関係性のある勧誘者等へ委託することはできますか。

A. 重要事項説明は、特定賃貸借契約（マスターリース契約）を締結する特定転貸事業者（サブリース業者）の従業員が行う必要があるため、直接の契約当事者ではない他の営業所の従業員、出向先の社員又は、特定の関係性のある勧誘者等へ重要事項の説明を委託することはできません。一方、特定転貸事業者の使用人としての業務（重要事項説明）を出向元の指揮命令系統に服して行うこととしていることが確認できる「出向先及び出向労働者三者間の取決め」において、出向する者が出向元の重説業務を行い、出向元が指揮命令権を持つと明記されているのであれば可能です。

Q. 特定賃貸借契約（マスターリース契約）の重要事項説明を契約の相手方の代理人に行うことは可能ですか。また、代理受任者の制限（親族に限る、業者は不可 等）はありますか。

A. 原則的には、特定賃貸借契約の相手方本人に対して説明を行う必要がありますが、契約の相手方本人の意思により、委任状等をもって代理権を付与された者に対し、重要事項説明を行った場合は当該説明をしたと認められます。しかし、特定転貸事業者（サブリース業者）が特定賃貸借契約の相手方に対して働きかけて契約の相手方にその代理人を紹介して選任させた上、当該代理人に対して当該事項について書面を交付して説明を行ったような例外的な場合には、同条の趣旨に照らし、当該代理人が契約の相手方本人に対して当該説明をしたと評価することができる事情がない限り、特定転貸事業者が「特定賃貸借契約（マスターリース契約）の相手方となろうとする者」に対して当該説明をしたとは認められません。

Q. 相手方からの承諾がある場合、電話やメールによる手段を用いて、重要事項説明を行うことは可能ですか。

A. 前問に記載のとおり図面等の書類及び説明の内容について十分に理解できる程度に映像を視認でき、かつ、双方が発する音声を十分に聞き取ることができる状態及び双方向でのやりとりができる環境が必須であるため、電話やメールによる手段のみでの重要事項説明は認められません。

Q. 重要事項説明書記載例では記名押印欄がないが、記名押印欄を追記するなど改変した様式を使用して説明を行うことは可能ですか。

A. 本法では契約相手方及び説明者の記名押印を規定していないた

め、記載例では押印欄を設けておりませんが、個社の判断により必要に応じ任意で押印欄を追加することを妨げるものではありません。

Q. 定期借家契約を締結した場合、特約が無い限り借地借家法 32 条1項(借賃増減請求権)は適用外になりますが、その際の重要事項説明書記載例の一面はどのように記載すればよいですか(本契約は定期借家契約のため借地借家法第 32 条1項(借賃増減請求権)対象外などと記載する必要はありますか。)。

A. 普通借家契約と異なり定期借家契約の場合、借地借家法第 28 条の契約解除に係る正当事由制度や、特約にて定めがない限り借地借家法 32 条1項による借賃増減請求権の適用が排除されますが、契約の相手方(賃貸人)に対しては重要事項説明書記載例の一面の記載のとおり借地借家法の強行規定を説明したうえで、本契約は定期借家契約であるため適用除外となる事項など普通借家契約との違いについて、あわせて説明してください。

《実際の重要事項説明書サンプル》

(国土交通省発表「特定賃貸借契約 重要事項説明書(別添2様式)」(令和3年4月23日更新版)

特定賃貸借契約 重要事項説明書＜記載例＞

(第一面)

注）普通借家契約の場合の記載例

令和○年○月○日

○○ ○○ 殿 (印)

第二面に記載した賃貸住宅の特定賃貸借契約の内容等について、賃貸住宅の管理業務等の適正化に関する法律第30条の規定に基づき、次のとおり説明します。

この書面には、特定賃貸借契約を締結する上でのリスクや留意点が記載されています。あらかじめよくお読みいただき、ご不明な点はご確認ください。

(1)当社からお客様にお支払いする家賃は減額される場合があります。

・本契約では、お客様にお支払いする家賃を定期的に見直すこととしており、見直しにより、家賃が減額となる場合があります。

・本契約には、借地借家法第32条第１項（借賃増減請求権）が適用されるため、定期的な見直しの日以外の日であっても、当社からお客様に支払う家賃が、変更前の家賃額決定の要素とした事情等を総合的に考慮した上で、
①土地又は建物に対する租税その他の負担の増により不相当となったとき
②土地又は建物の価格の低下その他の経済事情の変動により不相当となったとき
③近傍同種の建物の借賃に比較して不相当となったとき
は、本契約の条件にかかわらず、当社は家賃を相当な家賃に減額することを請求することができます。

・ただし、空室の増加や当社の経営状況の悪化等が生じたとしても、上記①～③のいずれかの要件を充足しない限りは、同条に基づく減額請求はできません。

・また、借地借家法に基づく、当社からの減額請求について、お客様は必ずその請求を受け入れなければならないわけでなく、当社との間で、変更前の家賃決定の要素とした事情を総合的に考慮した上で、協議により相当家賃額が決定されることとなります。

(2)契約期間中においても解約となる場合があります。また、お客様から更新を拒絶される場合は、正当な事由が必要となります。

・本契約では、契約期間中においても、当社から解約の申し入れをすることにより、解約をすることができます。

・本契約には、借地借家法第28条（更新拒絶等の要件）が適用されるため、お客様から更新の拒絶をする場合には、
①お客様及び当社（転借人（入居者）を含む）が建物の使用を必要とする事情
②建物の賃貸借に関する従前の経過
③建物の利用状況及び建物の現況並びにお客様が建物の明渡しの条件として又は建物の明渡しと引換えに当社（転借人（入居者）を含む）に対して財産上の給付をする旨の申出をした場合におけるその申出
を考慮して、正当の事由があると認められる場合でなければすることができません。

(第二面)

(1)特定賃貸借契約を締結する特定転貸事業者の商号等

借主（乙）	商号（名称）	○ 株式会社
	代表者	代表取締役 ○○ ○○
	住所	○ 県○○市○○○－○－○
	連絡先	電話番号○○－○○○○－○○○○
	登録年月日	令和○年○月○日
	登録番号	賃貸住宅管理業者登録番号（ ）第 号

説明をする者	氏名	○ ○○
	事務所住所	○ 県○○市○○○－○－○
	連絡先	電話番号○○－○○○○－○○○○
	資格	賃貸不動産経営管理士 登録番号（ ）

業務管理者	氏名	○ ○○
	事務所住所	○ 県○○市○○○－○－○
	連絡先	電話番号○○－○○○○－○○○○
	証明番号又は登録番号	（1）０１２３４５６

※１特定賃貸借契約と管理受託契約を１つの契約として締結する場合、法第13条の規定に基づく書面と法第30条の規定に基づく書面を１つにまとめること、及び、法第14条の規定に基づく書面と法第31条の規定に基づく書面を１つにまとめることが可能。なお、維持保全業務等を行わず特定賃貸借契約のみ契約する場合は、「登録年月日」「登録番号」「業務管理者」欄の記載は不要。

※２「証明番号又は登録番号」欄については、法施行規則第14条第1号に該当する者については登録証明事業による証明番号を記入し、括弧内に登録証明事業の登録番号（※３）を記入すること。同条第2号に該当する者については宅地建物取引士証の登録番号を記入し、括弧内に登録を受けた都道府県名等を記入すること。

※３令和２年度までの賃貸不動産経営管理士試験に合格し賃貸不動産経営管理士証の交付を受けた者が移行講習を修了した場合、括弧内の記載及び隣接する箇所に交付済みの移行講習修了証番号を記載すること。

5 サブリース業者の重要事項説明(内容)

（第二面）

建物の名称・所在地等	名　称	○○ハウス	
	所在地	○○県○○市○○○－○－○	
	構造等	軽量鉄骨造　２階建　６戸	
	面　積	敷地面積	○○○.○㎡
		建築面積	○○○.○㎡
		延べ面積	○○○.○㎡
住戸部分		別紙「住戸明細表」に記載の通り	
その他の部分		廊下、階段、エントランス	
建物設備		ガス	都市ガス
		上水道	水道本管より直結
		下水道	公共下水
		共聴アンテナ	BS
附属施設等		駐車場	有（本契約の対象に含む）
		自転車置場	有（本契約の対象に含む）

（第四面）

(3)契約期間に関する事項

契約期間	（始期）令和○年○月○日から （終期）令和○年○月○日まで	○年○月間	普通借家契約 定期借家契約

・本契約では、契約期間中においても、当社から解約の申し入れをすることにより、解約をすることができます。
・本契約には、借地借家法第28条（更新拒絶等の要件）が適用されるため、お客様が更新を拒絶する場合には、
①お客様及び当社（転借人（入居者）を含む）が建物の使用を必要とする事情
②建物の賃貸借に関する従前の経過
③建物の利用状況及び建物の現況並びにお客様が建物の明渡しの条件として又は建物の明渡しと引換えに当社（転借人（入居者）を含む）に対して財産上の給付をする旨の申出をした場合におけるその申出
を考慮して、正当の事由があると認められる場合でなければすることができません。
・契約期間中においても、家賃は変更になることがあります。

引渡日	令和○年○月○日

(4)乙が甲に支払う家賃その他賃貸の条件に関する事項

金額		支払期限	支払方法
家賃	○○○,○○○円	当月分・翌月分を 毎月○○日まで	振込／持参
	家賃の設定根拠	近傍同種の家賃相場（別紙）を踏まえて設定	
	初回の家賃改定日	本契約の始期から○年を経過した日の属する日の翌月1日	
	2回目以降の家賃改定日	初回の家賃改定日経過後○年毎	

・上記の家賃改定日における見直しにより、家賃が減額となる場合があります。
・本契約には、借地借家法第32条第1項（借賃増減請求権）が適用されるため、上記の家賃改定日以外の日であっても、当社からお客様に支払う家賃が、上記記載の家賃額決定の要素とした事情等を総合的に考慮した上で、
①土地又は建物に対する租税その他の負担の増減により不相当となったとき
②土地又は建物の価格の上昇又は低下その他の経済事情の変動により不相当となったとき
③近傍同種の建物の借賃に比較して不相当となったとき
は、本契約の条件にかかわらず、当社は家賃を相当な家賃に減額することを請求することができます。
・ただし、空室の増加や当社の経営状況の悪化等が生じたとしても、上記①～③のいずれかの要件を充足しない限りは、同条に基づく減額請求はできません。

（第五面）

・また、借地借家法に基づく、当社からの減額請求について、お客様は必ずその請求を受け入れなければならないわけでなく、当社との間で、変更前の家賃決定の要素とした事情を総合的に考慮した上で、協議により相当家賃額が決定されることとなります。

金額		支払期限	支払方法
敷金	家賃 ○か月相当分 ○○○,○○○円	○月○日まで	振込／持参

・引渡しに係る借上げ家賃の支払い免責期間

引渡日から　ヶ月

・退出募集に係る借上げ家賃の支払免責期間

退出募集支払免責期間　ヶ月

(5)乙が行う賃貸住宅の維持保全の実施方法

実施箇所等		内容・頻度等	乙	委託	委託先
点検・清掃等	玄関・廊下・階段	外観点検　○回/年 清掃・・・	■	□	
	駐輪場・駐車場	外観点検　○回/年 清掃・・・	■	□	
	駐車場・自転車置場	外観点検　○回/年 清掃・・・	■	□	
	ゴミ集積所	外観点検　○回/年 清掃・・・	■	□	
	照明器具	外観点検　○回/年 清掃・・・	■	□	
	自動火災報知器	法定点検　○回/年	□	■	○○○○
	消火設備	法定点検　○回/年	□	■	○○○○
	防災設備	外観点検　○回/年	□	■	○○○○
修繕等	見積り・手配	修繕工事の見積り・手配	■	□	
その他	苦情対応	入居者からの建物・設備の苦情対応の具体的な内容。 入居者や近隣住民からの苦情対応の具体的な内容等を記載	□	■	○○○○

※実施箇所等の例：点検・清掃（玄関、廊下、階段、駐輪場、駐車場、屋根、外壁、植栽、フェンス、掲示板、駐車場、自転車置場、ゴミ集積所、水道、外灯、照明器具、受水槽、配水管、テレビ共聴設備、自動火災報知器、消火設備、防災設備、防犯設備）、修繕等（見積り・手配等）、その他（入居者からの苦情や問い合わせへの対応等）

※内容の例：法定点検、定期巡回点検、緊急時巡回点検、修繕、修繕業者への発注、設備の管理、清掃（清掃作業の具体的内容）等

（第六面）

(6)乙が行う賃貸住宅の維持保全の費用負担に関する事項

実施箇所等		費用負担者 甲	費用負担者 乙	内容
点検・清掃等	玄関・廊下・階段	□	□	外観点検　○回/年 清掃・・・
	駐輪場・駐車場	□	□	外観点検　○回/年 清掃・・・
	駐車場・自転車置場	□	□	外観点検　○回/年 清掃・・・
	ゴミ集積所	□	□	外観点検　○回/年 清掃・・・
	照明器具	□	□	外観点検　○回/年 清掃・・・
	自動火災報知器	□	□	法定点検　○回/年
	消火設備	□	□	法定点検　○回/年
	防災設備	□	□	外観点検　○回/年
		□	□	
修繕等	見積り・手配	□	□	修繕工事の見積り・手配
	建物本体	□	□	基礎の浮き・クラック
		□	□	屋根・外壁の汚れ、亀裂、破損、錆、防水
		□	□	階段・廊下の破損、錆等
		□	□	土間・ベランダの破損、錆等
		□	□	その他
	建物設備	□	□	駐車場・駐輪場の車止・白線等の破損
		□	□	外構・フェンスの破損、錆等
		□	□	自動ドア、オートロックの破損、故障
		□	□	排水桝・配水管の高圧洗浄等
		□	□	その他
	住戸部分 共用部分	□	□	畳・襖・障子の張替え
		□	□	床・壁のクリーニング
		□	□	CF・フローリング・壁紙の張替え
		□	□	給湯器等の設備の修理、交換
		□	□	
その他		□	□	入居者・近隣からの苦情・相談対応
		□	□	諸設備に付属するリモコン等の小物、消耗品交換
		□	□	敷地内工作物の修理・取替え
		□	□	共用部分の公共料金
		□	□	自治会費
		□	□	その他

・乙の責めに帰すべき事由（転借人の責めに帰すべき事由を含む。）によって必要となった修繕については、上記の費用負担者の記載にかかわらず、甲はその費用を負担しない。

（第七面）

(7)維持保全の実施状況の報告に関する事項

(5)に記載する乙が行う賃貸住宅の維持保全の実施状況を定期的に報告することとします。また、甲は必要があると認められるときは、乙に対して維持保全の実施状況に関して報告を求めることができることとします。

(8)損害賠償額の予定又は違約金に関する事項

引渡日までの間の解約を行う場合は、〇日前に申し入れをすることとし、違約金は〇円とします。

(9)責任及び免責に関する事項

・天災等による損害等、乙が責任を負わないこととする場合は、その旨を記載し、説明すること。
・甲が賠償責任保険等への加入をすることや、その保険に対応する損害については乙が責任を負わないこととする場合は、その旨を記載し、説明すること。

(10)転借人の資格その他の転貸の条件に関する事項

条件項目	条件の有無	条件の内容
転貸借契約において定めるべき事項	[有]・無	・乙は、転貸借契約を締結するに際し、当該契約が転貸借契約であることを転借人に開示するとともに、転借人が反社会的勢力でないこと、転借人に対し、(11)のとおり乙が行う維持保全の内容を周知すること、本契約が終了した場合、甲は、転貸借契約における乙の転貸人の地位を承継することを契約条項とすること。
契約態様	有・[無]	
契約期間	有・[無]	
家賃	有・[無]	
共益費	有・[無]	
敷金	有・[無]	
転借人	有・[無]	
その他	有・[無]	

(11)乙が行う賃貸住宅の維持保全の内容の転借人に対する周知に関する事項

転借人へ周知する内容	転借人への周知方法
・上記(5)乙が行う維持保全の実施方法 ・乙の連絡先	メール又は郵送により周知します

（第八面）

(12)契約の更新又は解除に関する事項

a. 契約の更新及び更新拒絶について

甲及び乙は、協議の上、本契約を更新することができます。

また、本契約には、借地借家法第 28 条（更新拒絶等の要件）が適用されるため、甲から更新を拒す絶場合には、

①甲及び乙（転借人（入居者）を含む）が建物の使用を必要とする事情
②建物の賃貸借に関する従前の経過
③建物の利用状況及び建物の現況並びに甲が建物の明渡しの条件として又は建物の明渡しと引換えに乙（転借人（入居者）を含む）に対して財産上の給付をする旨の申出をした場合におけるその申出

を考慮して、正当の事由があると認められる場合でなければすることができません。

b. 契約の解約について

乙は、甲に対して少なくとも〇ヶ月前に解約の申し入れを行うことにより、本契約を解約することができます。

c. 契約の解除について

甲は、乙が家賃支払義務を３ヶ月以上怠ったとき、転貸の条件に従い転貸する義務に違反した場合、及び維持保全の費用負担義務に違反した場合に、甲が相当の期間を定めて当該義務の履行を催告したにもかかわらず、その期間内に当該義務が履行されないときは、本契約を解除することができます。

※その他、家賃改定の協議で合意できなければ契約が終了する条項や、一定期間経過後との修繕に応じない場合には契約を更新しないこととする場合は、その旨を記載し説明すること。

(13)乙の権利義務の承継に関する事項

本契約が終了した場合、甲は、転貸借契約における乙の転貸人の地位を承継することとします。転貸人の地位を承継した場合、正当な事由なく入居者の契約更新を拒むことはできません。また、その場合、甲は乙の敷金返還債務を承継することとなります。

（第九面）

(14)借地借家法その他特定賃貸借契約に係る法令に関する事項の概要

(15)借地借家法第32条第１項（借賃増減請求権）について

・本契約には、借地借家法第32条第１項（借賃増減請求権）が適用されるため、上記の家賃改定日以外の日であっても、乙から甲に支払う家賃が、変更前の家賃額決定の要素とした事情等を総合的に考慮した上で、

①土地又は建物に対する租税その他の負担の増減により不相当となったとき
②土地又は建物の価格の上昇又は低下その他の経済事情の変動により不相当となったとき
③近傍同種の建物の借賃に比較して不相当となったとき

は、本契約の条件にかかわらず乙は家賃を相当な家賃に減額することを請求することができます。

・ただし、空室の増加や当社の経営状況の悪化等が生じたとしても、上記①～③のいずれかの要件を充足しない限りは、同条に基づく減額請求はできません。
・また、借地借家法に基づく、乙からの減額請求について、甲は必ずその請求を受け入れなければならないわけでなく、乙との間で、変更前の家賃決定の要素とした事情を総合的に考慮した上で、協議により相当家賃額が決定されることとなります。

b. 借地借家法第28条（更新拒絶等の要件）について

・本契約には、借地借家法第28条（更新拒絶等の要件）が適用されるため、甲から更新を拒絶する場合には、

①甲及び乙（転借人（入居者）を含む）が建物の使用を必要とする事情
②建物の賃貸借に関する従前の経過
③建物の利用状況及び建物の現況並びに甲が建物の明渡しの条件として又は建物の明渡しと引換えに乙（転借人（入居者）を含む）に対して財産上の給付をする旨の申出をした場合におけるその申出

を考慮して、正当の事由があると認められる場合でなければすることができません。

6 事実不告知・不実告知の禁止

都環会の基本方針とほぼ同じ内容です

それはなぜ？

サブリース業者または勧誘者が、誤った情報や不正確な情報による勧誘や強引な勧誘等、相手方の意思決定を歪めるような勧誘や、同様の方法により契約の解除を妨げる行為を行うことにより、オーナーとなろうとする者は、契約について正しい情報が得られず、また、契約について正しい判断ができない環境下に置かれることになり、甚大な損害を被ることになります。

(1)禁止行為

特定転貸事業者または勧誘者(特定転貸事業者が特定賃貸借契約の締結についての勧誘を行わせる者をいいます。)は、特定賃貸借契約の締結の勧誘をするに際し、またはその解除を妨げるため、特定賃貸借契約の相手方または相手方となろうとする者に対し、当該特定賃貸借契約に関する事項であって特定賃貸借契約の相手方または相手方となろうとする者の判断に影響を及ぼすこととなる重要なものにつき、故意に事実を告げず、または不実のことを告げる行為をしてはなりません。

(2)要件

以下、事実不告知・不実告知の成立要件について解説します。

①「特定賃貸借契約の締結の勧誘をするに際し」について

特定賃貸借契約の相手方となろうとする者がいまだ契約締結の意思決定をしていない場合に、特定転貸事業者または勧誘者が、当該者と特定賃貸借契約を締結することを目的として、または当該者に契約を締結させる意図の下に働きかけることをいいます。

- 当該者の判断に影響を及ぼすこととなる重要なものについて事実の不告知・不実告知があれば足り、実際に契約が締結されたか否かは問いません。

②「解除を妨げるため」について

特定賃貸借契約の相手方の特定賃貸借契約を解除する意思を翻させたり、断念させたりするほか、契約の解除の期限を徒過(とか)するよう仕向けたり、協力しない等、その実現を阻止する目的または意図の下に行うことをいいます。

- 実際に特定賃貸借契約の相手方が契約解除を妨げられたか否かは問いません。

③「特定賃貸借契約の相手方又は相手方となろうとする者の判断に影響を及ぼすこととなる重要なもの」について

特定転貸事業者が特定賃貸借契約の相手方に支払う家賃の額等の賃貸の条件やその変更に関する事項、特定転貸事業者が行う賃貸住宅の維持保全の内容及び実施方法、契約期間に発生する維持保全、長期修繕等の費用負担に関する事項、契約の更新または解除に関する事項等、当該事項を告げない、または事実と違うことを告げることで、特定賃貸借契約の相手方又は相手方となろうとする者(相手方等)

の不利益に直結するものをいいます。

④「故意に事実を告げず、又は不実のことを告げる行為」について

▶「故意に事実を告げず」とは、事実を認識しているにもかかわらず、あえてこれを告げない行為をいいます。

▶「故意に不実のことを告げる行為」とは、事実でないことを認識していながらあえて事実に反することを告げる行為をいいます。

▶「故意」とは、内心の心理状態を示す主観的要件であるが、客観的事実によって推認されることとなるほか、特定転貸事業者であれば当然に知っていると思われる事項を告げないような場合については、故意の存在が推認されることになると解釈されます。

《具体例》

1. 故意に事実を告げない行為

・将来の家賃減額リスクがあること、契約期間中であってもサブリース業者から契約解除の可能性があることや借地借家法の規定によりオーナーからの解約には正当事由が必要であること、オーナーの維持保全、原状回復、大規模修繕等の費用負担があること等について、あえて伝えず、サブリース事業のメリットのみ伝えるような勧誘行為

・家賃見直しの協議で合意できなければ契約が終了する条項や、一定期間経過ごとの修繕に応じない場合には契約を更新しない条項がありそれを勧誘時に告げない(サブリース業者側に有利な条項があり、これに応じない場合には一方的に契約を解除される)。

・サブリース契約における新築当初の数ヶ月間の借り上げ賃料の支払い免責期間があることについてオーナーとなろうとする者に説明しない。

2. 故意に不実のことを告げる行為

・借地借家法により、オーナーに支払われる家賃が減額される場合があるにもかかわらず、断定的に「都心の物件なら需要が下がらないのでサブリース家賃も下がることはない」「当社のサブリース方式なら入居率は確実であり、絶対に家賃保証できる。」「サブリース事業であれば家賃 100%保証で、絶対に損はしない」「家賃収入は将来にわたって確実に保証される」といったことを伝える行為

・原状回復費用をオーナーが負担する場合もあるにもかかわらず、「原状回復費用はサブリース会社が全て負担するので、入退去で大家さんが負担することはない」といったことを伝える行為

・大規模な修繕費用はオーナー負担であるにもかかわらず、「維持修繕費用は全て事業者負担である」といったことを伝える行為

・近傍同種の家賃よりも明らかに高い家賃設定で、持続的にサブリース事業を行うことができないにもかかわらず、「周辺相場よりも当社は高く借り上げることができる」といったことを伝える行為

・近傍同種の家賃よりも著しく低い家賃であるにもかかわらず、「周辺相場を考慮すると、当社の借り上げ家賃は高い」といったことを伝える行為

(3)違反した場合の措置

特定転貸事業者または勧誘者が、事実不告知・不実告知の禁止の規定に違反した場合、国土交通大臣は、特定賃貸借契約の適正化を図るため必要があると認めるときは、その特定転貸事業者に対し、当該違反の是正のための措置その他の必要な措置をとるべきことを指示することができます。勧誘者が違反した場合には、特定賃貸借契約の適正化を図るため必要があると認めるときは、その勧誘者に対し、当該違反の是正のための措置その他の必要な措置をとるべきことを指示することもできます。
国土交通大臣は、前記の指示をしたときは、その旨を公表しなければなりません。
さらに、国土交通大臣は、特定賃貸借契約の適正化を図るため特に必要があると認めるとき、または特定転貸事業者が前記の指示に従わないときは、その特定転貸事業者に対し、1 年以内の期間を限り、特定賃貸借契約の締結について勧誘を行いもしくは勧誘者に勧誘を行わせることを停止し、またはその行う特定賃貸借契約に関する業務の全部もしくは一部を停止すべきことを命ずることができます。
さらに、国土交通大臣は、勧誘者が違反した場合において特定賃貸借契約の適正化を図るため特に必要があると認めるとき、または勧誘者が前記の規定による指示に従わないときは、その勧誘者に対し、1 年以内の期間を限り、特定賃貸借契約の締結について勧誘を行うことを停止すべきことを命ずることができます。
国土交通大臣は、この命令をしたときは、その旨を公表しなければなりません。
上記の行政処分以外に刑事罰も定められています。6 月以下の懲役もしくは 50 万円以下の罰金に処せられ、またはこれが併科されます。

付け足し

賃貸住宅管理業法には、宅建業法や都環会の基本方針にある断定的判断の告知の規定が存在しません。

第１章
消費者契約法
におけるリスクの説明

1　消費者契約法の適用対象

投資家も消費者になる可能性があります

(1)消費者契約法の意義

それはなぜ？

平成 18 年の法改正により消費者団体訴訟制度が導入され、平成 19 年 6 月より運用されており、平成 20 年の法改正では、消費者団体訴訟制度の対象が景品表示法と特定商取引法に、平成25年の法改正では、食品表示法に拡大されました。
その後、平成 28 年、30 年、令和 4 年には、取り消しうる不当な勧誘行為の追加、無効となる不当な契約条項の追加等の民事ルールの改正が行われました。

消費者が事業者と契約をするとき、両者の間には持っている情報の質・量や交渉力に格差があります。このような状況を踏まえて消費者の利益を守るため、平成 13 年 4 月 1 日に消費者契約法が施行されました。同法は、消費者契約について、不当な勧誘による契約の取消しと不当な契約条項の無効等を規定しています。

消費者契約法1条(目的)
この法律は、消費者と事業者との間の情報の質及び量並びに交渉力の格差に鑑み、事業者の一定の行為により消費者が誤認し、又は困惑した場合等について契約の申込み又はその承諾の意思表示を取り消すことができることとするとともに、事業者の損害賠償の責任を免除する条項その他の消費者の利益を不当に害することとなる条項の全部又は一部を無効とするほか、消費者の被害の発生又は拡大を防止するため適格消費者団体が事業者等に対し差止請求をすることができることとすることにより、消費者の利益の擁護を図り、もって国民生活の安定向上と国民経済の健全な発展に寄与することを目的とする。

(2)定義

消費者契約法上の消費者契約(消費者と事業者との間で締結される契約)といえるためには、契約の締結や取引に関する**情報・交渉力の格差**を前提に、消費者と事業者の区別を明らかにする必要があります。

①消費者と事業者

消費者とは、事業としてでもなく、事業のためにでもなく、契約の当事者となる主体を意味します。
事業者とは、事業としてまたは事業のために契約の当事者となる主体を意味します。 このうち、**法人**及び**その他の団体**については、これらの団体が当事者となって締結する契約が事業者としてするものであると考えられます。なお、**法人**とは、自然人(生身の人間)以外で、法律上の権利義務の主体となることを認められている株式会社等の団体をいいます。**その他の団体**には、民法上の組合を始め、法人格を有しない社団または財団が含まれ、法人格を有しない場合のマンション管理組合もこれに含まれます。
しかし、個人事業者については、「事業者」として「事業としてまたは事業のために」契約の当事者となる場合もあれば、「消費者」として「事業としてでもなく、事業のためにでもなく」契約の当事者となる場合もあります。

《投資家》

事業者から不動産投資を勧められて2件の不動産を購入した個人が、その後、本件不動産の価格が下落していることが判明したことから、被告から重要事項について不実の事実を告げられ、かつ、断定的判断の提供をされたなどと主張し、消費者契約法4条1項・2項等による本件不動産売買契約の取消しを求めた事案で、原告の請求を認めた判決があります(東京地判平成24年3月27日)。したがって、**不動産投資家であっても、情報量の格差や重要事項説明の内容如何により、消費者契約法上の消費者になる可能性がある**ので注意を要します。

《媒介者》

事業者が第三者に消費者契約締結の媒介を委託した場合に、その第三者が誤認・困惑行為を行った場合にも、消費者が意思表示を取り消すことができます(消費者契約法5条1項)。具体的には、不動産の仲介や代理販売をする宅地建物取引業者、住宅ローンの設定に際し、火災保険契約を媒介した銀行等がこれにあたり得ます。

②消費者契約

消費者契約とは、民法における契約のうち、消費者と事業者との間で締結される契約のことをいいます。

③適格消費者団体

適格消費者団体とは、不特定かつ多数の消費者の利益のために消費者契約法の規定による差止請求権を行使するのに必要な適格性を有する法人である消費者団体として内閣総理大臣の認定を受けた者をいいます。

適格消費者団体による差止請求…適格消費者団体が、「不当な勧誘」「不当な契約条項」「不当な表示」などの、事業者の不当な行為をやめるように求めることです。

2 事業者と消費者の努力義務

不動産業界が作った広告のルールです

(1)事業者の努力義務

事業者は、次に掲げる措置を講ずるよう努めなければなりません。

①契約条項の明確化

消費者契約の条項を定めるに当たっては、消費者の権利義務その他の消費者契約の内容が、その解釈について疑義が生じない明確なもので、かつ、消費者にとって平易なものになるよう配慮しなければなりません。

②情報提供

消費者契約の締結について勧誘をするに際しては、消費者の理解を深めるために、物品、権利、役務その他の消費者契約の目的となるものの性質に応じ、**事業者が知ることができた個々の消費者の年齢、心身の状態、知識及び経験を総合的に考慮した上**で、消費者の権利義務その他の消費者契約の内容についての必要な情報を提供しなければなりません。

令和4年改正により、勧誘時の情報提供の努力義務について考慮要素として年齢と心身の状態を追加する等の改正がされるとともに、定型約款の表示請求権に関する情報提供及び解除権行使に必要な情報提供の努力義務も追加する改正がされた。

情報を提供するに当たって考慮すべき個々の消費者の事情としては、消費者の理解の不十分さを伺わせる手がかりとなるものという観点から、年齢、心身の状態、知識及び経験を規定しています。

例えば、対面取引等において、消費者の年齢を知ることができたのであれば、必要に応じ、年齢を考慮して説明することが求められるし、消費者の判断力が低下していることを知ることができたのであれば、必要に応じ、心身の状態を考慮して説明することが求められます。

また、消費者の知識や経験が十分でないようなときには、この点を考慮して、一般的・平均的な消費者のときよりも、より基礎的な内容から説明を始めること等が事業者に求められます。

さらに、特定の考慮事情のみで画一的な対応をするようなことは避けるべきとされています。

実際に、事業者に期待されているのは、事業者がこれらの消費者の事情を知ることができた場合には、その事情を考慮した上で情報提供を行うことであり、事業者に対し、これらの事情を積極的に調査することまで求めるものではありません。

消費者へ提供することを要請している情報とは、「消費者の権利義務その他の消費者契約の内容についての」情報のことであり、契約内容以外の周辺的な情報まで含めることを意味するものではありません。具体的には、対象となっている商品以外の商品に関する比較情報等は「消費者の権利義務その他の消費者契約の内容」には該当せず、事業者が提供するよう努めなければならない情報には当たりません。

なお、情報提供努力義務が事業者にあるとしても、消費者契約の内容についての情報を全て提供することまで事業者に求められているわけではありません。消費者契約の内容についての情報のうち、消費者が当該契約を締結するのに必要なものを提供すれば足ります。また、消費者が当然に知っているような情報まで提供する努力義務はありません。

③定型約款

民法 548 条の 2 第 1 項に規定する定型取引合意に該当する消費者契約の締結について勧誘をするに際しては、消費者が同項に規定する定型約款の内容を容易に知り得る状態に置く措置を講じているときを除き、消費者が同法 548 条の 3 第 1 項に規定する請求を行うために必要な情報を提供しなければなりません。

④解除権行使の情報提供

消費者の求めに応じて、消費者契約により定められた当該消費者が有する解除権の行使に関して必要な情報を提供しなければなりません。

(2)消費者の努力義務

消費者は、消費者契約を締結するに際しては、事業者から提供された情報を活用し、消費者の権利義務その他の消費者契約の内容について理解するよう努めなければなりません。

事業者と消費者との間には情報・交渉力の格差が存在することから、消費者には自ら情報を収集する努力までも求めるものではありません。事業者から情報が提供されることを前提として、少なくとも提供された情報は活用することを消費者に求めるものです。

また、消費者は、事業者から提供された情報を活用して契約の内容を理解することが求められるとしても、契約の内容を全て理解することは無理なので、自己責任を問い得る程度のレベルまで契約内容を理解する努力義務があると解釈されます。

ある特定の者が不特定多数の者を相手方として行う取引であって、その内容の全部又は一部が画一的であることがその双方にとって合理的なものは、民法上、「定型取引」と定義され、この定型取引において、契約の内容とすることを目的としてその特定の者により準備された条項の総体を「定型約款」といいます。この定型約款を準備した者は、定型取引を行うことの合意の前又はその合意の後相当の期間内に相手方から請求があった場合には、遅滞なく、相当な理由でその定型約款の内容を示さなければなりません(民法 548 条の3第1項)。

3 事実不告知・不実告知

消費者契約法では事実不告知・不実告知は取消事由です

消費者契約法は、事業者による**重要事項**について事実の不告知や不実の告知があった場合において、消費者が誤認をして消費者契約の申込みまたはその承諾の意思表示をしたときは、これを取り消すことができる旨を定めています。

(1)重要事項

上記の「重要事項」とは以下のものをいいます。

① 物品、権利、役務その他の当該消費者契約の目的となるものの質、用途その他の内容であって、消費者の当該消費者契約を締結するか否かについての判断に通常影響を及ぼすべきもの

質とは、品質や性質をいいます。例えば物品の質として、性能・機能・効能、構造・装置、成分・原材料、品位、デザイン、重量・大きさ、耐用度、安全性、衛生性、鮮度。役務の質として、効果・効能・機能、安全性、事業者・担当者の資格、使用機器、回数・時間、時期・有効期間、場所等です。

② 物品、権利、役務その他の当該消費者契約の目的となるものの対価その他の取引条件であって、消費者の当該消費者契約を締結するか否かについての判断に通常影響を及ぼすべきもの

「その他の取引条件」とは、対価以外の、取引に関して付される種々の条件をいいます。例えば、価格の支払時期、契約の目的となるものの引渡し・移転・提供の時期、取引個数、配送・景品類提供の有無、契約の解除に関する事項、保証・修理・回収の条件等です。

③ 前二号に掲げるもののほか、物品、権利、役務その他の当該消費者契約の目的となるものが当該消費者の生命、身体、財産その他の重要な利益についての損害又は危険を回避するために通常必要であると判断される事情

「重要な利益」とは、法益としての重要性(価値)が、一般的・平均的な消費者を基準として、例示として挙げられている「生命、身体、財産」と同程度に認められるものです。具体的には、名誉・プライバシーの利益等が考えられます。また、生活上の利益も、電話を使用して通話をするなどの日常生活において欠かせないものであれば、「重要な利益」に該当すると考えられます。

(2)重要事項について事実と異なることを告げる

消費者は、事業者が消費者契約の締結について勧誘をするに際し、その消費者に対して、**重要事項について事実と異なることを告げる行為**をしたことにより、その告げられた内容が事実であるとの誤認をし、それによって当該契約の申込みまたはその承諾の意思表示をしたときは、これを**取り消す**ことができます(消費者契約法4条1項1号)。

①勧誘とは

消費者の契約締結の意思の形成に影響を与える程度の勧め方をいいます。したがって、「この物件を買いませんか」などと直接に契約の締結を勧める場合のほか、その物件を購入した場合の便利さのみを強調するなど客観的にみて消費者の契約締結の意思の形成に影響を与えていると考えられる場合も含まれます。

なお、事業者等による働き掛けが不特定多数の消費者に向けられたもの(チラシの配布等)であったとしても、そのことから直ちにその働きかけが「勧誘」に当たらないということはできないとした最高裁判決があります(最判平成29年1月24日　民集第71巻1号1頁)。

②事実と異なること

真実または真正でないことをいいます。真実または真正でないことにつき必ずしも主観的認識を有していることは必要なく、告知の内容が客観的に真実または真正でないことで足ります。したがって、主観的な評価であって、客観的な事実により真実または真正であるか否かを判断することができない内容(例えば、「新鮮」、「安い」、「(2,000万円を切るから)お買い得」という告知)は、事実と異なることの告知の対象にはなりません。

《具体例》

例えば、住宅販売において、「居住環境に優れた立地」、「当社のマンションは安心」という表現が用いられていたが、その住宅の購入者にとってはそう感じられなかった場合、その表現自体は、主観的な評価であって、客観的な事実により真実または真正であるか否かを判断することができない内容なので、「事実と異なること」を告げたことにはならず、取消しは認められません。

また、住宅建設用の土地の売買において、「近くにがけがありますが、この土地なら全く問題はありません」との説明を信じて契約した後に、その土地は、がけ地に接近しているためそのままでは考えているとおりの住宅を建設することができない上に、擁壁の設置も必要であることがわかった場合、その説明は、住宅建設用の土地の売買契約の締結に際しては、「この土地に住宅を建設するに当たって特段の障害はない」ことを告げたものと考えられるので、がけが接近していて考えているとおりの住宅を建設することができない場合や住宅を建設するには擁壁の設置が必要で

「勧誘」について、法に定義規定は置かれていないところ、例えば、事業者が、その記載内容全体から判断して消費者が当該事業者の商品等の内容や取引条件その他これらの取引に関する事項を具体的に認識し得るような新聞広告により不特定多数の消費者に向けて働きかけを行うときは、当該働きかけが個別の消費者の意思形成に直接影響を与えることもあり得るから、事業者等が不特定多数の消費者に向けて働きかけを行う場合を「勧誘」に当たらないとしてその適用対象から一律に除外することは、法第1条の趣旨目的に照らし相当とはいい難い。

ある場合等は「事実と異なることを告げること」に当たり、取消しが認められることもあり得ます。

次に、真実または真正であるか否かの判断は、契約締結の時点において、契約締結に至るまでの事業者の告知の内容を全体的に評価して行われます。事業者が告げた内容がその契約における事業者の債務の内容となっている場合において、契約締結後に当該債務について不履行があったとしても、そのことによってさかのぼって「事実と異なること」を告げたとされるわけではありません。

《具体例》

1. 建築請負契約において、基礎材は杉であると説明されて契約を締結し、仕様書にもそのように書かれていたが、事業者の手違いにより、実際には米栂(べいつが)であった場合、「基礎材は杉」ということは債務の内容になっていると考えられるため、これは債務不履行の問題であり、「事実と異なること」を告げる行為には当たらないので、取消しは認められません。もちろん、債務不履行を理由に契約解除や損害賠償責任を負う可能性はあります。
2. 「○○日には引渡しが完了します」と言われたので契約したが、諸事情により遅延し、その日には引き渡せなかった場合も同様に債務の内容になっていると考えられるので、債務不履行の問題となり、取消しは認められません。

③告げる行為

必ずしも口頭によることを必要とせず、書面に記載して消費者にお知らせする等、消費者が実際にそれによって認識し得る態様の方法であればよいとされています。

《具体例》

新聞の折込チラシを見て築5年の中古の一戸建て住宅が気に入ったので、業者から「築5年である」旨の説明を受けて、売買契約を締結したが、念のため登記簿を調べてみると、実際には築 10 年であることが判明した場合、重要事項(経過年数)について、真実と異なることを告げている(築5年と告げたこと)ので、取消しが認められます。

(3)不利益となる事実の不告知

消費者は、事業者が消費者契約の締結について勧誘をするに際し、その消費者に対して**ある重要事項または当該重要事項に関連する事項**について当該消費者の利益となる旨を告げ、かつ、その重要事項について消費者の不利益となる事実(当該告知により当該事実が存在しないと消費者が通常考えるべきものに限る。)を、**故意または重大な過失**によって告げなかったことにより、当該事実が存在しないとの誤認をし、それによって当該消費者契約の申込みまたはその承諾の意思表示をしたときは、これを取り消すことができます。

ただし、事業者が消費者に対しその事実を告げようとしたにもかかわらず、消費者が拒んだときは、取り消すことができません。

①ある重要事項または当該重要事項に関連する事項とは

基本的には、「ある重要事項」に関わりつながる事項を広く意味します。ただし、不利益事実の不告知の対象が「当該重要事項について当該消費者の不利益となる事実(当該告知により当該事実が存在しないと消費者が通常考えるべきものに限る。)」に限定されているため、実際上この「事項」は、一般的・平均的な消費者が、不利益事実が存在しないと誤認する程度に「ある重要事項」に密接に関わりつながるものとなります。

②当該消費者の利益となる旨とは

消費者契約を締結する前の状態と後の状態とを比較して、その消費者に利益(必ずしも財産上の利益に限らない。)を生じさせるであろうことをいいます。

③故意または重大な過失

故意とは、当該事実が当該消費者の不利益となるものであることを知っており、かつ、当該消費者が当該事実を認識していないことを知っていながら、あえて行うという意味です。

重大な過失とは、ちょっと注意をすれば容易に有害な結果を予見することができるのに、漫然とそれを見過ごしたというような、ほとんど故意に近い著しい注意欠如の状態をいいます(最判昭和32年7月9日民集11巻7号1203頁、大判大正2年12月20日参照)。

④事業者の免責事由(ただし書)

事業者が消費者に対し不利益事実を告げようとしたにもかかわらず、その消費者がこれを拒んだ場合には、消費者は消費者契約の申込みまたはその承諾の意思表示を取り消すことができません。この免責事由の立証責任については事業者が負います。

例えば、説明を受ける時間がない、説明を受けることが面倒である等の理由で、拒むなどが考えられます。

《具体例》

1. 例えば、隣接地が空き地であり、「眺望・日当たり良好」という業者の説明を信じて中古マンションの2階の一室を買ったが、半年後には隣接地に建物ができて眺望・日照がほとんど遮られるようになった場合(業者は隣接地に建設計画があると知っていたにもかかわらずそのことの説明しなった)、消費者の利益となる旨(隣接地が空き地であって眺望・日当たり良好)を告げ、不利益となる事実(隣接地に建物ができて眺望・日照が遮られるようになること)を故意に告げていないので、取消しが認められます。

例えば、隣地のマンションの建設計画の説明会が当該事業者も参加可能な形で実施されていたという状況や、当該マンション建設計画は少なくとも近隣の不動産事業者において共有されていたという状況など。

なお、その業者が、隣地のマンション開発計画を容易に知り得た状況にあったにもかかわらず、消費者に告げなかった場合には、当該事業者に重大な過失が認められます。ただし、単に不動産会社がマンション販売を取り扱う専門業者であることのみを理由として重大な過失が認められ得るというものではありません。

2. 「先週の価格より 50 万円も安くなっています。」と宣伝していたので分譲マンションの一室を購入したが、翌月に同じマンションの他の部屋がさらに 100 万円以上値引きされていた場合は(販売業者の社員は今後更に値段が下がることを知っていたが、これを告げなかった)、消費者の利益となる旨(先週の価格の 50 万円引き)を告げているが、「当該告知により当該事実(今後更に値段が下がること)が存在しないと消費者が通常考えるべきもの」とはいえず、取消しは認められません。

(4)効果

これら不当な勧誘により契約をしてしまった場合、消費者は後から消費者契約を取り消すことができます。

そして、取り消された消費者契約は、はじめから無効だったということになります。この場合、事業者と消費者は原則として、相手方から受け取った商品や料金などを互いに返還しなければなりません(原状回復)。

ただし消費者は、事業者から給付を受けた当時、契約締結の意思表示を取り消せることを知らなかった場合には、現存利益を返還すれば足ります(消費者契約法 6 条の 2)。

なお、消費者契約の取消権は、①追認できる時から 1 年間(霊感商法については 3 年間)、または②消費者契約の締結の時から 5 年間(霊感商法については 10 年間)が経過すると時効により消滅します(消費者契約法 7 条 1 項)。

4 断定的判断の提供行為

消費者契約法では断定的判断の提供行為は取消事由です

(1)断定的判断の提供行為

消費者は、事業者が消費者契約の締結について勧誘をするに際し、当該消費者に対して、**物品、権利、役務その他の当該消費者契約の目的**となるものに関し、**将来におけるその価額、将来において当該消費者が受け取るべき金額、その他の将来における変動が不確実な事項**につき断定的判断を提供したことにより、当該提供された断定的判断の内容が確実であるとの誤認をし、それによって当該消費者契約の申込みまたはその承諾の意思表示をしたときは、これを取り消すことができます。

(2)要件

①物品、権利、役務その他の当該消費者契約の目的となるもの

物品とは、一般的には、有体物たる動産をいいます。例えば、自動車、電気製品、化粧品、絵画、着物、健康食品等です。

権利とは、一定の利益を請求し、主張し、享受することができる法律上正当に認められた力をいいます。例えば、併設のスポーツ施設を利用する権利等です。

役務とは、他人のために行う種々の労務または便益の提供をいいます。例えば、住宅建築請負等です。

付け足し

これらのほか、物品・権利・役務の概念には必ずしも含まれない、不**動産**、無体物(電気等)の給付も「当該消費者契約の目的となるもの」に当たります。

②将来における変動が不確実な事項

将来におけるその(=物品、権利、役務その他の当該消費者契約の目的となるものの)価額をいいます。例えば不動産取引に関して、将来における当該不動産の価額は典型例です。

③将来において当該消費者が受け取るべき金額

例えば保険契約に関して、将来において当該消費者が受け取るべき保険金の額等です。

④その他の将来における変動が不確実な事項

上記②③には必ずしも含まれない、消費者の財産上の利得に影響するものであって将来を見通すことがそもそも困難であるものをいいます。例えば、収益物件の取引に関して、将来における各種の指数・数値、利回り、通貨の価格等です。

なお、事業者がある商品・サービスについての効用・メリットを説明する場合で、一定の前提の下で客観的に将来を見通すことが可能な情報を提供することは問題となりません。例えば、ガソリン代、電気代等の節約については、「このような使用条件の下では」という一定の前提の下で将来を見通すことが可能であることから、そのような前提とともに説明する限りにおいては、ここでいう「将来における変動が不確実な事項」には当たりません。

⑤断定的判断を提供すること

確実でないものが確実である(例えば、利益を生ずることが確実でないのに確実である)と誤解させるような決めつけ方をいいます。「絶対に」、「必ず」のような言葉を使うかどうかは問いません。例えば、収益物件の取引において、投資会社のスタッフが個人の購入希望者(消費者)に対して「この取引をすれば毎月 2 万円もうかる」と告知しても、「この取引をすれば、必ず毎月 2 万円もうかる」と告知しても、同じく断定的判断の提供となります。

事業者の非断定的な予想ないしは個人的見解を示すことは断定的判断の提供に当たりません。例えば、「この取引をすれば、毎月 2 万円もうかるかもしれない」と告知すること等です。

また、消費者の判断の材料となるものについて真実のことを告げることも問題になりません。例えば、不動産投資家A氏は、「2 年後に、都内の物件であっても都心部以外は下落する」と言っているという相場情報等です。

さらに、将来の金利など「将来における変動が不確実な事項」につき、一定の仮定を置いて、「将来におけるその価額」、「将来において当該消費者が受け取るべき金額」につき、事業者が試算を行い、それを消費者に示したとしても、「将来における変動が不確実な事項」については、試算の前提としての仮定が明示されている限りは、「断定的判断を提供すること」には当たりません。

《具体例》

1. 建築請負契約において、事業者から「当社の住宅は雨漏りしません」との説明を受けて契約した場合、雨漏りするか否かといった住宅の性能は「将来におけるその価額、将来において当該消費者が受け取るべき金額その他の将来における変動が不確実な事項」には当たらず、取消しは認められません。
2. 不動産投資会社の担当者に、3 年間ほど利回りは変わらないと言われ、収益物件を購入したが、すぐに利回りが変動した場合、「将来におけるその価額、将来において当該消費者が受け取るべき金額その他の将来における変動が不確実な事項」について、断定的判断を提供(3 年間ほど利回りは変わらない)しているので、取消しが認められます。
3. 過去の数値データ及び当該データを参考にした仮定を明示するとともに、これらを前提とした試算を示しながら「今まで元本割れしたことはなく、試算を考慮すれば今後も元本割れしないだろう」と言われたので金融商品を契約したが、元本割れした場合、「試算を考慮すれば今後も元本割れしないだろう」と告げるに際して、試算の前提としての仮定が明示されており、断定的判断を提供することには当たらず、取消しは認められません。

(3)効果

これら不当な勧誘により契約をしてしまった場合、消費者は後から消費者契約を取り消すことができます。この点は、前記の不実告知・事実不告知と同様です。

第 4 編　不当な勧誘行為

はじめに

第１編では、都環会が定める広告・投資勧誘の基本方針における不当な勧誘行為を解説しました。しかし、不当な勧誘行為に関しても、前編のリスクと説明と同様に、同基本方針とは別に宅地建物取引業法、賃貸住宅管理業法、消費者契約法等が複雑に絡み合っています。

本編では、それぞれの法令の目的とするところと、規制対象を学び、日々の業務で違法・不当な勧誘行為をしないようそれぞれの法律に定める要件と罰則等の効果を理解して下さい。

本章における記述は以下の書籍を参考にしています。引用する場合は本文にも著者名のみを記述しています。

○田中嵩二「これで合格宅建士基本テキスト」Ken 不動産研究（2024 年 4 月）

○岡本正治・宇仁美咲「三訂版［逐条解説］宅地建物取引業法」大成出版（2021 年 3 月 19 日） **略記：岡本・宇仁・宅建業法**

○鬼丸勝之監修、全日本不動産協会編「宅地建物取引業法の話」理工図書（昭和 27 年 8 月） **略記：鬼丸監修・宅建業法の話**

○五十嵐紀男「宅地建物取引業法」注釈特別刑法補巻（1）」青林書院（平成 2 年 8 月 **略記：五十嵐・宅建業法**

○河野正三編著「改正宅地建物取引業法の解説」住宅新報社（昭和 42 年 8 月） **略記：河野・改正宅建業法解説**

○一般社団法人賃貸不動産経営管理士協議会「賃貸不動産権利の知識と実務〔令和 5（2023）年度版〕」大成出版社（2023 年 4 月）

○消費者消費者制度化編「逐条解説・消費者契約法〔第 5 版〕」商事法務（2023 年 12 月）

第１章
宅地建物取引業法における不当な勧誘行為

1 契約締結の誘引

宅建業法に規定されている勧誘行為のルール

(1)宅建業法の適用範囲

宅建業法の適用範囲は、第2編第1章に記載した通りです。

(2)契約締結を判断する時間を与えることを拒む行為

宅建業者または代理人・使用人・その他の従業者は、宅建業に係る契約の締結の勧誘をするに際し、正当な理由なく、契約を締結するかどうかを判断するために**必要な時間を与えることを拒む**ことをしてはなりません(施行規則16条の11第1号ロ)。つまり、契約の締結を不当に急がせる行為を禁止しています。

必要な時間を与えることを拒む

取引の相手方が契約を締結するかどうかの意思決定に要する時間を求めたにもかかわらず、宅建業者等がこれに応じないことをいいます。

- ▶ 契約の相手方が「契約の締結をするかどうかしばらく考えさせてほしい」と申し出た場合において、事実を歪めて「明日では契約締結はできなくなるので、今日しか待てない」と告げることが典型です。
- ▶ たとえ取引の相手方が契約締結の意思を明示していない場合であっても(検討中)、「待てない、他に買い手がいる、早く契約しないと手に入らない」等と相手方に頻繁に連絡し契約の締結をするよう急がすことは、必要な時間を与えることを拒む行為となります。

参考資料

特定商取引法は、電話勧誘販売において、販売業者又は役務提供事業者は、「その勧誘に先立って、その相手方に対し、販売業者又は役務提供事業者の氏名又は名称及びその勧誘を行う者の氏名並びに商品若しくは権利又は役務の種類並びにその電話が売買契約又は役務提供契約の締結について勧誘するためのものであることを告げなければならない」(16条)と定めていますが、同法は、宅建業者による宅地建物取引を適用除外としているので(26条1項8号ロ)、本条を設けることによって、電話等による不当な販売勧誘の業務規制を行うように改正されました。

(3)宅建業者の名称、勧誘目的不告知の下での勧誘行為

宅建業者または代理人・使用人・その他の従業者は、宅建業に係る契約の締結の**①勧誘に先立って②宅建業者の商号や名称および勧誘を行う者の氏名**ならびに**③契約の締結について勧誘をする目的である旨を告げずに**、勧誘を行うことをしてはなりません(施行規則16条の11第1号ハ)。

① 当該勧誘に先立って

相手方等に対し勧誘行為を始めるにあたってという意味です。電話勧誘の場合は、相手方等が電話口に出た段階で、直ちにみずから宅建業者の商号、名称を名乗り、電話を掛けた目的が宅地建物の契約締結を勧誘するものであることを告げなければなりません。

② 宅建業者の商号や名称及び当該勧誘を行う者の氏名を告げずに

宅建業者であることを伏せたり、別の会社名や団体を名乗ったり、相手方から会社の氏名を尋ねられても答えようとせず、宅建業者の商号等を具体的に示さないことをいいます。

③ 当該契約の締結について勧誘をする目的である旨を告げずに

アンケート調査をするかのように装って電話をする等、契約締結を勧誘する意図を告げないことをいいます。

(4)契約締結をしない意思を表示した相手方に対する勧誘継続

宅建業者または代理人・使用人・その他の従業者は、宅建業に係る契約の締結の勧誘をするに際し、宅建業者の相手方等が**①契約を締結しない旨の意思**(**②勧誘を引き続き受けることを希望しない旨の意思**を含む)を表示した**③にもかかわらず、勧誘を継続する**ことをしてはなりません(施行規則16条の11第1号ニ)。

① 契約を締結しない旨の意思を表示した

宅建業者が投資物件の購入を勧めたが、相手方等が「関心がないので断る。」と述べたり、宅建業者が相手方の所有する宅地建物を購入する意思を伝え売却を求めたが「売らない」と述べたり等、契約を締結する意思がない旨の明示または黙示の意思表示をしたことをいいます。

② 当該勧誘を引き続き受けることを希望しない旨の意思

勧誘の途中で相手方等が勧誘しないでほしいと表明したり、電話を切ったり、「忙しいので帰ってくれないか。」等と述べて宅建業者による勧誘に応対する意思がない旨の明示または黙示の意思を表示することをいいます。

③ にもかかわらず、当該勧誘を継続する

相手方等に契約締結や勧誘を断られても、それを無視して、引き続き勧誘することが典型です。また、断られた後に、改めて相手方等に何度も電話をかけることや、一度だけでも会って話を聞いてほしい等と面会を求めたり、書面・パンフレット等を送りつけたりすることも禁止されます。

(5)迷惑時間の電話・訪問

宅建業者または代理人・使用人・その他の従業者は、宅建業に係る契約の締結の勧誘をするに際し、**迷惑を覚えさせるような時間に電話したり訪問したりすること**をしてはなりません(施行規則16条の12第1号ホ)。

迷惑を覚えさせるような時間に電話し又は訪問をすること

早朝、深夜の時間帯に電話または訪問することに限らず、相手方等の都合や意向に配慮しないままに、または勤務時間中に電話をかけたり自宅、職場等を訪問したりすることをいいます。

なお、相手方等が実際に迷惑を被ることまでは要件になっていません。

(6)深夜又は長時間の勧誘等による困惑行為

宅建業者または代理人・使用人・その他の従業者は、宅建業に係る契約の締結の勧誘をするに際し、**①深夜**または**②長時間**の勧誘その他の**③私生活または業務の平穏を害するような方法**によりその者を**④困惑させる**ことをしてはなりません（施行規則16条の11第1号へ）。

① 深夜の勧誘

午後11時頃から明け方あたりまでを指し、深夜の勧誘行為は、長時間にわたらなくとも、それ自体、私生活上または業務の平穏を害するような行為にあたります。

② 長時間の勧誘

深夜等の時間帯に関係なく、何時間にもわたる勧誘行為をいいます。

▶ たとえ電話による勧誘の時間が短くても、これを頻繁に繰り返す行為は全体として長時間の勧誘にあたります。

③ 私生活上又は業務の平穏を害するような方法

相手方等の個人的な生活、家庭生活や仕事、事業の自由と安全を侵害したり脅かしたりする方法をいいます。

▶ たとえ宅建業者が相手方等の平穏を害する意図を持っていなくても、相手方等の意向や都合に配慮しないままに突然電話をかけたり訪問をしたり、繰り返し電話をかけたり、ファックス、メールを頻繁に送信する行為は、相手方等にとって私生活上または業務の平穏を害するような方法にあたります。

④ 困惑させる

買主等が宅建業者からの契約勧誘に対し、どのように対応すべきか判断できず、断り切れずに考えあぐねる等、自由な判断が困難となる状態に仕向けることをいいます。

なお、実際に私生活上または業務の平穏が害されたことは要件になっていません。勧誘の時間の長さ、頻度、時間帯、場所、営業担当者の数、言動、相手方等の属性等を勘案して、一般社会通念に照らし私生活上または業務の平穏を害するような方法に当るかどうかが判断されます。また、相手方等が宅建業者からの勧誘を断る意思を表示したかどうかも問われません。

具体例

宅建業者が、投資用分譲マンションの販売に際し、複数の社員により複数の相手方である消費者に対し、勧誘の電話を断っているにもかかわらず、繰り返し電話勧誘を行い、また同様に相手方が断っているにもかかわらず、その理由を求め電話を長引かせる行為や相手方を中傷させるような発言を行い、電話を長引かせた行為について、電話による長時間の勧誘等により相手方を困惑させるものであるとして、22日間の業務停止処分にした事例があります（関東地方整備局、平成23年1月17日）。

(7)手付貸与の禁止

宅建業者は、その業務に関して、その**①相手方等**に対し、**②手付について貸付けその他信用の供与をすること**により**③契約の締結を誘引する行為**をしてはなりません(法47条3号)。

① 相手方等

主として売買の契約締結の誘引を受けうる買主(購入予定者)をいいます。

▶ 売主、貸主は含まれません。

▶ 貸借の借主を排除していません。

② 手付について貸付けその他信用の供与をすること

売買契約締結時に買主が売主に交付すべき手付について、その現実の交付を後日に期することをいいます。売主である宅建業者が行うものだけでなく、宅建業者が媒介・代理として関与した取引において買主等に対し手付を貸し付ける行為等も信用供与にあたります。

▶ 予約金、預り金、代金や内金の名称でありながら手付の実体を有するものは禁止の対象となります。

▶ 手付金の後払いを認める、立て替える、貸し付ける、分割払いを認める、手付として約束手形を受領する、手付予約をした場合における宅建業者による依頼者のその予約債務の保証を行う等

▶ 売買代金の支払猶予や売買代金の貸与を信用の供与の対象とすることは禁止されていません。

③ 信用供与により契約締結を誘引する行為

信用の供与を手段として買主等が契約を締結するように勧めたり仕向けたり、契約締結を働きかけることをいいます。具体的には次のような行為です。

宅建業者が顧客に売買契約を勧誘したところ顧客が手付金に充てる手持ち資金がないことを理由に契約締結を断ったため、宅建業者が手付貸与を申し出て顧客を契約締結に誘い込む行為
取引物件を気に入った顧客の心理に乗じて、宅建業者が他の顧客に先駆けて取引物件を確保するために顧客に手付貸与を申し出て契約締結に誘い込む行為
手持ち資金が不足するので手付の分割払いによる契約の締結を相談してきた顧客に対して、宅建業者が手付の分割払いを了解して、顧客を契約締結に誘い込む行為

▶ 不動産取引では売買契約締結時に買主が手付全額を現金で支払うのが一般的です。したがって、手付分割や手付貸与は、特段の事情がない限り、契約の締結を誘引する意図があると推認されます。

▶ 信用の供与に至る経緯が宅建業者からの申出によるものか、顧客

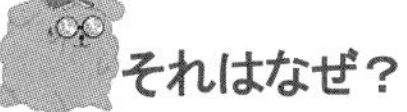

それはなぜ？

宅建業法制定当時、宅地分譲等の現地を下見に来た買受け希望者に対し、宅建業者が手付のために必要な金銭を貸し付けたり、立替えたりすることにより現場で契約を勧誘する行為がみられました。買受け希望者はその場で金銭の支出をする必要がなくなることから安易に契約し、後日、冷静になって支払能力がないことに気付いたり、購入意思を失ったりして契約の解約を申し入れようとしても、手付放棄をしなければ契約関係から離脱できず、宅建業者が貸し付けた手付金の返還を巡って紛争が生じる事例が多数発生しました。そこで、昭和42年に本号が追加されました(昭和42年5月11日参議院建設委員会会議録第6号、同月24日衆議院建設委員会議録第10号、河野・改正宅建業法解説89頁、原健彦・時の判例614号37頁、関口ほか・改正宅建業法解説136頁、五十嵐・宅建業法95頁)

> の求めによるものかは、処分に際し斟酌すべき情状になるとしても、違反行為になるか否かの成立要件とはなりません。
> ▶ 契約の締結とは、主として宅地建物の売買契約の締結を想定していますが、交換、貸借の契約で手付を授受することもあるので、これらを除外するものではありません。
> ▶ 売主業者の指示で媒介業者が手付の全部または一部を貸与する場合、媒介業者の行為は手付貸与による信用供与行為に、売主業者の行為はその教唆にあたります。

なお、契約締結の誘引行為を禁止する規定であり、実際に売買等の契約が締結されたかどうかは問われません。また、手付貸与の禁止規定は宅建業者の業務に対する規制であり、これに違反した誘引行為によって締結された手付契約、売買契約や手付貸与の金銭消費貸借契約が直ちに無効となるものではありません。

付け足し　手付貸与と買主に対する返還

媒介業者が手付を貸与し、売主または買主が手付解除した後、媒介業者が買主に貸与した手付相当額の返還を請求した場合、買主は媒介業者に対し法 47 条 3 号違反を理由に不法原因給付(民法 708 条)として返還を拒否できるでしょうか。

参考資料
民法 708 条「不法な原因のために給付をした者は、その給付したものの返還を請求することができない。ただし、不法な原因が受益者についてのみ存したときは、この限りでない。」

不法原因給付にいう不法とは、公の秩序、善良の風俗に反することをいいます。単に行政の法規に違反しているというだけでは足りず、その法規が公の秩序と認められる程度ものになっており、法規違反が公の秩序に反していることが必要です(最判昭和 27 年3月 18 日　民集 6 巻 3 号 325 頁)。このため法 47 条 3 号に違反する事実があるだけでは、不法にはあたらず、買主は媒介業者から貸与された金員の返還を拒否することができません。

付け足し　手付分割と手付解除

売買契約において、買主が売主に交付する手付額のうち、契約締結当日に、一部を支払い、後日、残額を支払う旨合意した場合、当事者はいくらの額を手付放棄もしくは手付倍返しすれば手付解除できるでしょうか。つまり、実際に交付された手付の額を基準として手付解除ができるのか、合意した未払い分を含む手付の額を基準として手付解除ができるのかという問題です。

手付契約の要物性から現実に交付した手付の額について手付契約が成立するという解釈もあり得ますが、手付の額も含めて売買契約に合意していた当事者の意思に反し、解除される側に不測の損害を与える結果となり得ます。したがって、後日、手付の残額を支払う旨の約定で売買契約が締結された場合は、買主は合意された手付の額を支払って、売主は受領した額に手付金相当額を加え合意した手付の額を現実に提供して、手付解除ができると解すべきです。殊に売主が宅建業者である売買において手付分割に関する合意がなされた場合、手付貸与の禁止を認識しているにもかかわらず、現実に交付された手付の倍額を返還するだけで手付解除できることとなり、宅建業法 47 条 3 号に違反しながら民事上は不利益を被らないという不合理な結果となります。少なくとも売主業者は、約定した手付の総額の倍返しが必要であると解すべきです（不動産適正取引推進機構・不動産取引紛争事例集第 3 集 17 頁、不動産売買の紛争類型 240 頁）。

この点に関する裁判例には、手付を数回に分割して交付すべき旨の合意を手付金の弁済期を分割したにすぎないとしたもの（名古屋地判昭 35.7.29 判時 249 号 28 頁）、手付の要物性から交付された手付の限度で手付契約が成立し未交付の手付は予約とするもの（大阪地判昭 44.3.28 判タ 238 号 238 頁）、手付契約の要物性から手付の一部が交付されても手付総額について手付契約は成立しないとするもの（大阪高判昭 58.11.30 判タ 516 号 121 頁）があります。

(8)違反した場合の措置

前記(1)～(6)に違反した場合、指示処分、業務停止処分の対象となり、情状が特に重い場合等には免許の取消処分を受けます。刑事罰はありません。

なお、不当勧誘行為・誤認・困惑等による契約の私法上の効果について宅建業法は規定を置いていません。私法上の効力は民法（錯誤取消し、詐欺取消し、説明義務違反による損害賠償等）または消費者契約法（取消し）によることになります。

(7)の規定（手付の信用の供与）に違反した場合も、指示処分、業務停止処分の対象となり、情状が特に重い場合等には免許の取消処分を受けます。(1)～(6)の不当勧誘行為等と異なり刑事罰も規定されているのが特徴です。6 月以下の懲役もしくは 100 万円以下の罰金に処せられ、またはこれが併科されます。主体は宅建業者ですが、実際に行った販売員等も両罰規定により処罰の対象とされます。

2 契約した後のルール

契約後の債務の履行についても制約がある

(1)不当な履行遅延の禁止

①宅建業者は、その業務に関してなすべき**②宅地建物の登記・引渡し**、または**③取引に係る対価の支払い**を、**④不当に遅延する行為**をしてはなりません(法44条)。

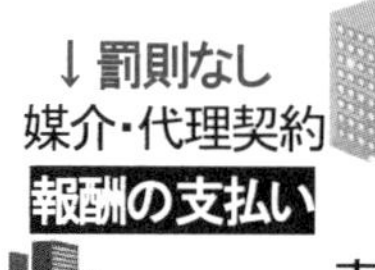

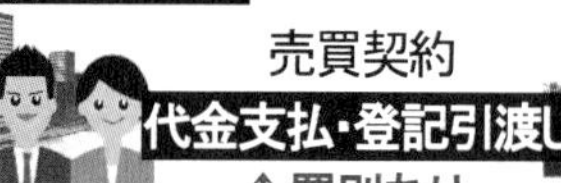

① 宅建業者
登記、引渡し、取引に係る対価の支払の履行遅延について規定することから、この規定の宅建業者とは、売買、交換の契約当事者である宅建業者、すなわち売主業者、買主業者、交換の当事者である宅建業者を指します。

② 宅地建物の登記・引渡し

売主業者がなすべき登記には、所有権移転登記、保存登記だけでなく差押、抵当権等の抹消登記も含まれます。

- ▶ 売主業者が第三者所有の宅地建物を買主に転売する契約を締結したにもかかわらず、売主業者が第三者から所有権を取得できず買主に移転登記手続や引渡しができない場合や、宅地建物の許認可手続きが完了せず引渡し義務を履行できないといった場合は引渡しの遅延行為となります。
- ▶ 宅地建物の一部しか工事が完成していない不完全な状態でなされた引渡しについても遅延にあたる可能性があります。
- ▶ 宅地建物の売買契約においては、売主の所有権移転義務と買主の代金支払義務は同時履行とされることが一般であり、当事者の一方は、相手方がその債務の履行を提供するまでは、自己の債務の履行を拒むことができます(民法 533 条)。したがって、同時履行の抗弁権を主張できる事案の場合には、遅延には当たりません。
- ▶ 遅延行為の対象には、売買契約の解除後に発生する原状回復義務としての登記、引渡し、取引に係る対価の返還義務の不履行も含まれます。たとえば、売主業者の債務不履行やローン特約により買主が売買契約を解除したが、売主業者が正当な理由なく買主から受領した手付金等の返還に応じない場合は、売主業者が履行すべき「取引に係る対価の支払」である手付金等の返還義務を不当に遅延した行為に当たります。また、合意解約がなされ売主業者が手付金を返還することとなった場合は、当該合意に基づく手付金の返還義務が履行すべき「取引に係る対価の支払」に当たります。

③ 取引に係る対価の支払い

取引に係る対価の支払いとは、宅地建物の売買により支払われる売買代金、内金、交換により支払われる交換差金をいいます。

▶ 買主が宅建業者である場合の規定です。

④ 不当な遅延行為

宅建業者が履行期に履行義務を負うにもかかわらず正当な理由なく宅地建物の所有権移転登記や引渡しを履行しないことをいいます。不当か否かは個々の具体的な取引ごとに社会通念により判断されます。

▶ この規定に違反した場合には監督処分の他に刑事罰も定められていることから、単なる遅延が直ちに「不当に遅延する行為」に該当するわけではありません。宅建業者の履行遅延に加えて、その原因と帰責性が宅建業者にあり、宅建業法の目的等に照らし、宅建業者に対し処分や罰則を命じるほどの違法性が必要です。実際には、不当性の判断は、個々の取引内容、履行遅延に至る経過、履行義務の発生原因、宅建業者の帰責性の強弱、履行遅延により取引の相手方に与えた損害の有無、程度等の事情を勘案して判断することとなります。

▶ 宅建業者がみずから負う義務を遅延するだけでなく、宅建業者が他の第三者をして遅延させる場合も含みます。

なお、上記のルールに違反した場合、指示処分、業務停止処分の対象となり、情状が特に重い場合等には免許の取消処分を受けます。さらに、6月以下の懲役もしくは 100 万円以下の罰金に処せられ、またはこれが併科されます。

宅建業者が法人である場合、その実行行為者を罰するほか、その法人も両罰規定により処罰の対象とされ、100 万円以下の罰金刑に処せられます。

(2)不当な報酬の要求

宅建業者は、その業務に関して、その①**相手方等**に対して②**不当に高額の報酬**を③**要求**してはなりません(法47条2号)。

① 相手方等

宅建業者の媒介・代理の契約関係にある委託者が相手方等にあたるのは当然です。さらに、不当に高額な報酬請求から取引の関係者を保護しようとする趣旨から解釈すると、媒介・代理を委託していない者(非委託者)も含まれます(岡本・宇仁・宅建業法821頁)。

② 不当に高額の報酬

報酬告示に定める額を超えているというだけでは不十分であり、これを相当上回る報酬をいいます。

不当か否かは社会通念により決まります。報酬告示に定める額を超えている程度、宅建業者が媒介、代理業務に要した時間や手間、交渉の内容等、宅建業者の成約に対する貢献の程度に照らし、報酬告示の額を上回る程度が社会通念上妥当性を欠く場合をいいます。

- ▶ 報酬とは、宅建業者の媒介・代理により成約に至った場合の成約の対価をいいます。ただし、不当に高額の報酬を要求する行為自体が、業務の適正な運営と取引の公正を害し、購入者等の利益を害することから、当該行為を禁止している趣旨からすれば、本条の適用には、民事上の報酬請求権が発生していることまでは求められません。
- ▶ 本来の報酬とは別に、広告料等と称して特別依頼による費用でない金員を要求する場合も本条の違反行為となります。
- ▶ 報酬告示を超えなくても、宅建業者の成約に対する貢献度に照らし、過大な額の報酬を請求したり、合理性を有しない額の報酬を請求したりすることも、本条の違反行為となり得ます。

③ 要求

社会通念上その取引では請求することができない報酬の額であることを認識しあえてこれを支払うよう求める行為をいい、その要求行為があれば本条に違反します。つまり、現実に報酬を受領することを要せず、要求行為の反社会的な態様を禁止する趣旨の制約といえます。

- ▶ 要求の方法は、口頭、書面その他の方法のいずれでなされても違反行為として処罰されます。
- ▶ 法46条2項は報酬告示を超える額の報酬を現実に受領することを禁じており、要求するだけで犯罪が成立する本条の違反行為と大きく異なります。

宅建業者が、媒介に際していろいろな口実を設けて甚だしく高額の報酬を要求する行為は、取引の関係者に甚大な損害を与え、業務の適正な運営と取引の公正を著しく害します。これらは宅建業法制定の契機にもなったことから、制定当初から、宅建業者が業務上してはならない行為のうちで最も重要なものと位置づけ、厳罰をもって臨んでいます(鬼丸監修宅建業法の話72頁、五十嵐・宅建業法71頁)。

宅地建物取引業法46条1項「宅地建物取引業者が宅地又は建物の売買、交換又は貸借の代理又は媒介に関して受けることのできる報酬の額は、国土交通大臣の定めるところによる。」第2項「宅地建物取引業者は、前項の額をこえて報酬を受けてはならない。」

上記に違反した場合は100万円以下の罰金に処せられます(法82条2号)。

▸ 報酬告示に定めた額をわずかに超えて請求し、これを受け取った場合は、法 46 条 2 項違反にはあたりますが、本条違反にはなりません。
▸ 本条には故意を要件とする旨が規定されていません。

なお、上記の規定に違反した場合、指示処分、業務停止処分の対象となり、情状が特に重い場合等には免許の取消処分の対象となります。監督処分に当たり本条と法 46 条 2 項の規定違反がそれぞれ処分対象となります。宅建業者が受領した報酬を返還したとしても要求行為は既に完了しており法47 条2 号に違反します。両者は併合罪となります。
また、罰則として、1 年以下の懲役もしくは 100 万円以下の罰金に処せられ、またはこれが併科されます。

(3)宅建業の業務に関し行った行為の取消制限

宅建業者（個人に限り、未成年者を除く）が、宅建業の業務に関し行った行為は、行為能力の制限によっては取り消すことができません（法 47 条の 3)。
行為能力とは、売買等の法律行為を単独で有効になすことができる法律上の地位・資格をいい、未成年者、成年被後見人、被保佐人及び被補助人は、行為能力が制限されています（民法 5 条、6 条、8 条、12 条、13 条 1 項、16 条、17 条)。
たとえば、成年被後見人が成年後見人の同意を得ないで不動産の売買契約を締結した場合、その契約を取り消すことができます（民法 9 条)。
しかし、令和元年 6 月に成立した成年後見制度適正化法により、宅建業免許の欠格条項が削除され個別審査がなされることとなり、成年被後見人等の制限行為能力者が宅建業の免許を受け、その業務に関し行った契約等について、成年被後見人等を理由に取り消しを認めると法律関係が不安定となるため、これを制限したものです。
ただし、未成年者であることを理由に契約等を取り消すことはできます。
なお、「宅建業の業務に関し行った行為」は、宅地建物の売買等に係る契約に限らず、その業務に関する契約等を含みます。

成年被後見人の場合は「日用品の購入その他日常生活に関する行為」以外のすべての法律行為が取消しの対象となるのに対して、被保佐人の場合は、「元本を領収し又は利用すること」「借財又は保証をすること」「不動産その他重要な財産に関する権利の得喪を目的とする行為をすること」等法定されている 10 項目の重要な法律行為に限定されています（民法 13 条 1 項)。

3 契約の申込みの撤回・解除の場面におけるルール

取引態様、宅地・建物の別で記載事項が異なります

(1)預り金の返還の拒否の禁止

宅建業者は、宅建業取引に係る契約に関して、相手方等が**①契約の申込み**の撤回を行うに際し、すでに受領した預り金を返還することを**②拒む**ことをしてはなりません(施行規則16条の11第2号)。

1) 契約の申込み
売買、交換、貸借の申込みをいいます。
2) 拒む
返還すべき預り金の返還請求に正当な理由なく応じないことをいいます。 ▸「預り金は手付となっており、返還できない。」というように手付として授受していないのに手付だと主張して返還を拒むことを禁ずるものであり、預り金は、いかなる理由があっても一旦返還すべきであるという趣旨です。 ▸ 新築分譲マンションの販売で宅建業者(売主業者、販売代理業者等)が買受け希望者から契約申込金等の名称で10万円程度の金銭を預かったり、建物賃貸借契約の締結に先立って媒介業者が借受け希望者から賃貸物件を「押さえる」ために賃料相当額の契約申込金を預かったりした場合で、買受け希望者や借受け希望者が契約締結の意欲を喪失したにもかかわらず、当該希望者からの返還の求めを無視したり、「没収する」と言ったりする等の理由を付して応じないことが典型例です。

なお、上記の規定に違反した場合、指示処分、業務停止処分の対象となり、情状が特に重い場合等には免許の取消処分を受けます。ただし、刑事罰の規定はありません。

(2)手付解約等の拒否の禁止

宅建業者は、宅建業取引に係る契約に関して、相手方等が**①手付を放棄して契約の解除**を行うに際し、**②正当な理由なく、契約の解除を拒みまたは妨げる**ことをしてはなりません(施行規則16条の11第3号)。

① 解約手付による契約解除

売買契約において、買主が売主に手付を交付した場合、理由のいかんを問わず、買主は手付放棄による解除、売主は手付倍返しによる解除をすることができます。ただし、手付解除をしようとする相手方が既に契約の履行に着手した後は、手付解除をすることはできません(民法557条1項但書)。

② 正当な理由なく、当該契約の解除を拒み又は妨げる

相手方等から手付解除の意思表示がなされたにもかかわらず、法律上の根拠もなくこれに応じないことや、これを阻んだり困難にしたりすることをいいます。

- ▶ 売主業者との売買契約において、買主による手付解除が法律的に可能であるにもかかわらず、手付解除を申し出た買主に対し「売主の弊社が履行の着手をしたから買主は手付解除ができない」等と不当な主張をすることや、売主業者が買主による手付解除を無視して売買残代金の支払を求めること等が典型例です。
- ▶ 買主からの有効な手付解除があったにもかかわらず、売主業者が手付とは別に受領していた内金の返還に応じないことは、買主の手付解除を拒否する行為にあたり本条に違反します。
- ▶ 買主による手付解除が法律上可能であるにもかかわらず、売買媒介に関与した媒介業者が買主に対し、「手付解除ができない」、「残代金の支払義務を履行しないと違約金の支払義務が発生する」等と言って買主に契約解除を躊躇させたり、買主から売主への手付解除の申出の伝達を拒んだり、取り合わないことも、契約離脱を妨害する行為であって、本条に違反します。
- ▶ 「正当な理由」とは、売主が既に契約の履行に着手した場合、及び宅建業者により代理または媒介が行われる取引において、宅建業者でない売主が、解約手付としての性格がないものとして手付を授受した場合が該当します。

なお、上記の規定に違反した場合、指示処分、業務停止処分の対象となり、情状が特に重い場合等には免許の取消処分を受けます。

本条の「解除を拒み」「妨げる」行為は宅建業者の故意を要件としていません。したがって、相手方等は法律上手付解除ができないとの誤った判断や思い込みによって宅建業者が相手方等の手付解除に応じないことも監督処分の対象となります。

参考資料

売主業者Xは、建物の売買契約に関し、内検を希望する買受希望者Aにキーボックスの暗証番号を教えて本件建物の鍵の使用を許し、また、Aの要望により外構工事及び追加工事を完成させ、また本件建物の表示登記の申請をしたことなどにより、本件売買契約の履行をするために必要な準備行為や不可欠な前提行為をし、また、本件売買契約上の債務の一部を履行し、Aが解除の意思表示をする前に本件売買契約につき履行の着手をしたと認めることができるとして、XからAに対する違約金の請求を認めた裁判例があります(東京高裁平成20年9月25日判例集未搭載)。

刑事罰の規定はありません。ただし、宅建業者との売買契約がローン解除されたにもかかわらず、手付金を返還しない場合は、不当な履行遅延の禁止(法44条)違反の可能性もあります。その場合は刑事罰もあります。

(3)威迫行為の禁止

宅建業者等は、宅建業に係る契約を締結させ、または宅建業に係る契約の申込みの撤回もしくは解除を妨げるため、その相手方等を**威迫**してはなりません(法47条の2第2項)。

威迫
威迫とは、相手方等に対し言動、動作で気勢を示し、相手方に不安・困惑の念を抱かせる程度の行為をいいます。脅迫のように恐怖心を生じさせる程度のものであることを要しません。 ▶ 相手方に対して、「なぜ会わないのか」、「契約しないと帰さない」などと声を荒げ、面会を強要したり、拘束したりするなどして相手方を動揺させるような行為が典型例です。 ▶ 暴力団関係者等による地上げ行為なども威迫にあたります。

上記規定に違反した場合、指示処分、業務停止処分の対象となり、情状が特に重い場合等には免許の取消処分を受けます。
なお、威迫行為により相手方等が契約を締結させられたり、契約解除を断念したりする事実までは必要とされません。

第２章

賃貸住宅管理業法における不当な勧誘行為

1 勧誘者

管理受託契約とサブリース契約でそれぞれ異なります

(1)賃貸住宅管理業法の適用範囲

賃貸住宅管理業法の適用範囲は、第2編第2章に記載した通りです。

(2)勧誘者

不当勧誘に対する規制については、サブリース業者だけでなく、勧誘者もその対象となっています。

①趣旨

サブリース業者以外の勧誘を行う者の一部が、建設業者や不動産業者としての自己の利益につなげるため、オーナーとなろうとする者に対して、サブリース業者と締結するマスターリース契約に関する内容やリスクを誤認させ、その結果、契約締結後にトラブルに発展する事態が生じていました。

そこで、サブリース業者がマスターリース契約の締結についての勧誘を行わせる者を「勧誘者」と位置づけ、**勧誘者に対しても、誇大広告等の禁止及び不当な勧誘等の禁止を義務づけました。**

②定義

勧誘者とは、特定転貸事業者が特定賃貸借契約の締結についての**勧誘**を行わせる者をいい、**特定の特定転貸事業者と特定の関係性を有する者**であって、その特定転貸事業者の特定賃貸借契約の締結に向けた勧誘を行う者をいいます。

「特定の特定転貸事業者と特定の関係性を有する者」とは、特定転貸事業者から委託を受けて勧誘を行う者が該当するほか、明示的に勧誘を委託されてはいないが、特定転貸事業者から勧誘を行うよう依頼をされている者や、勧誘を任されている者は該当し、依頼の形式は問わず、資本関係も問いません。

「勧誘」とは、特定賃貸借契約の相手方となろうとする者の特定賃貸借契約を締結する意思の形成に影響を与える程度の勧め方をいい、個別事案ごとに客観的に判断されます。

なお、契約の内容や条件等に触れずに単に事業者を紹介する行為は勧誘に含まれません。

③具体例

通常、勧誘者に該当する者として以下が想定されます。

1. 建設会社、不動産業者、金融機関等の法人やファイナンシャルプランナー、コンサルタント等の個人が特定転貸事業者から勧誘の委託を受けて、当該事業者との契約の内容や条件等を前提とした資産運用の企画提案を行ったり、当該契約を締結することを勧めたりする場合

2. 建設業者や不動産業者が、自社の親会社、子会社、関連会社の特定転貸事業者の特定賃貸借契約の内容や条件等を説明したり、当該特定賃貸借契約を結ぶことを勧めたりする場合

国土交通省が公表する「賃貸住宅管理業法 FAQ 集（令和5年3月31日時点版）」（抜粋）

Q. 個人のオーナーなどが「勧誘者」に該当する場合はありますか。

A. 賃貸住宅のオーナーが、新たに賃貸住宅のオーナーとなろうとする者に対し、自己の物件について特定賃貸借契約（マスターリース契約）を結んでいる特定の事業者から、勧誘の対価として紹介料等の金銭を受け取り、当該事業者と特定賃貸借契約を結ぶことを勧めたり、当該契約の内容や条件等を説明したりする場合などは、勧誘者に該当するため、個人であっても不当な勧誘等を行った場合、行政処分や罰則の対象になります。

Q. アパート等の建設を目的としている建設会社が、アパート建設前の勧誘段階では特定の関係性のあるサブリース業者が賃貸住宅として転貸するのか、異なる目的で転貸するのか不明であり、建設請負契約後に転貸目的が確定する場合、当該建設会社は「勧誘者」に該当しますか。

A. 建設会社が自社の顧客に対し、アパート等の賃貸住宅の建設を行う企画提案をする段階で、建設請負契約を結ぶ対象となる賃貸住宅に関して、顧客を勧誘する目的で特定転貸事業者（サブリース業者）が作成した特定賃貸借契約（マスターリース契約）の内容や条件等を説明する資料等を使って、賃貸事業計画を説明したり、当該契約を結ぶことを勧めたりする場合は勧誘者に該当します。

Q. 「勧誘者」が「勧誘行為」を第三者に再委託した場合、当該第三者も勧誘者に該当しますか。

A. 勧誘行為を再委託された者も勧誘者に該当しますので、不当勧誘等を行った場合は行政処分や罰則の対象になります。なお、勧誘者にあたるかどうかは、特定の特定転貸事業者（サブリース業者）と特定の関係性を有する者であるかどうかを客観的に判断することとなります。

2 不当な勧誘行為の禁止

サブリース業者とその勧誘者に課せられた制限

特定転貸事業者または勧誘者は、特定賃貸借契約に関する行為であって、特定賃貸借契約の相手方または相手方となろうとする者の保護に欠けるものとして、次の(1)～(5)の行為が禁止されています。

(1)威迫行為の禁止

特定賃貸借契約を締結もしくは更新させ、または特定賃貸借契約の申込みの撤回もしくは解除を妨げるため、特定賃貸借契約の相手方または相手方となろうとする者(以下「相手方等」といいます。)を**威迫する行為**は禁止されています(賃貸住宅管理業法施行規則44条1号)。

威迫する行為

威迫する行為とは、脅迫とは異なり、相手方等に恐怖心を生じさせるまでは要しませんが、相手方等に不安の念を抱かせる行為をいいます。

▶ 相手方に対して、「なぜ会わないのか」、「契約しないと帰さない」などと声を荒げ、面会を強要したり、拘束したりする等して相手方を動揺させるような行為が典型です。

(2)勧誘時間の配慮

特定賃貸借契約の締結または更新について相手方等に**迷惑を覚えさせるような時間**に電話または訪問により勧誘する行為は禁止されています(賃貸住宅管理業法施行規則44条2号)。

迷惑を覚えさせるような時間

迷惑を覚えさせるような時間は、相手方等の職業や生活習慣等に応じ、個別に判断します。一般的には、**相手方等に承諾を得ている場合を除き**、特段の理由が無く、**午後9時から午前8時まで**の時間帯をいいます。

▶ 電話勧誘または訪問勧誘を禁止する趣旨であるので、例えば、オーナーが上記以外の時間帯に事務所を訪問し勧誘を受ける場合等であれば、本規定の違反行為にはなりません。

(3)長時間の勧誘の禁止

特定賃貸借契約の締結または更新について深夜又は長時間の勧誘その他の私生活または業務の平穏を害するような方法により相手方等を**困惑させる行為**は禁止されています(賃貸住宅管理業法施行規則44条3号)。

困惑させる行為

困惑させる行為は個別事案ごとに判断されます。以下の行為は典型れです。

- ▶ 深夜に勧誘を行う。
- ▶ 長時間勧誘を行う。
- ▶ 相手方等が勤務時間中であることを知りながら執ように勧誘を行う。
- ▶ 面会を強要する。

(4)断る相手を執拗に勧誘する行為の禁止

特定賃貸借契約の**①締結または更新をしない旨の意思**(当該契約の締結または更新の勧誘を受けることを希望しない旨の意思を含む。)を表示した相手方等に対して**②執ように勧誘する行為**は禁止されています(賃貸住宅管理業法施行規則44条4号)。

① 締結または更新をしない旨の意思

特定賃貸借契約の締結または更新をしない旨の意思は、口頭であるか、書面であるかを問わず、契約の締結または更新の意思がないことを明示的に示すものが該当します。

- ▶ 相手方等が特定賃貸借契約を締結等しない旨の意思表示を行った場合には、引き続き勧誘を行うことのみならず、その後、改めて勧誘を行うことも禁止されます。
- ▶ 一度断られた後に、同一のサブリース業者の他の担当者に再度勧誘させる行為も禁止されます。

② 執ように勧誘する行為

執ように勧誘する行為とは、電話勧誘または訪問勧誘などの勧誘方法、自宅または会社等の勧誘場所の如何にかかわらず、相手方等が特定賃貸借契約の締結または更新をしない旨を意思表示した以降、または勧誘行為そのものを拒否する旨の意思表示をした以降、再度勧誘することをいい、一度でも再勧誘を行えば違反行為となります。

- ▶ オーナー等が「お断りします」、「必要ありません」、「結構です」、「関心ありません」、「更新しません」等明示的に契約の締結または更新意思がないことを示した場合が典型です。
- ▶ 「(当該勧誘行為が)迷惑です」など、勧誘行為そのものを拒否した場合も本規定で禁止されます。

(5)建設請負・賃貸住宅やその土地等の売買契約が伴う場合

サブリース業者による借り上げを前提に、賃貸住宅の建設、ワンルームマンションやアパート等の賃貸住宅やその土地等の購入をして賃貸住宅のオーナーとなろうとする場合、建設請負契約や土地等の売買契約を締結した後に、特定賃貸借契約の判断に影響をおよぼす重要な事項を認識しても、すでにその時点で多額の債務が発生している状況となります。

そのため、特に、建設業者や不動産業者が、賃貸住宅の建設や土地等の購入等を勧誘する際に特定賃貸借契約の勧誘を行う場合には、当該契約のリスクを含めた事実を告知し、勧誘時点でオーナーとなろうとする者が当該契約のリスクを十分に認識できるようにしなければなりません。その際、サブリース業者が重要事項説明の際に使用する特定賃貸借契約を締結する上でのリスク事項を記載した書面を交付して説明することが望ましいとされています。

(6)違反した場合の措置

国土交通大臣は、特定転貸事業者または勧誘者が前記のルールに違反した場合において、特定賃貸借契約の適正化を図るため必要があると認めるときは、その特定転貸事業者に対し、当該違反の是正のための措置その他の必要な措置をとるべきことを指示、または1年以内の期間を限り、特定賃貸借契約の締結について勧誘を行いもしくは勧誘者に勧誘を行わせることを停止し、またはその行う特定賃貸借契約に関する業務の全部もしくは一部を停止すべきことを命ずることができます。

また、国土交通大臣は、勧誘者が違反した場合において特定賃貸借契約の適正化を図るため必要があると認めるときは、その勧誘者に対し、当該違反の是正のための措置その他の必要な措置をとるべきことを指示、または1年以内の期間を限り、特定賃貸借契約の締結について勧誘を行うことを停止すべきことを命ずることができます。

前記の指示または停止命令をしたときは、その旨が国土交通大臣により公表されます。

なお、前記の停止命令は、指示に従わない場合にも行うことができます。

第3章
消費者契約法における不当な勧誘行為

1 不当な勧誘行為総説

消費者契約法の不当な勧誘行為は取消しの対象です

(1)消費者契約法の適用範囲

消費者契約法の適用範囲は、第3編第3章に記載した通りです。

(2)不当な勧誘行為

消費者は、事業者が消費者契約の締結について勧誘をするに際し、当該消費者に対して、消費者契約法4条3項各号に定める行為をしたことにより困惑し、それによって当該消費者契約の申込みまたはその承諾の意思表示をしたときは、これを取り消すことができます。

これは、現代社会のように、交渉力の面で消費者と事業者との間に格差が存在する状況にあっては、契約の締結を勧誘するに当たって、事業者が消費者の住居や勤務先から退去しなかったり、一定の場所から消費者を退去させなかったりして、契約が締結されるケースがあります。

このように、消費者が事業者の不適切な勧誘行為に影響されて自らの欲求の実現に適合しない契約を締結した場合には、民法の強迫(同法第96条第1項)が成立しない場合も、契約の成立についての合意の瑕疵は重大で決定的であるため、消費者は当該契約の効力の否定を主張し得るとすることが適当です。

そこで、事業者から消費者への不適切な強い働き掛けの回避に関する民事ルールを消費者契約法は設けています。

2 不退去行為

退去しないで勧誘を続けてはいけません

(1)禁止行為

消費者は、事業者が消費者契約の締結について勧誘をするに際し、当該消費者に対して次に掲げる行為をしたことにより困惑し、それによって当該消費者契約の申込みまたはその承諾の意思表示をしたときは、これを取り消すことができます。

当該事業者に対し、当該消費者が、その住居またはその業務を行っている場所から退去すべき旨の意思を示したにもかかわらず、それらの場所から**退去しない**こと

(2)要件

①「その住居又はその業務を行っている場所」

当該消費者がその公私にわたり生活に用いている家屋等の場所をいいます。このうち「その(=当該消費者の)住居」とは、当該消費者が居住して日常生活を送っている家屋をいい、「その(=当該消費者の)業務を行っている場所」とは、当該消費者が自ら業を行っている場合か労務を提供している場合かを問わず、当該消費者が労働している場所をいいます。

②「退去すべき旨の意思を示した」

基本的には、退去すべき旨の意思を直接的に表示した場合をいいます。例えば、「帰ってくれ」、「お引き取りください」と告知した場合です。これを間接的に表示した場合については、例えば以下のようなケースであれば、直接的に表示した場合と同様の要保護性が消費者に認められ、相手方である事業者にも明確に意思が伝わることから、社会通念上「退去すべき旨の意思を示した」とみなすことが可能です。

1. 時間的な余裕がない旨を消費者が告知した場合
「時間がありませんので」、「いま取り込み中です」、「これから出かけます」と消費者が告知した場合
2. 当該消費者契約を締結しない旨を消費者が明確に告知した場合
「要らない」、「結構です」、「お断りします」と消費者が告知した場合
3. 口頭以外の手段により消費者が意思を表示した場合
消費者が、手振り身振りで「帰ってくれ」、「契約を締結しない」という動作をした場合

③「それらの場所から退去しないこと」

「それらの場所」とは、①の「その住居又はその業務を行っている場所」を受けた言葉です。「……から退去しないこと」については、滞留時間の長短を問いません。

(3)具体例

① 午前0時半まで説明を聞かされ、「子供が寝るので帰ってください」と言っても帰らなかったので仕方なく、高額な投資用不動産を購入する契約をした場合、消費者が、その住居から退去すべき旨の意思を示した(「子供が寝るので帰ってください」と言った)にもかかわらず、事業者が退去しなかったので、取消しが認められます。

② 投資用不動産の販売で、販売員が自宅で3時間にわたり説明を行った。途中でもう帰ってほしいというそぶりを示したが、結局困惑して購入してしまった場合、帰ってほしいというそぶりが、身振り手振りで「帰ってくれ」、「契約を締結しない」という動作をする等、事業者にも明確に意思が伝わるレベルのものであれば退去すべき旨の意思を示したことに当たり、取消しが認められます。逆に、帰ってほしいというそぶりが、事業者にも明確に意思が伝わるレベルのものでなければ退去すべき旨の意思を示したことには当たらず、取消しは認められません。

③ 投資不動産の電話勧誘があり断ったが、書類が送付されて「契約しないと給料を差し押さえる」と言われ、契約した場合、電話で勧誘することは、住居等から「退去しないこと」にも、勧誘をしている場所から消費者を「退去させないこと」にも該当せず、取消しは認められません。ただし、民法の強迫に当たる可能性や宅地建物取引業法のクーリング・オフの規定により救済される可能性があります。

④ 来訪した販売員から勧誘を受け、最初はあまり興味がなかったので「(購入は)考えていません」と伝えたが、販売員がなお説明を続けるのを聞いているうちに興味が強まり、最終的に納得したうえで購入した場合、消費者は「(購入は)考えていません」と伝えており、これは「その住居から退去すべき旨の意思を示した」に該当し得るものの、消費者が最終的に納得した上で購入したのであれば、困惑したために契約したとはいえず、取消しは認められません。

3 退去妨害

退去したい客を邪魔してはいけません

(1)禁止行為

消費者は、事業者が消費者契約の締結について勧誘をするに際し、当該消費者に対して次に掲げる行為をしたことにより困惑し、それによって当該消費者契約の申込み又はその承諾の意思表示をしたときは、これを取り消すことができます。

当該事業者が当該消費者契約の締結について勧誘をしている場所から当該消費者が退去する旨の意思を示したにもかかわらず、その場所から当該消費者を**退去させない**こと

(2)要件

①「当該事業者が当該消費者契約の締結について勧誘をしている場所」

当該事業者が勧誘をしている場所であれば、どのような種類の場所であってもかまいません。

②「退去する旨の意思を示した」

基本的には、退去する旨の意思を直接的に表示した場合をいいます。例えば、「帰ります」、「ここから出してください」と告知した場合です。これを間接的に表示した場合については、例えば以下のようなケースであれば、直接的に表示した場合と同様の要保護性が消費者に認められ、相手方である事業者にも明確に意思が伝わることから、社会通念上「退去する旨の意思を示した」とみなすことが可能であると考えられます。

1. 時間的な余裕がない旨を消費者が告知した場合
「時間がありませんので」、「これから別の場所に用事がある」と消費者が告知した場合
2. 当該消費者契約を締結しない旨を消費者が明確に告知した場合
「要らない」、「結構です」、「お断りします」と消費者が告知した場合
3. 口頭以外の手段により消費者が意思を表示した場合
消費者が帰ろうとして部屋の出口に向かった場合　手振り身振りで「契約を締結しない」という動作をしながら、消費者がイスから立ち上がった場合

③「その場所から当該消費者を退去させないこと」

「その場所」とは、①の「当該事業者が当該消費者契約の締結について勧誘をしている場所」を受けた言葉です。「……から当該消費者を退去させないこと」とは、物理的な方法であるか心理的な方法であるかを問わず、消費者の一定の場所からの脱出を不可能または著しく困難にする行為をいい、拘束時間の長短は問いません。

(3)具体例

① 営業所で13時から24時まで勧誘され、頭がボーっとして帰りたくて契約書にサインをした。帰りたいと言ったのに帰してくれなかった。普通の状態だったら契約はしなかった場合、消費者が勧誘の場所から退去する旨の意思を示した(「帰りたい」と言った)にもかかわらず、事業者が消費者を退去させなかったので、取消しが認められます。

② 店頭で「今売りに出ている投資物件はお得だよ。買わなきゃ損だよ」と勧誘された。いったんは断って立ち去ろうとしたが、「今日限りのバーゲン。買わなきゃ損だ。」と連呼され帰りにくい雰囲気になり購入してしまった場合、「今日限りのバーゲン。買わなきゃ損だ」と連呼することは、勧誘をしている場所から消費者の脱出を不可能または著しく困難にする行為ではないため、消費者を「退去させないこと」には当たらず、取消しは認められません。

4 退去困難な場所に同行勧誘

退去しづらい場所に同行してはいけません

(1)禁止行為

消費者は、事業者が消費者契約の締結について勧誘をするに際し、当該消費者に対して次に掲げる行為をしたことにより困惑し、それによって当該消費者契約の申込みまたはその承諾の意思表示をしたときは、これを取り消すことができます。

> 当該消費者に対し、当該消費者契約の締結について勧誘をすることを告げずに、当該消費者が任意に**退去することが困難な場所**であることを知りながら、当該消費者をその場所に**同行**し、その場所において当該消費者契約の締結について勧誘をすること

(2)要件

消費者の任意の退去が困難であるか否かは、当該消費者の事情を含む諸般の事情から客観的に判断されます。例えば、消費者が車で人里離れた勧誘場所に連れて行かれた場合、帰宅する交通手段がないのであれば、消費者が任意に退去することは困難であると考えられます。また、当該消費者の事情を含めて判断されるため、例えば、階段の上り下りが困難といった身体的な障害がある消費者が、階段しかない建物の2階に連れて行かれた場合も、任意に退去することは困難であると考えられます。もっとも、この場合において、事業者が当該消費者に関する特段の事情を把握しておらず、任意に退去することが困難であることを知らなかったときは、勧誘行為には取消しに値する程の不当性はないものと考えられることから、当該消費者が任意に退去することが困難であることについての事業者の主観的認識も要件としています。

また、勧誘の不当性は、事業者が消費者を退去困難な場所に移動させた上で勧誘を行った点にあることから、事業者が消費者を退去困難な場所に同行したことを要件としていいます。そのため、例えば、飛行機に自発的に搭乗した消費者に勧誘を行う場合、機内は「当該消費者が任意に退去することが困難な場所」に該当するものの、事業者が「その場所に同行し」たわけではないため、この規定により契約を取り消すことはできません。

また、一人暮らしの寝たきりの消費者を訪問して勧誘を行う場合も、この規定により本契約を取り消すことはできません。

(3)具体例

知人から観光に誘われ、その知人が勤める店の車に乗ったところ、観光目的地の途中で、知人が勤める店の展示会場に連れていかれた。投資不動産を勧められ、その店の車で来ていたことから断れず、契約してしまった場合、勧誘をすることを告げずに消費者を任意に退去困難な場所に同行し、勧誘をしたといえるため、取消しが認められます。

5 威迫して相談させることを妨害する行為

威迫して友人と相談させることを邪魔してはいけません

(1)禁止行為

消費者は、事業者が消費者契約の締結について勧誘をするに際し、当該消費者に対して次に掲げる行為をしたことにより困惑し、それによって当該消費者契約の申込み又はその承諾の意思表示をしたときは、これを取り消すことができます。

> 当該消費者が当該消費者契約の締結について勧誘を受けている場所において、当該消費者が当該消費者契約を締結するか否かについて相談を行うために電話その他の内閣府令で定める方法によって当該事業者以外の者と連絡する旨の意思を示したにもかかわらず、威迫する言動を交えて、当該消費者が当該方法によって連絡することを妨げること

(2)要件

①「内閣府令で定める方法によって当該事業者以外の者と連絡する旨の意思を示した」

消費者が当該事業者以外の者と連絡する方法については内閣府令(消費者契約法施行規則)に委任されています。具体的には以下のものです。

1. 電話 有線、無線その他の電磁的方法によって、音声その他の音響を送り、伝え、または受けるものである限り、インターネット回線を使って通話するIP電話等も「電話」に含まれます。
2. 電子メール(特定電子メールの送信の適正化等に関する法律第2条第1号に規定する電子メールをいう。)その他のその受信する者を特定して情報を伝達するために用いられる電気通信(電気通信事業法第2条第1号に規定する電気通信をいう。)を送信する方法

なお、いわゆるSNS(ソーシャル・ネットワーキング・サービス)のメッセージ機能を用いる場合も含まれます。また、技術の進展に伴い新たな連絡の方法が消費者によって用いられる場合も、当該方法が受信する者を特定して情報を伝達するために用いられる電気通信を送信する方法に当たれば要件を満たします。

②「威迫する言動を交えて、当該消費者が当該方法によって連絡することを妨げること」

「威迫する言動」とは、他人に対して言語挙動をもって気勢を示し、不安の感を生ぜしめることをいいます。民法第96条第1項の「強迫」は、相手方に畏怖(恐怖心)を生じさせる行為であるのに対して、「威迫する言動」

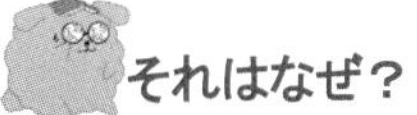

近年、特に若年の消費者に対する勧誘で、その場で電話等の方法で「親に相談したい」等と告げたにもかかわらず、それを威迫して妨害する被害が報告されています。同様に、高齢に対する被害もあります。このような消費者被害については、消費者が退去する旨の意思等を示していないため他の規定により取り消すことはできないので、別に規定を設けています。

内閣府令で定める方法は、次に掲げる方法その他の消費者が消費者契約を締結するか否かについて相談を行うために事業者以外の者と連絡する方法として通常想定されるものとする。①電話、②電子メールその他のその受信をする者を特定して情報を伝達するために用いられる電気通信を送信する方法(同法規則1条の2)。

には畏怖(恐怖心)を生じさせない程度の行為も含まれます。また、「強迫」は相手方の契約締結に係る意思表示に向けられているのに対して、「威迫する言動」は、消費者が連絡することを妨げることに向けられています。

(3)具体例

ショッピングセンターで、リノベーションマンション購入契約を勧められた。友人に相談したいと伝えたが、それはダメだと強引に契約を迫られ、やむなく契約した場合、消費者が契約締結の相談を行うために事業者以外の者と連絡する旨の意思を示したにもかかわらず、威迫する言動を交えて妨害したといえるため、取消しが認められます。

6 経験の不足による不安をあおる告知

客の不安をあおって買わせてはいけません

(1)禁止行為

消費者は、事業者が消費者契約の締結について勧誘をするに際し、当該消費者に対して次に掲げる行為をしたことにより困惑し、それによって当該消費者契約の申込み又はその承諾の意思表示をしたときは、これを取り消すことができる。

> 当該消費者が、社会生活上の経験が乏しいことから、次に掲げる事項に対する願望の実現に過大な不安を抱いていることを知りながら、その不安をあおり、裏付けとなる合理的な根拠がある場合その他の正当な理由がある場合でないのに、物品、権利、役務その他の当該消費者契約の目的となるものが当該願望を実現するために必要である旨を告げること
> イ　進学、就職、結婚、生計その他の社会生活上の重要な事項
> ロ　容姿、体型その他の身体の特徴又は状況に関する重要な事項

(2)要件

①「社会生活上の経験が乏しいことから」

社会生活上の経験とは、社会生活上の出来事を、実際に見たり、聞いたり、行ったりすることで積み重ねられる経験全般をいいます。社会生活上の経験が乏しいとは、社会生活上の経験の積み重ねが消費者契約を締結するか否かの判断を適切に行うために必要な程度に至っていないことを意味します。社会生活上の経験が乏しいか否かは、年齢によって定まるものではなく、中高年のように消費者が若年者でない場合であっても、社会生活上の経験の積み重ねにおいてこれと同様に評価すべき者は、経験が乏しい者と判断されます。

社会生活上の経験の積み重ねにおいて若年者と同様に評価すべき者か否かは、当該消費者の就労経験や他者との交友関係等の事情を総合的に考慮して判断します。

この判断は、契約の目的や勧誘の態様等の事情を総合的に考慮しなければなりません。例えば、勧誘の態様が悪質なものである場合には、消費者による取消権が認められやすくなります。

②「進学、就職、結婚、生計その他の社会生活上の重要な事項」

「進学、就職、結婚、生計」は例示なので、社会生活上の重要な事項はこれらに限られません。「…その他の社会生活上の重要な事項」という文言はそれを示しています。その他の社会生活上の重要な事項としては、例えば育児や家族の健康等が考えられます。

③「容姿、体型その他の身体の特徴又は状況に関する重要な事項」

「身体の特徴又は状況」とは、容姿、体型といった、一般的・平均的な消費者にとって、自己の身体に関わる重要な事項と考えられるものをいいます。容姿、体型も例示なので、身体の特徴、状況はこれに限られません。身体の特徴としては、身長のほか、毛髪や皮膚等の特色が、身体の状況としては、体型のほか、顔に多数のニキビができていること等があり得ます。視力の低下のように外部からは見えない身体の特徴、状況も含まれます。

④「願望の実現に過大な不安を抱いていること」

「過大な不安」とは、消費者の誰もが抱くような漠然とした不安ではなく、社会生活上の経験が乏しいことにより、一般的・平均的な消費者に比べて「過大」に受け止められている不安をいいます。通常よりは大きい心配をしている心理状態にあれば過大な不安があると判断される可能性があります。例えば、不動産会社への転職活動中のが、社会生活上の経験が乏しいことから、事業者の話を鵜呑みにするなどして、自分は他の希望者に比べ劣っているなどと思い込んだ上で、このままでは一生不動産会社に就職できないという不安を抱き、その不安につけ込まれるというような場合です。他方、就職等の事項について、単にそれが不確実な事項であるということを理由として、消費者の誰もが抱くような漠然とした不安を抱いているにとどまるような場合は、本要件の対象とはなりません。

⑤「知りながら」

消費者が、社会生活上の経験が乏しいことから過大な不安を抱いている場合であっても、そのことを**事業者が知らなかった場合**には、類型的に不当性が高い行為とはいえないので、消費者が過大な不安を抱いていることを「知りながら」ということを要件としています。

⑥「不安をあおり」

消費者に将来生じ得る不利益を強調して告げる場合等をいいます。「物品、権利、役務その他の当該消費者契約の目的となるものが当該願望を実現するために必要である旨を告げる」という告知について、その態様を示すものです。不安をあおるような内容を直接的に告げなくとも、契約の目的となるものが必要である旨を繰り返し告げたり、強い口調で告げたりして強調する態様でも成立します。

例えば、投資物件を所有していなければ就職できないと「過大な」不安を抱く転職希望者に対して、そのことを知りながら「この投資セミナーを受講すればあなたでも就職できます」などと繰り返し告げることによって、その転職希望者に、今このセミナーを受講しなければ就職できなくなるかもしれないなどと思わせた場合も、不安をあおるものとして取消しの対象としています。

それはなぜ？

消費者に将来発生し得る経済的リスク等を過去の客観的なデータ等に照らして説明して契約の勧誘を行う場合など、その告知内容について裏付けとなる合理的な根拠がある場合等には、むしろ消費者にとって当該消費者契約を締結するか否かを判断するために必要な情報を提供することとなるからです。

なお、不安はあらかじめ消費者が持っていたものも、事業者が新たに作り出したものも含まれるが、いずれにせよ不安をあおるような態様で告げることが必要である。

⑦「裏付けとなる合理的な根拠がある場合その他の正当な理由がある場合でないのに」

「正当な理由がある場合」とは、消費者を自由な判断ができない状況に陥らせるおそれが類型的にない場合をいいます。「裏付けとなる合理的な根拠がある場合」には科学的根拠のみならず合理的な経験則に基づくものも含みます。また、その他の「正当な理由がある場合」としては、告知内容が社会通念に照らして相当と認められる場合が考えられます。

⑧「物品、権利、役務その他の当該消費者契約の目的となるものが当該願望を実現するために必要である旨を告げること」

過大な不安を抱いた消費者が、契約の締結について自由な判断ができない状況に陥らされるような告知内容として「物品、権利、役務その他の当該消費者契約の目的となるものが当該願望を実現するために必要である旨」を規定しています。

消費者契約の目的となるものが消費者の願望の実現のために必要である旨を告げることを要件としているのは、過大な不安を抱く消費者に対し、事業者が不安をあおる態様でこのような告知を行った場合には、消費者の認識において自身の願望の実現のためには契約を締結することが必須のものと考え、自由な判断ができない状況に陥らされる可能性が類型的に高いといえるためです。

(3)具体例

①「社会生活上の経験が乏しい」に関する具体例

実家暮らしの22歳の無職の第二新卒者に、その不安を知りつつ、「あなたは一生成功しない」と告げ、60万円の不動産投資セミナーに勧誘した場合、22歳の就活中の無職であり就労経験もないことからすると、当該契約を含む取引一般に関してノウハウや対応力が低いことから、「社会生活上の経験が乏しいこと」に該当する可能性が高いです。

企業において業務に長年従事し、事業者としての取引経験が豊富で交友関係も広く、家庭では財産の管理・処分をしている中年の会社員が、将来の自らの生計に過大な不安を抱いていたところ、事業者から、投資商品の情報商材の購入を何度もしつこく勧められ、これを購入した場合、企業において業務に長年従事し、事業者としての取引経験が豊富であるという経歴であること、交友関係も広く人間関係形成に係る経験が乏しいことを推認する事情も見当たらないことを考慮すると、当該契約を含む取引一般に関してノウハウや対応力を有しており、「社会生活上の経験が乏しいこと」に該当しないと判断されます。

②不安をあおる具体例

就職希望の第二新卒者が、不動産会社の就職セミナーを運営する塾会社から、「就職活動セミナーをしている」と指定の場所への来訪を要請された。セミナー終了後「まずは自ら不動産を購入してお客様の気持ちを理解しなければ、不動産会社への就職活動も上手くいかない。後悔する」等と繰り返し告げられて勧誘されたため、購入した場合、就職に関する願望の実現に対する不安に関し、繰り返し必要性を告げるという不安をあおる態様で告知を行っており、「不安をあおり」に該当します。

③正当な理由に関する具体例

地震保険の勧誘に際し、消費者の購入する物件の構造や築年数、地震により家具等が損壊した場合の法的責任と損害額等の客観的な資料に基づく予測と共に保険契約が必要である旨を告げた場合、告知内容について裏付けとなる合理的な根拠がある場合に該当します。

7 経験の不足による恋愛感情の破綻の告知

恋愛感情を利用した勧誘はしてはいけません

(1)禁止行為

消費者は、事業者が消費者契約の締結について勧誘をするに際し、当該消費者に対して次に掲げる行為をしたことにより困惑し、それによって当該消費者契約の申込み又はその承諾の意思表示をしたときは、これを取り消すことができる。

当該消費者が、社会生活上の経験が乏しいことから、当該消費者契約の締結について勧誘を行う者に対して恋愛感情その他の好意の感情を抱き、かつ、当該勧誘を行う者も当該消費者に対して同様の感情を抱いているものと誤信していることを知りながら、これに乗じ、当該消費者契約を締結しなければ当該勧誘を行う者との関係が破綻することになる旨を告げること

(2)要件

①「社会生活上の経験が乏しいことから」

社会生活上の経験とは、社会生活上の出来事を、実際に見たり、聞いたり、行ったりすることで積み重ねられる経験全般をいいます。社会生活上の経験が乏しいとは、社会生活上の経験の積み重ねが消費者契約を締結するか否かの判断を適切に行うために必要な程度に至っていないことを意味します。社会生活上の経験が乏しいか否かは、年齢によって定まるものではなく、中高年のように消費者が若年者でない場合であっても、社会生活上の経験の積み重ねにおいてこれと同様に評価すべき者は、経験が乏しい者と判断されます。

社会生活上の経験の積み重ねにおいて若年者と同様に評価すべき者か否かは、当該消費者の就労経験や他者との交友関係等の事情を総合的に考慮して判断します。

②「勧誘を行う者に対して恋愛感情その他の好意の感情を抱き」

「勧誘を行う者」とは、消費者と事業者の間に契約が成立するように、消費者に対し勧誘行為を実施する者をいいます。事業者が知っている者である必要はありません。また、必ずしも事業者から対価を得ている必要もありません。

「恋愛感情」とは、他者を恋愛の対象とする感情をいいます。

「好意の感情」とは、他者に対する親密な感情をいいます。代表的なものは恋愛感情であるが、それ以外の「好意の感情」であっても、良い印象や好感を超えて恋愛感情と同程度に親密な感情であれば、本規定の対象

それはなぜ？

いわゆるデート商法を規制するものです。こうした事業者の行為は、当該消費者を自由に判断ができない状況に陥らせて契約を締結させるものであり、これによる意思表示の瑕疵は重大です。ただ、民法の公序良俗違反や不法行為では要件が抽象的なため使い勝手が悪く、消費者契約法で「困惑」を要件としつつ、それと結び付く事業者の不当性の高い行為を類型化することにより、明確かつ具体的な要件をもって消費者に意思表示の取消しを認めるべき場合を規定しました。

この判断は、契約の目的や勧誘の態様等の事情を総合的に考慮しなければなりません。例えば、勧誘の態様が悪質なものである場合には、消費者による取消権が認められやすくなります。

となり得ます。もっとも、好意の感情というためには相当程度に親密である必要があり、単なる友情といった感情は含まれません。また、大人数の相手に対して同じように抱ける程度の好意では不十分であり、勧誘者に対する恋愛感情と同程度に特別な好意であることが必要です。

それはなぜ？

事業者が消費者の誤信を知りながら勧誘する場合には、消費者が自由な判断ができない状況に陥る可能性が類型的に高いことから、そのような場合を適切に捉えるための要件です。

③「当該勧誘を行う者も当該消費者に対して同様の感情を抱いているものと誤信」

消費者が、単に好意の感情を抱くだけではなく、勧誘者も同様の感情を持っていると誤信しており、かつ、事業者がそれを認識しているという片面的関係を要件としています。

したがって、消費者の認識において、勧誘者が消費者に対し恋愛感情等を有しているかどうかが不明な場合は、本要件に該当しません。また、「同様の感情を抱いているものと誤信している」ことが要件であるから、告知の時点で既に「同様の感情」が勧誘者に存在しているものと消費者が誤信している必要があります。

「同様の感情」とは、同一である必要はありませんが、消費者の感情に相応する程度の感情であることが求められます。例えば、同じく恋愛感情を抱いていると誤信している場合には、その程度に多少の差があったとしても「同様の感情」を抱いているといえます。また、恋愛感情と友情とでは「同様の感情」とはいえないが、双方の感情が密接であり対応する関係にあれば、「同様の感情」に含まれます。例えば、親が子に対する感情と子の親に対する感情や、後輩が先輩に抱く感情と先輩が後輩に抱く感情も、双方の感情が親密である場合には「同様の感情」といえます。

参考資料

「知りながら」の要件の立証については、勧誘者が当該消費者以外の者にも恋愛感情等に乗じた勧誘を行っていると考えられるような事実があるときなどには（消費生活センターに同一事業者による同一手口の被害事例が寄せられている場合など）、これを立証することで当該勧誘者は消費者に対して真実の恋愛感情等を有していないと評価できるものと考えられます。

④「知りながら」

消費者が、社会生活上の経験が乏しいことから勧誘者に対して好意の感情を抱き、かつ、当該勧誘を行う者も当該消費者に対して同様の感情を抱いているものと誤信していることを、事業者が「知りながら」ということを要件とし、事業者が、当該消費者の好意の感情及び誤信を知りながら、消費者契約を締結させたという類型的に不当な行為のみを対象としています。

⑤「これに乗じ」

そのような状態を利用するという意味です。

消費者の誤信に事業者がつけ込んで契約させるという点に不当性があるので、「これに乗じ」という要件を規定することによって、事業者がつけ込むという主観的な意図を明確にしています。

事業者が、消費者の好意の感情及び誤信を知りながら、消費者契約を締結しなければ勧誘者との関係が破綻することになる旨を告げて勧誘を行ったような場合には、通常、事業者に消費者の好意の感情及び誤信を利用する意図があったと推認されます。

なお、勧誘前から存在する人間関係を濫用する場合も含みます。例えば、勧誘前から存在する人間関係が通常の恋愛感情等であった場合で、その後、その一方当事者が勧誘者となり、既に相手方への恋愛感情等が喪失しているにもかかわらず、相手方の誤信等に乗じ勧誘したような場合も、この規定が適用されます。

⑥「当該消費者契約を締結しなければ当該勧誘を行う者との関係が破綻することになる旨を告げること」

事業者が消費者との間の関係が破綻することを告げる行為が、消費者の認識において勧誘者との関係を維持するためには契約を締結することを必須であると考え、自由な判断ができない状況に陥らされる可能性が類型的に高いといえることから、消費者に意思表示の取消しを認めるものです。したがって、取消しの対象となるのは、事業者が契約を締結しなければ関係が破綻する旨を告げた場合です。

(3)具体例

①好意の感情の具体例

日頃から同じ寮で生活しており同じサークルに所属する同郷の先輩から、簡単にもうかる投資システムがあるという話を持ちかけられ、「その投資をするためにはWeb講座を受講する必要があるが、すぐに元を取れてもうかる」などと勧誘された。その際に、先輩から、「買ってくれないなら、今までのように親しくはできない」と言われ、購入した場合、日頃から同じ寮で生活し、かつ所属するサークルも同じである勧誘者に対する親密な感情の程度は、単なる良い印象や好感を超えたものであり、特別なものといえるため「好意の感情」に該当します。

②関係が破綻することになる旨を告げる具体例

消費者に対して、勧誘者が恋愛感情を抱かせた上、それを知りつつ「契約してくれないと、今までの関係を続けられない」と告げて、高額な投資用不動産を売りつけた場合、勧誘者は、消費者に対して「今までの関係を続けられない」と告げているので、このような言動は「関係が破綻することになる旨を告げること」に該当します。

8 判断力の低下による不安をあおる告知

高齢者の不安を煽って勧誘してはいけません

それはなぜ？

加齢やうつ病、認知症等の心身の故障により消費者が契約の締結に関して合理的な判断ができない事情を不当に利用し、当該消費者が自由に判断できない状況に陥らせて契約を締結させる被害が発生しています。しかし、民法の公序良俗違反や不法行為ではその要件が抽象的で使い勝手が悪いので、明確かつ具体的な要件をもって消費者に意思表示の取消しを認めるべき場合を規定しました。

(1)禁止行為

消費者は、事業者が消費者契約の締結について勧誘をするに際し、当該消費者に対して次に掲げる行為をしたことにより困惑し、それによって当該消費者契約の申込み又はその承諾の意思表示をしたときは、これを取り消すことができる。

> 当該消費者が、加齢又は心身の故障によりその判断力が著しく低下していることから、生計、健康その他の事項に関しその現在の生活の維持に過大な不安を抱いていることを知りながら、その不安をあおり、裏付けとなる合理的な根拠がある場合その他の正当な理由がある場合でないのに、当該消費者契約を締結しなければその現在の生活の維持が困難となる旨を告げること

(2)要件

①「加齢又は心身の故障によりその判断力が著しく低下していることから」

「加齢」とは、年齢の増加をいいます。

「心身の故障」とは、精神的または身体的な故障をいい、うつ病、認知症等が考えられます。年齢の増加に伴い物忘れが激しくなり契約を締結したこと自体を忘れて不要に同様の契約を締結してしまう等、契約を締結するか否かの判断を適切に行うことができない状態にある場合は、「加齢」により判断力が著しく低下しているものとなり得ます。

「判断力」とは、一般に消費者契約の締結を適切に行うために必要な判断力をいいます。

「著しく低下している」とは、加齢または心身の故障により消費者契約を締結するか否かの判断を適切に行うために必要な判断力が、一般的・平均的な消費者に比べ著しく低下している状況をいいます。著しく低下しているか否かは、消費者契約の締結について事業者が勧誘をする時点の消費者の事情に基づき判断されます。例えば、消費者が認知症を発症している場合は、一般的には判断力が著しく低下していると判断されます。

②「生計、健康その他の事項に関しその現在の生活の維持に過大な不安を抱いていることを知りながら」

「生計」とは、暮らしを立てるための手立てをいい、生活上の費用を得るための方法に関する事項を想定したものです。生計、健康は例示でありこれに限られるものではありません。

参考資料

「著しく」という要件は、事業者の不当性を基礎付けるためのものとして設けられたものであり、過度に厳格に解釈されてはならないものと考えられています(参議院消費者問題に関する特別委員会(平成30年5月30日)における濱村進衆議院議員の答弁を参照(会議録8頁))

「その他の事項」の例としては、人間関係等が挙げられます。
「現在の生活の維持」とは、当該消費者の置かれている現在の生活環境を維持することをいいます。
「過大な不安を抱いている」とは、消費者の誰もが抱くような漠然とした不安ではなく、一般的・平均的な消費者に比べて「過大」に受け止められているような不安を抱いていることをいいます。通常よりは大きい心配をしている心理状態にあればこれに該当し得ます。
「知りながら」については、消費者が、判断力が著しく低下していることによって一般的・平均的な消費者に比べて過大な不安を抱いている状況に、事業者がつけ込んで、消費者を自由な判断ができない状況に陥らせて契約を締結させるという不当性が根拠の規定なので、事業者が「知りながら」するということが要件となっています。

③「その不安をあおり」

消費者の現在の生活の維持に生じ得る不利益を強調して告げる場合等をいいます。不安をあおるような内容を直接的に告げなくとも、契約の目的となるものが必要である旨の告知を繰り返し告げたり、強い口調で告げたりして強調する態様でも足ります。

④「裏付けとなる合理的な根拠がある場合その他の正当な理由がある場合でないのに」

「正当な理由がある場合」とは、消費者を自由な判断ができない状況に陥らせるおそれが類型的にない場合を意味します(前記6(2)⑦と同様)。

⑤「当該消費者契約を締結しなければその現在の生活の維持が困難となる旨を告げること」

過大な不安を抱いた消費者が、契約の締結について自由な判断ができない状況に陥らされるような告知内容として「当該消費者契約を締結しなければその現在の生活の維持が困難となる旨」を規定しています。
なお、不安はあらかじめ消費者が持っていたものでも、事業者が新たに作り出した場合でもよいが、いずれにせよ不安をあおることが必要です。

それはなぜ?

過大な不安を抱く消費者に対し、事業者が不安をあおる態様でこのような告知を行った場合には、消費者の認識において自身の現在の生活の維持のためには契約を締結することが必須のものと考え、自由な判断ができない状況に陥らされる可能性が類型的に高いからです。

(3)具体例

物忘れが激しくなるなど加齢により判断力が著しく低下した消費者の不安を知りつつ、「投資用マンションを持っていなければ定期収入がないため今のような生活を送ることは困難である」と告げて、当該消費者に高額なマンションを購入させた場合、消費者は、物忘れが激しくなるなど年齢の増加に伴う変化により判断力が著しく低下しているといえるので、「加齢」により判断力が著しく低下している場合に該当します。

9 霊感等による知見を用いた告知

霊感を利用して不安をあおって契約させてはいけません

それはなぜ？

霊感商法の事業者の行為は、当該消費者を自由に判断ができない状況に陥らせて契約を締結させるものであり、これによる意思表示の瑕疵は重大です。しかし、民法の公序良俗違反や不法行為に基づく損害賠償請求では、その要件が抽象的であり使い勝手が悪いことから、事業者の不当性の高い行為を類型化することにより、明確かつ具体的な要件をもって消費者に意思表示の取消しを認めるべき場合を規定しました。

(1)禁止行為

消費者は、事業者が消費者契約の締結について勧誘をするに際し、当該消費者に対して次に掲げる行為をしたことにより困惑し、それによって当該消費者契約の申込み又はその承諾の意思表示をしたときは、これを取り消すことができる。

> 当該消費者に対し、霊感その他の合理的に実証することが困難な特別な能力による知見として、当該消費者又はその親族の生命、身体、財産その他の重要な事項について、そのままでは現在生じ、若しくは将来生じ得る重大な不利益を回避することができないとの不安をあおり、又はそのような不安を抱いていることに乗じて、その重大な不利益を回避するためには、当該消費者契約を締結することが必要不可欠である旨を告げること

(2)要件

①「霊感その他の合理的に実証することが困難な特別な能力による知見として」

「霊感」とは、除霊、災いの除去や運勢の改善など超自然的な現象を実現する能力をいいます。霊感以外でも「合理的に実証することが困難な特別な能力」は本規定の対象となります。例えば、超能力等です。

②「当該消費者又はその親族の生命、身体、財産その他の重要な事項について、そのままでは現在生じ、若しくは将来生じ得る重大な不利益を回避することができないとの不安をあおり、又はそのような不安を抱いていることに乗じて」

「不利益」とは、消費者またはその親族の生命、身体、財産その他の重要な事項に損害、損失が生ずることをいいます。「将来生じ得る不利益」に加え、「現在生じている不利益」も対象となります。また、このままでは不幸になる等の漠然としたものであっても、個別具体的な勧誘の内容を通じ、消費者またはその親族の生命、身体、財産その他の重要な事項について、そのままでは現在生じ、もしくは将来生じ得る重大な不利益を回避することができない旨を伝えたとみることができる場合には含まれます。

「親族」については、その範囲に特段の限定はないが、主に問題となるのは、本人が不安を抱く程度に近しい親族（例えば、同居している親族）の場合が多いと考えられます。

「重大な」という要件は、消費者に取消権を付与する場合を適切に限定するとともに、事業者の不当性を基礎付けるためのものです。

「不安をあおり」とは、消費者に対し「消費者又はその親族の生命、身体、財産その他の重要な事項について、そのままでは現在生じ、若しくは将来生じ得る重大な不利益を回避することができない旨」を強調して告げる場合等をいいます。例えば、契約の目的となるものが重大な不利益の回避のために必要である旨の告知を繰り返したり、強い口調で告げたりして強調する等です。

「不安を抱いていることに乗じて」とは、不安を抱いている状態を利用してという意味です。この場合の不安については、勧誘の前から消費者が抱いていた不安であり、必ずしも勧誘者によって惹起されるものであることは要しません。

③「その重大な不利益を回避するためには、当該消費者契約を締結することが必要不可欠である旨を告げること」

事業者が消費者に対し、重大な不利益を回避するためには、当該消費者契約を締結することが必要不可欠である旨を告げることが要件となっています。

「必要不可欠である旨を告げること」とは、必ずしも「必要不可欠」という言葉をそのまま告げる必要はなく、勧誘行為全体としてそれと同等程度の必要性及び切迫性が示されている場合も含まれます。

(3)具体例

運勢相談をしたところ、事業者から、「私は霊能者であり、あなたの霊が見える。あなたには悪霊がついておりそのままでは病状が悪化する。北西方向にある○○マンションを投資用に購入しないと悪霊が去らない。」と言われ、契約した場合、事業者は霊能者を名のり、霊が見える、悪霊がついておりそのままでは病状が悪化するなど、超自然的な現象を実現する能力に基づく知見として消費者に重大な不利益を回避することができない事態が生ずる旨を示して不安をあおっており、本規定により取消しの対象となります。

本規定における事業者の行為は、重大な不利益を与える事態が生ずる旨を示し消費者に強い心理的負担を与えながら、その告知内容は合理的に実証できる根拠に基づいておらず、**勧誘の態様として不当性が高いため、消費者が「過大な」不安を抱いていたことは要件となっていません。**

それはなぜ？

この旨の告知が行われた場合には、消費者の認識において重大な不利益の回避のためには契約を締結することが必須のものと考え、自由な判断ができない状況に陥らされる可能性が類型的に高いといえることから、そのような場面を適切に捉えるために本要件を定めています。

10 契約目的物の現状変更

契約前に契約内容を履行して契約を迫ってはいけません

それはなぜ？

事業者が、当該義務の実施とは言えない形で、契約の目的物の現状を変更することにより、もはや契約を締結するしかないと消費者を動揺させるような状況を作出し、消費者を困惑させるという消費者被害が生じています。これを救済するため本号の規定を定めました。

(1)禁止行為

消費者は、事業者が消費者契約の締結について勧誘をするに際し、当該消費者に対して次に掲げる行為をしたことにより困惑し、それによって当該消費者契約の申込み又はその承諾の意思表示をしたときは、これを取り消すことができる。

> 当該消費者が当該消費者契約の申込み又はその承諾の意思表示をする前に、当該消費者契約を締結したならば負うこととなる義務の内容の全部若しくは一部を実施し、又は当該消費者契約の目的物の現状を変更し、その実施又は変更前の原状の回復を著しく困難にすること

(2)要件

①「当該消費者が当該消費者契約の申込み又はその承諾の意思表示をする前に、当該消費者契約を締結したならば負うこととなる義務の内容の全部若しくは一部を実施し、又は当該消費者契約の目的物の現状を変更し」

ある事業者の行為が「当該消費者契約を締結したならば負うこととなる義務の内容の全部若しくは一部を実施し」たといえるか否かは、その行為が、通常、当該消費者契約を締結したならば当該事業者が実施する行為であるか否かなどの事情を考慮して判断します。

②「その実施又は変更前の原状の回復を著しく困難にすること」

「原状の回復を著しく困難にすること」とは、事業者が義務の全部もしくは一部を実施し、または目的物の現状を変更することによって、実施・変更前の原状の回復を物理的にまたは消費者にとって事実上不可能とすることをいいます。

「原状」とは、事業者による義務の全部もしくは一部の実施前または目的物の現状変更前の状態をいいます。事業者が、消費者による意思表示の前に、義務の全部もしくは一部を実施し、または目的物の現状を変更するのみならず、実施・変更前の状態に戻すことが著しく困難なものとした場合には、事業者が作出した既成事実から逃れることができないという消費者の心理的負担はより重いものになり得ます。

なお、原状回復を物理的に不可能とすることのほか、消費者にとって事実上不可能な状態にすることも含まれます。消費者にとって原状回復が事実上不可能である状態であるか否かは、当該消費者契約において、

参考資料

これを基準としたのは、本規定が、消費者契約の締結に先立って、その契約を締結したならば負う義務の内容を事業者が実施した際に適用されるという、いわば仮定的な消費者契約を念頭に置いた規定であるところ、事業者が勧誘を行っている時点では当該消費者契約の義務の内容が必ずしも明らかとはなっていないことから、実際に締結された消費者契約の義務内容を基準とすることは適当でないので、「通常」当該事業者が実施する行為を基準としました。

一般的・平均的な消費者を基準として社会通念を基に規範的に判断されます。

例えば、原状の回復について専門知識や経験、道具等が必要となるために、一般的・平均的な消費者をして原状の回復が事実上不可能であるといえる場合には、「原状の回復を著しく困難にする」ものと考えられます。他方で、単に消費者に契約の目的物である動産を引き渡すといった場合であれば、一般的・平均的な消費者であれば事業者に動産を返還することにより容易に原状の回復が可能であるといえるから、「原状の回復を著しく困難にする」ものとはいません。

(3)具体例

不動産会社の社員と共に商業用ビルの内見をした際に、壁紙の汚れやカウンターテーブルのシミを気にした発言をしたところ、購入する前にその不動産会社が壁紙を希望のものに張り替え、専門業者に依頼してカウンターテーブルが新品同様に磨かれていた。既にそこまで行っていることから断ることができずに購入してしまった場合、壁紙張り替えやカウンターテーブルの修繕は、通常、契約を締結したならば事業者が実施する行為であり、「当該消費者契約を締結したならば負うこととなる義務の内容」に該当します。また、消費者にとって、張り替えられた壁紙やカウンターテーブルの修繕を原状の回復をすることは、物理的に不可能であり、「原状の回復を著しく困難にする」に該当します。したがって、この場合、取消しが認められます。

11 損失補償請求の告知

契約しないと損してしまうことを強調して勧誘してはいけない

それはなぜ？

事業者が、契約前に、消費者契約を締結したならば負うこととなる義務の全部又は一部を実施し、消費者が契約の締結を断りきれない状況を作り出した上で、消費者に対して契約の締結を求めることにより、消費者を自由な判断ができない状況に陥らせて望まぬ契約を締結させるといった消費者被害が発生しています。このような事業者の行為は、当該消費者を自由に判断ができない状況に陥らせて契約を締結させるものであり、これによる意思表示の瑕疵は重大です。しかし、民法の公序良俗違反や不法行為に基づく損害賠償請求では、その要件が抽象的であり使い勝手が悪いことから、事業者の不当性の高い行為を類型化することにより、明確かつ具体的な要件をもって消費者に意思表示の取消しを認めるべき場合を規定しました。

(1)禁止行為

消費者は、事業者が消費者契約の締結について勧誘をするに際し、当該消費者に対して次に掲げる行為をしたことにより困惑し、それによって当該消費者契約の申込み又はその承諾の意思表示をしたときは、これを取り消すことができる。

> 前号に掲げるもののほか、当該消費者が当該消費者契約の申込み又はその承諾の意思表示をする前に、当該事業者が調査、情報の提供、物品の調達その他の当該消費者契約の締結を目指した事業活動を実施した場合において、当該事業活動が当該消費者からの特別の求めに応じたものであったことその他の取引上の社会通念に照らして正当な理由がある場合でないのに、当該事業活動が当該消費者のために特に実施したものである旨及び当該事業活動の実施により生じた損失の補償を請求する旨を告げること

(2)要件

①「前号に掲げるもののほか」

本号の適用の対象には前号の対象となる行為（本テキストの前節の 10 を参照。）が含まれないことをいいます。つまり、消費者契約の申込み又は承諾の意思表示をする前に行われる「消費者契約の締結を目指した事業活動」から、前号の対象となる行為（消費者契約の締結前に義務の全部若しくは一部を実施し、又は当該消費者契約の目的物の変更を変更し、かつ原状の回復を著しく困難にするもの）を除いたものであることを示しています。

②「当該消費者が当該消費者契約の申込み又はその承諾の意思表示をする前に、当該事業者が調査、情報の提供、物品の調達その他の当該消費者契約の締結を目指した事業活動を実施した場合」

「当該消費者契約の締結を目指した事業活動」とは、事業者が特定の消費者との契約締結を目的として行う事業活動をいいます。例えば、事業者が契約を行う前に実施する目的物の調査や、商品についての説明など、当該消費者契約の締結に向けた準備行為が挙げられます。

「調査、情報の提供、物品の調達」は例示であって、これらの行為に限定されるものではありません。

「その他の当該消費者契約の締結を目指した事業活動」には、例えば、事業者による遠隔地からの消費者の住居への来訪などが含まれます。

他方、事業者が特定の消費者との間での消費者契約の締結を目指した事業活動とはいえないような行為は、「当該消費者契約の締結を目指した事業活動」には当たりません。例えば、自社の知名度を上げるためにチラシを配布するような行為等です。

付け足し　前号と本号の適用の対象となる行為

義務の全部又は一部の実施に当たる行為のうち、原状の回復が著しく困難なものは上記のとおり前号の適用の対象となることから、本号の適用の対象となる事業者の行為は、義務の全部又は一部の実施に当たらない行為に加え、義務の全部又は一部の実施に当たる行為のうち、原状の回復が著しく困難ではないものとなります。

③「当該事業活動が当該消費者からの特別の求めに応じたものであったことその他の取引上の社会通念に照らして正当な理由がある場合でないのに」

「特別の求め」とは、消費者の事業者に対する調査等の事業活動の求めが、消費者契約の締結に際して一般的にみられる程度を超え、信義に反する程度の要求に至ったことをいいます。

「正当な理由がある場合」とは、消費者からの特別の求めに応じた場合と同程度に、事業者による損失補償の請求に正当性が認められる場合をいいます。

それはなぜ？

消費者が消費者契約の締結に先立ち消費者契約の締結の意思決定の判断のために事業者に一定の調査等の事業活動を求めることは、消費者契約の締結に際して一般的にみられるものです。それが一般的にみられる程度を超えた場合、事業者が消費者に対して調査等の事業活動による損失の補償の請求をすることは必ずしも不当であるとはいえないことから、本要件はそのような場合を適用対象から除くこととしています。

④「当該事業活動が当該消費者のために特に実施したものである旨及び当該事業活動の実施により生じた損失の補償を請求する旨を告げること」

「当該消費者のために特に実施したものである旨」を「告げること」とは、消費者契約の締結を目指した事業活動を当該消費者のために特別に実施した旨を告げることをいいます。

「損失の補償を請求する旨を告げる」とは、事業者が消費者に対して当該消費者のために特に実施した行為に係る費用を請求する旨を告げることをいいます。

「告げる」については、必ずしも口頭によることを必要とせず、書面に記載して消費者に知悉させるなど消費者が実際にそれによって認識し得る態様の方法であればよいことになっています。例えば、人件費や旅費といった特定の損失の項目に言及して請求するなど、明示的にその旨を告げる場合のほか、領収書等の損失の項目の根拠資料を示しながら「どうしてくれるんだ」などと告げた場合も含みます。

(3)具体例

①調査、情報の提供、物品の調達その他の当該消費者契約の締結を目指した事業活動を実施した具体例

1. 不動産投資会社の社員が、消費者の求めに応じ4階の自宅まで上がってきた。消費者が投資物件の価格を聞いて断ると、「わざわざ上の階まで来ているのにこのままでは帰れない。4階まで上がった分の手間賃を払え」と言われて契約を急かされたので契約してしまった場合、消費者宅への来訪は、通常は、不動産投資会社の消費者契約の義務の全部又は一部に当たらない消費者契約の締結に向けた準備行為であり、「消費者契約の締結を目指した事業活動」に該当します。
2. 保険の見直しをしようと思い、近所のファミレスにFP(ファイナンシャル・プランナー)を派遣してもらった。ファミレスで3回会って食事しながら説明を受けた。食事代は事業者が支払った。提示された保険の見積額が高いので4回目の面会時に契約を断ると、「契約しないならこれまでの飲食代を支払え」と言われた場合、消費者への商品の説明は、消費者契約の義務の全部又は一部に当たらない消費者契約の締結に向けた準備行為であり、「消費者契約の締結を目指した事業活動」に該当します。

②「損失の補償を請求する旨を告げる」に関する具体例

1. 保険の見直しをしようと思い、近所のファミレスにFPを派遣してもらった。ファミレスで3回会って食事しながら説明を受けた。食事代は事業者が支払った。提示された保険の見積額が高いので4回目の面会時に契約を断ると、「契約しないならこれまでの飲食代を支払え」と言われた場合、事業者は、商品説明の際に生じた損失である飲食代の補償の請求を明示的に行っていることから、「損失の補償を請求する旨を告げる」に該当します。
2. 不動産販売の勧誘で会ってほしいと言われてファミレスで3回会って食事しながら説明を受けた。食事代は事業者が支払った。不動産の見積額が高いので4回目の面会時に契約を断ると、飲食代の領収書を見せながら「契約してくれなければ大損だ」と言った場合、事業者は、明示的に飲食代を請求しているわけではないが、手に持った飲食代の領収書と発言が相まって、消費者がそれによって損失の補償を請求されたものと認識し得る態様の方法で請求しているといえるため、「損失の補償を請求する旨を告げる」に該当します。

第 5 編　賃貸経営の支援

はじめに

資産運用のご提案

ここでは、主に投資不動産販売員が顧客に賃貸経営を提案する際に必要となる会計の知識、税金の知識、投資の知識、不動産の鑑定評価の知識を学びます。
実際には、会計は会計士や会計責任者、税金は税理士、投資は FP やアセットマネージャー、不動産の鑑定評価は不動産鑑定士といったようにそれぞれの専門家がおり、個別に仕事を依頼して正確な情報を顧客に伝えるべきです。しかし、それぞれの分野について基礎的な知識を有していなければ不動産投資の提案に説得力がなく、信用も得られないでしょう。
より詳細な説明は専門家に任せるとしても、一般的な内容はここでの学習を通じて理解し、顧客に質問された場合には答えられるようになっておきましょう。

【本編における参考資料】
○山本卓「会計・経営分析入門テキスト」創成社(2018 年 9 月 20日)
○田嶋祐介「『収支一発！不動産投資 Pro』ベクター版」

第１章
会計の基礎

1 企業会計の基礎

企業会計はステークホルダーに報告するために作る

不動産投資（賃貸経営）をするには収支計算の知識は必須です。お客様にアドバイスをする立場になる以上、最低限の会計の知識と投資理論を知っておく必要があります。まずは、会計の知識です。

(1)会計の役割

会計とは、情報を提供された者が適切な判断と意思決定ができるように、経済活動を記録・測定・伝達する手続き全般をいいます。**損益計算書**により**一会計期間の経営成績を明らかに**し、**貸借対照表**により**期末における財政状態を明らかにする**という２つの役割があります。会計は、自由に設定した会計期間ごとに記録・計算を行います。通常その期間は1年で、この会計期間の最初の日を**期首**、最後の日を**期末**といい、期末における貸借対照表と損益計算書が作成されます。

(2)企業会計原則～企業会計は損益計算書と貸借対照表が基本

企業会計原則は、**企業会計の実務の中に慣習として発達したもののなかから、一般に公正妥当と認められたところを要約したもの**で、必ずしも法令によって強制されないまでも、すべての企業がその会計を処理するにあたって従わなければならない基準です。

企業会計原則は、一般原則・損益計算書原則・貸借対照表原則の３つから構成されています。一般原則は、損益計算書、貸借対照表のいずれにも共通するので、企業会計原則の最高法規とされています。

①一般原則

知っておきたい７つの一般原則

1. **真実性の原則**　企業会計は、企業の財政状態及び経営成績に関して、真実な報告を提供するものでなければならないとする原則です。
2. **正規の簿記の原則**　企業会計は、すべての取引につき、正規の簿記の原則に従って、正確な会計帳簿を作成しなければならないとする原則です。
3. **資本取引・損益取引区分の原則**　資本取引と損益取引を明瞭に区分し、特に資本剰余金と利益剰余金を混同してはならないとする原則です。
4. **明瞭性の原則**　企業会計は、財務諸表によって、**利害関係者に対し**必要な会計事実を明瞭に表示し、企業の状況に関する判断を誤らせないようにしなければならないとする原則です。
5. **継続性の原則**　企業会計は、その処理の原則及び手続きを毎期継続して適用し、みだりにこれを変更してはならないとする原則です。

6. **保守主義の原則** 企業の財政に不利な影響を及ぼす可能性がある場合には、これに備えて適当に健全な会計処理をしなければならないとする原則です。

7. **単一性の原則** 株主総会提出のため、信用目的のため、租税目的のため等種々の目的のために異なる形式の財務諸表を作成する必要がある場合、それらの内容は、信頼しうる会計記録に基づいて作成されたものであって、政策の考慮のために事実の真実な表示をゆがめてはならないとする原則です。

②損益計算書原則

企業会計において、ある会計期間における企業の経営成績を示す損益計算書を作成するための具体的な処理基準で、発生主義・総額主義・費用収益対応の原則等があります。

▶ 損益計算書(P/L)は、企業が一会計期間に活動した結果、材や用役をいくら犠牲にしたのか(費用)、また、新たな材や用役をいくら獲得したのか(収益)という期中の材や用役の増減を表すものです。収益・費用・利益の3つの要素から成り立っており、収益から費用を差し引くことで最終的な利益を計算します。黒字の場合は、収益が費用を上回っている状態なので、利益が左に表記されます。赤字の場合は、費用が収益を上回っている状態なので、利益が右に移され損失と表記されます。

<table>
<tr><td>費用(経費)</td><td rowspan="2">収益(売上)</td></tr>
<tr><td>当期純利益</td></tr>
</table>

③貸借対照表原則

企業会計において、期末における企業の財政状態を示す貸借対照表を作成するための具体的な処理基準をいいます。

▶ 貸借対照表(B/S)は、期首の時点を基準として、期中の材や用役の増減を加味した結果、期末の時点で、企業の資産や負債がいくらあるのか、資産から負債を差し引いた結果、正味の財産(純資産)がいくらあるのかを表します。貸借対照表には、左側に資産、右側に負債と純資産が記されます。資産の部は、集めた資産がどのように投資され、保有されているかを示しています。一方、負債・純資産の部は、事業に必要な資金をどのように集めたかを示しています。貸借対照表は、常に「資産＝負債＋純資産」となります。

<table>
<tr><td rowspan="2">資産(現預金や
不動産)</td><td>負債(借入金)</td></tr>
<tr><td>純資産(資本)</td></tr>
</table>

2 決算書

決算書には貸借対照表や損益計算書などがあります。

現在の不動産投資においては、キャッシュフロー計算書を作成することはあまりありません。また税務申告においても、キャッシュフロー計算書の提出は義務付けられていません。

本書は簿記を教えるテキストではありませんので、より詳細で正確な理論は会計または簿記に関するテキスト等を参照して下さい。

決算書は、1 年間の事業成果をまとめたものです。**貸借対照表・損益計算書・キャッシュフロー計算書の 3 つ**から構成されます。1 年分の事業の成績表のようなものですが、その役割は税金を支払うためのものであったり、銀行に提出するためのものであったり、次の投資のための戦略策定に必要なものであったりと、さまざまです。

ここでは不動産投資における決算書の読み方とそのポイントを解説します。

(1)貸借対照表

①貸借対照表とは

貸借対照表(Balance Sheet:B/S)は、**一定時点**における**財政状態**を明らかにするために、**資産(所有不動産、現金、現金残高)・負債(銀行借入金、預り敷金)・純資産(資本金、過去から現在の利益累積額)**の状況を記載した財務諸表です。つまり、「現在、どれくらいの現金や所有物件があって、どれくらいの借金があって、過去どれくらい儲かったか?」という不動産投資に関する情報がつまった資料ということです。

②貸借対照表の構造

貸借対照表の基本的な構造は理解しておきましょう。貸借対照表は、資産を左側、負債と純資産を右側に記入します。右側に書く負債と純資産では、上に負債を下に純資産を記入します。

たとえば、自己資金 500 万円を元手に、土地 3,000 万円、建物 2,000 万円の物件を銀行から融資を受けて購入した場合、貸借対照表は次のようになります。資産の合計額と負債・純資産の合計額は必ず同じになります。

貸借対照表(期首)

資産	負債
土地 3,000 万円	借入金 4,500 万円
建物 2,000 万円	**純資産**
	元入金 500 万円

資産合計=負債合計+ 純資産合計

ちなみに、上記の事業を 1 年運営した場合の貸借対照表をみてみます。1 年間のキャッシュフローが 200 万円、ローンの元金返済額が 100 万円、建物の減価償却が 20 年で 100 万円と仮定します。キャッシュフローの積み増し部分は負債のうち借入金から引きます。建物減価償却は資産項目から引きます。資産合計と負債合計＋純資産合計は一致するのが原則なので、差額は純資産として 200 万円が加えられます。

貸借対照表(期末)

資産	**負債**
現金＋200 万円	借入金　4,500 万円
土地　3,000 万円	
建物　2,000 万円	△100 万円
減価償却△100 万円	**純資産**
	元入金　500 万円
	当期利益＋200 万円

③不動産賃貸業と貸借対照表

不動産投資家にとっては、負債は銀行からの融資である「長期借入金」「短期借入金」、純資産は「資本金」や「利益準備金」、資産は「現預金」や購入した投資不動産である「固定資産(土地)(建物)」などになります。

なお、不動産投資という場合、賃料収入(インカムゲインともいいます。)を得る不動産賃貸業と、転売を目的に不動産を仕入れ短期的に販売する不動産販売業がありますが、ここでは不動産賃貸業について記載します。

貸借対照表の状態をあらわす指標に自己資本比率があります。自己資本比率が高ければ経営は安定しているといえます。

自己資本比率…返済不要の自己資本が全体の資本調達の何%を占めるかを示す数値です。

自己資本比率(%)＝自己資本(純資産)÷総資産(資産)×100

《賃貸用不動産を購入した場合》

賃貸用不動産の購入は**固定資産(建物)(土地)**に計上され、貸借対照表の左側の**資産の部**に記載されます。その際に銀行から融資を受けた場合は、同時に**短期または長期借入金**として、貸借対照表の右側の**負債の部**に計上されます。短期か長期の区別は、返済期間が 1 年より長ければ長期借入金となります。

その結果、自己資本比率の計算表にある分母の純資産が大きくなり、自己資本比率は低くなります。

《減価償却費を計上した場合》

減価償却とは、取得した資産で一括費用計上にて認められていないものについて、資産として計上したものを毎年費用にしていく手続きをいいます。有形固定資産(建物、備品など)は、一般的に土地を除いて、使用や時の経過によりその価値が徐々に低下します。このような価値の減少を**減価償却費**(費用)として計上するわけです。

減価償却費を計上すると、貸借対照表上では資産の部の固定資産(建物)の金額が減ります。期首物件の価値が 1,000 万円だったとして減価償却費を 30 万円計上した場合には、期末の物件の価値は 970 万円になっています。
その結果、自己資本比率は、分母である総資産が小さくなるので、自己資本比率は高くなります。

付け足し　減価償却費の計算方法

減価償却費の計算方法にて代表的なものは、**定額法**と**定率法**です。
定額法とは、資産の耐用年数(使用可能な年数)にわたり、毎年一定金額だけ有形固定資産の価値を下げる方法です。たとえば、90 万円で取得した備品が 3 年間使用できて、3 年後には価値がゼロになるとすると、1 年間に 30 万円価値を下げます。この 30 万円は減価償却費(費用)として損益計算書に記載されます。定額法では、減価償却費は以下の算式で求めます。

1 年間に計上できる減価償却費＝取得原価÷減価償却期間

減価償却期間は、新品の場合は法定耐用年数となります。一方、中古物品の場合は以下にて計算します。

減価償却期間＝(法定耐用年数－経過年数)＋経過年数×20%

定率法とは、有形固定資産の未償却残高(残っている価値)に償却率を乗じて、減価償却費を計算する方法ですが、**賃貸経営で使うことはほぼなくなりました。**

《利益を計上した場合》
利益を計上した場合は、貸借対照表の資本の部の利益準備金が増加します(配当なしの場合)。
その結果、自己資本比率は、分子である資本の部が増加するため自己資本比率は高くなります。
それに対して損失を計上した場合には、分子である資本の部が減少するため自己資本比率は低くなります。

(2)損益計算書

①損益計算書とは

損益計算書(profit and loss statement:P/L)は、一定期間における**経営成績**を明らかにするために、**収益・費用・利益(損失)**を記載する財務諸表です。不動産投資家にとっては、家賃収入(売上)がどれだけあり、家賃収入を得るために管理費や経費(費用)がいくらかかり、どのくらい利益が出たかという、収支の情報を記載したものということになります。
不動産賃貸業は固定資産である不動産を購入した後は、その固定資産から家賃収入を上げていくというビジネスモデルとなります。利益の出し方は単純で毎年ほぼ同じような形態の損益計算が作成されます。
収益とは利益が**増加する原因**で、**費用**とは利益が**減少する原因**をいいます。
収益・費用・利益には、以下の関係があります。

収益合計－費用合計＝当期純利益(マイナスの場合は当期純損失)

個人の損益計算書の場合は以下のようになります。

収入	家賃収入、駐車場収入
必要経費	管理費、諸経費、支払利息
差引金額	収入から必要経費を差し引いたもの
専従者給与※	家族への給与
青色申告特別控除※	65 万円、55 万円または 10 万円
所得金額	税引き前の利益(経常利益)

※　青色申告事業者の場合のみで、白色申告では認められません。

付け足し　青色申告と白色申告

確定申告とは、収支、経費、控除をもとに 1 年間の所得を確定し、申告する制度です。会社勤めをしている人の多くは、勤め先で年末に源泉徴収が行われるので、基本的には確定申告を行う必要はありません。しかし、アパート・マンション経営などの不動産投資で年間 20 万円以上の収入を得ている人は確定申告が必要です。
確定申告には、白色申告と青色申告の 2 つの種類があります。
白色申告は税務署への事前申請を行わずに申告が可能で、簿記の知識がなくても始められます。記帳については売上等の収入と仕入等の必要経費をつけていきますが、すべての取引を細かく付ける必要はなく、日々の合計金額をまとめて記載する方法が認められています。
それに対して、開業後 1 か月以内に管轄の税務署に開業届を出し、青色申告承認申請書を前年の 3 月 15 日まで(新規開業の場合は開業から 2 か月以内)に提出し、前述した正規簿記の原則に従い、厳密な会計帳簿を付けた場合、青色申告特別控除額として最大 65 万円が控除されるほか、3 年間に渡って赤字の繰越が可能になる、家族への給与が経費扱いで処理できるようになります。
青色申告で65 万円の控除を受けるためには次の条件を満たす必要があります。

1. 不動産所得または事業所得を生ずべき事業を営んでいること
2. 簿記の原則(一般的には複式簿記)により記帳していること
3. 2 に基づいて作成した貸借対照表と損益計算書を確定申告書に添付して確定申告期限内に提出すること

このうち 1 の「不動産投資が事業として行われている」かの判定は、①貸間、アパート等については、貸与することのできる独立した室数がおおむね 10 室以上であることと、②独立家屋の貸付けについては、おおむね5棟以上であることが基準となります。つまり、**5棟10室が不動産経営の事業的規模を満たす基準**です。ただし、この数字はあくまでも目安ですので、必須条件ではありません。
なお、区分マンションで不動産投資を行う場合は不動産経営の事業的規模に当てはまらないことがほとんどです。この場合でも、小規模の不動産投資として最大10万円の控除を受けることができるので、きちんと帳簿を付け、毎年3月の確定申告に備える必要があります。

(3)キャッシュ・フローの計算

収益計算は、キャッシュ・フロー計算と前述の損益計算で構成されます。例えば、投資家が銀行で融資を受けて、投資物件を購入した場合を想定します。その投資物件から家賃収入を得て、その中から毎月の返済金(利息と元金)を銀行に返済します。そして、その残額から管理費用等の支出を差し引き、差引現金を計算します。これをキャッシュ・フロー計算といいます。つまり、収入から支出を差し引いて現金の残高を算定する計算ということです。言い換えれば、「いくら稼いだか?稼げるか?」を算定するための計算です。

参考資料

キャッシュ・フローと損益計算の違い

キャッシュ・フロー計算では、敷金も収入に該当しますが、損益計算では売上に該当しません。礼金は、キャッシュ・フロー計算では収入で損益計算でも売上に該当します。
銀行返済額については、キャッシュ・フロー計算では元金部分は支出になりますが、損益計算では費用に該当しません。それに対して、利息部分は支出になり、費用にも該当します。

《キャッシュ・フロー計算》

収入	家賃収入	
	敷金収入	
	礼金収入	
△支出	銀行返済額(元金)	
	銀行返済額(利息)	
	管理費	
	固定資産税	
	所得税・住民税	←損益計算によって算出する
差引	差引現金	

所得税・住民税の金額(税額)は、損益計算から導き出される利益に対して、税率を乗じて算定します。
つまり、キャッシュ・フロー計算が「いくら稼いだか?いくら**現金が増えたか**?」を明らかにする計算であるのに対して、損益計算は「いくら儲かったか?**いくら利益が出たか**?」を明らかにする計算といえます。

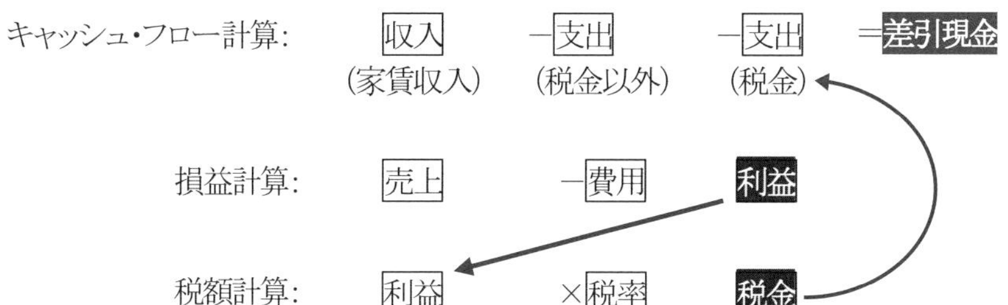

損益計算書とキャッシュ・フロー計算書の記載内容を比較すると、次のようになります。

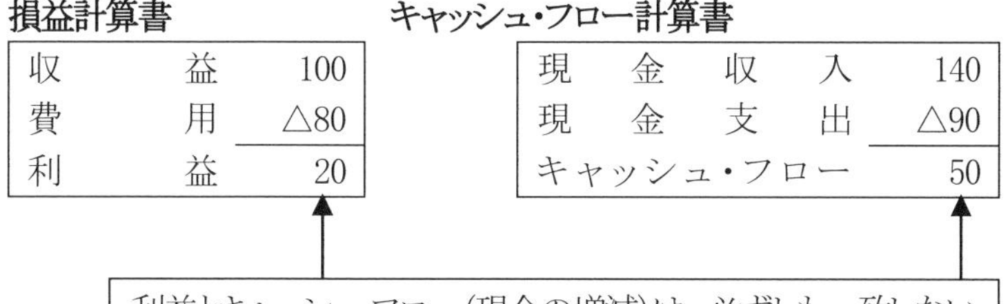

損益計算書

収	益	100
費	用	△80
利	益	20

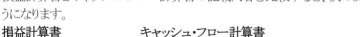

キャッシュ・フロー計算書

現	金	収	入	140
現	金	支	出	△90
キャッシュ・フロー				50

「利益」と「現金の増減額」が一致しない原因は、収益(費用)を計上する時点と現金を回収する(支払う)時点が異なるからです。

キャッシュ・フローがマイナスの場合は、支払や支出のための資金を補填（ほてん）する必要があります。不動産投資の場合は長期の事業となるので、必要に応じて早めに対処しなければ、赤字の補填を続けなければならなくなります。

付け足し　実際の不動産投資における収益計算

実際に不動産投資をするKenビジネススクールの講師でもある投資家よりお借りした資料を紹介します。このように、計算式を入力したエクセルシートで収支計算とキャッシュ・フロー計算を行います。

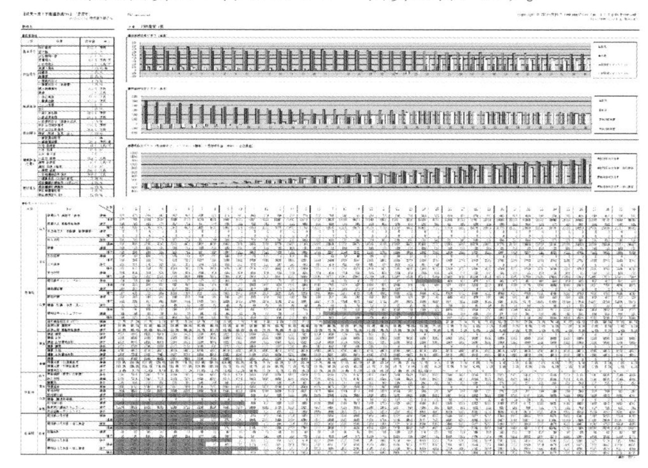

資料提供:「収支一発！不動産投資 Pro」ベクター版　田嶋祐介

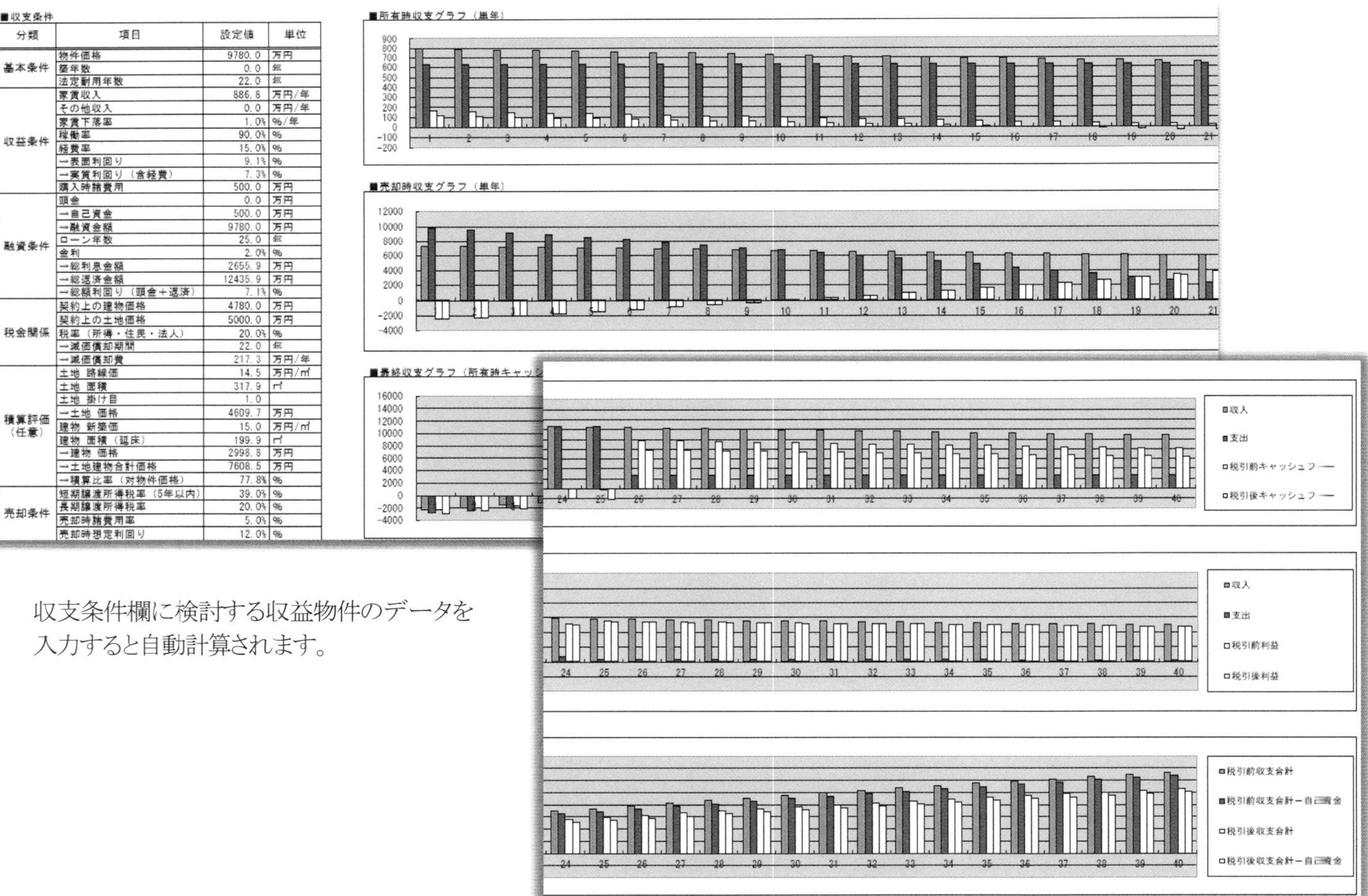

■収支条件

分類	項目	設定値	単位
基本条件	物件価格	9780.0	万円
	築年数	0.0	年
	法定耐用年数	22.0	年
収益条件	家賃収入	886.8	万円/年
	その他収入	0.0	万円/年
	家賃下落率	1.0%	%/年
	稼働率	90.0%	%
	経費率	15.0%	%
	→表面利回り	9.1%	%
	→実質利回り（含経費）	7.3%	%
	購入時諸費用	500.0	万円
融資条件	頭金	0.0	万円
	→自己資金	500.0	万円
	→融資金額	9780.0	万円
	ローン年数	25.0	年
	金利	2.0%	%
	→総利息金額	2655.9	万円
	→総返済金額	12435.9	万円
	→総額利回り（頭金＋返済）	7.1%	%
税金関係	契約上の建物価格	4780.0	万円
	契約上の土地価格	5000.0	万円
	税率（所得・住民・法人）	20.0%	%
	→減価償却期間	22.0	年
	→減価償却費	217.3	万円/年
積算評価（任意）	土地 路線価	14.5	万円/㎡
	土地 面積	317.9	㎡
	土地 掛け目	1.0	
	→土地 価格	4609.7	万円
	建物 新築価	15.0	万円/㎡
	建物 面積（延床）	199.9	㎡
	→建物 価格	2998.8	万円
	→土地建物合計価格	7608.5	万円
	→積算比率（対物件価格）	77.8%	%
売却条件	短期譲渡所得税率（5年以内）	39.0%	%
	長期譲渡所得税率	20.0%	%
	売却時諸費用率	5.0%	%
	売却時想定利回り	12.0%	%

収支条件欄に検討する収益物件のデータを入力すると自動計算されます。

■収支シミュレーション

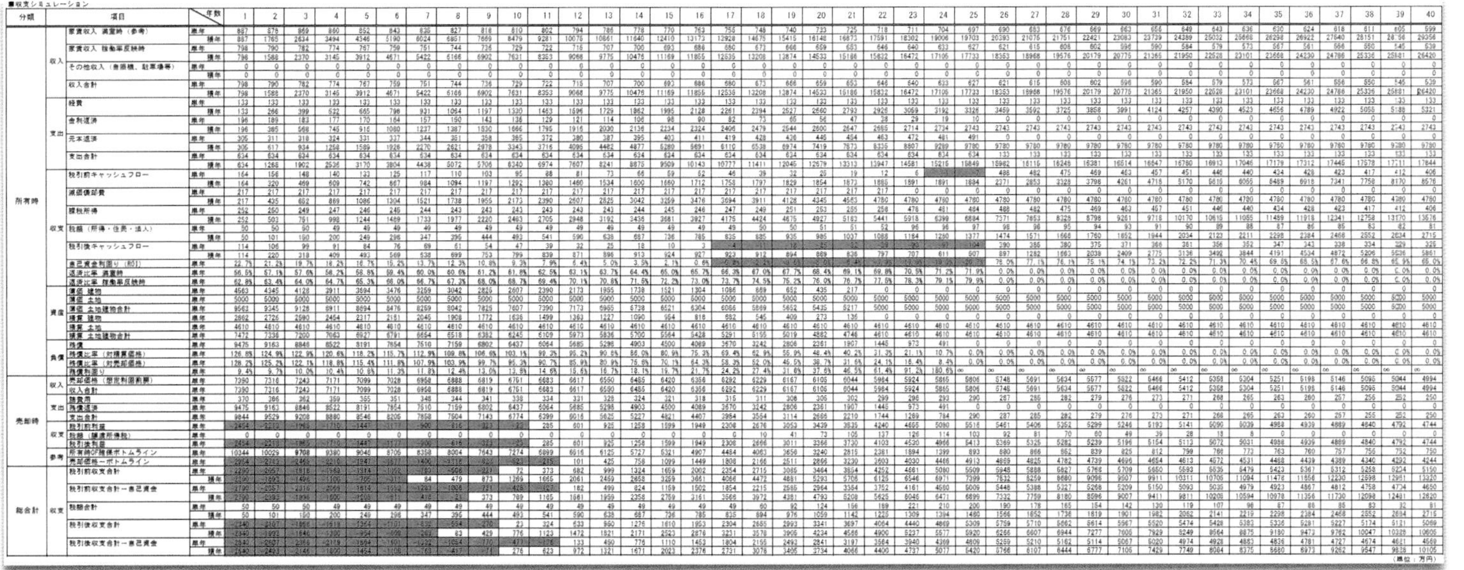

分類・項目		1	2	3	4	5	6	7	8	9	10
所有時・収入・家賃収入 満室時（参考）	単年	887	878	869	860	852	843	835	827	818	810
	積年	887	1765	2634	3494	4346	5190	6024	6851	7669	8479
所有時・収入・家賃収入 稼働率反映時	単年	798	790	782	774	767	759	751	744	736	729
	積年	798	1588	2370	3145	3912	4671	5422	6166	6902	7631
所有時・収入・その他収入（自販機、駐車場等）	単年	0	0	0	0	0	0	0	0	0	0
	積年	0	0	0	0	0	0	0	0	0	0
所有時・収入・収入合計	単年	798	790	782	774	767	759	751	744	736	729
	積年	798	1588	2370	3146	3912	4671	5422	6166	6902	7631
所有時・支出・経費	単年	133	133	133	133	133	133	133	133	133	133
	積年	133	266	399	532	665	798	931	1064	1197	1330
所有時・支出・金利返済	単年	196	189	183	177	170	164	157	150	143	136
	積年	196	385	568	745	916	1080	1237	1387	1530	1666
所有時・支出・元本返済	単年	305	311	318	324	331	337	344	351	358	365
	積年	305	617	934	1258	1589	1926	2270	2621	2978	3343
所有時・支出・支出合計	単年	634	634	634	634	634	634	634	634	634	634
	積年	634	1268	1902	2536	3170	3804	4438	5072	5706	6340
所有時・収支・税引前キャッシュフロー	単年	164	156	148	140	133	125	117	110	103	95
	積年	164	320	469	609	742	867	984	1094	1197	1292
所有時・収支・減価償却費	単年	217	217	217	217	217	217	217	217	217	217
	積年	217	435	652	869	1086	1304	1521	1738	1955	2173
所有時・収支・課税所得	単年	252	250	249	247	246	245	244	243	243	243
	積年	252	503	751	998	1244	1489	1733	1977	2220	2463
所有時・収支・税額（所得・住民・法人）	単年	50	50	50	49	49	49	49	49	49	49
	積年	50	101	150	200	249	298	347	396	444	493
所有時・収支・税引後キャッシュフロー	単年	114	106	99	91	84	76	69	61	54	47
	積年	114	220	318	409	493	569	638	699	753	799
所有時・収支・自己資金利回り（ROI）	単年	22.7%	21.2%	19.7%	18.2%	16.7%	15.2%	13.7%	12.3%	10.8%	9.3%
所有時・収支・返済比率 満室時	単年	56.5%	57.1%	57.6%	58.2%	58.8%	59.4%	60.0%	60.6%	61.2%	61.8%
所有時・収支・返済比率 稼働率反映時	単年	62.8%	63.4%	64.0%	64.7%	65.3%	66.0%	66.7%	67.3%	68.0%	68.7%
所有時・資産・簿価 建物	単年	4563	4345	4128	3911	3694	3476	3259	3042	2825	2607
所有時・資産・簿価 土地	単年	5000	5000	5000	5000	5000	5000	5000	5000	5000	5000
所有時・資産・簿価 土地建物合計	単年	9563	9345	9128	8911	8694	8476	8259	8042	7825	7607
所有時・資産・積算 建物	単年	2862	2726	2590	2454	2317	2181	2045	1908	1772	1636
所有時・資産・積算 土地	単年	4610	4610	4610	4610	4610	4610	4610	4610	4610	4610
所有時・資産・積算 土地建物合計	単年	7472	7336	7200	7063	6927	6791	6654	6518	6382	6245
所有時・負債・残債	単年	9475	9163	8846	8522	8191	7854	7510	7159	6802	6437
所有時・負債・残債比率（対積算価格）	単年	126.8%	124.9%	122.9%	120.6%	118.2%	115.7%	112.9%	109.8%	106.6%	103.1%
所有時・負債・残債比率（対売却価格）	単年	128.2%	125.2%	122.1%	118.8%	115.4%	111.8%	107.9%	103.9%	99.7%	95.3%
所有時・負債・残債利回り	単年	9.4%	9.7%	10.0%	10.4%	10.8%	11.3%	11.8%	12.4%	13.0%	13.8%
売却時・収入・売却価格（想定利回換算）	単年	7390	7316	7243	7171	7099	7028	6958	6888	6819	6751
売却時・収入・収入合計	単年	7390	7316	7243	7171	7099	7028	6958	6888	6819	6751
売却時・支出・諸費用	単年	370	366	362	359	355	351	348	344	341	338
売却時・支出・残債返済	単年	9475	9163	8846	8522	8191	7854	7510	7159	6802	6437
売却時・支出・支出合計	単年	9844	9529	9208	8880	8546	8205	7858	7504	7143	6774
売却時・収支・税引前利益	単年	-2454	-2213	-1965	-1710	-1447	-1177	-900	-616	-323	-23
売却時・収支・税額（譲渡所得税）	単年	0	0	0	0	0	0	0	0	0	0
売却時・収支・税引後利益	単年	-2454	-2213	-1965	-1710	-1447	-1177	-900	-616	-323	-23
売却時・参考・所有時CF確保ボトムライン	単年	10344	10029	9708	9380	9046	8706	8358	8004	7643	7274
売却時・参考・売却価格－ボトムライン	単年	-2954	-2713	-2465	-2210	-1947	-1677	-1400	-1116	-824	-523
総合計・収支・税引前収支合計	単年	-2290	-2057	-1818	-1569	-1314	-1052	-783	-506	-221	72
	積年	-2290	-1893	-1496	-1100	-705	-311	84	479	873	1269
総合計・収支・税引前収支合計－自己資金	単年	-2790	-2557	-2318	-2069	-1814	-1552	-1283	-1006	-721	-428
	積年	-2790	-2393	-1996	-1600	-1205	-811	-416	-21	373	769
総合計・収支・税額合計	単年	50	50	50	49	49	49	49	49	49	49
	積年	50	101	150	200	249	298	347	396	444	493
総合計・収支・税引後収支合計	単年	-2340	-2107	-1868	-1618	-1364	-1101	-832	-554	-270	23
	積年	-2340	-1993	-1646	-1300	-954	-609	-263	83	429	776
総合計・収支・税引後収支合計－自己資金	単年	-2840	-2607	-2368	-2119	-1864	-1601	-1332	-1054	-770	-477
	積年	-2840	-2493	-2146	-1800	-1454	-1108	-763	-417	-71	276

分類・項目		11	12	13	14	15	16	17	18	19	20
所有時・収入・家賃収入 満室時（参考）	単年	802	794	786	778	770	763	756	748	740	733
	積年	9281	10075	10861	11640	12410	13173	13928	14675	15415	16148
所有時・収入・家賃収入 稼働率反映時	単年	722	715	707	700	693	686	680	673	666	659
	積年	8353	9068	9775	10476	11169	11855	12535	13208	13874	14533
所有時・収入・その他収入（自販機、駐車場等）	単年	0	0	0	0	0	0	0	0	0	0
	積年	0	0	0	0	0	0	0	0	0	0
所有時・収入・収入合計	単年	722	715	707	700	693	686	680	673	666	659
	積年	8353	9068	9775	10476	11169	11855	12535	13208	13874	14533
所有時・支出・経費	単年	133	133	133	133	133	133	133	133	133	133
	積年	1463	1596	1729	1862	1995	2128	2261	2394	2527	2660
所有時・支出・金利返済	単年	129	121	114	106	98	90	82	73	65	56
	積年	1795	1916	2030	2136	2234	2324	2406	2479	2544	2600
所有時・支出・元本返済	単年	372	380	387	395	403	411	419	428	436	445
	積年	3716	4096	4482	4877	5280	5691	6110	6538	6974	7419
所有時・支出・支出合計	単年	634	634	634	634	634	634	634	634	634	634
	積年	6974	7607	8241	8875	9509	10143	10777	11411	12045	12679
所有時・収支・税引前キャッシュフロー	単年	88	81	73	66	59	52	46	39	32	25
	積年	1380	1460	1534	1600	1660	1712	1758	1797	1829	1854
所有時・収支・減価償却費	単年	217	217	217	217	217	217	217	217	217	217
	積年	2390	2607	2825	3042	3259	3476	3694	3911	4128	4345
所有時・収支・課税所得	単年	243	243	243	244	245	246	247	249	251	253
	積年	2705	2948	3192	3436	3681	3927	4175	4424	4675	4927
所有時・収支・税額（所得・住民・法人）	単年	49	49	49	49	49	49	49	50	50	51
	積年	541	590	638	687	736	785	835	885	935	985
所有時・収支・税引後キャッシュフロー	単年	39	32	25	18	10	3	-4	-11	-18	-25
	積年	839	871	896	913	924	927	923	912	894	869
所有時・収支・自己資金利回り（ROI）	単年	7.9%	6.4%	5.0%	3.5%	2.1%	0.6%	-0.8%	-2.2%	-3.6%	-5.0%
所有時・収支・返済比率 満室時	単年	62.5%	63.1%	63.7%	64.4%	65.0%	65.7%	66.3%	67.0%	67.7%	68.4%
所有時・収支・返済比率 稼働率反映時	単年	69.4%	70.1%	70.8%	71.6%	72.2%	73.0%	73.7%	74.5%	75.2%	76.0%
所有時・資産・簿価 建物	単年	2390	2173	1955	1738	1521	1304	1086	869	652	435
所有時・資産・簿価 土地	単年	5000	5000	5000	5000	5000	5000	5000	5000	5000	5000
所有時・資産・簿価 土地建物合計	単年	7390	7173	6955	6738	6521	6304	6086	5869	5652	5435
所有時・資産・積算 建物	単年	1499	1363	1227	1090	954	818	682	545	409	273
所有時・資産・積算 土地	単年	4610	4610	4610	4610	4610	4610	4610	4610	4610	4610
所有時・資産・積算 土地建物合計	単年	6109	5973	5836	5700	5564	5428	5291	5155	5019	4882
所有時・負債・残債	単年	6064	5685	5298	4903	4500	4089	3670	3242	2806	2361
所有時・負債・残債比率（対積算価格）	単年	99.3%	95.2%	90.8%	86.0%	80.9%	75.3%	69.4%	62.9%	55.9%	48.4%
所有時・負債・残債比率（対売却価格）	単年	90.7%	85.9%	80.9%	75.6%	70.1%	64.3%	58.3%	52.0%	45.5%	38.7%
所有時・負債・残債利回り	単年	14.6%	15.6%	16.7%	18.1%	19.7%	21.7%	24.2%	27.4%	31.6%	37.8%
売却時・収入・売却価格（想定利回換算）	単年	6683	6617	6550	6485	6420	6356	6292	6229	6167	6105
売却時・収入・収入合計	単年	6683	6617	6550	6485	6420	6356	6292	6229	6167	6105
売却時・支出・諸費用	単年	334	331	328	324	321	318	315	311	308	305
売却時・支出・残債返済	単年	6064	5685	5298	4903	4500	4089	3670	3242	2806	2361
売却時・支出・支出合計	単年	6399	6016	5625	5227	4821	4407	3984	3554	3114	2666
売却時・収支・税引前利益	単年	285	601	925	1258	1599	1949	2308	2676	3053	3439
売却時・収支・税額（譲渡所得税）	単年	0	0	0	0	0	0	0	10	41	73
売却時・収支・税引後利益	単年	285	601	925	1258	1599	1949	2308	2666	3011	3366
売却時・参考・所有時CF確保ボトムライン	単年	6899	6516	6125	5727	5321	4907	4484	4063	3656	3240
売却時・参考・売却価格－ボトムライン	単年	-215	101	425	758	1099	1449	1808	2166	2511	2866
総合計・収支・税引前収支合計	単年	373	682	999	1324	1659	2002	2354	2715	3085	3464
	積年	1665	2061	2459	2858	3259	3661	4066	4472	4881	5293
総合計・収支・税引前収支合計－自己資金	単年	-127	182	499	824	1159	1502	1854	2215	2585	2964
	積年	1165	1561	1959	2358	2759	3161	3566	3972	4381	4793
総合計・収支・税額合計	単年	49	49	49	49	49	49	49	60	92	124
	積年	541	590	638	687	736	785	835	894	976	1059
総合計・収支・税引後収支合計	単年	324	633	950	1276	1610	1953	2304	2655	2993	3341
	積年	1123	1472	1821	2171	2523	2876	3231	3578	3905	4234
総合計・収支・税引後収支合計－自己資金	単年	-176	133	450	776	1110	1453	1804	2155	2493	2841
	積年	623	972	1321	1671	2023	2376	2731	3078	3405	3734

分類・項目		21	22	23	24	25	26	27	28	29	30
所有時・収入・家賃収入 満室時（参考）	単年	725	718	711	704	697	690	683	676	669	663
	積年	16873	17591	18302	19006	19703	20393	21076	21751	22421	23083
所有時・収入・家賃収入 稼働率反映時	単年	653	646	640	633	627	621	615	608	602	596
	積年	15186	15832	16472	17105	17733	18353	18968	19576	20179	20775
所有時・収入・その他収入（自販機、駐車場等）	単年	0	0	0	0	0	0	0	0	0	0
	積年	0	0	0	0	0	0	0	0	0	0
所有時・収入・収入合計	単年	653	646	640	633	627	621	615	608	602	596
	積年	15186	15832	16472	17105	17733	18353	18968	19576	20179	20775
所有時・支出・経費	単年	133	133	133	133	133	133	133	133	133	133
	積年	2793	2926	3059	3192	3325	3459	3592	3725	3858	3991
所有時・支出・金利返済	単年	47	38	29	19	10	0	0	0	0	0
	積年	2647	2685	2714	2734	2743	2743	2743	2743	2743	2743
所有時・支出・元本返済	単年	454	463	472	481	491	0	0	0	0	0
	積年	7873	8335	8807	9289	9780	9780	9780	9780	9780	9780
所有時・支出・支出合計	単年	634	634	634	634	634	133	133	133	133	133
	積年	13313	13947	14581	15215	15849	15982	16115	16248	16381	16514
所有時・収支・税引前キャッシュフロー	単年	19	12	6	-1	-7	488	482	475	469	463
	積年	1873	1886	1891	1891	1884	2371	2853	3328	3798	4261
所有時・収支・減価償却費	単年	217	217	0	0	0	0	0	0	0	0
	積年	4563	4780	4780	4780	4780	4780	4780	4780	4780	4780
所有時・収支・課税所得	単年	255	258	476	481	484	488	482	475	469	463
	積年	5183	5441	5918	6399	6884	7371	7853	8328	8798	9261
所有時・収支・税額（所得・住民・法人）	単年	51	52	96	96	97	98	98	95	94	93
	積年	1037	1088	1184	1280	1377	1474	1571	1666	1760	1852
所有時・収支・税引後キャッシュフロー	単年	-32	-39	-93	-97	-104	390	385	380	375	371
	積年	836	797	707	611	507	897	1282	1663	2038	2409
所有時・収支・自己資金利回り（ROI）	単年	-6.4%	-7.8%	-18.6%	-19.4%	-20.7%	78.0%	77.1%	76.1%	75.1%	74.1%
所有時・収支・返済比率 満室時	単年	69.1%	69.8%	70.5%	71.2%	71.9%	0.0%	0.0%	0.0%	0.0%	0.0%
所有時・収支・返済比率 稼働率反映時	単年	76.7%	77.6%	78.3%	79.1%	79.9%	0.0%	0.0%	0.0%	0.0%	0.0%
所有時・資産・簿価 建物	単年	217	0	0	0	0	0	0	0	0	0
所有時・資産・簿価 土地	単年	5000	5000	5000	5000	5000	5000	5000	5000	5000	5000
所有時・資産・簿価 土地建物合計	単年	5217	5000	5000	5000	5000	5000	5000	5000	5000	5000
所有時・資産・積算 建物	単年	136	0	0	0	0	0	0	0	0	0
所有時・資産・積算 土地	単年	4610	4610	4610	4610	4610	4610	4610	4610	4610	4610
所有時・資産・積算 土地建物合計	単年	4746	4610	4610	4610	4610	4610	4610	4610	4610	4610
所有時・負債・残債	単年	1907	1445	973	491	0	0	0	0	0	0
所有時・負債・残債比率（対積算価格）	単年	40.2%	31.3%	21.1%	10.7%	0.0%	0.0%	0.0%	0.0%	0.0%	0.0%
所有時・負債・残債比率（対売却価格）	単年	31.6%	24.1%	16.4%	8.4%	0.0%	0.0%	0.0%	0.0%	0.0%	0.0%
所有時・負債・残債利回り	単年	46.5%	61.4%	91.2%	180.6%	∞	∞	∞	∞	∞	∞
売却時・収入・売却価格（想定利回換算）	単年	6044	5984	5924	5865	5806	5748	5691	5634	5577	5522
売却時・収入・収入合計	単年	6044	5984	5924	5865	5806	5748	5691	5634	5577	5522
売却時・支出・諸費用	単年	302	299	296	293	290	287	285	282	279	276
売却時・支出・残債返済	単年	1907	1445	973	491	0	0	0	0	0	0
売却時・支出・支出合計	単年	2210	1744	1269	784	290	287	285	282	279	276
売却時・収支・税引前利益	単年	3835	4240	4655	5080	5516	5461	5406	5352	5299	5246
売却時・収支・税額（譲渡所得税）	単年	105	137	126	114	103	92	81	70	60	49
売却時・収支・税引後利益	単年	3730	4103	4530	4966	5413	5369	5325	5282	5239	5196
売却時・参考・所有時CF確保ボトムライン	単年	2815	2381	1894	1399	893	880	866	852	839	825
売却時・参考・売却価格－ボトムライン	単年	3230	3603	4030	4466	4913	4869	4825	4782	4739	4696
総合計・収支・税引前収支合計	単年	3854	4252	4661	5080	5509	5948	5888	5827	5768	5709
	積年	5706	6125	6546	6971	7399	7832	8259	8680	9096	9507
総合計・収支・税引前収支合計－自己資金	単年	3354	3752	4161	4580	5009	5448	5388	5327	5268	5209
	積年	5206	5625	6046	6471	6899	7332	7759	8180	8596	9007
総合計・収支・税額合計	単年	156	189	221	210	200	190	178	165	154	142
	積年	1142	1225	1309	1394	1480	1566	1652	1736	1819	1901
総合計・収支・税引後収支合計	単年	3697	4064	4440	4869	5309	5759	5710	5662	5614	5567
	積年	4566	4900	5237	5577	5920	6266	6607	6944	7277	7605
総合計・収支・税引後収支合計－自己資金	単年	3197	3564	3940	4369	4809	5259	5210	5162	5114	5067
	積年	4066	4400	4737	5077	5420	5766	6107	6444	6777	7106

分類・項目		31	32	33	34	35	36	37	38	39	40
所有時・収入・家賃収入 満室時（参考）	単年	656	649	643	636	630	624	618	611	605	599
	積年	23739	24389	25032	25668	26298	26922	27540	28151	28756	29356
所有時・収入・家賃収入 稼働率反映時	単年	590	584	579	573	567	561	556	550	545	539
	積年	21365	21950	22528	23101	23668	24230	24786	25336	25881	26420
所有時・収入・その他収入（自販機、駐車場等）	単年	0	0	0	0	0	0	0	0	0	0
	積年	0	0	0	0	0	0	0	0	0	0
所有時・収入・収入合計	単年	590	584	579	573	567	561	556	550	545	539
	積年	21365	21950	22528	23101	23668	24230	24786	25336	25881	26420
所有時・支出・経費	単年	133	133	133	133	133	133	133	133	133	133
	積年	4124	4257	4390	4523	4656	4789	4922	5055	5188	5321
所有時・支出・金利返済	単年	0	0	0	0	0	0	0	0	0	0
	積年	2743	2743	2743	2743	2743	2743	2743	2743	2743	2743
所有時・支出・元本返済	単年	0	0	0	0	0	0	0	0	0	0
	積年	9780	9780	9780	9780	9780	9780	9780	9780	9780	9780
所有時・支出・支出合計	単年	133	133	133	133	133	133	133	133	133	133
	積年	16647	16780	16913	17046	17179	17312	17445	17578	17711	17844
所有時・収支・税引前キャッシュフロー	単年	457	451	446	440	434	428	423	417	412	406
	積年	4718	5170	5616	6055	6489	6918	7341	7758	8170	8576
所有時・収支・減価償却費	単年	0	0	0	0	0	0	0	0	0	0
	積年	4780	4780	4780	4780	4780	4780	4780	4780	4780	4780
所有時・収支・課税所得	単年	457	451	446	440	434	428	423	417	412	406
	積年	9718	10170	10616	11055	11489	11918	12341	12758	13170	13576
所有時・収支・税額（所得・住民・法人）	単年	91	90	89	88	87	86	85	83	82	81
	積年	1944	2034	2123	2211	2298	2384	2468	2552	2634	2715
所有時・収支・税引後キャッシュフロー	単年	366	361	356	352	347	343	338	334	329	325
	積年	2775	3136	3492	3844	4191	4534	4872	5206	5536	5861
所有時・収支・自己資金利回り（ROI）	単年	73.2%	72.2%	71.3%	70.4%	69.5%	68.5%	67.6%	66.8%	65.9%	65.0%
所有時・収支・返済比率 満室時	単年	0.0%	0.0%	0.0%	0.0%	0.0%	0.0%	0.0%	0.0%	0.0%	0.0%
所有時・収支・返済比率 稼働率反映時	単年	0.0%	0.0%	0.0%	0.0%	0.0%	0.0%	0.0%	0.0%	0.0%	0.0%
所有時・資産・簿価 建物	単年	0	0	0	0	0	0	0	0	0	0
所有時・資産・簿価 土地	単年	5000	5000	5000	5000	5000	5000	5000	5000	5000	5000
所有時・資産・簿価 土地建物合計	単年	5000	5000	5000	5000	5000	5000	5000	5000	5000	5000
所有時・資産・積算 建物	単年	0	0	0	0	0	0	0	0	0	0
所有時・資産・積算 土地	単年	4610	4610	4610	4610	4610	4610	4610	4610	4610	4610
所有時・資産・積算 土地建物合計	単年	4610	4610	4610	4610	4610	4610	4610	4610	4610	4610
所有時・負債・残債	単年	0	0	0	0	0	0	0	0	0	0
所有時・負債・残債比率（対積算価格）	単年	0.0%	0.0%	0.0%	0.0%	0.0%	0.0%	0.0%	0.0%	0.0%	0.0%
所有時・負債・残債比率（対売却価格）	単年	0.0%	0.0%	0.0%	0.0%	0.0%	0.0%	0.0%	0.0%	0.0%	0.0%
所有時・負債・残債利回り	単年	∞	∞	∞	∞	∞	∞	∞	∞	∞	∞
売却時・収入・売却価格（想定利回換算）	単年	5466	5412	5358	5304	5251	5198	5146	5095	5044	4994
売却時・収入・収入合計	単年	5466	5412	5358	5304	5251	5198	5146	5095	5044	4994
売却時・支出・諸費用	単年	273	271	268	265	263	260	257	255	252	250
売却時・支出・残債返済	単年	0	0	0	0	0	0	0	0	0	0
売却時・支出・支出合計	単年	273	271	268	265	263	260	257	255	252	250
売却時・収支・税引前利益	単年	5193	5141	5090	5039	4988	4939	4889	4840	4792	4744
売却時・収支・税額（譲渡所得税）	単年	39	28	18	8	0	0	0	0	0	0
売却時・収支・税引後利益	単年	5154	5113	5072	5031	4988	4939	4889	4840	4792	4744
売却時・参考・所有時CF確保ボトムライン	単年	812	799	786	773	763	760	757	756	752	750
売却時・参考・売却価格－ボトムライン	単年	4654	4613	4572	4531	4488	4439	4389	4340	4292	4244
総合計・収支・税引前収支合計	単年	5650	5593	5535	5479	5423	5367	5312	5258	5204	5150
	積年	9911	10311	10706	11094	11478	11856	12230	12598	12961	13320
総合計・収支・税引前収支合計－自己資金	単年	5150	5093	5035	4979	4923	4867	4812	4758	4704	4650
	積年	9411	9811	10206	10594	10978	11356	11730	12098	12461	12820
総合計・収支・税額合計	単年	130	119	107	96	87	86	85	83	82	81
	積年	1982	2062	2141	2219	2298	2384	2468	2552	2634	2715
総合計・収支・税引後収支合計	単年	5520	5474	5428	5383	5336	5281	5227	5174	5121	5069
	積年	7929	8249	8564	8875	9180	9473	9762	10047	10328	10605
総合計・収支・税引後収支合計－自己資金	単年	5020	4974	4928	4883	4836	4781	4727	4674	4621	4569
	積年	7429	7749	8064	8375	8680	8973	9262	9547	9828	10105

（単位：万円）

所有している間の収支やキャッシュ・フローはもちろん、売却した場合の収支も確認します。その上で「出口戦略」を立てるといいでしょう。

「出口戦略」とは、物件を売却や建て替えなどを通し、どう最終的な利益を作るかの戦略を言います。

収益物件の場合、基本的には持ち続けてキャッシュ・フローを作るのが一般的ですが、資産の組み換えも踏まえた売却も視野に入れて投資を行います。

3 分別管理

入居者から頂く賃料は別口座に

(1)分別管理の必要性〜分別管理するのはなぜ？

賃貸住宅管理業者は、賃貸住宅管理業法により、管理受託契約に基づく管理業務において受領する家賃、敷金、共益費その他の金銭を、整然と管理する方法として国土交通省令で定める方法で、**自己の固有財産及び他の管理受託契約に基づく管理業務において受領する家賃、敷金、共益費その他の金銭と分別して管理する義務**を負っています。

▶ 管理業者が、その資金繰りのために家賃等を流用し、オーナーに支払うべき金銭が支払われないといったトラブルをなくすためです。

(2)分別管理の方法〜口座と帳簿を分けるの？

管理受託契約に基づく管理業務において受領する家賃、敷金、共益費その他の金銭を管理するための口座を自己の固有財産を管理するための口座と明確に区分し、かつ、当該金銭がいずれの管理受託契約に基づく管理業務に係るものであるかが自己の帳簿(その作成に代えて電磁的記録の作成がされている場合における当該電磁的記録を含む。)により直ちに判別できる状態で管理する必要があります。

また、管理受託契約毎に金銭の出入を区別した帳簿を作成する等により勘定上も分別管理する必要があります。

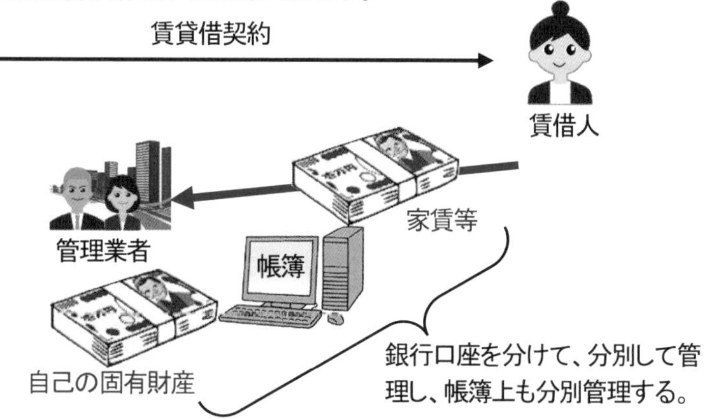

(3)管理業者の会計処理

管理業者は分別管理のために、会計上も「受領した金銭がいずれの管理受託契約に基づく管理業務に係るものであるかが帳簿や会計ソフト上で、直ちに判別できる状態で管理する」ことが要件となります。

▶ 現金預金や管理手数料収入、修繕費などの勘定科目に、物件名や顧客名を入れた補助科目を付して仕分けを行います。

(4)賃料収入の経理上の処理

賃料は、税務上、次の基準で収入として計上しなければなりません。仮に入金がなくてもその時期が来たら収入として計上します。契約の解除や貸倒れが確定するまでは、入金がなくても収入として取り扱い、未収賃料として貸借対照表に計上します。

①通常の地代・賃料等	基準
▶ 契約や慣習などにより支払日が定められている場合	その定められた日
▶ 請求があったときに支払うべきと定められている場合	請求をした日
▶ 支払日が定められていない場合	実際に支払いを受けた日
②権利金・礼金	資産の引渡しのあった日または契約の効力発生の日
③更新料	契約の効力発生の日
④敷金・保証金のうち賃借人に返還しない部分	本来敷金・保証金は不動産の明渡しの時に返還されるものですが、名目が敷金・保証金となっていても**返還しないことが確定しているもの**についてはその確定したつど**収入金額**に計上します。

第2章　投資理論

(1)レバレッジ効果

レバレッジ効果とは「テコの原理」のことをいいます。小さな力で大きな効果をもたらすという意味で、不動産投資では、自己資金と借入金を併用することで、見た目の利回り以上の収益を得ることができるという考え方となります。

例えば、500 万円の自己資金があり、その 500 万円で、年間 40 万円の家賃収益が見込める投資用不動産を購入したとすると、利回りは 8%となります。それに対して、500 万円を頭金として、年間 200 万円の家賃収益が見込める 2,500 万円の物件(借入れ 2,000 万円)を購入した場合、「見た目の利回り」は同じく 8%ですが、収益は 5 倍に跳ね上がります。もちろん、借入金利が発生するので、その分も考慮しなければなりません。利息が 3%の場合は、年間の利息額は 60 万円となりますので、年間の実質収益は(200 万円－60 万円＝)140 万円(利回り:28.0%、500 万円の自己資金で年間 140 万円の収益を得たという意味)となります。

なお、次の条件を満たす場合に、レバレッジ効果が得られます。

不動産の投資利回り(8%) ＞ 借入金の金利(3%)

ただし、注意が必要です。例えば、上記と同じ条件(500 万円の自己資金で、2,000 万円を借入れる)で投資用不動産を購入した場合で、借入金利が変動し 8.5%まで上昇したとすると、年間の利払い金額は約 170 万円となり、実質収益は(200 万円－170 万円＝)30 万円となります。ということは借入れをせず自己資金のみで運用し、年間 40 万円の収益を得ていたほうが、効率が良かったということになります。これを逆レバレッジといいます。

不動産投資販売員としては、どの程度のレバレッジ効果が期待できるのかを計算し、借入れ金額とローンの種類、金利の動向に注意を払い適切なアドバイスをする必要があります。

(2)ポートフォリオマネジメント

主に投資・資産運用の世界で使われる言葉であるポートフォリオマネジメントとは、金融商品を組み合わせて、最適な資産の分配を考えることをいいます。「ポートフォリオ」とは資産構成を指します。つまり、リスクの少ない資産と、リスクの高い資産をどのような割合で組み合わせ、特定の資産に集中して投資するのではなく、分散させて投資することによりリスクを低減させるわけです(分散投資)。

なお、リスクとは期待収益率に対する、様々な条件の下で発生する収益率の「ばらつき」の大きさをいいます。

なお、リスクマネジメントで代表的な例は、複数の物件を購入する際に以下の項目が違う物件を組み合わせることです。

・投資対象(居住用か事業用か)
・物件規模(区分所有か一棟ものか)
・物件エリア(特定地域のみではなく複数エリアで購入する)
・物件タイプ(ワンルームなどの単身者向けの部屋か、ファミリー向けの部屋か)
・融資利用の有無(借入金や抵当権のついていない現金購入または融資利用)
・建物の躯体(木造、鉄骨造、鉄筋コンクリート造 等)

(3)不動産投資におけるリスク

不動産投資におけるリスクには異なるいくつかの種類があります。それらリスクは、不動産の投資家に影響を及ぼすことがあります。特定の不動産投資に影響を及ぼすことがあるリスクの原因を知ることは、リスク分析の第一歩です。

不動産投資における主なリスクを以下に挙げます。

リスクを源泉別に分類すると、純粋リスクと投機的リスクの２つがあります。純粋リスクとは経済・社会・政治的環境が完全に予測できたとしても避けることのできない自然災害、人的過失による災害などのリスクをいいます。それに対して、投機的リスクとは経済・社会・政治的環境を完全に予測できないことに基づくリスクをいいます。

①不動産市場リスク

不動産市場の変化が賃料相場、空室率、純収益(NOI)に影響を及ぼすというリスクをいいます。このリスクは、不動産の用途(事務所、店舗、住宅など)や不動産の立地条件によって異なることがあります。

②金融リスク

金融リスクは、投資資金の借り入れの程度によります。投資用不動産を購入した投資家は、レバレッジによる収益率の増加を期待します。しかし、前記のとおり、予測外の市況変化のため、レバレッジにより収益率が減少するリスクがあります。また、融資額が多額になると債務不履行のリスクも高まります。

③流動性リスク

投資額を適切な期間で、市場価値に近い価格で換金することができるかどうかということに関連するリスクをいいます。不動産は、流動性リスクの度合いが比較的高いと言われます。不動産は株式や債券とは異なり、公開された市場で取引されないからです。

④インフレーション・リスク

予測外のインフレーションによって、将来の賃貸収入と復帰価値が相対的に減じられるというリスクをいいます。例えば、インフレーションによって、人件費を含む建築費用が増加した場合、結果的に利回りの低下など収益見込みに大きく影響を及ぼすことになります。また、インフレーションが予測より大きくなった場合、賃料の相場が上昇する一方で、家賃を上げる交渉は困難であるのが現実です。

⑤環境リスク

不動産の価値が環境要因により影響を受けるというリスクをいいます。環境要因は、不動産を開発・賃貸することを予定する不動産所有者に影響を及ぼします。例としては、近年における脱炭素化などがあげられます。

⑥マネジメント・リスク

不動産投資で収益を得るには、不動産の管理が必要です。その管理の良し悪しが、不動産収入に影響を及ぼすことがあるため、換言すればマネジメント・リスクが存在するといえます。一般の不動産よりも、さらに専門化した管理を必要とするものとしてコンベンション・ホテルや広域型ショッピング・モールなどがあります。これらの不動産には、より大きなマネジメント・リスクがあります。

(4)純粋リスクマネジメント

①リスクコントロール

純粋リスクに対するマネジメントには、リスクコントロール(制御、回避、移転)と保険があります。

制御	自然災害や人的過失による災害が発生しても損失が発生しないようにする、あるいは損失が発生してもそれを小さく抑えることをいいます。たとえば、火災報知器やスプリンクラー、消火器の設置等を行うことです。
回避	自然災害の発生を避ける、あるいは人的過失による災害を避けるようにすることをいいます。たとえば、災害が起きそうな場所での建設を避ける等です。
移転	リスクを他の主体に移転することをいいます。たとえば、自然災害のリスク、人的過失によるリスクが大きい事業について、下請け等他の業者に外注する等です。 なお、保険も広義では移転の1つといえますが、リスクファイナンシングの1つですので別途説明します。

それはなぜ？

将来起こるかもしれない危険に対し、予測される事故発生の確率に見合った一定の保険料を加入者が公平に負担し、万一の事故に対して備える相互扶助の精神から生まれた助け合いの制度であり、賃貸不動産の経営における危険を軽減・分散するための重要な方策のひとつです。

②保険

保険は、リスクをもつ被保険者から保険会社へのリスクの移転です。保険会社はリスクをもつことになりますが、多くの保険を引き受けることで、多くのリスクが保険会社にプーリングされるので、別のリスクに変化します。

保険について理解をし、関係者にアドバイスをすることができるようにしておくことは、賃貸管理に係る支援業務の1つです。保険会社の商品によって特性が異なり、いかなる危険に対して、どの範囲で補填がなされるのかが全く異なっています。

保険商品は、保険法上3つに分類されています。第一分野は生命保険、第二分野は損害保険、第三分野はこれらの分野の中間に位置し、人のケガや病気などに備える保険です。賃貸不動産経営においては第2分野の損害保険が重要です。

第一分野

生命保険で、人の生存または死亡について一定の約定のもとで保険金を支払うもの

▶ 終身保険、定期保険、養老保険など

第二分野

損害保険で、偶然の事故により生じた損害に対して保険料※を支払うものをいいます(例:火災保険、賠償責任保険、自動車保険など)。

▶ **賃貸不動産の経営に有用**

▶ 火災保険は、保険の中で、賃貸不動産管理の経営に特に関係の深い保険のひとつです。

近隣からの類焼による被害を受けても、失火者に重大な過失がある場合を除き、失火者には損害賠償責任を問えないため(失火責任法)、類焼被害に対しては被害者自らが火災保険に加入して備えておく必要があります。

▶ **地震保険は、火災保険の金額の 1/2 を保険金額の上限とする保険であり、加入については任意です。**

たとえば、建物の火災保険の保険金額が 3,000 万円の場合、地震保険金額の限度額は 3,000 万円×50%=1,500 万円となります。ただし、火災保険の保険金額が 1 億 1,000 万円の場合の地震保険の限度額は 1 億 1,000 万円×50%=5,500 万円とはならず、5,000 万円になります。

▶ また、住宅の火災保険に付帯して加入する保険なので、**単独での加入はできません。**住宅火災保険・住宅総合保険は、火災・落雷・風災・ひょう災等による住宅や家財の損害の全部又は一部を補償の対象とするものです。

第三分野

第一分野と第二分野の中間に位置し、人のケガや病気などに備える保険

▶ 傷害保険、医療保険、がん保険

▶ 損害保険会社、生命保険会社のいずれにおいても取り扱っています。

※ 保険料は、保険会社が引き受けるリスクの度合いに比例するものでなければなりませんが、木造建物であっても構造、地域等により火災危険度が異なるため、保険料率も異なります。

1. 地震による災害を補償する保険は？

地震保険です。これはその名の通り地震による損害を補償する保険です。地震そのものによる損害だけでなく、噴火による損害、それらに伴う津波による損害(火災・損壊・埋没・流失等)も含めて幅広く補償します。地震保険は損害保険の中でも特殊な位置付けであり、その仕組みが把握しづらく、よく分からないまま加入している人が多いと言われています。

なお、現在、地震保険の全国平均加入率は60%台です。

2. 地震保険には3つの特徴がある？

第一に、火災保険(家財保険)とセットでないと加入できないことです。基本的に地震保険は、火災保険や家財保険に付帯する形での契約になります。つまり単体で加入することができません。

第二に、公共性が高い半公的保険であることです。地震保険は政府と保険会社が共同運営している公共性の高い保険です。

第三に、どの保険会社でも保険料と補償内容が同じことです。

3. 店舗は地震保険の対象外？

地震保険の補償対象は「居住用に供する建物及び家財(生活用動産)」です。つまり、居住用としての家と家財道具です。したがって、店舗や事務所、工場といった居住用でない建物は地震保険の対象外となります。

4. 火災保険と家財保険の補償内容は？

火災保険と家財保険の補償内容は、①火災・落雷・破裂・爆発、②風災・雹災・雪災、③水災、④漏水などによる水漏れ、⑤建物外部からの物体の落下・飛来・衝突、⑥騒擾、⑦盗難、⑧汚破損・不測かつ突発的な事故の８つとなります。

建物のための火災保険と家財道具のための家財保険をセットで契約する場合も、別々で契約する場合も補償される内容は基本的に同じです。

5. 落雷で電化製品が壊れたら？

最近は落雷被害による保険金請求が増えています。落雷によって、給湯機やインターフォンの基盤が破損するといった建物設備の被害だけでなく、テレビ・パソコンがショートしてしまうといった家財道具の被害も毎年増加しています。これらの落雷被害もすべて補償対象となります。

6. 台風で床上浸水したら？

大雨や河川の氾濫により、水災被害に遭った場合も補償対象です。水災は火災による全焼に次いで修復費用が高額になる事故です。建物評価額の 30%以上の損害が発生した場合、または床上浸水もしくは地盤面より45cm を超える浸水を被った場合に対象となります。

なお、土砂災害もこの水災に該当します。ちなみに、台風で看板等が飛んできて外壁が傷付いた場合等は、水災ではなく風災に当たります。

7. 給排水管の水漏れも補償対象？

給排水設備の破損・詰まりによって水漏れした場合の天井や壁紙、床などの濡れ損害や汚れ・破れ損害を補償します。

8. 空き巣による窓の損壊は？

泥棒が侵入した際に窓ガラスを割られたり、鍵穴を壊されたりして、建物に盗取・損傷・汚損の被害が生じた場合にも補償されます。金属部材転売目的によるクーラー室外機盗難や給水栓バルブ・蛇口盗難といった損害も補償の対象となります。

なお、近所で暴動や過激なデモがあり、家が破壊された場合にも補償されます。

第３章　不動産の鑑定評価

(1)不動産の鑑定評価

不動産は野菜や魚と違って同じものがありません。そこで、市場によって需要と供給のバランスから値段を決めることが不可能なので、いろいろな技術を駆使して適正な価格や賃料を求めていくしかありません。

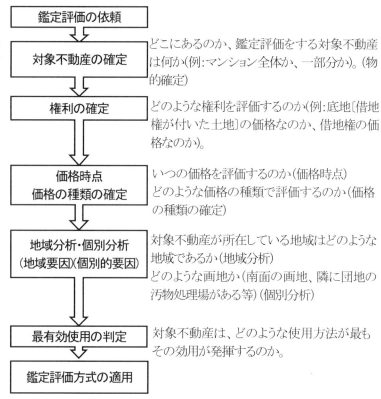

不動産の鑑定評価とは、不動産(土地や建物)を値踏みし、その**不動産の適正な価格や賃料をはじき出す**ことです。このようなことを職業としている人に、不動産鑑定士がいます。

この鑑定評価を行うときに基準とされるものが、不動産鑑定評価基準です。

(2)不動産鑑定評価の流れ

鑑定評価の依頼	
↓	
対象不動産の確定	どこにあるのか、鑑定評価をする対象不動産は何か(例:マンション全体か、一部分か)。(物的確定)
↓	
権利の確定	どのような権利を評価するのか(例:底地〔借地権が付いた土地〕の価格なのか、借地権の価格なのか)。
↓	
価格時点 価格の種類の確定	いつの価格を評価するのか(価格時点) どのような価格の種類で評価するのか(価格の種類の確定)
↓	
地域分析・個別分析 (地域要因)(個別的要因)	対象不動産が所在している地域はどのような地域であるか(地域分析) どのような画地か(南面の画地、隣に団地の汚物処理場がある等)(個別分析)
↓	
最有効使用の判定	対象不動産は、どのような使用方法が最もその効用が発揮するのか。
↓	
鑑定評価方式の適用	

(3)価格を形成する要因

価格形成要因とは、不動産の効用および相対的稀少性ならびに不動産に対する有効需要の三者に影響を与える要因をいい、次の 3 つがあります。

①一般的要因

一般経済社会における不動産のあり方およびその価格水準に与える要因をいいます。人口や物価などです。

②地域要因

一般的要因の相関結合によって規模、構成の内容、機能等にわたる各地域の特性を形成し、その地域に属する不動産の価格の形成に全般的な影響を与える要因をいいます。駅や学校までの距離などです。

③個別的要因

不動産に個別性を生じさせ、その価格を個別的に形成する要因をいいます。土地の間口や奥行きなどです。

(4)求める価格

不動産鑑定評価基準では、以下の４つの価格を定義しています。

①正常価格

市場性を有する不動産について、**現実の社会経済情勢の下**で合理的と考えられる条件を満たす市場で形成されるであろう市場価値を表示する適正な価格をいいます。

②限定価格

市場性を有する不動産について、不動産と取得する他の不動産との同一の市場概念の下において形成されるであろう**市場価値と乖離**することにより、市場が**相対的に限定**される場合における取得部分の当該市場限定に基づく市場価値を適正に表示する価格をいいます。

土地を借りている人が、地主からその土地を購入する場合など

③特定価格

市場性を有する不動産について、法令等による社会的要請を背景とする鑑定評価目的の下で、正常価格の前提となる諸条件を満たさないことにより**正常価格と同一の市場概念の下において形成されるであろう市場価値と乖離する**こととなる場合における不動産の経済価値を適正に表示する価格をいいます。

倒産しかかった会社が、裁判所の力を借りて再生する場合に、会社所有の不動産を売って債務の返済にあてる場合など

④特殊価格

文化財等の一般的に**市場性を有しない**不動産について、その利用現状等を前提として不動産の経済価値を適正に表示する価格をいいます。

金閣寺の価格を鑑定する場合など

(5)鑑定評価の方式～どうやって鑑定評価するの？

不動産の価格を求める鑑定評価の基本的な手法は、原価法、取引事例比較法、収益還元法の 3 つに分けられます。

①原価法

価格時点における対象不動産の**再調達原価**を求め、この再調達原価について減価修正を行って、対象不動産の試算価格を求める手法です。この手法による試算価格を積算価格といいます。
対象不動産が土地のみである場合においても、再調達原価を適切に求めることができるときは**この手法を適用することができます**。

用語

再調達原価…対象不動産の価格時点において再調達することを想定した場合に必要とされる適正な原価の総額をいいます。

②取引事例比較法

まず**多数の取引事例を収集**して適切な事例の選択を行い、これらに係る取引価格に必要に応じて**事情補正**および**時点修正**を行い、かつ**地域要因**の比較および**個別的要因**の比較を行って求められた価格を比較考量し、これによって対象不動産の試算価値を求める手法です。この手法による試算価格を比準価格といいます。

用語

事情補正…取引事例等に係る取引等が特殊な事情を含み、価格に影響を及ぼしているときに、これを補正することをいいます。

時点修正…取引事例等に係る取引の時点が不動産の鑑定評価を行う時点と異なり、その間に価格水準に変動があると認められる場合に、当該取引事例等の価格を、鑑定評価を行う時点の価格に修正することをいいます。

付け足し　取引事例の収集

取引事例は、取引事情が正常なものと認められるものであること、または、正常なものに補正することができるものであることであればよいので、**特殊な事情の事例であっても事情補正することができれば**、取引事例に選択することができます。ただし、**投機的取引の事例のように適正さを欠くものであってはなりません**。
また、原則として、近隣地域または同一需給圏内の類似地域における不動産に係るもののうちから選択します。

③収益還元法

対象不動産が将来生み出すであろうと期待される**純収益の現在価値の総和**を求めることにより、対象不動産の試算価格を求める手法です。この手法による試算価値を収益価格といいます。
この手法は、**賃貸用不動産、事業用不動産の価格を求める場合に特に有効**です。**自用の不動産といえども、賃貸を想定することにより適用**されます。
また、市場における不動産の取引価格の上昇が著しいときは、取引価格と収益価格との乖離が増大するものであるので、**先走りがちな取引価格に対する有力な験証手段として、この手法が活用されるべき**です。

1.直接還元法

一期間の純収益を還元利回りによって還元する方法です。
直接還元法の適用に当たって、対象不動産の純収益を近隣地域もしくは同一需給圏内の類似地域等に存する対象不動産と類似の不動産または同一需給圏内の代替競争不動産の純収益によって間接的に求める場合には、それぞれの地域要因の比較及び個別的要因の比較を行い、その純収益について適切に補正することが必要です。

純収益…収益から経費などを差し引いた実質的な利益のこと
還元利回り…一期間の純収益から対象不動産の価格を直接求める際に使用する率であり、将来の収益に影響を与える要因の変動予測とその不確定性を含むものです。

不動産価格(収益価格)＝ 1年間の純収益 ÷ 還元利回り

たとえば、1年間の収益が100万円、1年間の経費が20万円、還元利回りが5%と査定される不動産の現在価格を計算してみましょう。
まず、一年間の純収益を求めます。

100万円 － 20万円 ＝ 80万円

これらの数字を前記計算式に当てはめます。

不動産価格 ＝ 80万円 ÷ 0.05 ＝ 1,600万円

となります。

2. DCF法(ディスカウントキャッシュフロー法)

連続する複数の期間に発生する純収益及び復帰価格を、その発生時期に応じて現在価値に割り引き、それぞれを合計する方法です。
DCF法の適用に当たっては、毎期の純収益及び復帰価格並びにその発生時期が明示されることから、純収益の見通しについて十分な調査を行うことが必要です。
たとえば、1年間の収益が100万円、5年後の売却額が1,000万円、割引率3%と査定される不動産の現在価格を計算してみましょう。

復帰価格…保有期間の満了時点において売却した場合の対象不動産の正味価格をいいます。

① 1年目の収益は現在の価値に割り引くと

100万円 ÷ $(1+0.03)$ ≒ 97万円

＊ 現在価値97万円を利回り3%で投資すると1年後には約100万円になるということ

② 2年目の収益は現在の価値に割り引くと

100万円 ÷ $(1+0.03)^2$ ≒ 94万円

＊ 同様に3年目は約91万円、4年目は約89万円、5年目は約86万円

③ 5年後の売却額の1,000万円を現在価値に割り引くと約860万円となります。

よって、この不動産の価格は

97 万円 ＋ 94 万円 ＋ 91 万円 ＋ 89 万円 ＋ 86 万円 ＋ 860 万円

≒ 1,320 万円

となります。

割引率を考えずに計算すると 1,500 万円なので、10%以上の差が生じることになります。

(6)地価公示・相続税路線価・固定資産課税台帳

なお、地価公示価格を100 とした場合、相続税路線価はその 80%、固定資産税評価は 70%となるのが相場です。

不動産の価格について、実務的には、①公示価格(公示地価)、②基準値の価格(基準価格)、③路線価(相続税路線価)、④固定資産税評価額という 4 つを活用することが多いです。

①公示価格(公示地価)

一般の土地の取引価格に対する指標の提供、公共用地の取得価格の算定規準、収用委員会による補償金額の算定などのため、地価公示法によって地価について調査決定し、公共される価格をいいます。

▶ 土地鑑定委員会が決定します。

▶ 毎年 1 月 1 日時点の価格を 3 月に公表しています。

②基準値の価格(基準価格)

都道府県が地価調査を行い、これを公表する制度(都道府県地価調査)によって調査された価格です。国土利用計画法による土地取引規制に際しての価格審査などのために用いられます。

▶ 都道府県が決定します。

▶ 毎年 7 月 1 日時点の価格が 9 月に公表されます。

③路線価(相続税路線価)

相続税・贈与税(相続税等)の課税における宅地の評価を行うために設定される価格です。相続税等の課税価格の算定に係る土地の価額は、「取得の時における時価による」(相続税法 22 条)とされ、時価の評価の原則と各種財産の具体的な評価方法は、財産評価基本通達に定められています。

▶ 国税庁(国税局長)が決定します。

▶ 毎年 1 月 1 日時点の価格が 7 月に公表されます。

④固定資産税評価額

固定資産(地方税法 341 条 1 号)に課される固定資産税を課税するためになされる評価による評価額です。固定資産の価格は、適正な時価で、地価公示法 341 条 1 号・5 号に基づいて金額が決められます。

▶ 市町村長が決定します。

▶ 基準年度の初日の属する年の前年の 1 月 1 日の時点における評価額で、3 年ごとに評価替えが行われます。

第４章
不動産にかかる税金

1　不動産にかかる税金と用語

不動産にかかる税金いろいろ

(1)税目～不動産取引にはいろいろな税金が課せられるの？

不動産投資には多くの税金が課せられます。購入時は、不動産取得税、印紙税、登録免許税、消費税が課せられます。運用時(賃貸経営時)は、固定資産税、都市計画税、所得税(不動産所得)、住民税、個人事業税が課せられます。売却時は、譲渡所得税、住民税、復興特別所得税、印紙税、登録免許税が課せられます。

①購入時の税金

不動産取得税	不動産の**取得**に対して課せられる税金です。購入する場合、贈与を受ける場合、交換する場合、さらには改築する場合に課せられます。
印紙税	不動産取引に伴う**文書**(契約書など)に課せられる税金です。契約書、領収書等に印紙を貼って消印する方法で納税します。
登録免許税	不動産の**登記**の際に納める税金です。不動産の売買の場合、登記権利者(買主)と登記義務者(売主)が連帯して納付します。
消費税	消費税は、商品・製品の販売やサービスの提供などの取引に対して広く公平に課税される税です。消費者が負担し事業者が納付します。なお、土地に消費税は課せられません。

②運用時の税金

固定資産税	不動産を**保有**していることに対して課せられる税金です。1 月 1 日現在、所有者として固定資産課税台帳に登録されている方に課せられます。
都市計画税	都市計画事業や土地区画整理事業を行う市町村が、都市計画区域内にある土地や家屋に対して、その事業に必要となる費用に充てるために課する税金です。
所得税(不動産所得)	所得税は、個人の所得に対してかかる税金で、1 年間の全ての所得から所得控除を差し引いた残りの課税所得に税率を適用し税額を計算します。譲渡所得税と不動産所得税が重要です。 **不動産所得税**は、土地や建物などの不動産の貸付け、借地権など不動産の上に存する権利の設定および貸付け等の所得(事業所得または譲渡所得に該当するものを除く。)に課せられる税金です。
住民税	行政サービスの活動費に充てる目的で、その地域に住む個人に課する地方税をいいます。

個人事業税	個人の方が営む事業のうち、地方税法等で定められた事業(法定業種)に対してかかる税金です。不動産貸付業は法定業種に含まれます。

③売却時の税金

所得税(譲渡所得)	**譲渡所得税**は、不動産等を譲渡した時に生じる譲渡所得に課せられる税金です。
復興特別所得税	東日本大震災からの復興財源に充てるため、2013年1月1日～2037年12月31日まで、通常の所得税に上乗せして徴収される特別税で、税率は2.1%です。

(2)税法の基本事項

税金についての基本用語を理解しておきましょう。

税法用語	どのような意味か
課税主体	課税権を有するもの
課税客体	課税の対象となるもの
納税義務者	税金を納める者
課税標準	課税客体を金額に直したもの
税率	課税標準に乗じる割合
税額	納める税金の額
納付方法	税金を納める方法
納付期日	いつまでに税金を納めるのか
非課税(免税点)	課税されないものは何か

2 不動産取得税（購入時）

不動産を取得する際に課せられる税金です

お客様が投資用不動産を購入するタイミングで課せられる税金から解説します。その１つが不動産取得税です。

(1)課税主体～誰に税金を納めるの？

不動産取得税の課税主体は、**取得した不動産が所在する都道府県**です。

(2)課税客体～何に対して税金が課せられるの？

不動産取得税の課税客体は、不動産の取得です。

課税されるもの	売買、交換、贈与、新築、**改築（家屋の価格が増加した場合に限る）**、増築
課税されないもの	**相続、包括遺贈**（遺言による財産の贈与で内容を特定せず割合で行うもの）、**法人の合併、共有物の分割**（その不動産の取得者の分割前の共有物に係る持分の割合を超える部分の取得を除く）

(3)納税義務者～誰が税金を納めるの？

不動産取得税を納める者（納税義務者）は、不動産の所有権を実際に取得した者です。**個人・法人を問いません。**

(4)課税標準～何に着目して課税するの？

不動産取得税の課税標準は、**不動産を取得したときにおける不動産の価格**です。この場合の価格は**固定資産課税台帳に登録されている価格（いわゆる固定資産税評価額）**となります。

参考資料
土地や家屋の贈与を受けたり、交換により取得したりした場合も、固定資産課税台帳に登録されている価格となります。不動産の購入価格や建築工事費ではありません。

(5)課税標準の特例

①住宅にかかる課税標準の特例

次表の要件を満たす新築住宅・既存住宅を取得した場合、**課税標準**の算定について、**一戸につき1,200万円（注）を価格から控除する特例措置**が適用されます。次の表でまとめました。

	新築住宅	既存住宅
適用要件	床面積※1が50～240 ㎡であること （一戸建て以外※2の賃貸住宅は40～240 ㎡）	①自己の居住用として取得すること ②住宅の床面積※1が50～240 ㎡であること ③一定の耐震基準要件を満たすものであること

	新築住宅	既存住宅
取得者	法人にも適用	法人には適用されない
用途	賃貸しても、親族に住まわせてもよい	取得した者が居住する必要がある
控除額	1,200 万円※3	(注)築年数により異なる(新しければ新しいほど控除される額が増えます)

※1 現況の床面積で判定されるので、登記床面積と異なる場合があります。マンション等は共用部分の床面積を専有部分の床面積割合により按分した床面積も含まれます。

※2 一戸建以外の住宅とは、マンション等の区分所有住宅またはアパート等構造上独立した区画を有する住宅のことをいいます。なお、床面積要件の判定は、独立した区画ごとに行います。

	下限		上限
	一戸建	一戸建以外	
貸家以外	50 ㎡	50 ㎡	240 ㎡
貸家	50 ㎡	40 ㎡	240 ㎡

※3 価格が 1,200 万円未満である場合はその額が控除されます。なお、長期優良住宅の普及の促進に関する法律に規定する**認定長期優良住宅の新築の場合については、1,300 万円**となります。

②宅地にかかる課税標準の特例

住宅用の土地(宅地評価土地)の課税標準は、**固定資産課税台帳に登録されている価格の 1/2 の額**となります。

(6)税率

不動産取得税の標準税率は、**家屋(住宅)・土地については 3%**です。家屋(非住宅)は 4%です。

(7)納付方法・納付期日～納める時期と方法は？

不動産を取得すると、納税通知書が送られてきます。その納税通知書に記載されている納期限までに納税します(**普通徴収**)。実際には、都道府県税事務所や金融機関・郵便局の窓口、クレジットカード等で納付します。

(8)免税点～税金がかからない場合も？

次のものは非課税となります。

区分		課税標準
土地		10 万円未満
家屋	建築に係るもの	(1 戸につき)23 万円未満
	その他に係るもの	(1 戸につき)12 万円未満

認定長期優良住宅…長期にわたり良好な状態で使用するために、長期に使用するための構造や設備を有し、居住環境等への配慮があり、一定面積以上の住戸面積を有し、維持保全の期間・方法を定めている住宅をいいます。

納税通知書…納税者が納付すべき地方税(固定資産税・不動産取得税等)について、その課税される根拠となった法律および地方公共団体の条例の規定、納税者の住所および氏名・課税標準額・税率・税額・納期・納付の場所などを記載した文書で、地方公共団体が作成するもの。なお、その様式は各地方公共団体によって異なります。

普通徴収…納税通知書を交付することによって、地方税を徴収すること。

3 印紙税（購入時・売却時）

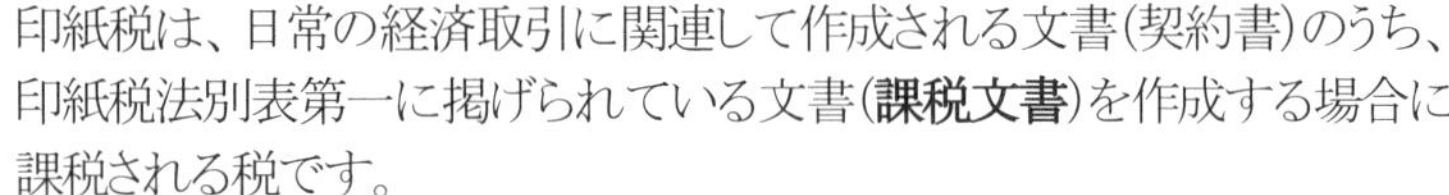

契約書や領収書に印紙を貼ることで納税します

印紙税は、日常の経済取引に関連して作成される文書（契約書）のうち、印紙税法別表第一に掲げられている文書（**課税文書**）を作成する場合に課税される税です。

原則として、その**文書を作成した者**が、税額に相当する**印紙をその課税文書に貼り付け**、**消印**することによって税金を納付するという自主納付方式をとっています。

参考資料

作成者が課税文書であるか否かを判断し、所定の金額の印紙を貼り付けなければならないわけです。

(1)課税主体～誰に税金を納めるの？

課税主体は**国**です。

(2)課税客体～何に対して税金が課せられるの？

印紙税が課せられる文書（課税文書）はたくさんありますが、宅建士試験では、以下の不動産の取引（契約）を設定する場合に作成される文書がよく出題されています。

課税文書	非課税文書
・土地の賃貸借契約書・地上権設定契約書 ・不動産の譲渡に関する契約書 ・請負に関する契約書 ・売上代金に係る金銭の受取書（契約金額が5万円**未満**の受取書は課税されません）	・建物の賃貸借契約書 ・委任状または委任に関する契約書（不動産の仲介契約書など） ・**営業に関しない金銭の受取書** ・質権・抵当権の設定または譲渡の契約書

付け足し

委任に基づく代理人が、その委任事務の処理に当たり、代理人名義で作成する課税文書については、その文書に委任者の名義が表示されているものであっても、その代理人が作成者となります。ただし、代理人が作成する課税文書であっても、委任者名のみを表示する文書については、その委任者が作成者となります。

会社の業務に関して従業員の名義で契約書を作成した場合や、代表者名（社長の名前）で作成した場合は、法人（会社）が作成者つまり納税義務者となります。

(3)納税義務者～誰が税金を納めるの？

所定の課税文書（契約書等）を作成した場合、その**文書の作成者**には、課税文書につき印紙税を納める義務が生じます。簡単にいえば、作成した文書に印紙を買って貼付しなければならないということです。

1つの課税文書を2人以上の者が共同して作成した場合には、その2人以上の者は、**連帯して印紙税を納める義務**があります。

(4)課税標準～何に着目して課税するの？

区 分		課税標準
不動産の譲渡に関する契約書	売買契約書	売買金額
	交換契約書	交換金額※
	贈与契約書	契約金額の記載のないものとして扱う
土地の賃貸借契約書 地上権設定契約書		権利金等の額(契約に際し、貸主に交付し、後日返還することが予定されていない金額)

※ 交換契約書において、**交換対象物の双方の価額が記載されている場合にはいずれか高い方の金額**を、また**交換差金のみが記載されている場合にはその交換差金の額を記載金額**とする。

※ 契約金額を変更する契約書については、変更前の契約金額を証明した契約書が作成されていることが明らかであること等を条件として、次のように扱います。

契約金額を増加させる場合	その増加金額が記載金額
契約金額を減少させる場合	**契約金額の記載がないものとして**扱う

(5)記載金額の計算

1 つの文書に、同一種類の契約の記載金額が 2 つ以上ある場合には、その記載金額の**合計額**が記載金額になります。たとえば、1 つの契約書に甲土地(100 万円)と乙土地(200 万円)の 2 つの売買契約が定められている場合は 300 万円が記載金額となります。

1 つの文書に、不動産の譲渡契約(1 号文書)と請負契約(2 号文書)の双方が記載されている場合、①1 号文書の記載金額が 2 号文書の記載金額を上回るときは1号文書となり、②1 号文書の記載金額が 2 号文書の記載金額を下回るときは 2 号文書となります。たとえば、1 つの契約書に甲土地(100 万円)の譲渡契約と乙建物の請負契約(200 万円)の 2 つの契約が定められている場合は 200 万円が記載金額となります。

(6)税額～税額はいくら？

課税標準の額によって細かく税額が定められています。

法律上、細かく設定されています。実務上は、国税庁のホームページに最新かつ正確な記載(印紙税額一覧表)がありますので、そちらを参照下さい。

(7)納付方法～納める方法は？

課税文書の作成者は、課税文書に印紙を貼り付けた場合には、政令で定めるところにより、課税文書と**印紙の彩紋(模様)とにかけて、判明に印紙を消さなければなりません**(消印)。

(8)過怠税～印紙を貼らないとどうなるの？

過怠税とは、印紙税法で定められている特有の税金で、文字通り印紙税の納付を怠った場合に課せられる税金です。**印紙を貼らなかった場合**はもちろん、**消印を忘れても過怠税**が課せられます。

実質3倍というのは、過怠税額が、当該納付しなかった印紙税の額と、その2倍に相当する金額との合計額に相当する金額であるため、実質的に3倍となるという意味です。

区分	過怠税
貼っていなかった場合	その印紙税額の実質3倍(自己申告の場合は1.1倍)
消印しなかった場合	消印していない印紙の額面金額

(9)非課税～税金がかからない場合も？

国・地方公共団体等が作成する文書は非課税です。国・地方公共団体等と、それ以外の者(私人)が、共同作成した文書の場合、国・地方公共団体等以外の者(私人)が作成して国・地方公共団体等が保存するものについては課税されますが、国・地方公共団体等が作成し国・地方公共団体等以外の者(私人)が保存するものについては課税されません。つまり、作成者で判断するということです。

4 登録免許税(購入時・売却時)

登記をする際に課せられる税金です

登録免許税とは、不動産を購入したり、不動産に抵当権を設定したり、新築したりした場合に行う登記の際に納付する税金です。

(1)課税主体・納税義務者～誰が誰に税金を納めるの？

課税主体は国です。登録免許税の納税義務者は、登記を受ける者です。

具体例

売買による所有権移転登記の場合、売主と買主が連帯して**登録免許税を納付する義務**を負います。

(2)課税標準～何に着目して課税するの？

原則として、**固定資産課税台帳に登録されている価格**です。
ただし、抵当権の設定登記の課税標準は債権金額となります。
なお、課税標準の金額を計算する場合、**その金額が 1,000 円未満のときは、その課税標準は、1,000 円として計算されます。**

参考資料

登記する不動産の上に、所有権以外の権利・その他の処分の制限があるときは、その権利・その他の制限がないものとした場合の価格になります。

(3)税率～居住用家屋に係る軽減税率の特例がある？

税率は登記原因により異なります。不動登記の主なものを解説します。

《土地の所有権の移転登記》

内 容	税 率
売 買	1,000 分の 20※
相続、法人の合併または共有物の分割	1,000 分の 4
その他(贈与・交換・収用・競売等)	1,000 分の 20

※　令和 8 年 3 月 31 日までの間に登記を受ける場合 1,000 分の 15

《建物の登記》

内 容	税 率
所有権の保存	1,000 分の 4
売買または競売による所有権の移転	1,000 分の 20
相続または法人の合併による所有権の移転	1,000 分の 4
その他の所有権の移転(贈与・交換・収用等)	1,000 分の 20

《配偶者居住権の設定登記》

内 容	税 率
設定の登記	1,000 分の 2

なお、以下の**住宅用家屋の登記**の場合は**軽減税率**が適用されます。

登記の種類	軽減税率	条件
所有権の保存登記	1,000分の1.5	①家屋床面積が50㎡以上 ②自己の居住用に供すること ③新築(取得)後1年以内に登記を受けること
所有権の移転登記	1,000分の3	
抵当権の設定登記	1,000分の1	

※法人に関しては、住宅用家屋の軽減税率の適用はありません。

付け足し　その他の住宅用家屋の軽減税率

登記の種類	軽減税率
特定認定長期優良住宅の所有権の保存登記等	1,000分の1
認定低炭素住宅の所有権の保存登記等	
特定の増改築等がされた住宅用家屋の所有権の移転登記	

※ 上記の軽減税率の適用を受ける場合も、床面積が50㎡以上であることや、新築または取得後1年以内の登記であること等の要件を満たす必要があります。

(4)納付方法・納付期日～納める時期と方法は？

登記を受ける登記所で、**現金で納めることが原則**です。ただし、**税額が3万円以下のときなどは印紙で納めることもできます。**

(5)非課税～税金がかからない場合も？

表示の登記(分筆・合筆の表示変更登記は除く)には課税されません。
また、国、地方公共団体、特別の公共法人、特定の公益法人(学校法人、社会福祉法人、宗教法人等)が自己のために受ける特定の登記も非課税となります。

5 消費税（購入時）

不動産の売買代金等に上乗せして支払っています

(1)消費税とは

消費税は、商品・製品の販売やサービスの提供などの取引に対して広く公平に課税される税金です。商品などの価格に上乗せされた消費税と地方消費税分は、最終的に消費者が負担し、納税義務者である事業者が納めます。消費税が課税される取引には、併せて地方消費税も課税されます。

(2)課税客体～課税される取引は？

国内において事業者が事業として対価を得て行う資産の譲渡、資産の貸付け及び役務の提供に課税されます。不動産の販売や広告など、対価を得て行う取引のほとんどは課税の対象となります。ただし、以下の取引は非課税となります（不動産取引に関連するものだけを掲示します）。

①**土地の譲渡、貸付け**（一時的なものを除く。）など
②有価証券、支払手段の譲渡など
③利子、保証料、保険料など
④**住宅の貸付け**（一時的なものを除く。）

《不動産取引で課税される消費税》

○建物にかかる場合

不動産の売買において、土地は消費税が非課税ですが、建物を購入するときには建物部分は課税対象になります。しかし、課税事業者である不動産業者から買った場合は課税されますが、個人が自宅を売るような場合は課税されません。また、住宅の貸付にかかる家賃には消費税はかかりません。

○住宅の取引慣行で精算される固定資産税等

中古住宅の売買契約で、固定資産税・都市計画税の税金を精算することがよくあります。つまり、買主が、引渡し以降の未経過分の固定資産税などを売主に与えて、税金を精算する名目で行われる取引慣行です。しかし、買主はその年の１月１日において不動産の登記名義人ではないので、固定資産税・都市計画税の納税義務者にはなれません。したがって税務上は、売買代金の調整とされるため、その分にも消費税が課税されることがあります。

○不動産の仲介手数料

不動産の仲介業者を通じて住宅を購入した際に支払う仲介手数料は、仲介業者が課税事業者であれば、消費税が課税されます。

(3)納税義務者(課税事業者)～誰が税金を納めるの？

課税期間…個人であれば1月1日～12月31日、法人であれば事業年度のことをいいます。

基準期間…個人事業者の場合は前々年、法人の場合は前々事業年度のことをいいます。

特定期間…個人事業者の場合はその年の前年の1月1日から6月30日までの期間、法人の場合は、原則として、その事業年度の前事業年度開始の日以後6か月の期間のことをいいます。

その課税期間の基準期間における課税売上高が 1,000 万円を超える事業者は、消費税の納税義務者(課税事業者)となります。

基準期間における課税売上高が 1,000 万円以下であっても、特定期間における課税売上高が 1,000 万円を超えた場合は、その課税期間においては課税事業者となります。

なお、特定期間における 1,000 万円の判定は、課税売上高に代えて、給与等支払額の合計額により判定することもできます。

《免税事業者》

基準期間の課税売上高及び特定期間の課税売上高等が 1,000 万円以下の事業者(免税事業者)は、その年(または事業年度)は納税義務が免除されます。

なお、免税事業者でも課税事業者となることを選択することができます。適格請求書発行事業者の登録を受けている間は、納税義務は免除されません。

(4)課税標準～何に着目して課税するの？

課税資産の譲渡等に係る消費税の課税標準は、課税資産の譲渡等の対価の額、すなわち、資産の譲渡、資産の貸付けや役務の提供について受け取る金額または受け取るべき金額です。この金額は、金銭で受け取るものに限られず、金銭以外の物や権利その他経済的利益の額など、対価として受け取るすべてのものが含まれます。

(6)税率

地方消費税額は、消費税額の 22/78 です。

税率は **10%**(消費税率 7.8%、地方消費税率 2.2%)です。

なお、飲食料品譲渡や新聞譲渡等の軽減税率がありますが、不動産取引には直接的には関わらないので詳細は省きます。

(7)区分経理と消費税の仕入税額控除の方式

消費税の申告を行うためには、区分経理を行う必要があります。また、令和5年10月1日以降の取引について消費税の仕入税額控除の適用を受けるためには、原則として適格請求書の保存が必要になります。適格請求書は、適格請求書発行事業者の登録を受けた事業者のみが発行できます。

①複数税率に対応した経理及び仕入税額控除制度

消費税の税率は標準税率と軽減税率の複数税率です。消費税の申告を行うためには、取引等を税率の異なるごとに区分して記帳するなどの経理(区分経理)が必要です。

課税仕入れ等に係る消費税額を控除する(仕入税額控除)には、帳簿及び請求書等の保存が必要です。

②適格請求書等保存方式(インボイス制度)

仕入税額控除の適用を受けるためには、一定の事項を記載した帳簿及び適格請求書(インボイス)等を保存しておく必要があります。適格請求書の様式は法令等で定められておらず、一定の事項が記載されたもの(請求書、納品書、領収書、レシート等)であれば、その名称を問わず、適格請求書に該当します。

適格請求書を交付できるのは、適格請求書発行事業者に限られます。適格請求書発行事業者となるためには、税務署長に申請書を提出し、登録を受ける必要があります。

なお、課税事業者でなければ登録を受けることはできません。

適格請求書発行事業者は、課税事業者として消費税の申告が必要となります。

(8)申告と納付

確定申告・納付のほか、直前の課税期間の消費税額に応じて中間申告・納付が義務付けられています。

①確定申告・納付

個人事業者は翌年の3月末日までに、法人は課税期間の末日の翌日から2か月以内に、消費税と地方消費税を併せて所轄税務署に申告・納付します。

控除不足還付税額のある還付申告書を提出する場合は、消費税の還付申告に関する明細書を添付する必要があります。

国税の納付は、金融機関等の窓口に行く必要がない、キャッシュレス納付が可能です。e-Taxを利用することにより、全ての税目について、ダイレクト納付、インターネットバンキングによる納付等ができます。詳細は国税庁ホームページを参照下さい。

②中間申告・納付

直前の課税期間の消費税額が 48 万円を超える事業者は、次のとおり中間申告と納付を行わなければなりません。

直前の課税期間の消費税額	中間申告・納付回数
48 万円超 400 万円以下	年1回(直前の課税期間の消費税額の2分の1)
400 万円超 4,800 万円以下	年3回(直前の課税期間の消費税額の4分の1ずつ)
4,800 万円超	年 11 回(直前の課税期間の消費税額の 12 分の1ずつ)

＊ 上記金額のほか地方消費税額を併せて納めます。

＊ 直前の課税期間の消費税額が 48 万円以下の事業者であっても、事前に「任意の中間申告書を提出する旨の届出書」を提出した場合には、自主的に年 1 回の中間申告・納付をすることができます。

なお、期限内に申告や納付をしなかったり、間違った申告をしたりすると、後で不足の税金を納めるだけでなく、加算税や延滞税も納めなければならないことがあります。

(9)届出

次のような場合、事業者は届出をする必要があります。

事由	届出書	提出時期
基準期間の課税売上高が 1,000 万円を超えることとなったとき(又は 1,000 万円以下となったとき)	消費税課税事業者届出書(基準期間用)(消費税の納税義務者でなくなった旨の届出書)	速やかに
特定期間の課税売上高が 1,000 万円を超えることとなったとき	消費税課税事業者届出書(特定期間用)	速やかに
資本金の額又は出資の金額が1,000万円以上の法人を設立したとき	消費税の新設法人に該当する旨の届出書	速やかに
免税事業者が課税事業者を選択するとき(又は選択を取りやめるとき)	消費税課税事業者選択(不適用)届出書	選択しようとする(選択をやめようとする)課税期間の初日の前日まで
簡易課税制度を選択するとき(又は選択を取りやめるとき)	消費税簡易課税制度選択(不適用)届出書	その適用を受けようとする(適用をやめようとする)課税期間の初日の前日まで
課税期間の特例を選択又は変更するとき(又は選択を取りやめるとき)	消費税課税期間特例選択・変更(不適用)届出書	同上
「法人税の確定申告書の申告期限の延長の特例」の適用を受ける法人が、消費税の確定申告の申告期限を延長しようとするとき(又は適用を受けることをやめようとするとき)	消費税申告期限延長(不適用)届出書	その適用を受けようとする(適用をやめようとする)事業年度終了の日の属する課税期間の末日まで

付け足し

免税事業者が課税事業者となること、又は課税事業者が簡易課税制度及び課税期間の特例を選択した場合、原則として、2年間は選択を取りやめることができません。

6 固定資産税（運用時）

不動産を所有していれば課せられる税金です

次は投資用不動産を購入した後に課せられる税金を解説します。まず、不動産を所有し続ける限り、毎年かかる税金が固定資産税です。

(1)課税主体～誰に税金を納めるの？

原則として、**固定資産が所在する市町村**です。ただし、東京都23区内においては、特例で都が課税をすることになっています。

(2)課税客体～何に対して税金が課せられるの？

土地、家屋および償却資産（事業用の有形固定資産）です。

(3)納税義務者～誰が税金を納めるの？

賦課期日（1月1日）**現在**の固定資産課税台帳に所有者として登録されている者（名義上の所有者）です。

(4)課税標準～何に着目して課税するの？

賦課期日における固定資産課税台帳に登録されている価格です。これは、総務大臣が定めた固定資産評価基準に基づいて市町村長が決めるものです。また、この価格については据置制度があります。**原則として、基準年度の価格を3年間据え置くこととされています。**

市町村長は、固定資産評価員または固定資産評価補助員に、当該市町村所在の固定資産の状況を、毎年少なくとも1回、実地に調査させなければなりません。

(5)課税標準の特例

住宅用地については、課税標準が最大1/6となる特例措置があります。

	区分	課税標準
住宅用地	小規模住宅用地※1	**登録価格×1／6**
	一般住宅用地※2	登録価格×1／3

※1　住宅の敷地で住宅1戸につき200㎡までの部分

※2　住宅の敷地で住宅1戸につき200㎡を超え、住宅の床面積の10倍までの部分

(6)税率

固定資産税の**標準税率は1.4%**です。

(7)税額控除～新築は税額も控除される？

令和8年3月31日までに新築された住宅が、次の床面積要件をみたす場合は、新たに課税される年度から**3年度分**（3階建以上の耐火・準耐火

共有物にかかる固定資産税は、納税者に連帯義務があります。ただし、区分所有家屋の土地については、共有者相互間の共有意識が希薄で、連帯納税義務を課すことは極めて困難との判断から、特例により、規定に基づいた按分額をもって、各区分所有者に納税を課しています。

それはなぜ？

本来なら毎年評価替えを行い、これによって得られる「適正な時価」をもとに課税を行うことが納税者間における税負担の公平に資することになりますが、膨大な量の土地、家屋について毎年度評価を見直すことは、実務的には、事実上、不可能であること等から、土地と家屋については原則として3年間評価額を据え置く制度がとられています。

建築物は5年度分)に限り、その住宅に係る固定資産税額(居住部分で1戸あたり120 ㎡相当分までが限度)の2分の1が減額されます。

また、認定長期優良住宅については、次の床面積の要件を満たす場合は、新たに課税される年度から5年度分(3階建以上の耐火・準耐火建築物は7年度分)に限り、その住宅に係る固定資産税額(居住部分で1戸あたり120 ㎡相当分までが限度)が2分の1減額されます。

	床面積	備考
一戸建住宅	50 ㎡以上 280 ㎡以下	ー
店舗併用住宅		居住部分の床面積が全体の1/2以上であること
アパート等	50 ㎡以上 280 ㎡以下※	独立的に区画された居住部分ごとの床面積に、廊下や階段などの共用部分の面積をあん分し、加えた床面積
マンション等		専有部分のうち居住部分の床面積に、廊下や階段などの共用部分の床面積をあん分し、加えた床面積(専有部分のうち居住部分が、その専有部分の1/2以上であること)

※貸家の場合は40 ㎡以上280 ㎡以下

(8)納付方法・納付期日～納める時期と方法は？

固定資産税の徴収は**普通徴収**の方法によらなければなりません。その納期は、4月、7月、12月及び2月中において、当該市町村の条例で定めます。ただし、特別の事情がある場合においては、これと異なる納期を定めることもできます。

(9)免税点～税金がかからない場合も？

区市町村の各区域内に、同一人が所有する固定資産の課税標準額の合計額が、それぞれ次の金額に満たない場合には、固定資産税は課税されません。

区分	課税標準
土地	**30万円未満**
家屋	20万円未満

(10)固定資産税の非課税の範囲～固定資産税が免除される者が？

市町村は、国並びに都道府県、市町村、特別区、これらの組合、財産区および合併特例区に対しては、固定資産税を課することができません。

7 都市計画税（運用時）

固定資産税と同じく不動産を所有していれば課せられる税金です

都市計画税は、都市計画事業又は土地区画整理事業に要する費用に充てるために、目的税として課税されるものです。固定資産税と併せて課税されるので、固定資産税と異なる部分だけを解説します。

(1)課税客体～何に対して税金が課せられるの？

都市計画法による都市計画区域のうち、原則として市街化区域内に所在する土地及び家屋です（償却資産は課税の対象にはなりません）。

(2)課税標準の特例

住宅用地については、課税標準が最大1/3となる特例措置があります。

	区分	課税標準
住宅用地	小規模住宅用地※1	登録価格×1／3
	一般住宅用地※2	登録価格×2／3

※1　住宅の敷地で住宅1戸につき200㎡までの部分

※2　住宅の敷地で住宅1戸につき200㎡を超え、住宅の床面積の10倍までの部分

(3)税率

固定資産税の**制限税率は 0.3%**です。ただし、都市計画税を課するか否か、あるいは、その税率水準をどの程度にするかについては、地域における都市計画事業等の実態に応じ、市町村の自主的判断（条例事項）に委ねられています。

8 所得税（不動産所得）（運用時）

賃料収入という所得に課せられる所得税です

投資用不動産を購入した個人投資家は、その後、事業として賃貸経営をすることになります。入居者から受領する賃料等がその売上ということになりますが、そこに所得税がかかります。もちろん、必要経費等を控除することが認められているので、賃貸経営をする投資家は賃料収入の額だけでなく、必要経費と納付する所得税額を視野に入れた経営が必要です。

《課税対象となる不動産所得》

不動産所得の金額 ＝ 不動産の収入金額 － 必要経費

(1)所得税とは？

所得税とは、個人の所得(収入から経費などを引いたもの)に対してかかる税金です。所得税は、1 年間のすべての所得からいろいろな所得控除(その人の状況に応じて税負担を調整するもの)を差し引いた残りの所得(課税所得)に税率をかけて計算します。

税率は、所得が多くなるほど段階的に高くなる累進税率となっており、支払い能力に応じて公平に税を負担するしくみになっています。

なお、所得は、その性質によって以下の 10 種類に分かれ、それぞれの所得について、収入や必要経費の範囲あるいは所得の計算方法などが定められています。

①利子所得、②配当所得、③不動産所得、④事業所得、⑤給与所得、⑥退職所得、⑦山林所得、⑧譲渡所得、⑨一時所得、⑩雑所得

(2)課税所得金額の計算

課税所得金額は、全ての所得から所得控除額を差し引いて算出します。

所得控除とは、控除の対象となる扶養親族が何人いるかなどの個人的な事情を加味して税負担を調整するもので、次の種類があります。

①雑損控除(災害等にあったとき等)、②医療費控除、③社会保険料控除、④小規模企業共済等掛金控除、⑤生命保険料控除、⑥地震保険料控除、⑦寄附金控除、⑧障害者控除、⑨寡婦控除、⑩ひとり親控除、⑪勤労学生控除、⑫配偶者控除、⑬配偶者特別控除、⑭扶養控除、⑮基礎控除です。

《基礎控除》

納税者本人の合計所得金額に応じてそれぞれ次のとおり控除されます。

納税者本人の合計所得金額	控除額
2,400 万円以下	48 万円
2,400 万円超 2,450 万円以下	32 万円
2,450 万円超 2,500 万円以下	16 万円
2,500 万円超	0 円

(3)不動産所得の収入金額

総収入金額には貸付けによる賃貸料収入が主なものですが、次のようなものも含みます。

①名義書換料、承諾料、更新料または頭金などの名目で受領するもの

②敷金や保証金などのうち、返還を要しないもの

③共益費などの名目で受け取る電気代、水道代や掃除代等

なお、収入金額は、賃貸借の契約などでその年の 1/1〜12/31 までの間に受領すべき金額として確定した金額となります。未収の場合にも収入金額に含めます。損益計算において未収賃料も収入として計上する必要があります。

《収入計上時期》

区分		収入計上時期
契約、慣習により支払日が定められているもの		定められた支払日
支払日が定められていないもの	請求により支払うもの	請求の日
	その他のもの	実際に支払があった日
礼金・権利金・更新料等	貸付物件の引渡しを要するもの	引渡しがあった日(契約の効力発生日も可)
	引渡しを要しないもの	契約の効力発生日
返還を要しない敷金・保証金		**返還を要しないことが確定したとき**

5 賃貸経営の支援

(4)必要経費

不動産賃貸に伴う支出で必要経費として収入金額から控除できるものがあります。

必要経費とすることができるものは、不動産収入を得るために直接必要な費用のうち家事上の経費と明確に区分できるものであり、主なものとして貸付資産に係る次に掲げるものがあります。

①固定資産税・都市計画税
②損害保険料
③減価償却費
④修繕費
⑤借入金利子

付け足し 減価償却費

用語

減価償却…減価償却資産の取得に要した金額を一定の方法によって各年分の必要経費として配分していく手続です。

賃貸経営するために購入した建物、建物附属設備、機械装置、器具備品等の資産は時の経過等によってその価値が減っていきます。このような資産を減価償却資産といいます。

減価償却資産の取得に要した金額は、取得した時に全額必要経費になるのではなく、その資産の使用可能期間の全期間にわたり分割して必要経費としていきます。この使用可能期間は**法定耐用年数**によります。

《住宅用　法定耐用年数》

建物の構造	耐用年数	償却率
木造	22 年	0.046
鉄骨造(厚さ 3mm以下)	19 年	0.053
鉄骨造(厚さ 3〜4mm以下)	27 年	0.082
鉄骨造(厚さ 4mm超)	34 年	0.038
鉄筋コンクリート・鉄筋鉄骨コンクリート造	47 年	0.022

(出典)減価償却資産の耐用年数等に関する省令　別表

減価償却の方法には**定額法**と**定率法**の 2 種類があります。

定額法では毎年同額の償却費を計上します。年間の減価償却費は、取得価額に対して、耐用年数に応じて定められた定額法の償却率を掛け合わせることで求めることができます。

定額法の減価償却費=取得価額×定額法の償却率

なお、建物に関してはこの定額法が適応されます。平成 10 年 4 月 1 日以降に取得した建物に関しては、以前使われていた旧定額法、または、現在使われている定額法のみで計算されます。また、平成 28 年 4 月 1 日以降に取得した建物附属設備、および、構築物の償却方法についても、定額法のみの適用となります。

実際の不動産投資を想定して計算すると次のようになります。
新築のワンルームマンション(鉄筋コンクリート造)を 2,800 万円(建物 1,400 万円・土地代 1,400 万円)で購入し、家賃収入が年間 120 万円(月 10 万円)だったと想定します。
支出は、①購入時諸経費(初年度のみ):70 万円、②年間経費:30 万円/年、③借入返済(元本):80 万円/年、④借入返済(金利):43.5 万円/年(年利 1.7%)、**⑤減価償却費:29.8 万円/年(建物代 1,400 万円を耐用年数 47 年で割った金額)**だった場合、
上記の支出のうち、借入返済(元本)は支出として計上できません。したがて、支出として計上できる額は以下の通りになります。
初年度:①+②+④+⑤=173.3 万円
2 年目以降:②+④+⑤=103.3 万円
上記の計算では、初年度は 53.3 万円の赤字となり、2 年目以降は 16.7 万円の黒字になります。
なお、不動産所得で赤字(損失)が生じた場合、その分を給与所得から差し引くことができます(損益通算)。しかし、損益通算を利用して課税所得を圧縮できるのは、不動産所得が赤字になった時のみです。そのため、運用を開始してから 2 年目以降は、損益通算はできません。

借入額はすでに物件という資産に変わっているため、元本まで経費計上すると二重計上になってしまうからです。

付け足し 修繕費

賃貸経営している建物、建物附属設備、機械装置等の資産の修繕費で、通常の維持管理や修理のために支出されるものは必要経費になります。
しかし、一般に修繕費といわれるものでも資産の使用可能期間を延長させたり、資産の価値を高めたりする部分の支出は**資本的支出**とされ、修繕費とは区別されます。資本的支出とされた金額は、事業所得や不動産所得の計算上、減価償却の方法により各年分の必要経費に算入します
修繕費になるのか、資本的支出となるのかについて、国税庁ホームページにわかりやすいチャートがあります(次頁参照)。
簡単にいえば、その修理、修繕により、実施前よりも「価値が上がる」「長く使えるようになる」といった場合は資本的支出と判断されます。それに対して、「壊れていたものを元通りに戻す」「定期的な取り換えやメンテナンス」といった場合は修繕費と判断します。
修繕費として経費計上する場合は、かかった費用の全額を計上して会計処理を行います。かかった費用を一括で計上することによって利益が少なくなり、税額が減ることになります。
資本的支出であると判断された場合は、その中で更に修繕費にあたる部分(原状回復にあたる部分)を抜き出して修繕費として費用計上します。
残りの部分についてはその固定資産の価値増大として資産計上し、複数年にわたって減価償却します。

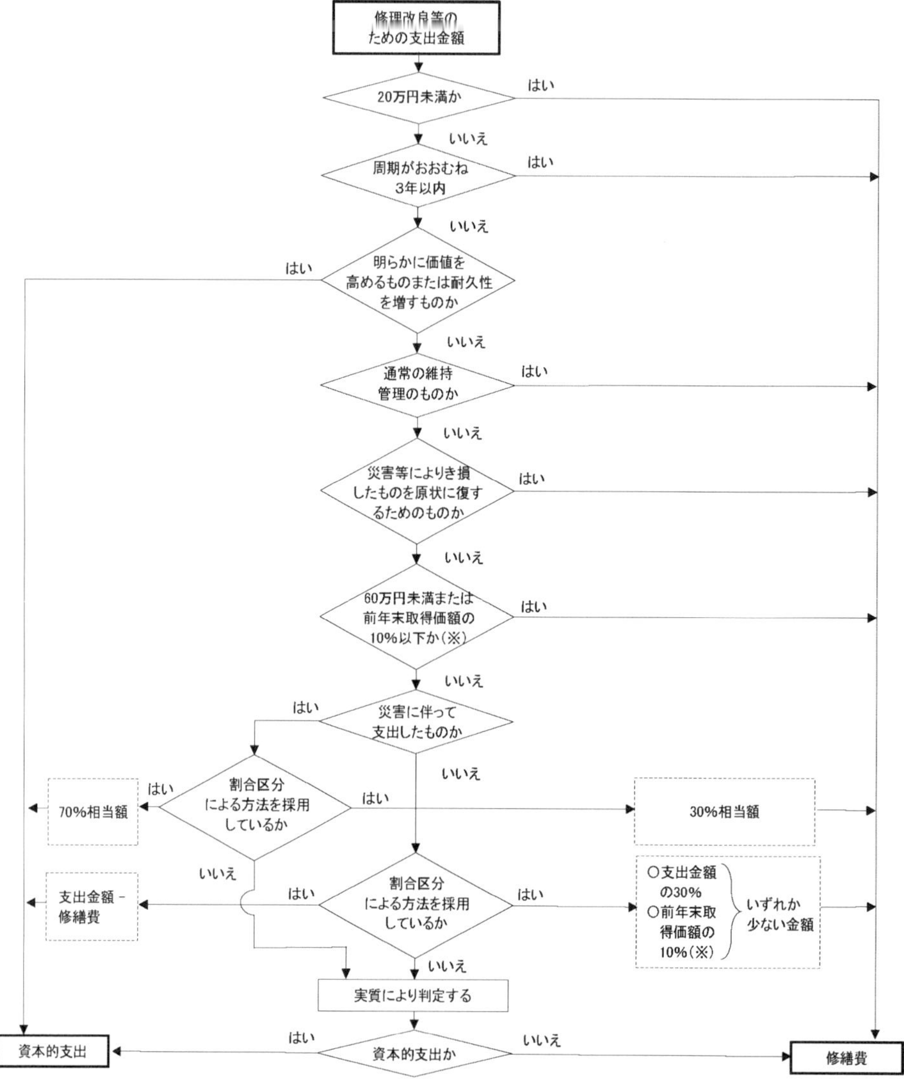

(※)「前年末取得価額」とは、原則として前年12月31日に有する固定資産の最初の取得価額に既往のその固定資産につき支出された資本的支出額を加算したものです。

(出典)国税庁ホームページ「No.1379　修繕費とならないものの判定」

なお、必要経費としてみとめられない代表例は、**所得税、住民税**、借入金の元本返済部分、家事費(事業に関連しない支出…**自宅にかかわる経費など**)が重要です。

9 住民税(運用時)

所得税とは別に一律 10%の税金が課せられます

所得税と同じく所得に対して課せられる税金として住民税があります。住民税は個人住民税と法人住民税の 2 つに分けられますが、ここでは個人住民税について解説します。

(1)課税主体～誰に税金を納めるの？

住民税は、居住地域の地方自治体へ納付する税金で、市町村民税(東京都 23 区は特別区民税)と都道府県民税の 2 つがあります。各区市町村が一括徴収し、都道府県民税は各区市町村から都道府県へ払い込まれる仕組みになっています。

(2)均等割と所得割

住民税の算出方法には**所得割**と**均等割**があり、納付する税額はこの 2 つを合算したものになります。

①所得割

所得割は、所得に比例して課税されるものです。税率は、所得に対して一律 10%(道府県民税:4%、市町村民税:6%、ただし、政令指定都市については、道府県民税:2%、市民税:8%になります。)と決められています。前年 1 月 1 日から 12 月 31 日までの 1 年間の所得額をもとに算出されます。

②均等割

均等割は、所得にかかわらず定額で課税されるものです。法律で定められた標準税率が採用されていて、通常は市町村民税(東京都は特別区民税)の部分が 3,500 円、都道府県民税の部分が 1,500 円の合計 5,000 円です。

東日本大震災を契機とした臨時特例法で、2023 年度分までは市町村民税(東京都は特別区民税)500 円、都道府県税 500 円の合計 1,000 円が加算された税額になっています。また、自治体によっては独自の課税(超過課税)を上乗せしていて、税額が異なるケースもあります。

(3)納税義務者～誰が税金を納めるの？

個人住民税は、その年の 1 月 1 日時点で市町村(都道府県)に住所がある方に対して課税されます。

(4)税額の計算方法

①所得金額から、**所得控除額**を引き、課税対象となる所得金額(下図の課税所得金額)を求めます。

所得金額 － 所得控除額 ＝ 課税所得額

②課税所得金額に、所得割の税率である 10%をかけた後、税額控除額を引き、所得割額を求めます。

課税所得金額 × 税率 − 税額控除額 ＝ 所得割額

③所得割額と、均等割額(5,000円)を足したものが、個人住民税の税額となります。

所得割額 ＋ 均等割額 ＝ 税額

(5)所得控除～所得から差し引かれる金額

扶養親族とは、扶養家族のうち、一定の所得金額を超えない者をいいます。

所得控除とは、納税義務者に扶養親族がいるかどうか、病気や災害などによる出費があるかどうかなどの個人的な事情を考慮して、納税義務者の実情に応じた税の負担になるように、所得金額から一定金額を差し引くものです。

(6)税額控除～税額から差し引かれる金額

税額控除とは、住宅ローンの支払いがある場合や、地元の日本赤十字社など特定の団体に寄附をした場合などに、税率を乗じた後の算出金額から、一定金額を差し引くものです。

(7)納付方法・納付期日～納める時期と方法は？

個人住民税の納付の方法には、普通徴収と特別徴収があります。

①普通徴収

普通徴収とは、市町村が、納めるべき税額などを記載した納税通知書を納税義務者に送り、これに基づいて税金を徴収する方法をいいます。市町村は、納税義務者から申告された所得などに基づき確定した個人住民税の税額を、納税通知書に記載して納税義務者に送付します。納税義務者は、この納税通知書に従って個人住民税を市町村に納めることになります。

②特別徴収

特別徴収とは、納税義務者以外の者(給与の支払をする会社など)が、納税義務者から税金を徴収して、それを納税義務者の代わりに納める方法をいいます。例えば、会社員については、原則として、特別徴収税額通知が会社に送付され、会社がその会社員の個人住民税を給与から天引きして市町村に納めることになります。

10 個人事業税（運用時）

不動産投資が一定規模以上になると個人でも事業税が課される

個人事業税とは、個人事業主が都道府県に対して納める地方税です。個人で事業を行う際、さまざまな行政サービスを利用していることから、その経費の一部を負担するための税金です。
以下、不動産投資（賃貸経営）に限定して解説します。

(1)事業的規模の事業にかかる個人事業税の課税の仕組み

個人の不動産貸付業が事業的規模になると、個人事業税が課せられます。地方税法に基づく個人事業税は、法定された業種の所得に対し、**290万円**の事業主控除を**超えた部分について5%の税率**（不動産貸付業は第1種事業として5%の税率となっています。）によって課せられます。

納税額 ＝ ｛不動産所得・事業所得 − 事業主控除等｝ × 業種別税率（３～５%）

ただし、単純にこの所得を超えればその対象となるのではなく、貸付不動産の規模、賃貸料収入および管理等の状況等を総合的に勘案して認定が行われます。
なお、不動産貸付業のほか、駐車場業も法定の課税業種となっています。

参考資料
認定基準は各都道府県によって異なります。

(2)個人事業税における不動産貸付業の認定基準

以下が認定基準となります。

①建物（独立的に区画された2以上の室を有する建物は、一棟貸しの場合でも室数により認定されます。）

種類・用途等		貸付用不動産の規模等（空室などを含む。）
住宅	①一戸建	棟数が10以上
	②一戸建以外	室数が10以上
住宅以外	③独立家屋	棟数が5以上
	④独立家屋以外	室数が10以上

②土地（土地の貸付件数は、1つの契約において2画地以上の土地を貸し付けている場合、それぞれを1件と認定されます。）

種類・用途等	貸付用不動産の規模等（空室などを含む。）
⑤住宅用	契約件数が10以上又は貸付総面積が2,000㎡以上
⑥住宅用以外	契約件数が10以上

なお、上記の認定基準に満たない場合であっても、賃貸状況などからみて課税しないことが著しく不公平であると考えられるものは課税できるとさ

れています。例えば、東京都や大阪府では、貸付建物の総床面積 600㎡以上かつその貸付建物の年間賃貸料収入 1,000 万円以上という基準を設けています。この基準を満たしていれば、貸付建物が 1 棟しかなかったとしても、不動産貸付業として事業税の課税対象となることになります。

(3)納付方法・納付期日～納める時期と方法は？

原則として 8 月、11 月の年 2 回(第1期納期限 8 月 31 日、第 2 期納期限 11 月 30 日(※休日の場合はその翌日))。8月に都税事務所・支庁から送付する納税通知書により各納期に納めます。
税額が 1 万円以下の場合、納付は 8 月の 1 回のみです。「納付書＋現金」「電子納付」「口座振替」「クレジットカード」の方法で納付できます。

11-1 所得税（譲渡所得）（売却時）

売却時にかかる税金です

売却時は、譲渡所得税、住民税、復興特別所得税、印紙税、登録免許税が課せられます。住民税、印紙税、登録免許税はすでに説明しているので、ここでは譲渡所得税、特に賃貸経営を前提とした制度を中心に解説します。

(1)所得税～譲渡所得税って何？

所得税とは、個人の所得（収入から経費などを引いたもの）に対してかかる税金です。所得税は、1 年間のすべての所得からいろいろな所得控除（その人の状況に応じて税負担を調整するもの）を差し引いた残りの所得（課税所得）に税率をかけて計算します。
税率は、所得が多くなるほど段階的に高くなる累進税率となっており、支払い能力に応じて公平に税を負担するしくみになっています。
会社に勤務する人であっても所有する不動産を売却することで利益が出た場合は譲渡所得税がかかります。

参考資料

会社に勤務する人の場合は、勤務先の会社が、あらかじめ本人の給料から所得税を差し引いて、本人に代わってまとめて納税します（源泉徴収）。
自分で商売をしている人の場合は、1 年間の所得と税額を自分で計算し、税務署に申告します（確定申告）。
会社に勤務する人でも不動産の売却で利益が出た場合は確定申告が必要となることがあります。

(2)譲渡所得税の計算方法～どうやって計算するの？

譲渡所得税の計算方法は、次の算式により計算します。

（収入金額－（取得費※1＋譲渡費用※2＋特別控除））×税率＝　税額

（収入金額－（取得費※1＋譲渡費用※2＋特別控除））＝ 譲渡所得※3

※1　売った土地や建物を買い入れたときの購入代金や、購入手数料などの資産の取得に要した金額に、その後支出した改良費、設備費を加えた合計額をいいます。なお、建物の取得費は、所有期間中の減価償却費相当額を差し引いて計算します。また、土地や建物の取得費が分からなかったり、実際の取得費が譲渡価額の 5%よりも少ないときは、譲渡価額の 5%を取得費（概算取得費）とすることができます。

※2　土地や建物を売るために支出した費用をいい、仲介手数料、測量費、売買契約書の印紙代、売却するときに借家人などに支払った立退料、建物を取り壊して土地を売るときの取壊し費用などです。

※3　譲渡所得とは、資産の譲渡（建物または構築物の所有を目的とする地上権または賃借権の設定等）による所得をいいます。なお、営利を目的として継続的に行われる資産の譲渡については、事業所得または雑所得として課税されます。

(3)税率

土地や建物を売ったときの譲渡所得は、次のとおり所有期間によって長期譲渡所得と短期譲渡所得の 2 つに区分し、税金の計算も別々に行います。

譲渡のあった年の1月1日において、所有期間が5年を超えている土地・建物等の譲渡による譲渡所得	⇒	長期譲渡所得 (税率約 15%)
譲渡のあった年の1月1日において、所有期間が5年以下の土地・建物等の譲渡による譲渡所得	⇒	短期譲渡所得 (税率約 30%)

参考資料

実際には、長期譲渡所得の場合、所得税が約15%、住民税が 5%で合計約 20%の税率となり、短期譲渡所得では、所得税が約 30%、住民税が 9%で合計約40%の税率となります。

なお、上記の「所有期間」とは、土地や建物の取得の日から引き続き所有していた期間をいいます。この場合、相続や贈与により取得したものは、原則として、被相続人や贈与者の取得した日から計算することになっています。

また、譲渡所得を区分する際の不動産の所有期間は譲渡(売却)した年の1月1日の時点で、その不動産を何年所有していたかで判断します。したがって、譲渡が 1 月であっても 12 月であっても、その年の 1 月 1 日時点までの経過年数が所有期間となります。

たとえば、2018 年 10 月 15 日に購入した不動産を 2023 年 12 月 1 日に売却した場合、10 月 15 日で所有して満5年を超えていても、売却した年の 2023 年 1 月 1 日時点では5年を超えていないため、長期譲渡所得とはなりません。長期譲渡所得となるには、2024 年 1 月 1 日以降に売却する必要があります。

付け足し　復興特別所得税

復興特別所得税とは、所得税額に対する付加税で、平成 25 年から令和 19 年までの各年分の基準所得税額の 2.1%を所得税と併せて申告・納付するものです。

11-2　事業用の資産を買い換えたときの特例

収益物件の買い替えをしたときの繰り越し

(1)収益物件を買い換えた場合の所得税

所有する賃貸物件を譲渡し、一定の要件に該当する別の収益物件を取得した場合、その譲渡益の一定割合について、圧縮記帳(個人の場合には、取得価額の引継ぎ)をすることで課税を将来に繰り延べることができます(特定事業用資産の買換え特例)。

この特例は、所定の期間内に物件を取得した際、その**取得の日から1年以内に買い換えた物件を事業用(賃貸する等)とした場合**に適用されます。この特例により、**譲渡利益の60～80%が、課税の繰り延べ**として認められます(譲渡益が非課税となるわけではありません)。

※1　既成市街地等とは首都圏における既成市街地(東京都の特別区及び武蔵野市の全部、三鷹市、横浜市、川崎市、川口市の一定区域)、近畿圏における既成都市区域(大阪市の全部及び京都市、守口市、東大阪市、堺市、神戸市、尼崎市、西宮市、芦屋市の一定区域)、中部圏における旧名古屋市の区域をいいます。

※2　集中地域とは、①東京都の特別区の存する区域および武蔵野市の区域ならびに三鷹市、横浜市、川崎市および川口市の区域のうち首都圏整備法施行令別表に掲げる区域を除く区域、②首都圏整備法第24条第1項の規定により指定された区域、③大阪市の区域および近畿圏整備法施行令別表に掲げる区域、④首都圏、近畿圏および中部圏の近郊整備地帯等の整備のための国の財政上の特別措置に関する法律施行令別表に掲げる区域、をいいます。

既成市街地等※1内長期所有(10年超)の土地建物等から、既成市街地等外の一定区域内にある特定資産への買換えについては、2023年度の改正により80%の圧縮が廃止されました。また、10年超所有する国内の土地建物等から、国内の300㎡以上の土地建物等への買換えについて、集中地域※2外から東京23区へ、本社を買換えした場合は70%から60%に、それ以外の本社買換えの場合は80%から90%に改正されています。

この改正は令和5年4月1日以後の譲渡について適用されています。

(2)特定事業用資産の買換え特例の要件

この特例を受けるためには、譲渡資産と買換資産について次の要件を充たす必要があります。

【譲渡資産】(所有していた収益物件)
①　国内にある土地等、建物(付属設備を含む)、構築物であること。
②　所有期間が10年超(譲渡した年の1月1日時点)であること。
③　事業用資産であること。

【買換資産】(新たに購入する収益物件)
①　国内にある土地等(事務所等の一定の施設の敷地の用に供されるもので、その面積が300㎡以上のもの)、建物(付属設備を含む)、または構築物であること。

② 原則として前年・譲渡年・翌年中に取得し、1年以内に事業の用に供すること。 ③ 買換資産が土地の場合には、取得する土地の面積が、原則として譲渡した土地の面積の5倍以内であること。

(3)譲渡資産の譲渡価額が買換資産の取得価額より高い場合(図1)

次の計算式で課税される譲渡所得の金額を算出します(圧縮割合が80%だった場合)。

1. 譲渡資産の譲渡価額-買換資産の取得価額×0.8＝①収入金額
2. (譲渡資産の取得費＋譲渡費用)×
　　(①収入金額÷譲渡資産の譲渡価額)＝②必要経費
3. ①収入金額-②必要経費＝課税される譲渡所得の金額

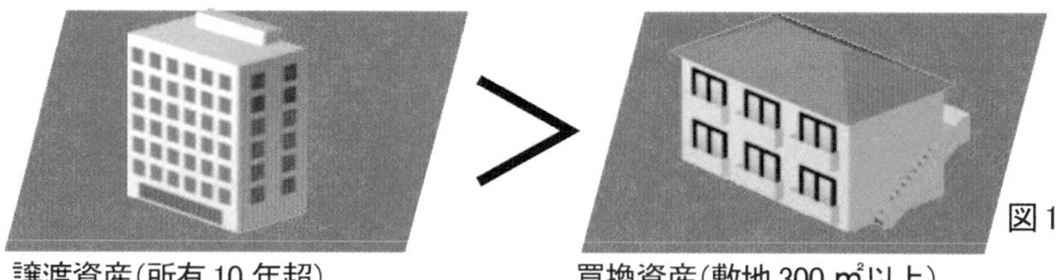

図1

(4)譲渡資産の譲渡価額が買換資産の取得価額以下の場合(図2)

次の計算式で課税される譲渡所得の金額を算出します(圧縮割合が80%だった場合)。

1. 譲渡資産の譲渡価額×0.2＝①収入金額
2. (譲渡資産の取得費＋譲渡費用)×0.2＝②必要経費
3. ①収入金額-②必要経費＝課税される譲渡所得の金額

図2

(5)店舗併用住宅の場合

店舗併用住宅とは、1つの家屋の中に居住用部分と店舗用部分が一緒になっている家屋をいいます。個人がこの店舗併用住宅を売って譲渡所得が生じ、代わりに同じ種類の店舗併用住宅に買い換えた場合で一定の要件に当てはまるときは、居住用部分と店舗用部分については、「居住用部分」については、居住用財産を譲渡した場合の3,000万円の特別控除の特例や居住用財産を買い換えたときの特例などの特例の適用を受けることができます。それに対して、「店舗用部分」については、事業用の資産を買換えたときの特例(前記)の適用を受けることができます。
なお、居住用部分と店舗用部分のどちらか一方の用途の使用割合が建物全体の90%以上になっている場合には、その用途に全体が使われていたものとして、対応する特例の適用を受けることもできます。

(6)確定申告において不動産所得から65万円が控除

個人で不動産投資をして収入を得た場合、確定申告が必要です。一定の要件を備えると、不動産所得等から**最大65万円が控除**されたり、家族の給与を経費扱いにできたりといったメリットがある青色申告を利用することができます。
具体的には、次の要件を満たす必要があります。

①	不動産所得または事業所得を生ずべき事業を営んでいること。
②	これらの所得に係る取引を正規の簿記の原則(一般的には複式簿記)により記帳していること。
③	②の記帳に基づいて作成した貸借対照表および損益計算書を確定申告書に添付し、この控除の適用を受ける金額を記載して、その年の確定申告期限(翌年3月15日)までに当該申告書を提出すること。
④	その年分の事業に係る仕訳帳および総勘定元帳について、電子帳簿保存※1を行っていること、又は、その年分の所得税の確定申告書、貸借対照表および損益計算書等の提出を、確定申告書の提出期限までにe-Tax(国税電子申告・納税システム)を使用して行うこと。

※ 納税者の事務負担やコストの軽減などを図るため、各税法で保存が義務付けられている帳簿書類については、一定の要件の下で、コンピュータ作成の帳簿書類を紙に出力することなく、ハードディスクなどに記録した電子データのままで保存できる制度があります。なお、令和4年1月1日から、帳簿書類を電子データのままで保存する場合に必要な税務署長の事前承認が不要となっています。

第 6 編　投資用物件の購入

はじめに

前編までは、投資用不動産の販売に向けた勧誘行為、リスクの説明を解説しました。特にリスクの説明においては、契約した後に契約当事者に生じる法的なリスクが多いことに気が付いたかと思います。

契約後の紛争を防止するためにも、その法的リスクの内容を理解して、しっかりとお客様に説明できることが望ましいです。

そこで本編では、投資用不動産の売買契約に着目して、民法を中心に解説します。また、分譲マンションの販売と賃貸経営といった場合は民法だけでなく、建物の区分所有等に関する法律(以下、区分所有法といいます。)の知識も必要となりますので、本編ではそれも解説しています。さらに、不動産投資会社は、中古物件を購入して改修工事をして賃借人を付けて転売することも多いと思います。その際は、宅建業法も適用されることになるので、随所で宅建業法のルールも解説しています。

本章における記述は以下の書籍を参考にしています。引用する場合は本文にも著者名のみを記述しています。

○田中嵩二「これで合格宅建士基本テキスト」Ken 不動産研究(2024 年 4 月)

○「新基本法コンメンタール民法編」(全シリーズ)日本評論社

○我妻・有泉「コンメンタール民法　第8版　総則・物権・債権」日本評論社(2022 年 9 月)

○岡本正治・宇仁美咲「三訂版[逐条解説]宅地建物取引業法」大成出版(2021 年 3 月 19 日)　**略記:岡本・宇仁・宅建業法**

○鬼丸勝之監修、全日本不動産協会編「宅地建物取引業法の話」理工図書(昭和 27 年 8 月)　**略記:鬼丸監修・宅建業法の話**

○五十嵐紀男「宅地建物取引業法」注釈特別刑法補巻(1)」青林書院(平成 2 年 8 月　**略記:五十嵐・宅建業法**

○河野正三編著「改正宅地建物取引業法の解説」住宅新報社(昭和 42 年 8 月)　**略記:河野・改正宅建業法解説**

第1章
契約の成立

1 契約とは何か

民法よりも契約が優先することが多いです

(1)法律行為とは～契約は法律行為の一種？

法律行為とは、人が法的な効果を発生させようとする行為で、意思表示を要素とするものをいいます。その中には単独行為、契約、合同行為の3種類があります。法律行為の中でも最も重要な契約についてさらに詳しく解説します。

法律行為
- ・単独行為
- ・契　約
- ・合同行為

用語

単独行為…単一の意思表示により構成される法律行為のことをいいます。たとえば、追認、取消し、解除、遺言などです。

契約…2つ以上の意思表示の合致により成立する法律行為のことをいいます。

合同行為…2つ以上の意思表示が、相対立せずに同一の目的に向けられた形で合致することにより成立する法律行為のことをいいます。たとえば、法人設立行為などです。

(2)契約自由の原則～どんな契約でも自由に結べるの？

今、勉強している民法という法律にはある特徴があります。それは、「守らなくてもよい」ということです。何を突然！と思われるかもしれません。法律なのに守らなくてもよいとは論理矛盾なのではと思われるでしょう。しかし、本当なのです。私たちの住む社会のルールは、250年ほど前の近代革命でその土台が作られました。そのときのキャッチフレーズは**自由**でした。自分の人生を自分の自由な意思で自由に決められるというのが近代革命で私たちが勝ち取ったものなのです。この自由というキャッチフレーズから、**私たちは、誰と契約をしようが、どのような内容で契約を結ぼうが自由だ！**という結論が導かれます。したがって、民法などという国が作ったルールよりも、互いに話し合った結果結ばれた契約が優先するのです。これを**契約自由の原則**といいます。
しかし、たとえば「○○さんを殺してきてくれたら、成功報酬として500万円支払う」という内容の契約なども、有効だと考えるととても恐ろしい世の中になります。どんな内容の契約でも許されるのかといえば、そうではなく、**社会秩序を乱すような内容の契約は許されません**。これを**公序良俗に反するため無効**と言うことがあります。

2-1 契約の成立要件

口約束だけでも契約は成立するのが原則です

売買契約を結ぶと、買主は代金を支払い、売主は品物を引き渡し、その品物は売主から買主の物になります。このような契約の結果として生じることを、法律の世界では効果と呼びます。世の中で行われる契約の大半は何の問題もなく契約が結ばれると法的な効果が生じます。ただ、もし、契約の際に詐欺が行われたら、金額を間違えてしまったら、他人に契約することをお願いしていたら、契約に条件を付けていたらどうなるのでしょうか。

契約が成立して有効に効力を発生させるためには、①**成立要件**、②**有効要件**、③**効果帰属要件(代理)**、④**効力発生要件(条件・期限)**の４つのハードルをクリアーする必要があります。

(1)契約の成立要件～契約は見た目で一致すれば成立するの？

契約が有効に成立すると債権が発生します。ただ、債権が発生するまでにはいくつかのハードルを越える必要があります。

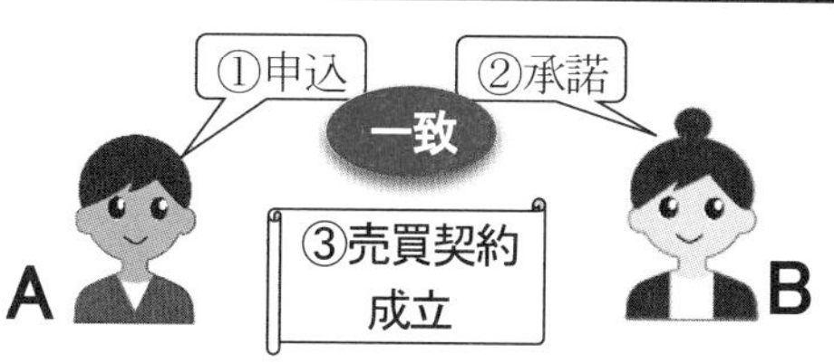

まずは、契約の内容を示してその締結を申し入れる意思表示(申込)に対して相手方が承諾をしたときに成立します。**申込と承諾が一致しなければなりません**。この申込と承諾の意思表示は、**外形で一致すればよい**とされています。たとえば、Aが本当は甲という土地を購入したいのにもかかわらず、「乙地を下さい」と申込みをして、それに対して、Bが「乙地ですね。お買い上げありがとう」と承諾した場合、内面(本当の意思)では意思が一致していないのですが、外形(見かけ)では一致しているので、契約は成立することになります。

また、契約の成立に書面や引渡しなどは必要なく、原則として口約束でも成立します。ちなみに、契約書などは後に争いが生じたときの証拠となります。

債権…特定の相手方にある一定の行為を要求する権利のこと。また、債権をもつ者を債権者といいます。

債務…債権に対応する相手方の義務のこと。また、債務を負担する者を債務者といいます。

(2)意思表示の効力発生時期等～契約はいつ成立するの？

申込や承諾の意思表示は、その通知が相手方に到達した時に効力が生じます。
もし、相手方が正当な理由なく意思表示の通知が到達することを妨げたときは、その通知は、通常到達すべきであった時に到達したものとみなされます。

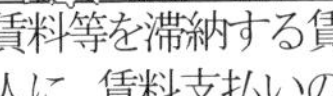

具体例

賃料等を滞納する賃借人に、賃料支払いの催告をしたり、債務不履行による契約解除の通知をしたりしたにもかかわらず、その書面を故意に受け取らない場合等。なお、相手方を知ることができず、またはその所在を知ることができないときは、裁判所の掲示板等で公示する方法によって意思表示することができます。

付け足し

意思表示は、表意者が通知を発した後に死亡したり、意思能力を失ったり、行為能力の制限を受けたりした場合でも、効力は妨げられません。その逆に、意思表示の相手方がその意思表示を受けた時に、意思能力を失っていたり、未成年者または成年被後見人であったりした場合は、その意思表示をもってその相手方に対抗することができません。ただし、相手方の法定代理人や意思能力を回復し、または行為能力者となった相手方がその意思表示を知った後は対抗できます。

(3)契約～契約すると債権が発生する？

契約すると代金支払請求権や賃料支払請求権などの債権が生じます。
なお、誰でも、法令に特別の定めがある場合を除き、契約をするかどうかを自由に決定することができます（**選択の自由**）。また、契約の当事者は、法令の制限内において、契約の内容を自由に決定することができます（**内容の自由**）。

2-2　契約締結等の時期の制限

建築確認後でないと売却できないが貸借はできます

民法の原則では、いつ誰とどのような契約をするのも当事者の自由なのですが、**宅建業者が不動産取引に関わるといろいろと制約があります。**契約締結時期の制限と、契約書面に関する規制があります。まずは、契約締結時期の制限からです。

(1)建築確認前に売買できなくても貸借はできる？

宅建業者は、宅地の造成または建物の建築に関する**工事の完了前**においては、その工事に関し必要とされる都市計画法上の開発許可、建築基準法上の**建築確認その他法令に基づく許可等の処分等があった後**でなければ、その工事に係る宅地または建物につき、**自ら当事者**として、もしくは当事者を**代理して**その売買もしくは交換の契約を締結し、またはその売買もしくは交換の**媒介をしてはなりません。**
したがって、**賃貸借契約についてはこのような制限がありません。**

宅地造成等の許可や建築確認を受けたときに売買契約の効力が発生するとの停止条件付き売買契約を締結することは、その許可等の処分があるまでに売買契約を締結することに変わりないので、違法となります。

(2)宅建業者間の取引でも適用される？

契約締結時期の制限の規定は、**宅建業者間の取引にも適用されます。**また、宅建業者ではない人から、宅建業者が未完成物件を購入する場合にも適用されます。というのは、この規定が買主を保護するためだけのものではなく、**未完成物件の売買等による取引紛争を防止し取引の公正を確保するため**の業務規制だからです。

(3)違反した場合

契約締結時期の制限の規定に違反した場合、指示処分、業務停止処分の対象となり、情状が特に重いときは免許の取消処分を受けることがあります。
なお、未完成物件の広告開始時期の制限に違反した場合は指示処分にとどまる点とは大きな違いです。

付け足し 広告開始時期と契約締結時期の比較

	広告開始時期の制限	契約締結時期の制限
制限時期	建物の建築(あるいは宅地造成)に関する工事の完了前では、その工事に必要な確認(あるいは許可)があるまで	
制限対象	すべての取引	売買・交換およびその媒介・代理(**貸借は含まない**)

2-3 37条書面の交付

契約したら書面の交付が必要です

用語

諾成(だくせい)契約…当事者の合意によって成立する契約をいいます。

参考資料

相手方等(左の(1)に記載の交付する相手方)の承諾を得て、書面に代えて電磁的方法によることができます。その場合は、相手方が書面の状態で確認できるよう、書面に出力可能な形式で提供するとともに、相手方において、記載事項が改変されていないことを将来において確認できるよう、電子署名等の方法により、記載事項が交付された時点と、将来のある時点において、記載事項が同一であることを確認することができる措置を講じることが必要です。

取引士の記名を義務付けたのは、当事者間で成立した契約内容を明確にして、取引紛争を防止するためです。

売買契約、交換契約、賃貸借契約はすべて**諾成契約**です。つまり、契約の成立に契約書の作成や引渡し等は不要で、原則として口約束だけで成立します。宅建業者がこれらの取引に関わった場合でもこの原則は変わりません。

しかし、**宅建業者には、宅建業法で決められた内容を記載した書面等(37 条書面といいます)を交付する義務が課せられています**。契約自体は口約束でも成立するのですが、宅建業者が 37 条書面を交付しないと監督処分に処せられるという仕組みです。

(1)交付の相手方～37条書面は誰に交付するの？

場合分けして説明します。

宅建業者が自ら売買、交換の当事者として契約を締結したとき
37 条書面を**交付する義務を負うのは、売主業者、買主業者、交換の当事者となる宅建業者**で、**交付すべき相手方は契約の相手方**です。
宅建業者が当事者を代理して売買、交換、貸借の契約を締結したとき
37 条書面を**交付する義務を負うのは代理業者**で、**交付すべき相手方は契約の相手方**および**代理を依頼した者**です。
宅建業者が媒介して売買、交換、貸借の契約を成立させたとき
37 条書面を**交付する義務を負うのは媒介業者**で、**交付すべき相手方はその契約の各当事者**です。

(2)相手方が宅建業者でも37条書面は交付するの？

37 条書面の交付は**宅建業者間の取引についても適用されます**。当事者の合意があっても省略できません。

(3)交付時期～いつまでに 37 書面を交付するの？

契約を締結したときに、**遅滞なく**、37条書面を**交付**しなければなりません。契約を締結したときとは、当事者の契約に向けての意思が確定的に合致したときです。

(4)記名～取引士の説明はいらないが記名が必要？

宅建業者は、相手方等に交付すべき書面を作成したときは、**取引士をして**、その**書面に記名**させなければなりません。交付義務を負うのは宅建業者です。

付け足し

事業用定期借地権の場合は公正証書によって契約する必要があるので、そこに媒介業者の記名や取引士の記名はできません。そのような場合は、契約書とは別に37条書面を作成して交付する必要があります。

(5)37条書面のルールに違反した場合

37条書面を交付しなかった場合は、指示処分、業務停止処分の対象となり、情状が特に重いときは免許の取消処分を受けることがあります。
取引士に記名させなかった場合は指示処分の対象となります。
これらに違反した場合は、50万円以下の罰金に処せられます。

(6)必要的記載事項〜37条書面に必ず記載すべきものは？

以下の 5 項目は、売買・交換の場合において必ず書面に記載しなければならない最小限度の事項、すなわち合意しておくべき事項です。なお、宅建業法のこの定めは記載すべき事項の項目を掲げているだけで、どのような表現をもって記載すべきかについては、宅建業者が当該取引に則して当事者の意思や契約の趣旨等を踏まえながら専門的な判断をする必要があります。

①当事者の氏名（法人にあっては、その名称）及び住所

当事者の氏名、住所、法人にあっては、その商号または名称、代表者の氏名、主たる事務所の所在地です。売買等の契約において当事者が誰であるかを明確に表示することは契約上の権利・義務の主体を特定するために必要です。

②宅地建物を特定するために必要な表示

宅地建物の売買等の契約において目的物を特定することは基本的な事項です。
実際には、登記の全部事項証明書の記載、固定資産税評価証明書等をもとに以下の事項を記載します。

宅地	所在、地番、地目、地積、図面等
建物	所在、家屋番号、種類、構造、床面積等
マンション等区分建物	一棟の建物の構造、名称、所在、地番、専有面積等 ⇒区分所有建物の共有持分を分譲する場合には、購入者が取得することとなる共有持分を契約書その他の書面において特定することが必要であり、これを怠る場合には宅建業法違反となります。

なお、宅地建物を特定するために必要な表示について書面で交付する際、工事完了前の建物については、重要事項の説明の時に使用した図

付け足し

37 条書面における旧姓使用の取扱いについて

旧姓が併記された免許証の交付を受けた日以降は、希望する者は、37 条書面については旧姓を併記または旧姓を使用することができます。政令使用人も、変更届出書が受理された日以降は、同様に使用することができます。
また、37 条書面に記載する代表者および政令使用人と取引士が同一人物の場合は、いずれも旧姓併記、旧姓使用または現姓使用として表記を統一するか、どちらかを旧姓併記とし、もう一方を旧姓使用または現姓使用しなければなりません。

書を交付することにより行うものとします。
《新規物件に係る工事竣工図の交付等について》
戸建住宅については、購入者へのその住宅の引渡後速やかに、その住宅に係る工事竣工図等の関係図書（給排水、電気、ガス等の設備に関するものを含む。）を購入者に交付します。
区分所有建物については、購入者へのその建物の引渡後速やかに、その建物に係る工事竣工図等の関係図書（給排水、電気、ガス等の設備に関するものを含む。）を建物の管理事務所、営業所その他の適当な場所において購入者が閲覧できるようにしておかなければなりません。この場合においては、その工事竣工図等の関係図書がこれらの場所で閲覧することができる旨を37条書面等に付記しておかなければなりません。

③既存建物の構造耐力上主要な部分等の状況

「既存建物」とは既存の住宅を指します。「建物の構造耐力上主要な部分等」とは、建物の構造耐力上主要な部分及び雨水の浸水を防止する部分として国土交通省令で定めるものをいいます。
この建物の構造耐力上主要な部分等の状況について当事者の双方が確認した事項を 37 条書面に記載します。「当事者の双方が確認した事項」は、原則として、建物状況調査等、既存住宅について専門的な第三者による調査が行われ、その調査結果の概要を重要事項として宅地建物取引業者が説明した上で契約締結に至った場合の当該「調査結果の概要」とし、これを本条の規定に基づき交付すべき書面に記載します。これ以外の場合については、「当事者の双方が確認した事項」は「無」として書面に記載します。
ただし、当事者の双方が写真や告知書等をもとに既存住宅の状況を客観的に確認し、その内容を価格交渉や担保責任の免除に反映した場合等、既存住宅の状況が実態的に明らかに確認されるものであり、かつ、それが法的にも契約の内容を構成していると考えられる場合には、当該事項を「当事者の双方が確認した事項」として書面に記載して差し支えありません。

④代金又は交換差金の額並びにその支払い時期及び支払方法

代金とは、売買の目的物の対価を指し、交換差金とは交換において目的物の価格が等しくないときに差額を金銭で補足する趣旨で交付される金銭です。

⑤宅地建物の引渡しの時期

宅地建物の引渡しとは、契約の目的物である宅地建物の占有を移転する時期をいい、実際には建物であれば鍵を引き渡すことを意味します。引渡しの時期は、具体的な年月日を記載します。
なお、契約不適合責任の権利保存期間について宅地建物の引渡しの日から 2 年とする特約を付すと、民法に規定する通知期間は宅地建物を現実に引き渡した日の翌日から起算日が開始します。

⑥移転登記の申請の時期

宅地建物の売買、交換において所有権移転登記申請を行う時期です。

《必要的記載事項のまとめ表》

売買・交換の場合	貸借の場合
①当事者の氏名・住所	
②物件を特定するために必要な表示 ⇒工事完了前の建物については、重要事項の説明の時に使用した図書を交付することにより行います。	
③既存建物であるときは、建物の構造耐力上主要な部分等の状況について当事者の双方が確認した事項	記載の必要なし
④物件の引渡時期	
⑤代金・交換差金・借賃の額、支払時期、支払方法	
⑥移転登記の申請時期	記載の必要なし

(7)任意的記載事項～定めがあれば必ず記載すべきものは？

以下の7項目の事項は、**契約当事者間で定めがあれば**、37条書面に必ず記載しなければなりません。

①代金及び交換差金以外の金銭の授受に関する定めがあるときは、その額並びに当該金銭の授受の時期及び目的

「代金及び交換差金以外の金銭」とは代金、交換差金以外の手付金等を指し、この額、授受の時期、授受の目的を明記します。

②契約の解除に関する定めがあるときは、その内容

契約解除の事由及び契約解除の方法とその効果を記載します。契約を解除するには解除事由に該当する場合でなければならず、契約による解除権を約定解除権、法律の規定による解除権を法定解除権といい、前者には手付解除・ローン特約・建築条件付土地売買・クーリング・オフ、後者には債務不履行解除等があります。

《建築条件付土地売買契約について》

宅建業者が、いわゆる建築条件付土地売買契約を締結しようとする場合は、建物の工事請負契約の成否が土地の売買契約の成立または解除条件である旨を説明するとともに、工事請負契約が締結された後に土地売買契約を解除する際は、買主は手付金を放棄することになる旨を説明しなければなりません。なお、買主と建設業者等の間で予算、設計内容、期間等の協議が十分に行われていないまま、建築条件付土地売買契約の締結と工事請負契約の締結が同日又は短期間のうちに行われることは、買主の希望等特段の事由がある場合を除き、適当ではありません。

③損害賠償額の予定又は違約金に関する定めがあるときは、その内容

損害賠償額の予定または違約金についての約定の有無とその内容を記

参考

ローン特約を設ける趣旨は、買主の責めに帰すべからざる事由によって金融機関から融資を受けることができなかった場合に買主に手付解除とか債務不履行解除による損害賠償を負わせると酷であることから、買主の利益を保護するため無条件(手付放棄や損害賠償を負うことなく無賠償)で売買契約を解除できることにあります。

載します。

損害賠償額の予定とは、債務不履行があった場合の損害賠償額を当事者があらかじめ合意しておくことをいいます。この合意があれば、債権者は、その合意と債務不履行の事実を立証すれば、損害の発生とその額を立証しないで予定賠償額を請求することができるため、損害額をめぐる紛争を予防することができます。

違約金とは、債務不履行の場合に債務者が債権者に支払うべきことを約した金銭をいいます。違約金の性質が明確でない場合には、損害賠償額の予定と推定されます。

④代金又は交換差金についての金銭の貸借のあっせんに関する定めがある場合においては、当該あっせんに係る金銭の貸借が成立しないときの措置

あっせんとは、買主が金融機関から融資を受けるに際し融資申請・審査等の一連の融資手続が円滑に行われるよう宅建業者が世話をすることをいいます。

あっせんの内容とは、融資取扱金融機関、融資額、融資期間、利率、返済方法、保証料、ローン事務手数料等の融資条件を指します。

成立しないときの措置とは、残代金の支払方法、売買契約の解除の可否、ローン特約を設ける場合のその種類・内容(解除条件付特約、停止条件付特約、解除権留保型特約)、既に支払った手付金・内金の取扱い等をいいます。

《提携ローン等に係る金利について》

宅建業者が提携ローン等に係る金利をアド・オン方式により表示する場合には、実質金利を付記するものとし、かつ、実質金利の表示は、年利建てにより行わなければなりません。

《ローン不成立等の場合について》

金融機関との金銭消費貸借に関する保証委託契約が成立しないときまたは金融機関の融資が認められないときは売主または買主は売買契約を解除することができる旨、及び解除権の行使が認められる期限を設定する場合にはその旨を説明しなければなりません。

また、売買契約を解除したときは、売主は手付または代金の一部として受領した金銭を無利息で買主に返還しなければなりません。

⑤天災その他不可抗力による損害の負担に関する定めがあるときは、その内容

いわゆる危険負担に関する事項です。

⑥種類・品質に関する契約不適合を担保すべき責任またはその責任の履行に関して講ずべき保証保険契約の締結その他の措置についての定めがあるときは、その内容

契約時に交付する書面に記載すべき宅地建物の担保責任またはその責

任の履行に関して講ずべき措置の内容は、次に掲げる事項です。

担保責任の内容について定めがあるときは、宅地建物の構造部分、設備、仕上げ等についてその範囲、期間等の具体的内容
保証保険契約または責任保険契約にあっては、当該保険を行う機関の名称または商号、保険期間、保険金額及び保険の対象となる宅地建物の契約不適合の範囲
保証保険または責任保険の付保を委託する契約にあっては、その保険の付保を受託する機関の名称または商号、保険期間、保険金額及び保険の対象となる宅地建物の契約不適合の範囲
保証委託契約にあっては、保証を行う機関の種類及びその名称または商号、保証債務の範囲、保証期間及び保証の対象となる宅地建物の契約不適合の範囲 ⇒当該措置の内容を記載することに代えて、当該措置に係る契約の締結等に関する書類を別添することとして差し支えありません。
特定住宅瑕疵担保責任の履行の確保等に関する法律 11 条 1 項に規定する住宅販売瑕疵担保保証金の供託担保責任の履行に関する措置を講ずる場合には、次に掲げる事項 ①住宅販売瑕疵担保保証金の供託をする供託所の表示及び所在地 ②特定住宅瑕疵担保責任の履行の確保等に関する法律施行令第 7 条第1項の販売新築住宅については、書面に記載された2以上の宅地建物取引業者それぞれの販売瑕疵負担割合の合計に対する当該宅地建物取引業者の販売瑕疵負担割合の割合

⑦租税その他の公課の負担に関する定めがあるときは、その内容

宅地建物に係る租税とは固定資産税・都市計画税等をいいます。公課とは租税以外の公の金銭負担をいい、たとえば公共下水道設置の際の受益者負担金等をいいます。

固定資産税等は毎年 1 月 1 日現在に所在する固定資産に対し課せられるため、取引実務では、目的物の引渡しまたは所有権移転の日を基準に日割り計算を行い当事者間の負担割合を特約することが一般的であるため、その内容を明記しておく必要があります。

《買換えについて》

買換え時において依頼した物件の売却が行われないときの措置についても、37 条書面に明記することが望ましいとされています。買換えとは、たとえば、A が B から宅地建物を購入する際に、A が現在所有している宅地建物(手持ち物件)を C に売却して、その売却代金を購入代金に充てる方法をいいます。

《任意的記載事項のまとめ表》

売買・交換の場合	貸借の場合
⑦代金、交換差金・借賃以外の金銭の額、授受時期、授受目的	
⑧契約の解除に関する定めの内容	
⑨損害賠償額の予定、違約金に関する定めの内容	
⑩天災その他不可抗力による損害の負担(危険負担)に関する定めの内容	
⑪代金・交換差金についての金銭の貸借のあっせんの定めがあるときは、その不成立のときの措置	記載の必要なし
⑫種類・品質に関する契約不適合責任の内容	記載の必要なし
⑬租税その他の公課の負担に関する定めの内容	記載の必要なし
⑭契約不適合責任の履行に関し講ずべき保証保険契約の締結その他の措置の内容	記載の必要なし

付け足し 定期借地権設定契約である旨の書面化

定期借地権設定契約のうち、一般定期借地権に係る更新等をしない旨の特約は公正証書等の書面によって、また、事業用借地権の設定契約は必ず公正証書によってしなければ、取引当事者の意図に反して普通借地権として扱われてしまうため、代理または媒介を行う宅建業者は、取引当事者に対し、その点の注意を喚起しなければなりません。

また、宅建業者の代理または媒介により定期借地権設定契約が成立したときは、当該定期借地権等の内容を37条書面に記載することが望ましいとされています。

3-1 取消しと無効＜契約の有効要件

取り消すと無効になりますが、無効のものは取り消せません

これまで、特に詳しい説明もなく、「取り消す」とか「無効」という言葉を使ってきました。これらも法律用語なので、ここでしっかりとその意味を理解しておきましょう。

無効	法律効果を当初からまったく生じないものとして取り扱うもの
取消	いったん法律効果を発生させた後に、これを消滅させる余地を認めるもの

(1)取消しと無効〜どこが違うの？

取消しと無効は、結果は同じなのですが、その内容が異なります。

無効	**いつでも・誰でも、主張できるのが原則です**。つまり、時効にかからず、利害関係があれば誰でも主張できます。 また、無効の場合は、はじめからそのような契約が存在しないので、**追認することもできません**。
取消	一定期間それを主張しなければ時効によって主張できなくなり、取消の主張ができる者が限られています。 また、取消しの場合は**追認することができます**。

(2)取消しの主張①〜時間制限がある？

無効の主張には時間制限がありませんが、取消しの主張には時間制限があります。取り消すことができる権利(取消権といいます)は、追認することができる時から**5年間行使しないときは、時効によって消滅します**。また、行為の時から**20年経過したときも消滅します**。

5年と20年とする取消権の時効の規定は、制限行為能力と意思表示以外の規定には適用されません。たとえば、詐害行為取消権や書面によらない贈与の取消し(解除)、無権代理行為の取消しには適用されません。

(3)取消しの主張②〜限られた者しかできない？

制限行為能力を理由に取り消すことができる行為は、**制限行為能力者(他の制限行為能力者の法定代理人としてした行為にあっては、当該他の制限行為能力者を含みます)またはその代理人、承継人もしくは同意をすることができる者に限り**、取り消すことができます。また、錯誤や詐欺・強迫を理由に取り消すことができる行為は、**錯誤して意思表示をした者や詐欺・強迫を受けて意思表示をした者またはその代理人もしくは承**

追認することができる時…原則として取消しの原因となっていた状況が消滅した時をいいます。未成年者は成年になった時、成年被後見人は後見開始の審判が取り消された時、詐欺や強迫を受けた者は詐欺や強迫の情況を脱した時をいいます。

行為の時…問題の行為、たとえば未成年の法律行為、詐欺による意思表示などが行われた時をいいます。

承継人…承継人には包括承継人(たとえば、相続人のように、前主の権利義務を包括的に承継した者)と特定承継人(たとえば、不動産の譲受人のように、個別の権利だけを承継した者)の2種類があり、取消権者の承継人は両者を含みます。

継人に限り、取り消すことができます。
括弧内の「他の制限行為能力者の法定代理人としてした行為」というのは、2020年の民法改正で付け足されたものです。たとえば、制限行為能力者Bが法定代理人となる場合、代理される本人Aも制限行為能力者であれば、Aを保護するため、Aにも取消権を認めたものです。

(4)取り消された行為～取消しをした後はどうなるの？

参考資料

たとえば、不動産の売買契約が取り消された場合、一応生じた代金支払債務や不動産引渡債務は、履行する必要がなくなります。また、すでに履行されている場合は、代金や不動産の返還請求をすることになります（原状回復と呼びます）。

取り消された行為は、はじめから無効だったということになります。一応生じた効果は、取消しの主張により、一度も生じなかったことになります。ちなみに、これを遡及効（そきゅうこう）と呼びます。したがって、法的な効果は、取消しの場合も無効の場合も同じです。

(5)追認～取り消すことができる行為は追認できる？

追認とは、一応有効に成立している法律行為を確定的に有効とする意思表示をいいます。追認するには、法律行為を取り消すことができるものであることを知っていることと、取消しの原因となっている状況が消滅した後であることの要件を満たす必要があります。
ただし、次の場合には、取消しの原因となっていた状況が消滅した後でなくても、取消権があることを知っていれば追認できます。

①法定代理人や制限行為能力者の保佐人または補助人が追認をするとき
②制限行為能力者（成年被後見人を除く）が法定代理人、保佐人または補助人の同意を得て追認をするとき

付け足し

法律上の一定の事実があれば、取り消すことができる法律行為が取り消すことができなくなり確定的に有効になります（法定追認）。一定の事実とは、①全部または一部の履行、②履行の請求、③更改、④担保の供与、⑤取り消すことができる行為によって取得した権利の全部または一部の譲渡、⑥強制執行をいいます。

3-2 詐欺・強迫＜契約の有効要件

だまされ脅されても契約は無効ではなく取り消せるだけです

だまされたり、脅されたりして、契約を結ばされてしまったような場合、その被害者（表意者といいます）は、後にその**契約を**取り消す**ことができます**。

(1)第三者①～詐欺をしたのが第三者だったら？

たとえば、AがBからお金を借りているCにだまされて、Cの債務の保証人となるためにBと保証契約を結んだような場合（第三者詐欺といいます）にも詐欺を理由に取り消せるでしょうか。第三者の詐欺の場合は、**相手方が詐欺の事実を**知り**、または**知ることができた場合に限り**(悪意・有過失)**、取り消すことができます。

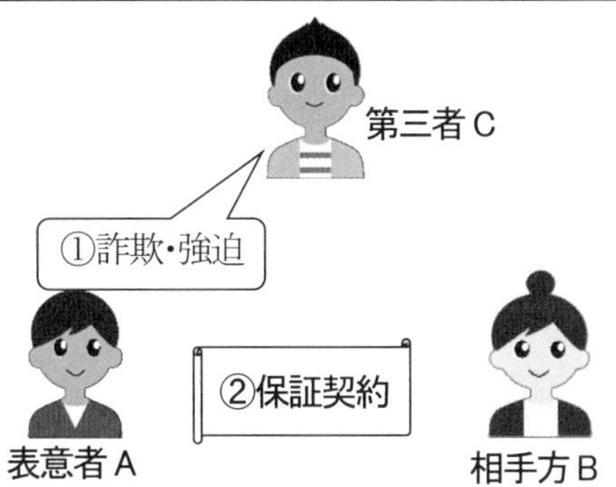

それはなぜ？

だまされた人よりも**強迫された人をより厚く保護**しようとする趣旨です。

なお、詐欺と異なり、強迫による意思表示は、たとえ**第三者が強迫した場合**でも、常に取り消すことができます。相手方の善意・悪意・過失の有無を問いません。

(2)第三者②～詐欺・強迫の後に第三者が取引関係に入ってきたら？

詐欺や強迫によって建物を売却してしまい、契約を取り消す前にその建物が他の人（第三者）に売り渡されてしまった場合、だまされた人・強迫された人はその建物を取り戻すことができるでしょうか。

保護を受ける**第三者**は、取り消す前に利害関係を有するに至った者をいいます。取り消した後に利害関係を有するに至った者は含みません。

詐欺による取消は、**その第三者が詐欺の事実を知らず、そのことに過失がない状態で**(善意・無過失)**、取引関係に入った場合は、取り戻すことができません**。それに対して、**強迫による取消は、第三者による強迫と同様に、その第三者が強迫の事実を知っていても知らなくても、取り戻すことができます**。

3-3 契約内容の有効性＜契約の有効要件

無謀な契約や犯罪に加担する契約は保護しません

(1)何をいくらで売るかを決めずにとりあえず契約だけしたら？

契約が有効であるためにはその重要部分が解釈などによって確定できることが必要です（確定性）。「何か売って下さい」「はいわかりました」では、まったく法的な効力を与えることができないし、その必要もないからです。

(2)実現不可能な売買契約は有効？

契約は実現可能性がなければ無効です。たとえば、木星にある土地の賃貸借契約など、実現可能性がない契約を保護する意味はありません。

(3)違法な薬物の売買契約や賭博資金を借りる契約は有効？

そもそも法律に違反するような契約は、いくら契約自由の原則といえども、認めるわけにはいきません。また、賭博資金の貸付契約も、公序良俗に反する契約も認めるわけにはいかないので無効です。

付け足し

公序良俗に反して無効となった判例は多数あります。2011 年 12 月 16 日の最高裁判決では、**建築基準法等の法令の規定に適合しない悪質な計画に基づく建物の建築を目的とする請負契約**が公序良俗に反し無効とされています。また、1963 年 1 月 18 日の最高裁判決では、債務者の経済的困窮に乗じて締結された、**債務不履行のときには債権額の約 8 倍の価格の不動産を債権者が確定的に取得する旨の契約**が公序良俗に反し無効とされています。

4 土地建物に関する契約

契約には種類とそれぞれ特徴があります

契約はその性質により分類できます。

用語	意味
諾成契約	当事者の意思表示の合致すなわち合意のみによって成立する契約
要物契約	当事者の意思表示の合意の他に物の引渡しその他の給付をなすことが契約成立の要件とされる契約
双務契約	契約当事者が、互いに対価的意義を有する債務を負担する契約。売買契約や賃貸借契約が典型です。
片務契約	契約当事者が、互いに対価的意義を有する債務を負担しない契約。贈与契約が典型です。
有償契約	契約の双方の当事者が、互いに対価的意義を有する財産上の支出をする契約 ⇒売買契約がその典型例で、売主は物を引き渡し、買主はその対価として売買代金を支払います。
無償契約	契約の双方の当事者が、互いに対価的意義を有する財産の支出をしない契約

付け足し

双務契約には、同時履行の抗弁権および危険負担の規定が適用される点で片務契約と異なります。

付け足し

有償契約には、売買の規定が原則として準用される点で無償契約と異なります。

付け足し

無償契約は、たとえば、タダで物をあげたり、貸したりする契約です。つまり、贈与契約や使用貸借契約などです。

(1)売買契約等～土地建物の所有権の得喪を目的とする契約

①売買契約

売買契約とは、当事者の一方(売主)がある財産(目的物)を相手方(買主)に移転することを約し、これに対して、買主がその代金を支払うことを約束する契約をいいます。その性質としては、**有償、双務、諾成契約**です。

②交換契約

交換契約とは、当事者が互いに金銭の所有権以外の財産権を移転する契約をいいます。その性質としては、**有償、双務、諾成契約**となります。

③贈与契約

贈与契約とは、当事者の一方が相手方に無償で財産を与える契約のことをいいます。その性質としては、**無償、片務、諾成契約**です。

(2)賃貸借契約等～土地建物に他人の権利を設定する契約

①賃貸借契約

賃貸借契約とは、賃貸人が賃借人に目的物を使用収益させ、それに対して賃借人が対価を支払う旨を約束する契約をいいます。その性質としては、**有償、双務、諾成契約**となります。

②消費貸借契約

消費貸借契約とは、金銭その他の代替物を借りて、後日、これと同種・同等・同量の物を返還することを約する契約のことをいいます。その性質としては、**無償**(利息付の場合は有償)、**片務、要物契約**(書面でする締結する場合は諾成契約)となります。

③使用貸借契約

使用貸借契約とは、貸主が借主に、無償で目的物を貸す契約をいいます(593条)。その性質としては、**無償、双務、諾成契約**となります。

(3)請負契約等～土地建物の建築・改良・維持・管理等を目的とする契約

①請負契約

請負契約とは、当事者の一方がある仕事を完成させることを約束し、他方がこれに対して報酬を支払うことを約束することによって成立する契約をいいます。その性質としては、**有償、双務、諾成契約**となります。

②委任契約

委任契約とは、特定の不動産の売却・賃貸の契約締結など、一定の事務を処理するための統一的な仕事を依頼する契約です。仕事を依頼する側を委任者、依頼を受けて仕事をする側を受任者と呼びます。その性質としては、**無償、双務、諾成契約**となります。ただ、例外として報酬支払の特約をすれば有償契約となります。

(4)その他の契約～民法にはその他多くの契約がある？

雇用契約	当事者の一方が相手方に対して労務に服することを約束し、相手方がこれにその報酬を与えることを約束することを内容とする契約をいいます。
寄託契約	当事者の一方が相手方のために保管をなすことを約して、ある物を受け取ることによって成立する契約をいいます。
組合契約	数人の当事者がそれぞれ出資をして、共同の事業を営むことを約する契約をいいます。
和解契約	当事者が互いに譲歩して、その間に存する争いをやめることを約することによって成立する契約をいいます。

第2章
双務契約

1 同時履行の抗弁権

相手方が履行に着手するまではこちらも履行しない権利

双務契約は、契約の双方の当事者が対価的意義を有する債務を負担する契約です。この双方の当事者の負担する債務は、互いに一方がその債務を負担すればこそ、他方もまたその債務を負担するという関係(牽連関係)に立ちます。

(1)債務の成立〜一方の債務が成立しなければ他方も成立しない？

制限行為能力や詐欺・強迫・錯誤などにより一方の債務が取り消されて無効となった場合は、原則として他方の債務もその効力を失います。

(2)同時履行の関係〜同時履行の抗弁権って何？

それはなぜ？
公平の理念に基づくものです。

一方の債務が履行されない以上は、原則として、他方の債務もまた履行される必要がありません。同時履行の抗弁権といいます。双務契約から生じる対価関係にある両債務について認められるものです。

(3)成立要件〜同時履行の抗弁権が成立する要件は？

原則として、次の3つが備わっていることが必要です。

①同一の双務契約から生じる両債務が存在すること
②相手方の債務が弁済期にあること
③相手方がその債務の履行(債務の履行に代わる損害賠償の債務の履行を含む)の提供をしないこと

付け足し 特殊な同時履行の抗弁権

厳密にいうと、双務契約から生じた両債務とはいえないけれども、同時履行の関係が認められた判例が多数存在します。

①双務契約が無効であったり、取り消されたりした場合、双方がすでに受領した物などを返還しあう関係は、双務契約から生じた両債務とはいえませんが、実質的には同じものとして、これに同時履行の関係を認めています(未成年者の取消しについて最判昭和28年6月16日、詐欺による取消しについて最判昭和47年9月7日)。

②賃貸借契約における修繕義務と賃料支払義務との間には同時履行関係があるとする判例があります(大判大正4年12月11日、大判大正10

年9月26日)。つまり、賃貸人が必要な修繕を怠るときは、賃借人は賃料の支払いを拒絶できます。ただし、その程度によっては、賃料の一部の支払のみを拒絶できるとしています(大判大正5年5月22日)。

③弁済と受取証書(領収証)の交付との間には、厳密な意味での対価性が存しませんが、将来の二重払を防ぐ意味において、同時履行の関係が認められています(大判昭和16年3月1日)。

④賃貸借の終了による立退料の支払義務と建物の明渡し義務との間にも、厳密な意味での対価性が存しませんが、同時履行の関係があると認められています(最判昭和38年3月1日)。

(4)同時履行の抗弁権〜その効果は?

たとえば、AとBとの間で、建物の引渡しと代金の支払を9月12日に同時に行うと約束し売買契約したとします。Aがその日に建物を引き渡さなかった場合は契約違反の責任(履行遅滞責任)が生じます。また、Bもその日に代金を支払わなければ、同様の責任が生じます。しかし、AにもBにも同時履行の抗弁権があるとすることで、**お互い、約束通りに建物を引き渡さない、代金を支払わなくても、履行遅滞による責任を負わない**という利点が生じます。この利点が同時履行の抗弁権の効果です。

2 危険負担

売買契約後引渡し前に地震で建物が倒壊したら代金は？

危険負担とは、**契約締結後**、目的物が不可抗力によって消滅してしまった場合の決着をどうつけるかという理屈をいいます。
たとえば、下の図の例（建物の売買契約を結んだ後、まだ建物を買主に引き渡す前に、大地震でその建物が壊れてしまった場合）で、A の B に対する建物の引渡し債務が、不可抗力で行使できなくなった（不能）場合でも、B は代金を支払う義務を負うのかという問題です。

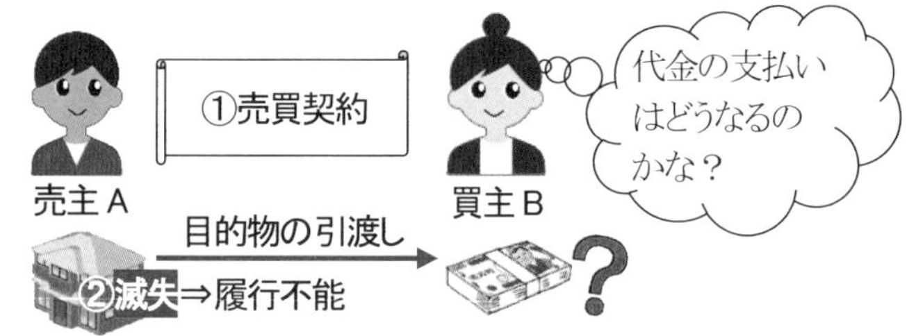

(1)履行の拒絶～当事者双方に落ち度がない場合は？

前記の例で、AB **双方の責めに帰すべき事由がなく**（落ち度がなく）、建物が滅失した場合は、建物引渡し債務における債権者の B（買主）は、**反対給付の履行**（代金支払い）を**拒むことができます**。これは、売買契約以外の契約（たとえば賃貸借契約など）でも同じです。
なお、あくまでも「拒むことができる」だけで、債務自体が消滅するわけではありません。

(2)帰責事由～債権者に落ち度があった場合は？

前記の例で、引渡し債務における債権者の B（買主）の責めに帰すべき事由があり（落ち度があり）、建物が滅失した場合は、B は、反対給付の履行（代金支払い）を**拒むことができません**。この場合、A は、建物引渡し債務をしなくてよくなったことで利益を得たときは、これを B に償還しなければなりません。

付け足し

請負契約の目的たる工事が注文者の責めに帰すべき事由で完成不能となったときは、請負人は残債務を免れるとともに、注文者に請負代金**全額**を請求できますが、**自己の残債務を免れたことによる利益**を注文者に**償還**しなければなりません（最判昭和 52 年 2 月 22 日）。

(3)目的物の滅失等～引渡後に当事者双方に落ち度なく滅失したら？

前記の例で、A が B に建物(不特定物の場合は売買の目的として特定したものに限ります)を**引き渡した後に**、AB **双方の責めに帰すべき事由がなく**(落ち度がなく)、滅失や損傷した場合、買主の B は、その滅失や損傷を理由として、履行の追完の請求、代金の減額の請求、損害賠償の請求および契約の解除をすることができません。もちろん、**代金の支払いも拒めません**。

これは、売買契約以外の有償契約(たとえば賃貸借契約など)にも準用されます。

付け足し

売主が契約の内容に適合する目的物をもって、その引渡しの債務の履行を提供したにもかかわらず、買主がその履行を受けることを拒み、または受けることができない場合において、その履行の提供があった時以後に、当事者双方の責めに帰することができない事由によってその目的物が滅失し、または損傷した場合も、同様に、履行の追完の請求、代金の減額の請求、損害賠償の請求および契約の解除をすることができません。もちろん、代金の支払いも拒めません。

第3章
物権

1 物権

民法には物に対する権利と人に対する権利があります

(1)物権と債権〜財産法上の権利は2つに分けられる？

民法の財産に関するルールを理解するには物権と債権の 2 つを理解する必要があります。

	内容	特徴
物権	人の物に対する権利	誰に対しても主張できる権利※1
債権	特定の相手方にある一定の行為を要求する権利	特定の人に対してのみ主張できる権利※2

※1 マンションを購入した場合、そのマンションが自分の物であると、売主以外にも当然に主張できます。

※2 購入したマンションの内装をリフォーム業者に依頼したが、その業者の不手際で壁紙が剥がれる等の問題があった場合、そのリフォーム業者に連絡して修理なり損害賠償なりを要求すると思います。この時、建築士の資格をもっている友人にクレームを言っても同情されるだけです。これはリフォーム業者との間で、依頼どおりに内装工事を行う代わりに報酬を支払うという契約(請負契約)をしたことによって、「その業者」に対してだけ一定の権利を主張できるようになったからです。

(2)物とは〜物には 2 種類あるの？

民法上の「物」は大きく動産と不動産に分けられます。

不動産とは、土地とその定着物をいいます。なお、民法にはっきりとは書かれていないのですが、**建物は土地とは別個の不動産**といわれています。

建物以外の土地の定着物には庭石や樹木、その花や果実なども土地の定着物として不動産となります。もちろん、樹木が伐採されたり、果実が収穫されたりすれば、それらは独立の動産ということになります。

物	固体、液体、気体の有体物	不動産	土地とその定着物
		動産	不動産以外の物

(3)物権法定主義〜物権の内容は契約で自由に変えられない？

物権という権利は原則として法律で定めたものだけが効力を持ちます。

田中権とか吉田権なる物権を勝手に作っても自己満足に過ぎません。

それに対して債権は、舞台で演技してもらう債権など公序良俗に反しない限り契約で自由に作り出すことができます。

なお、民法には 10 種類の物権が定められています。

(4)所有権とは

所有権とは法律の範囲内において特定の物を自由に使用・収益・処分をすることができる権利をいいます。つまり、自分のものだという権利が所有権で、所有権をもっていたら法律に違反しない範囲で、自由に使ったり他人に売ったりすることができるということです。

(5)物権的請求権〜所有権は強力な権利？

物権的請求権とは、物権の内容である直接支配が侵害され、または侵害されるおそれがあるときに、その回復または保全のため、物権より生ずる請求権をいいます。

なお、民法には物権的請求権に関する条文はありません。単に占有権に基づく占有訴権だけを規定しています（197 条以下）。しかし、物を直接・排他的に支配することを内容とする物権の性質から当然に認められると解されています。

①物権的返還請求権〜盗まれたものを返せと主張するには？

法的に何ら正当な根拠（権原）がないにもかかわらず無権利者が物を支配する場合に、その物の占有を全面的に失っている物権者が、その物権に基づいて物の返還を請求することのできる権利を物権的返還請求権といいます。占有回収の訴えに似ていますが以下の点で異なります。

	物権的返還請求権	占有回収の訴え
要件	現に無権利者が違法に物を全面的に占有している場合に一般的に成立	侵奪された場合のみに成立
効果	誰に対しても行使できる	侵奪者からの善意の特定承継人には行使できない
期間	制限なし（消滅時効にもかからない）	侵奪の時から 1 年以内に行使

②物権的妨害除去請求権〜所有権を邪魔する物は撤去できる？

物権の行使が部分的に妨害されている場合に、物権者が、その妨害を現に生じさせている者に対して妨害の除去を請求する権利を、物権的妨害除去請求権といいます。

③物権的妨害予防請求権〜隣家の大木が倒れてきそうな場合は？

物権の行使に対する妨害が現在は生じていないが、そのおそれがある場合に、物権者が、妨害の危険を生じさせている者に対して、妨害発生を予防すべき措置を請求できる権利を、物権的予防請求権といいます。朽ちて倒れてきそうな隣家の木が倒れてこないよう措置を要求する等です。

物権的請求権は、所有権に基づくものに限らない点に注意して下さい。「物権」的請求権であり、「所有権」的請求権とはなっていません。地上権その他の用益物権だけでなく、不動産質権や抵当権についても一定限度で物権的請求権が認められます。また、判例は、対抗力のある不動産賃借権には一定の場合に物権的請求権（特に妨害排除請求権）を認めています。

2 共有（共同所有）＜所有権

共有する建物を増改築するには全員の同意が必要です

それはなぜ？

共有は争いの母とも呼ばれ、法律上はなるべくこのような関係を早期に解消しようとする趣旨で規定されています。

具体例

A・B・Cの3名が土地を共有し、各自の持分が等しい場合にも、各自が当然に3分の1の面積の土地を使用する権利があるのではなく、各自が全部の土地を3分の1の割合で受益するように使用する権利を有します。

共有とは、**複数の人が1つの物を所有すること**をいいます。1つの建物を家族全員の名義で購入するような場合です。

(1)共有物の使用～共有物は持分に応じて使用できる？

各共有者は、共有物の**全部**について、その**持分に応じた使用**をすることができます。

具体的な使用方法については、共有者の協議で決めます。共有物から生じる収益についても、持分の割合で取得します。

また、**共有物を使用する共有者は、別段の合意がある場合を除いて、他の共有者に対し、自己の持分を超える使用の対価を償還する義務を負います。**上記の例で、Aが単独で共有物を使用しているような場合には、BとCに対価を支払う義務があるということです。

共有者は、自分に持分があるからといって、自己の物と同様の軽い注意義務で使用できるものではありません。他人の物を扱うのと同様の重い**善良なる管理者の注意義務**で使用しなければなりません。

持分の割合は、相続の場面のように法律で定まる場合を除いて、共有者間の話し合いで決まります。**法律や共有者間の取り決めがない場合には、各共有者の持分は相等しいものと推定されます。**

付け足し

他の共有者との協議に基づかないで、自己の持分に基づいて現に共有物を占有する共有者に対して、他の共有者は**当然には共有物の明渡しを請求することはできません。**

用語

特別縁故者への財産分与…家庭裁判所は、相当と認めるときは、被相続人と生計を同じくしていた者、被相続人の療養看護に努めた者その他被相続人と特別の縁故があった者の請求によって、これら特別縁故者に、清算後残存すべき相続財産の全部または一部を与えることができます。

(2)持分の譲渡～持分を譲渡できるの？

持分には、譲渡性があり、各共有者はその持分を**自由に譲渡することができます。**

(3)共有者が死亡したり持分を放棄したりするとどうなる？

共有者の1人が、その**持分を放棄したとき**は、その共有持分は、**他の共有者に帰属します。**

それに対して、共有者の1人が死亡し、相続人の不存在が確定したときは、その共有持分は他の相続財産とともに**特別縁故者への財産分与の対象となり**、なお相続財産が残存することが確定したときにはじめて、他の共有者に帰属します。

他の共有者に帰属する割合は他の共有者の持分の割合に応じます。国庫に帰属するわけではありません。

(4)共有物の分割〜いつでも分割できるの？

各共有者は、いつでも**共有物の分割を請求することができます**。ただし、5年**を超えない期間内は分割をしない旨の契約をすることができます**。この契約は、更新することができますが、その期間は、更新の時から5年を超えることができません。
なお、上記のルールは、相隣者の共有物と推定された境界線上に設けた境界標、囲障、障壁、溝および堀については適用されません。

民法は、争いの母となるような共有関係はなるべく早く解消するようにしており、単独所有を原則とし、共有は暫定的な状態と扱っています。

(5)裁判所への分割請求〜分割の協議がうまくいかなかったら？

共有物の分割について共有者間に協議が調わないとき、または**協議をすることができないとき**は、その分割を裁判所に請求することができます。
裁判所は、次のいずれかの方法により、共有物の分割を命ずることができます。

①共有物の現物を分割する方法(**現物分割**)
②共有者に債務を負担させて、他の共有者の持分の全部または一部を取得させる方法(**賠償分割**)

上記の方法により共有物を分割することができないとき、または分割によってその価格を著しく減少させるおそれがあるときは、裁判所は、その競売を命ずることができます(**競売分割**)。
裁判所は、共有物の分割の裁判で、当事者に対して、金銭の支払、物の引渡し、登記義務の履行その他の給付を命ずることができます。なお、給付命令の内容として登記義務の履行が命じられた場合、共有不動産を取得した共有者は、単独で登記申請することができます。

共有者の一部が不特定・所在不明である場合など。2023年改正で追加された要件です。

共有者間の実質的に公平な分割を実現するために、賠償金の給付と移転登記の引換給付を命ずる判決も可能です。

(6)遺産分割との競合〜遺産の場合は扱いが異なる？

共有物の全部またはその持分が相続により得た財産だった場合は、上記の分割手続(以下、**共有物分割**といいます。)によるのか、**遺産分割**手続によるのかが問題となります。ちなみに、遺産分割によらずに共有物分割を行うと、相続人は、具体的相続分による分割や民法906条に従って分割等を受けることができる権利(**遺産分割上の権利**)を失うことになり、配偶者居住権の設定もできなくなります。
そこで、共有物の全部またはその持分が相続財産に属する場合において、共同相続人の間でその共有物の全部またはその持分について**遺産の分割をすべきときは、原則として、共有物分割訴訟の手続をとることができません**。

具体的相続分とは、法定・指定相続分を前提に個別具体的な要素を加味して修正した相続分のことをいいます。相続人が被相続人から生前に受けた多額の贈与金や相続人による遺産の維持・増加に対する特別の寄与等を加味します。
民法906条は、遺産に属する物や権利の種類および性質、各相続人の年齢、職業、心身の状態および生活の状況その他一切の事情を考慮して分割する旨を定めています。

付け足し

この例外には、さらに例外があります。相続開始から10年を経過した場合でも、遺産分割の請求があり、かつ、相続人が異議を申し出たときは、遺産分割手続によることになります。なお、相続人が異議の申出をする場合、共有物分割訴訟が係属する裁判所から通知を受けた日から2か月以内に異議の申出をしなければなりません。これは、共有物分割請求訴訟の中で相続人間の分割もすることを前提に審理が進められていたような場合に、結審間際に相続人から異議の申出がされると、それまでの審理が無駄となってしまう可能性もあるので、相続人が異議の申出をすることができる期間を短く設定したものです。

ただし、例外として、相続開始の時から 10 年を経過した場合、遺産共有持分について共有物分割訴訟の手続をとることができます。10 年という期限があるのは、もし無制限にしてしまうと、相続人に認められている前記の遺産分割上の権利が害されてしまうからです。

(7)共有物の管理・変更～軽微変更であれば過半数の賛成でよい？

家族で購入した家屋が古くなって改築するような場合、どのような手続きが必要でしょうか。法律上は、保存行為、管理行為、変更行為の３つに分けてそれぞれ要件を定めています。

①保存行為

保存行為とは、共有物の現状を維持する行為をいい、各共有者は他の共有者の同意を得ることなく単独で行えます。たとえば、共有物の**不法占拠者へ明け渡しを請求することや無権限で登記簿上所有名義を有する者に対する抹消請求**等が典型例です。なお、不法占拠者に損害賠償を請求する場合、持分の割合を超えて請求することはできません。

②管理行為

管理行為とは、共有物の利用改良行為をいい、各共有者の持分の価格に従い、その過半数で決した上で行えます。たとえば、共有物の**利用者を決めることや管理者を選任すること**等が典型例です。

1.共有物を使用する共有者がいる場合

共有物を使用する共有者がいる場合でも、持分の過半数で管理に関する事項を決定することができます。たとえば、共有者間の定めがないまま共有物を使用する共有者がいた場合でも、その者の同意なく、持分の過半数でそれ以外の共有者に使用させる旨を決定することができます。

付け足し

配偶者居住権が成立している場合には、他の共有者は、持分の過半数により使用者を決定しても、別途消滅の要件を満たさない限り配偶者居住権は存続し、配偶者居住権を消滅させることはできません。
また、共有者間の決定に基づき第三者に短期の賃借権等を設定している場合に、持分の過半数でその賃貸借契約等の解約を決定したとしても、別途解除等の消滅の要件を満たさない限り賃借権等は存続します。

それはなぜ？

所在等不明共有者(必要な調査を尽くしても氏名等や所在が不明な共有者)がいる場合には、管理に関する事項について、所在等不明共有者以外の共有者の持分が過半数に及ばないケースなどでは、決定ができませんでした。2023 年改正によりそれが可能となりました。

2.所在等不明共有者がいる場合

所在等不明共有者がいる場合(共有者が他の共有者を知ることができず、またはその所在を知ることができない場合)には、裁判所の決定を得て、所在等不明共有者以外の共有者の持分の過半数により、管理に関する事項を決定することができます。
所在等不明共有者の持分が、所在等不明共有者以外の共有者の持分を超えている場合や、複数の共有者が所在不明の場合であっても利用できます。
また、所在等不明共有者が共有持分を失うことになる行為(抵当権の設定等)には利用できません。

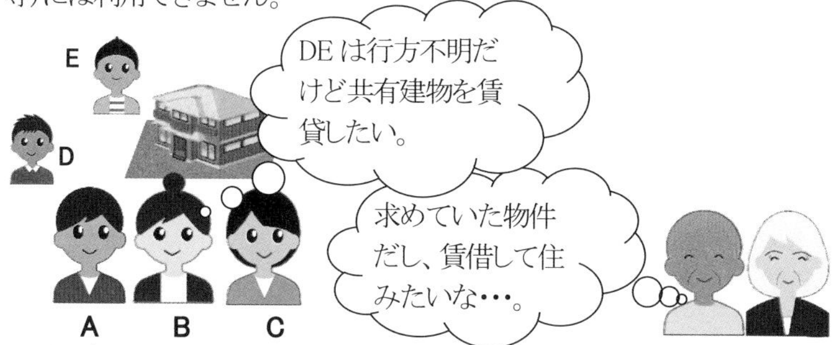

たとえば、A、B、C、D、E 共有(持分各 5 分の 1)の建物につき、必要な調査を尽くしても D、E の所在が不明である場合には、裁判所の決定を得た上で、A と B は、第三者に対し、賃借期間 3 年以下の定期建物賃貸借(管理行為)ができます(A、B、C の持分の過半数である 3 分の 2 の決定)。

3.賛否を明らかにしない共有者がいる場合の管理

賛否を明らかにしない共有者がいる場合(**共有者が他の共有者に対し相当の期間を定めて共有物の管理に関する事項を決することについて賛否を明らかにすべき旨を催告したにもかかわらず、その期間内に賛否を明らかにしない場合**)には、裁判所の決定を得て、**その共有者以外の共有者の持分の過半数**により、管理に関する事項を決定することができます。
賛否を明らかにしない共有者の持分が、他の共有者の持分を超えている場合や、複数の共有者が賛否を明らかにしない場合であっても、利用できます。
また、後述の**変更行為**や賛否を明らかにしない共有者が共有持分を失うことになる行為(抵当権の設定等)には**利用できません**。

それはなぜ？

共有者が共有物から遠く離れて居住・活動していることや共有者間の人的関係が希薄化しており、共有物の管理に関心を持たず、連絡をとっても明確な返答をしない共有者がいる場合に、共有物の管理が困難でした。そこで、2023 年に改正されました。

たとえば、A、B、C、D、E 共有(持分各5分の1)の砂利道につき、A・Bがアスファルト舗装をすること(軽微変更=管理行為)について他の共有者に事前催告したが、D・Eは賛否を明らかにせず、Cは反対した場合には、裁判所の決定を得た上で、AとBは、アスファルト舗装をすることができます(A、B、Cの持分の過半数である3分の2の決定)。

4.共有者の承諾

前記 1.2.3.で解説した管理に関する事項の決定が、共有者間の決定に基づいて**共有物を使用する共有者に特別の影響を及ぼすべきとき**は、**その共有者の承諾**を得なければなりません。

たとえば、A、BおよびCが各3分の1の持分で建物を共有し、過半数の決定に基づいてAがその建物を住居として使用している場合において、Aが他に住居を探すのが容易ではなく、Bが他の建物を利用することも可能であるにもかかわらず、BおよびCの賛成によって、Bにその建物を事務所として使用させる旨を決定するような場合には、Aの承諾が必要です。

特別の影響とは、対象となる共有物の性質に応じて、決定を変更する必要性と、その変更によって共有物を使用する共有者に生ずる不利益とを比較して、共有物を使用する共有者に受忍すべき程度を超えて不利益を生じさせることをいい、その有無は、具体的事案に応じて判断されます。

5.短期賃借権等の設定についての管理行為

以下の表の右欄の**期間を超えない**短期の賃借権等の設定は、**持分の価格の過半数**で決定することができます。**超える場合は変更行為となり、全員の同意が必要**です。

賃借権等	期間
樹木の植栽または伐採を目的とする山林の賃借権等	10年
上記に掲げる賃借権等以外の土地の賃借権等	5年
建物の賃借権等	3年
動産の賃借権等	6か月

借地借家法の適用のある通常の賃借権の設定は、約定された期間内での終了が確保されないため(正当事由の有無等で更新されます。)、基本的に**共有者全員の同意がなければ無効**となります。

ただし、一時使用目的や存続期間が3年以内の定期建物賃貸借については、持分の価格の過半数の決定により可能です。

③変更行為

変更行為とは、共有物の形状もしくは効用またはその両方を変更する行為をいい、**その形状または効用の著しい変更を伴う場合**は、各共有者は、**他の共有者の同意**を得なければすることができませんが、**著しい変更を伴わないもの(軽微変更)**であれば、共有物に変更を加える行為であっても、**持分の価格の過半数**で決定した上ですることができます。

たとえば、砂利道のアスファルト舗装や、建物の外壁・屋上防水等の大規模修繕工事は軽微変更に当たります(規模により例外はあります)。

形状の変更・・・その外観、構造等を変更すること。

効用の変更・・・その機能や用途を変更すること。

付け足し

なお、所在等不明共有者（必要な調査を尽くしても氏名等や所在が不明な共有者）がいる場合には、裁判所の決定を得て、所在等不明共有者以外の共有者全員の同意により、共有物に変更を加えることができます。管理行為（軽微変更含む）は前記のとおり、所在等不明共有者以外の共有者の持分の過半数の決定ですることができます。
それに対して、賛否を明らかにしない共有者がいる場合には、前記のとおり、裁判所の決定を得て、その共有者以外の共有者の持分の過半数の決定の上、管理行為をすることができます。しかし、変更行為はこの方法ですることができません。

共有物に軽微な変更を加える場合でも、共有者全員の同意が必要となると、円滑な利用・管理を阻害することになるので、2023 年に改正されました。

《共有物の変更・管理・保存概念の整理》

種　類		同意要件
変更（軽微以外）		共同者全員
管理（広義）	変更（軽微）	持分の価格の過半数
	管理（狭義）	
保存		共有者単独

(8) 共有物の管理者～過半数の賛成で管理者を選任できる？

共有物に管理者を選任して、日々の管理をお願いできれば、円滑な管理が可能となります。

①管理者の選任と解任

管理者の選任および解任は、共有物の管理のルールに従い、共有者の**持分の価格の過半数**で決定します。なお、**共有者以外を管理者とすることもできます。**

②管理者の権限

管理者は、管理に関する行為（軽微変更含む）をすることができます。軽微でない変更を加えるには、共有者全員の同意を得なければなりません。
なお、所在等不明共有者がいる場合には、管理者の申立てにより裁判所の決定を得た上で、所在等不明共有者以外の共有者の同意を得て、変更を加えることができます。

③管理者の義務

管理者は、共有者が共有物の管理に関する事項を決定した場合には、これに従ってその職務を行わなければなりません。この義務に違反すると、共有者に対して効力を生じませんが、**善意（決定に反することを知らない）の第三者には無効を主張することができません。**

共有物の建物について、共有者間で使用者を決めていたにもかかわらず、管理者がその事情を知らない第三者と短期の定期建物賃貸借契約を締結したような場合等。

(9)所在等不明共有者の持分の取得～共有者が見つからない場合は？

共有者は、裁判所の決定を得て、**所在等不明共有者**(氏名等不特定を含む)の**不動産**の**持分を取得**することができます。
ただし、所在等不明といえるためには、申立人において、登記簿のほかに、住民票等の調査など必要な調査をし、裁判所において、その所在等が不明であると認められることが必要です。
遺産共有の場合は、相続開始から 10 年を経過しなければ、この制度を利用することができません。

(10)所在等不明共有者の持分の譲渡～売却したほうが良い場合が？

それはなぜ？

所在等不明共有者がいると不動産全体を売却することは不可能でした。また、所在等不明共有者の持分を他の共有者に移転し、共有物全体を売却するのは、共有者に持分を一旦移転する分、手間や費用を要していました。

共有者は、裁判所の決定を得て、**所在等不明共有者**(氏名等不特定を含む)の**不動産**の**持分を譲渡**することができます。その譲渡権限は、所在等不明共有者以外の共有者全員が持分の**全部を譲渡することを停止条件**とするもので、不動産全体を特定の第三者に譲渡するケースでのみ行使できます。したがって、一部の共有者が持分の譲渡を拒む場合には、条件が成就せず、譲渡をすることができません。
譲渡行為は、裁判の効力発生時(即時抗告期間の経過などにより裁判が確定した時)から**原則 2 か月以内**(裁判所が伸長することは可能)にしなければなりません。
遺産共有のケースでは、相続開始から 10 年を経過しなければ、この制度を利用することができません。

(11)所有者不明土地・建物の管理制度

調査をつくしても所有者やその所在を知ることができない土地や建物について、利害関係人が地方裁判所に申し立てることによって、その土地・建物の管理を行う管理人を選任してもらうことができます。

①管理人による管理の対象となる財産

所有者不明土地・建物のほか、土地・建物にある所有者の動産、管理人が得た金銭等の財産(売却代金等)、建物の場合はその敷地利用権(借地権等)にも及びます。ただし、その他の財産には及びません。
なお、区分所有建物については、所有者不明建物管理制度は適用されません。

②管理人の権限・義務等

管理人は次のような権限・義務等を有します。

1.管理人は、保存・利用・改良行為を行うほか、裁判所の許可を得て、対象財産の処分(売却、建物の取壊し等)をすることもできます。
2.管理処分権は管理人に専属し、所有者不明土地・建物等に関する訴訟においても、管理人が原告または被告となります。
3.管理人は、所有者に対して善管注意義務を負い、共有の土地・建物を管理する場合は、共有者全員のために誠実公平義務を負います。
4.管理人は、所有者不明土地等(予納金を含む)から、費用の前払・報酬を受けることができます(費用・報酬は所有者の負担)。

(12)管理不全状態にある土地・建物の管理制度

所有者による管理が不適当であることによって、他人の権利・法的利益が侵害され、またはそのおそれがある土地や建物について、利害関係人が地方裁判所に申し立てることによって、その土地・建物の管理を行う管理人を選任することができます。

管理の対象となる財産や管理人の権限・義務等は(11)所有者不明土地・建物の管理制度と同様になります。

所有者による管理が適切に行われず、荒廃・老朽化等によって危険な状態にある土地・建物は近隣に悪影響を与えることがあるので、所有者に代わって管理を行う仕組みが必要となり、2023 年改正で追加されました。

3-1 用語の説明＜区分所有法

民法の共有の規定では解決できないので作られました

それはなぜ？

民法にも、共有に関する規定はあります。しかし、作られたのが明治時代なので、今のような高層マンションが建ち並ぶ状況を想定して制定されていませんでした。具体的には、民法は、区分所有法制定前においては、1箇条(民法旧208条)しかおいていませんでした。だから、高層マンションが建ち並ぶ現代において、区分所有法が必要となりました。

区分所有法(建物の区分所有等に関する法律)は、マンションのように一つの不動産を複数人が個別に所有し、かつ、通路などのみんなが使う部分を共有とする法律関係を調整するために作られた法律です。
まずは、この法律で使われる用語の意味を解説します。

(1)区分所有権～マンションの一室だけを所有する権利は？

一棟の建物に構造上区分された数個の部分で独立して住居、店舗、事務所または倉庫その他建物としての用途に供することができるものがあるときは、その各部分は、区分所有法の定めるところにより、それぞれ所有権の目的とすることができます。
この建物の部分(規約共用部分を除く)を目的とする所有権のことを**区分所有権**といいます。また、このような一棟の建物自体を**区分所有建物**といいます。

(2)区分所有者～区分所有権を持っている人は？

区分所有権を有する者を区分所有者といいます。

(3)議決権～民法の共有における持分の別名は？

区分所有者の持分を議決権といいます。この持分は区分所有建物が有する**専有部分の床面積の割合**によります。ただし、専有部分が数人の共有に属するときは、共有者は、議決権を行使すべき者1人を定めなければなりません。

【議決権】 A…4/9、B…2/9、C・D・E…各1/9
【区分所有者】 A・B・C・D・E

たとえば、AとBのみが賛成すると、議決権は過半数を満たしますが、区分所有者の過半数を満たしません。

付け足し　議決権と区分所有者の頭数の関係

「区分所有者および議決権の各過半数による集会の決議に基づく」という規定が多数存在します。区分所有者は頭数、議決権は専有部分の床面積となります。上図のように複数の専有部分を所有するA・Bといえども、議決権では優位に立ちますが、区分所有者ではABCDEは平等に扱われます。

(4)専有部分～パーテーションで区切るだけではだめ？

専有部分とは、区分所有権の目的となる部分をいいます。**構造上独立**しているとともに、**利用上も独立性**がなければなりません。

具体例

購入したマンションの各住戸やビル内の店舗・事務所等が典型例です。

(5)共用部分

専有部分以外の部分で、区分所有者が共同で使う部分です。この共用部分は、区分所有者全員の共有に属します。ただし、規約で別段の定めをして、①共用部分または一部共用部分を特定の区分所有者の所有とすることで管理事務をさせたり、②一部共用部分を区分所有者全員の所有として全員で管理させたり、③共用部分を一定の条件のもとに区分所有者以外の者の所有としてその管理にあたらせたりすることができます。なお、共用部分には**法定共用部分**と**規約共用部分**があります。

①法定共用部分

法律上当然に共用部分とされる部分です。基礎・土台部分、エレベーター室など、構造上区分所有者全員が使うようにできている部分がこれにあたります。

②規約共用部分

もともと専有部分や別棟の附属の建物であったものを、**規約によって共用部分としたもの**をいいます。ある専有部分を集会室や管理人室、キッズルーム等にした場合や付属の建物を管理棟にした場合などがこれにあたります。

参考資料

法定共用部分は、構造上区分所有者全員が使うようにできている部分なので、規約によって専有部分とすることはできません。

付け足し　一部共用部分

一部共用部分とは、一部の区分所有者のみの共用に供されることが明らかな共用部分をいいます。たとえば、ABCDE が居住するマンションに 2 つの階段ないしエレベーターがあり、一方はABC だけが使用し、他方はDE だけが使用するような構造だった場合には、それらはいずれも一部共用部分となります。

一部共用部分は、**これを共有すべき区分所有者の共有**に属します。上記の階段ないしエレベーターの一方はABC の共有となり、他方はDE の共有となります。ただし、規約で別段の定めをすることもできます。

一部共用部分の管理は、区分所有者全員で行うものと、一部区分所有者だけで行うものに分けられます。前者には、①区分所有者全員の利害に関係する管理と、②区分所有者全員の利害に関係しない管理であっても区分所有者全員の規約によって全員で行うこととした管理があります。後者の場合は、その一部区分所有者だけで集会を開き、それらの者のみの規約を定め、それらの者のみの管理者を置くことができます。

3-2 共用部分の管理＜区分所有法

共用部分の重大変更は４分の３以上の多数で決議します

(1)共用部分の管理

共用部分に関して、民法の共有と同じく、保存、管理、変更するための要件が定められています。

<table>
<tr><th colspan="2"></th><th>要件</th><th>規約による別段の定め</th></tr>
<tr><td colspan="2">保存行為※1</td><td>各区分所有者が各自単独ですることができる</td><td rowspan="3">できる</td></tr>
<tr><td colspan="2">管理行為※2</td><td rowspan="2">区分所有者および議決権の各過半数による集会の決議に基づく</td></tr>
<tr><td rowspan="2">変更行為</td><td>軽微変更※3</td></tr>
<tr><td>重大変更※4</td><td>区分所有者および議決権の各４分の３以上の多数による集会の決議に基づく※5</td><td>区分所有者の定数のみ、過半数まで減ずることができる※6</td></tr>
</table>

※1　状態を維持する行為をいう。日々の点検・清掃や破損箇所の修理等。

※2　変更にあたらない範囲で利用したり（利用行為）、変更にあたらない範囲で価値を高めたり（改良行為）する行為をいう。駐車場を外部に貸し出したり、防犯灯を設置したりする等。

※3　軽微変更とは、その形状または効用の著しい変更を伴わない変更行為をいう。階段にスロープを併設する等。

※4　重大変更とは、変更行為（その形状または効用の著しい変更を伴わない変更行為を除く）をいう。増築を伴うエレベーターの設置等。

※5　耐震改修の必要性の認定を受けた建築物について、大規模な耐震改修を行おうとする場合の決議要件は過半数に緩和されている。

※6　区分所有者とは頭数のことである。これに対し、議決権は、規約に別段の定めがない限り、共用部分の共有持分すなわち専有部分の床面積の割合による。なお、専有部分の床面積は、壁その他の区画の内側線で囲まれた部分の水平投影面積による。

(2)規約共用部分～専有部分の１つを集会室にするには？

それはなぜ？
外見上は共用部分であることがわからないからです。

規約共用部分は、登記をしなければ共用部分である旨を第三者に対抗することができません。

3-3 敷地利用権＜区分所有法

敷地だけを売却することは原則としてできません

分譲マンションなどの**区分所有建物の建っている土地を法定敷地**といいます。そして、区分所有建物及び法定敷地と一体として管理または使用する土地であって、**規約によって区分所有建物の敷地とされた土地を規約敷地**といいます。
区分所有建物の建っている土地だけでなく、それと一体として管理または使用する土地(たとえば、駐車場など)も、規約によって敷地とすることができます。

参考資料

規約敷地は、第三者の所有する土地であっても構いません。また、法定敷地に隣接している必要もありません。

(1)敷地利用権

敷地利用権とは、**専有部分を所有するための建物の敷地に関する権利**をいいます。所有権、地上権、借地権等が典型例です。
敷地利用権は、各区分所有者が共有しています。各区分所有者の持分の割合は、その**専有部分の床面積の割合**によります。

(2)分離処分〜敷地利用権だけを売却できるの？

敷地利用権は、専有部分を所有するための権利なので、**原則として、専有部分と敷地利用権を分離して処分することはできません**。つまり、専有部分を売却する場合は、原則として敷地利用権も一緒に売らなければならないということです。
しかし、専有部分と敷地利用権を分離して処分した方が都合のよい場合もあります。たとえば、敷地の一部が道路用地とされたような場合です。そのような場合は、**規約**に定めておけば、専有部分と敷地利用権を分離して売却などの処分をすることができます。

3-4 管理組合と管理者＜区分所有法

管理者を選任するとマンションの管理が便利になります

用語

管理組合…建物・敷地・付属施設の管理を行うための団体であり、区分所有者全員を構成員とします。

それはなぜ？

マンションには、エレベーターの管理や共用の廊下の電灯の付け替えを業者に依頼する等、日常的に行わなければならない作業があります。共用部分の保守は、法律上は区分所有者全員のものなので、全員で行わなければなりません。しかし、実際には仕事などで忙しくて毎日そのようなことを行う暇がない人がほとんどだからです。

分譲マンションなどの区分所有建物を管理するのは**管理組合**です。
区分所有建物を購入し、**区分所有者になると、自動的に管理組合の構成員となり、区分所有者である限り、脱退することはできません。**

(1)管理者～区分所有者全員が集まらないと、管理できないの？

区分所有法では、集会の決議によって**管理者**を選任し共用部分、共有の敷地・付属施設の管理や集会の決議の実行を行わせることができるようになっています。

(2)管理者の選任～管理者を選ぶには？

区分所有者は、規約に別段の定めがない限り、**集会の決議**によって、管理者を選任し、または解任することができます。
集会で、その決議を行うには、規約に別段の定めがない限り、**区分所有者および議決権のそれぞれ過半数の賛成が必要**です。
なお、管理者の資格については、特に制限はなく、区分所有者以外の者を選任することもできます。また、管理者に**任期はありません。**

(3)管理者の権限～管理者は何ができるの？

管理者は、エレベーターの点検や階段室等の破損箇所の小修繕等の保存行為をしたり、集会や規約で定めたことを実行したりする権限と責務を負います。その際、管理者は、その職務に関し区分所有者を代理します。
また、管理者は、**規約または集会の決議により、その職務に関し、区分所有者のために、原告または被告となることができます。**原告または被告となったときは、遅滞なく、区分所有者にその旨を通知しなければなりません。

(4)管理組合法人～管理組合を法人にするには？

管理組合を法人にすることができます。**区分所有者及び議決権のそれぞれ 4 分の 3 以上の賛成による集会の決議**と、事務所の所在地での**登記**によって、管理組合法人を設立することができます。

(5)理事と監事の設置～管理組合が法人になるとどうなるの？

管理組合法人が設立されると、理事と監事が置かれ、理事が業務を執行し、監事が監督することになります。そのため、管理者は、不要となり、退任します。

3-5 規約＜区分所有法

マンション内での共同生活のルールです

区分所有者みんなで1つの建物（マンション）を使い、共同生活する以上、一定のルールが必要です。このルールを規約といい、区分所有法では多くの定めを置いています。

(1)規約の設定〜規約を設定するには？

規約を設定するには、原則として、**区分所有者および議決権の各4分の3以上の多数による集会の決議**によって行います。

ただし、規約の設定が**一部の区分所有者の権利に特別の影響を及ぼすとき**は、**その承諾を得なければなりません。**

規約の変更や廃止をする場合も同様です。

(2)公正証書による規約の設定〜できる場合があるの？

規約は区分所有者が集まる集会の決議によって作るのが一般的です。ただ、ここで一つ問題があります。新築マンションの場合です。新築マンションを販売する時点では、まだ住人と呼べる区分所有者がいません。区分所有者がいないということは、集会が開けないことを意味します。

そこで、**最初に建物の専有部分の全部を所有する者（分譲業者のこと）は、一定の事項を規約として設定しておくことができます。**

ただ、とても重要な内容を定めた規約となるので、その内容を客観的に明らかにしておく必要があります。そこで、この**規約は公正証書によって作り、第三者に対抗するため登記しておく必要があります。**

付け足し

最初に建物の専有部分の全部を所有する者は、**公正証書によって**、以下のものに限って**単独で**規約を定めることができます。

①**規約共用部分**を定める規約（管理人室、倉庫、集会所など）
②**規約敷地**を定める規約（通路、駐車場、遊園地など）
③**専有部分と敷地利用権の分離処分を許す**ことを定める規約
④**各専有部分に対応する敷地利用権の割合**を定める規約（専有部分の床面積割合を変えるため）

参考資料

たとえば、管理費や修繕積立金の負担割合について、専有部分の床面積や共用部分の共有持分の大小を問わずに、区分所有者間で同一である旨を定めるような場合は、専有部分の床面積や共用部分の共有持分が小さい区分所有者に実質上過度の負担を課すことになり、一部の区分所有者の権利に特別の影響を及ぼす可能性があります。

それはなぜ？

専有部分の購入者がある程度確定してから、初の集会を開いて規約を設定することはできます。しかし、それでは、集会室などの規約共用部分や敷地利用権の処分（土地だけ別売りできるなど）についてのルールなど、購入したマンションの価格を左右する重要な規約が、購入した段階でわからないということになります。これでは、安心して新築マンションを購入することができなくなります。

(3)閲覧請求～利害関係人から閲覧請求があったら？

マンションの購入希望者や賃借を希望する利害関係人から規約の閲覧請求があった場合、**正当な理由がない限り、拒むことはできません。**

用語

正当な理由…規約の閲覧を拒む正当な理由としては、区分所有者等にあらかじめ示されている管理者の管理業務の日時以外における請求、無用の重複請求等の閲覧請求権の濫用と認められる請求などをいいます。

(4)規約の保管～どこに保管するの？

規約は、**書面または電磁的記録(パソコンのデータ)により作成**し、原則として、**管理者が保管**しなければなりません。
ただし、管理者がいない場合は、建物を使用している区分所有者またはその代理人で**規約または集会の決議**で定めるものが保管します。
また、その**保管場所は、区分所有者やそれ以外の利害関係人が容易に閲覧できるように、建物内の見やすい場所に掲示しなければなりません。**
ただ、それを各区分所有者に通知する義務まではありません。

付け足し

管理者が規約の保管義務や閲覧義務に違反した場合は 20 万円以下の過料に処せられます。ただし、規約の保管場所の掲示義務に違反しても罰則はありません。

3-6 集会の招集＜区分所有法

集会を開くには区分所有者に通知する必要があります

専有部分（自分が自由に使えるマンションの一室）の壁紙を替えるとか、システムキッチンを導入するとかは、区分所有者それぞれで判断できます。しかし、マンションが古くなったので建て替えるとか、地震で壊れてしまったので復旧工事を行うなどは、区分所有者全員に影響を与えることになるので一人で判断できません。このような場合、区分所有者の話し合いで決める必要があります。この話し合いの場を集会と呼び、集会で決議された内容が区分所有者全員の最終意思決定となります。

参考資料

実務上は「総会」と呼びますが、区分所有法では「集会」と表記されているので、宅建士試験でも「集会」という言葉で出題されます。

(1)集会の招集権者～集会は、いつ誰が招集するの？

管理者が集会を招集するのが原則です。管理者は、**少なくとも毎年 1 回**集会を招集しなければなりません。管理組合が法人になっていれば、理事が招集します。

また、区分所有者の 5 分の 1 以上で議決権の 5 分の 1 以上を有するものは、管理者に対し、会議の目的たる事項を示して、集会の招集を請求することができます。ただし、この定数は、規約で減ずることができます。

(2)集会の招集方法～どうやって集会を招集するの？

集会の招集の通知は、**会日より少なくとも** 1 週間前に、会議の目的たる事項を示して、各区分所有者に発しなければなりません。ただし、この期間は、規約で伸縮することができます。また、区分所有者**全員の同意**があるときは、招集の手続を経ないで集会を開くことができます。

付け足し

建替え決議を会議の目的とする集会を招集するときは、招集の通知は会日より少なくとも **2 か月前**に発しなければなりません。ただし、この期間は、規約で伸長することができます。

(3)集会の議事録～集会の議事録を作成したら？

集会の議事録が書面で作成されているときは、**議長および集会に出席した区分所有者の 2 人がこれに署名**しなければなりません。そして、議事録の**保管場所を建物の見やすい場所に掲示**しなければなりません。

3-7 集会の決議＜区分所有法

過半数では決められない事項があります

(1)決議事項の制限～集会では、何でも決議できるの？

集会は区分所有者で構成される団体の最高の意思決定機関です。各区分所有者の利益を守るために、自分の考えを発言できるように集会のルールを定めておく必要があります。そのためには、**集会で審議する内容をあらかじめ通知しなければなりません。**

ただし、次の場合はあらかじめ**通知していなくても審議**できます。

①普通決議事項であって規約に決議できる旨別段の定めがある場合（特別決議事項については認められない）
②区分所有者全員の同意により招集手続を経ないで開かれる集会の場合

(2)議決権～区分所有者には、1人に1個の議決権があるの？

各区分所有者は、規約に別段の定めがなければ、**専有部分の床面積の割合によって議決権**を持ちます。専有部分を複数で共有しているときは、共有者は、議決権を行使すべき者を1名定めなければなりません。

なお、**区分所有者の承諾を得て専有部分を占有する者（賃借人等）には議決権がありません。**ただし、会議の目的たる事項につき利害関係を有する場合は、**集会に出席して意見を述べることはできます。**

(3)議事～決議をするためには？

決議は、区分所有法や規約に別段の定めがない限り、**区分所有者および議決権の各過半数**の賛成で行います。

付け足し 集会に直接参加すること以外の決議方法

内容	集会	要件
書面による議決権の行使	開催することが前提	規約または集会の決議は不要
代理人による議決権の行使		
電磁的方法（ネット回線を利用する方法）による議決権の行使		**規約または集会の決議が必要**
書面または電磁的方法による決議	**開催しない**ことが前提	区分所有者**全員の承諾**

(4)議長〜集会は誰がどのように進行するの？

規約に別段の定めがある場合および別段の決議をした場合を除いて、管理者または集会を招集した区分所有者の1人が集会の議長となります。議長は、集会の議事について、議事録を作成しなければなりません。その議事録が書面で作成されたときは、**議長と集会に出席した区分所有者の2人が署名**しなければなりません。議事録が正確であることを作成者以外の人に確認してもらうためです。

なお、管理者は、集会において、**毎年1回一定の時期**に、その事務に関する報告をしなければなりません。

付け足し　集会の定足数

集会の定足数とは、合議体が議事を進め議決をなすに必要とする最小限度の構成員の出席数のことをいいます。実は、区分所有法は決議成立要件を定めているだけであって、集会成立に関する定足数の定めを置いていません。したがって、もし決議に必要な区分所有者および議決権の過半数に出席数が達していない場合は、出席した全員が賛成しても決議は成立しませんので、後日改めて集会を開かざるを得ないことになります。

ただ、これはあくまでも法律上そうなっているだけで、実際に多く使用されている「マンション標準管理規約」(国土交通省発表)によれば、定足数を過半数の出席と定めて、現実的な対応をしています。

(5)共用部分の重大変更〜増設を伴うエレベーターの設置工事を？

「共用部分の管理」の個所でも説明しましたが、共用部分について形状または効用の著しい変更を伴う**重大変更**を行う場合には、区分所有者および議決権の各**4分の3以上**の賛成による集会の決議が必要です。

共用部分の重大変更については、規約で区分所有者の定数を過半数まで減らすことができます。

付け足し

共用部分の管理行為や変更行為を行うには、集会の決議に加えて、**特別の影響を受ける者の承諾**が必要です。

(6)小規模滅失～マンションの一部が滅失したら？

建物の価格の半分程度が滅失(小規模滅失)した場合は、各区分所有者は、滅失した共用部分を復旧する旨の決議(集会で**区分所有者および議決権の各過半数の賛成**)、**建替え決議等があるまで**は、自ら単独で滅失した共用部分の復旧を行うことができます。ただし、建替え決議等があったときは各区分所有者が復旧することはできません。**この点について、規約で別段の定めをすることもできます。**

共用部分を復旧した者は、他の区分所有者に対し、復旧に要した金額を専有部分の床面積の割合に応じて償還すべきことを請求することができます。

(7)大規模滅失～マンションの大半が滅失したら？

建物の価格の半分を超える部分が滅失した場合(大規模滅失)は集会において、区分所有者および議決権の各 4 分の 3 以上の賛成で、滅失した共用部分を復旧する旨の決議をすることができます。**この点については、規約によっても別段の定めを設けることができません。**

(8)建替え決議～マンションが古くなって建て替えたいときは？

区分所有者および議決権の各 5 分の 4 以上の賛成で、建て替える旨の決議をすることができます。**この点については、規約によっても別段の定めを設けることができません。**

3-8 規約・集会の決議の効力＜区分所有法

賃借人も規約や集会の決議を守ります

区分所有法では、規約の制定や決議の後で区分所有者の団体（管理組合）の構成員となり、組合運営や共用部分等の管理に参加するようになった者（区分所有者の特定承継人）に対し、すでにある規約や集会決議の効力が及ぶとしています。また、賃借人等の**占有者**は、建物またはその敷地もしくは附属施設の使用方法につき、**区分所有者が規約または集会の決議に基づいて負う義務と同一の義務を負います。**

それはなぜ？

規約および集会の決議は区分所有者およびその団体である管理組合の内部ルールなので、自治の主体である区分所有者以外には効力は及びません。しかし、規約を制定した時や、集会決議をしたその時の区分所有者だけにしかそれらの効力が及ばないとしたのでは、同じマンション内でそのルールを守らなければならない区分所有者とそうでない人とが混在する可能性があります。

規約等に違反する区分所有者等への措置

区分所有者が規約に違反して、建物の保存に有害な行為その他建物の管理・使用に関し、区分所有者の**共同の利益に反する行為**をする者がいる場合、管理組合（法人含む）は何ができるでしょうか。

まずは、「そのようなことはやめてください」と停止請求ができます。それでも言うことを聞かない場合は、裁判所に訴えて停止請求ができます。さらに言うことを聞かない場合は、「〇か月間、その場所を使用してはいけません」と専有部分の使用を相当な期間禁止する訴えを裁判所に提起することができます。さらに言うことを聞かない場合は、「出て行け！」と訴えを提起して違反者の区分所有権および敷地利用権の競売を請求することができます。また、区分所有者から借りている人（占有者）が上記のようなことをした場合は、専有部分の賃貸借契約等の解除および目的物の引渡しを請求する訴えを提起することができます。

請求等の内容	措置の要件等
行為の停止等の請求	区分所有者の 1 人、数人または全員もしくは管理組合法人が可能
行為の停止等の請求の訴訟	区分所有者および**議決権の各過半数**による集会の決議によらなければ、提起することができない
専有部分の使用禁止の請求	区分所有者および議決権の**各 3/4 以上の多数**による決議に基づいて、**訴えをもってのみ**することができる
区分所有権の競売請求	
占有者に対する契約の解除および専有部分の引渡請求	

4-1 契約等による物権変動＜物権変動

物権の変動は意思により、第三者に主張するには登記が必要

用語

発生…建物の新築、売買や相続、時効などによって取得することなど
変更…物権の内容を変更することをいいます。たとえば、地上権の存続期間を延長するとか、一番抵当権を二番抵当権に変更するなど
消滅…目的物の消滅、放棄、消滅時効、契約の取消・解除など

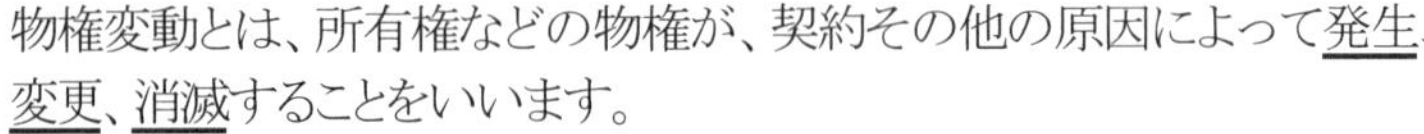

物権変動とは、所有権などの物権が、契約その他の原因によって発生、変更、消滅することをいいます。

(1)所有権の移転時期～購入した不動産はいつ自分のものに？

所有権は、**契約の時に移転**します。

これは裏を返すと、当事者の意思表示のみで所有権が移転することを意味するので、当事者同士で、「契約書にサインしたときに所有権を移転しましょう」とか「移転登記したときに所有権を移転しましょう」とか「代金を完済したときに所有権を移転しましょう」というように、**別に所有権の移転時期について当事者の意思表示があった場合は、そちらが優先することになります。**

それはなぜ？

これは、登記を怠る者に不利益を与えることで、登記を促進し、取引の迅速化・安全化をはかることを目的として作られた制度です。

(2)公示の原則～自分が所有者になったことを対抗するには？

A が所有する不動産を B に売った後、A は同じ不動産を C にも売ったという状況があったとします（二重売買）。ここで、C が先に登記を移転した場合、この不動産は誰のものになるでしょうか。

民法は、権利者の側から見て、**権利者であっても登記がないと当事者以外の者に対しては自分が権利者であることを主張できない（公示の原則）**というルールを定めて、このような問題の解決を図っています。

上の例で、B は契約相手である当事者の A に対しては、登記がなくても自分が所有権者であるということを主張できますが、当事者以外の C に対しては、登記がなければ自分が所有者であると主張できません。**結果的には、先に登記を備えた者が所有者になる**ということになります。

4-2 取消し・解除と登記＜物権変動

取消しや解除後の第三者とは対抗関係になります

(1)取消後の第三者〜契約を取り消した後に取引関係に入った人とは？

AとBが不動産の売買契約を結び、B名義の移転登記も完了しています。しかし、その契約はBの詐欺による契約でした。Aは詐欺に気付きすぐにBとの売買契約を取り消しましたが登記名義はまだBのままでした。Bは自分が名義人であることをいいことに、その不動産をCに売ってしまいました。さて、この場合、この不動産はAの物になるのでしょうか、それともCの物になるのでしょうか。

<u>取消後の第三者</u>が保護されるためには登記を備えなければなりません。上記の例でCが所有権をAに対抗するには、登記を備える必要があります(悪意でもかまいません)。

それはなぜ？

いったんBのところに移転した所有権が、取消を機に、Aのところに戻った(復帰した)と考えるのです。そうすると、BがAとCに二重売買したような形ができあがるわけです。似ているならば、二重売買の解決方法である早い者勝ちの理論を使ってしまえというわけです。

(2)解除後の第三者〜契約を解除した後に取引関係に入った人とは？

AとBが不動産の売買契約を結び、Bに移転登記もしましたが、Bに契約違反があり、Aが契約を解除しました。その後、BがCにその不動産を売却した場合、この不動産は誰の物になるでしょうか。

この場合、前記(1)と同じ理屈で解決します。つまり、**AとCの関係は対抗関係になり、先に自分名義の登記を取得した方が、完全な所有者になります。**

参考資料

取消前の第三者の場合は、意思表示のところで勉強した方法で解決します。詐欺の場合は善意・無過失の第三者が救われ、強迫・制限行為能力者の場合は善意・無過失でも救われませんでした。

4-3 時効取得と登記＜物権変動

時効完成後の第三者とは対抗関係になります

(1) 対抗関係①～時効完成後に取引関係に入った人とは？

B が所有の意思をもって A の不動産を占有していた場合、A が B の時効完成前にその不動産を売った場合と、時効完成後に売った場合、不動産の所有にどのような違いが生じるでしょうか。

時効完成後に A から不動産を買った者と B との関係は、二重譲渡と同じ理屈で、登記の有無で勝敗を決めます。つまり、取得時効した B と、A から購入した C のどちらか先に登記をした方が不動産の所有権を取得します。

(2) 対抗関係②～時効完成前に取引関係に入った人とは？

それはなぜ？

時効が完成する前では B は登記したくてもできないからです。先に登記した方が勝つという以上、お互いが登記できる状況でなければならないわけです。

時効が完成する前に A から不動産を買った C と、取得時効の要件を満たした占有者 B との関係は**対抗関係に立ちません**。つまり、C が土地を購入して登記した後に、B の時効が完成した場合、B は時効取得を理由とする登記をしていなくても C に対して、時効によって不動産を取得したことを主張できます。

4-4 相続と登記＜物権変動

遺産分割協議後の第三者とは対抗関係です

(1) 被相続人からの譲受人と相続人との関係

被相続人 A からの譲受人(買った人など)B と相続人 C との関係は対抗関係に立つのでしょうか。

C は A のできなかった不動産の引渡義務(売主の立場)を B に対して負うことになります。

つまり、B と C は対抗関係には立ちません。

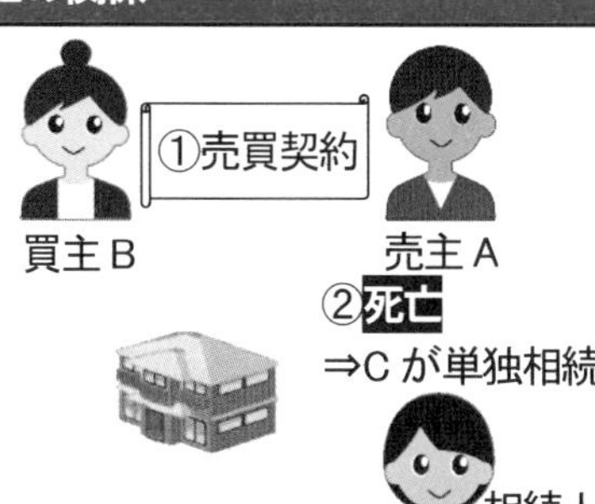

(2) 共同相続と登記〜相続人が複数いた場合は？

A が不動産と子 B・C を残して死亡(共同相続)し、その後、C は、その不動産を単独で相続したとの虚偽の報告書を作成して、C 単独名義での登記をし、その不動産を D に売却した場合、B は D に対して不動産の所有権を主張できるのでしょうか。

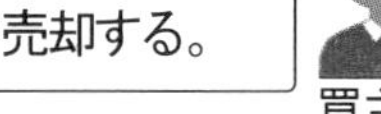

まず、C が自己の持分(2 分の 1)を D に譲渡するのは自由です。問題となるのは、B の持分です。つまり、B の持分については、C は他人の不動産を D に譲渡したことになります。

法律上、不動産について登記名義を信じた人を救わないのが原則です。たとえ D が不動産の登記情報を確認して C の所有であることを信じたとしても、原則として D は B の持分については所有権を取得しません。したがって、B と D は対抗関係に立ちません。B は D に対して登記なくして自己の持分を D に主張できます。結果的には、この不動産は D と B の共有となります。

それはなぜ？

相続とはどのようなものかがわかれば、この問題は簡単です。法律上、相続人は、相続開始の時から、被相続人の財産に属した一切の権利義務を承継することになっています。つまり、図の例で C は被相続人である A の持っている不動産に対する所有権や、B に対する売主としての地位もすべて受け継ぐことになるのです。

共同相続…相続人が複数いる場合をいいます。そして、共同相続の場合は、被相続人の死亡と同時にその相続財産は相続人たちの共有ということになります。左記の例によれば、A の所有していた不動産が、A の死亡によって B と C がそれぞれ 2 分の 1 ずつの持分を相続するということです。

(3)遺産分割協議と登記～遺産分割協議後は対抗関係に？

Aは不動産と子B･Cを残して死亡し、その後、相続人のBとCが遺産分割することを宣言し、相続財産の不動産全部をBが相続することに決めたが、その登記をする前に、CがDにこの不動産を売ってしまった場合、Bはこの不動産が自分の物であることをDに主張できるでしょうか。

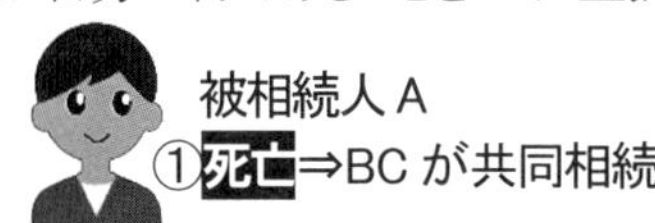

②遺産分割協議書
共同相続した建物はBが単独で相続する。

③売買契約
Aから相続した建物を売却する。

(2)の例と似ていますが、遺産分割という手続が行われている点で大きな違いがあります。**遺産分割が行われると、その結果は相続が開始されたとき(死亡したとき)にさかのぼる**とされています。つまり、前記の例では、Bが不動産の全部を相続するという遺産分割が確定すると、Aが死亡した瞬間にBが不動産全部を相続していたという結果になります。

あとは、取消し･解除と登記のところと同じ理屈となります。つまり、いったんCのところに相続した持分(所有権)が、遺産分割を機に、Bのところに移転したと考えるのです。そうすると、Cが、自己の持分を、BとDに二重売買したような形になり、先に登記した方が所有権を取得する対抗関係となります。

まとめると、相続人Cの(元)持分について、BとDは対抗関係になります。それに対して、相続人Bの(元)持分について、BとDは対抗関係にならず、Bは登記がなくてもDに所有権を主張できます。

参考資料

遺産分割の協議中(前)に、Cが自己の持分をDに譲渡し、その後Bが協議により不動産全部を単独で取得した場合も、Cの(元)持分については、BとDの登記の先後によりその所有権の帰属が決まります。

4-5 登記をしなければ対抗できない第三者＜物権変動

背信的な悪意者は保護されません

(1)登記が不要な場合～第三者に主張するには必ず登記が必要？

登記が不要な場合もあります。そもそも、登記がなければ自らが所有権などの権利を取得したと主張できない第三者とは、**当事者およびその包括承継人（相続人・包括受遺者）以外の者で登記の不備を主張する正当な利益を有する者**をいいます。**善意でも悪意でも構いません。**

それはなぜ？
善意・悪意を問題にすると、不動産取引を紛糾させ、取引の安全を害することになるからです。

(2)無権利者等～正当な利益を有しない者ってどんな人？

正当な利益を有する第三者にあたらない例としては、①**無権利者**（たとえば、虚偽表示などで名義だけが自分のものになっている人など）、②**不法行為者**や**不法行為者**（勝手に家や土地に居座っている者など）、③**背信的悪意者**（たとえば、詐欺または強迫によって登記の申請を妨げた第三者や、他人のために登記を申請する義務を負う第三者など）です。

こういった人に対しては、**登記を得ていなくても**、所有権等を主張することができます。

付け足し 背信的悪意者からの転得者

所有者AからBが不動産を買い受け、その登記が未了の間に、AからCが同じ不動産を二重に買い受け、更にCから転得者Dが買い受けて登記を完了した場合に、Cが背信的悪意者にあたるとしても、Dは、Bに対する関係でD自身が背信的悪意者と評価されるのでない限り、その不動産の所有権取得をもってBに対抗することができます（最判平成8年10月29日　民集第50巻9号2506頁）。

5 用益物権

所有権以外の物権もあります

用益物権とは、目的物の使用・収益を内容とする権利のことをいいます。目的物を自由に処分することが出来ないという点で、所有権と異なります。

(1)地上権とは

地上権とは、他人の土地において工作物又は竹木を所有するため、その土地を使用する権利をいいます。地上権の設定は、無償が原則ですが、地上権者が土地の所有者に定期の地代を支払わなければならない旨を定めることもできます。地代については、その性質に反しない限り、賃貸借に関する規定が準用されます。
地上権者が引き続き2年以上地代の支払を怠ったときは、土地の所有者は、地上権の消滅を請求することができます。

(2)永小作権とは

永小作権とは、小作料を支払って他人の土地において耕作又は牧畜をする権利をいいます。
永小作人の義務については、その性質に反しない限り、賃貸借に関する規定が準用されます。

(3)地役権とは

地役権(ちえきけん)とは、設定行為によって定めた目的にしたがって、他人の土地(承役地といいます)を自己の土地(要役地といいます)の便益に供する権利をいいます。
地役権は、原則として、要役地(地役権者の土地であって、他人の土地から便益を受けるものをいう)の所有権に従たるものとして、その所有権とともに移転し、または要役地について存する他の権利の目的となるものでなければなりません。ただし、別段の定めをすることもできます。
地役権は、要役地から分離して譲り渡し、または他の権利の目的とすることができません。土地の共有者の一人は、その持分につき、その土地のためにまたはその土地について存する地役権を消滅させることができません。土地の分割またはその一部の譲渡をする場合(地役権がその性質により土地の一部のみに関するときを除く)、地役権は、その各部のためにまたはその各部について存します。
地役権は、継続的に行使され、かつ、外形上認識することができるものに限り、時効によって取得することができます。

(4)入会権

入会権(いりあいけん)とは、一定の地域の住民が山林・原野において共同して薪木・秣草等を採取したり牛馬を放牧したりする慣習上の権利をいいます。土地の用益を目的とする権利ですが、契約によって定めることはできません。民法は、入会地の地盤が入会村落以外の他の者の所有に属するときは、地役権の性質を有するものとみて、その地方の慣習に従うほか、地役権の規定を準用しています。

第 4 章

売買契約と法的責任

1 債務不履行とは＜債務不履行

契約に違反をした場合の責任です

債務不履行とは、債務者（約束を果たすべき者）が債務の本旨に従った（約束どおりの）履行をしないことをいいます。

(1)債務不履行の種類～履行遅滞と遅行不能がある？

履行遅滞と履行不能の2種類があります。

履行遅滞	**履行が可能であるのに履行期を過ぎてしまうこと**です。 たとえば、10月16日に建物を引き渡す約束をしたのに、その日までに引き渡せなかったような場合です。
履行不能	**履行ができなくなった場合**をいいます。 たとえば、建物の売買契約が結ばれたが、売主側（債務者）の不注意で全焼してしまい、引き渡すことができなくなったような場合です。

付け足し

2020年改正前の民法では、締結された契約が原始的不能（契約時にすでに不能であること）であった場合は、債務が不成立であり、契約当事者間に何ら権利義務関係が生じないが、債務者となるはずだった者に過失がある場合には、その者に対して、信義則上の責任（契約締結上の過失）を追及して、損害賠償請求が認められると解されていました。

(2)債務不履行責任～債権者は何を主張できるの？

債務者に債務不履行があった場合、債権者は、①**強制執行を裁判所に請求**することができます。また、②**契約を解除**することができます。解除というのは契約関係を解消することをいいます。解除したら、支払った売買代金などを戻すように要求できます。ただ、それだけでは受けた損害の穴埋めとしては不十分な場合が多いでしょう。

たとえば、建物の売買契約などでは、引越業者へのキャンセル料、次の物件が見つかるまでの家賃かホテル代、その他契約どおりに建物が引き渡されていれば得たであろう利益など、多くのマイナスが発生します。これらをその原因を作った債務者に補填させなければ公平ではありません。そこで、債務不履行の場合、③**損害賠償請求する**ことも認められています。

ワンポイントアドバイス

損害賠償請求は生じた損害を金銭で補うことを目的とする制度であるのに対して、契約の解除は契約関係の解消を目的とする制度というように、それぞれ別の制度なので、同じく債務不履行といっても、それぞれ要件が異なります。きちんと分けて整理して覚えましょう。

2-1 損害賠償請求の要件＜債務不履行

債務者に帰責事由があると損害賠償責任が生じます

債務者が約束どおりに履行しないと、債権者は損害を受けることがあります。そこで、債務不履行によって損害が生じた場合には、債権者は債務者に対して損害の賠償を請求できます。

(1)履行遅滞～いつから履行遅滞になるの？

履行遅滞の場合は履行期に遅れたといえる状況がなければなりません。確定期限がある場合、不確定期限がある場合、期限の定めのない場合でそれぞれ異なります。

	確定期限	不確定期限	期限の定めがない
意味	期限が確定している場合	いつ期限が到来するかが不確定な場合	期限が定められていない場合
具体例	○月○日に引き渡す	父が死亡したら、引き渡す	法律の規定に基づく債務(契約の解除に基づく原状回復義務、不当利得返還債務等)
いつから履行遅滞となるか	期限が到来した時から	期限が到来した後に**履行の請求を受けた時**または期限の到来したことを**知った時**の**いずれか早い時**から	債権者が**履行を請求した**時から※

※ これにはいくつか例外があります。①不法行為に基づく損害賠償請求権は、債権者の催告を要することなく、**不法行為の時から遅滞**に陥るとするのが判例です。②返還時期の定めのない消費貸借においては、貸主は借主に対して相当な期間を定めて返還の催促をすることができ、この相当な期間が経過した後に、はじめて遅滞となります。

(2)原始的不能～契約前に履行が不可能な状況になっても履行不能？

債務の履行が契約その他の債務の発生原因及び取引上の社会通念に照らして不能である場合(履行不能)、債権者は、その債務の履行を請求することができません。また、契約に基づく債務の履行がその契約の成立の時に不能であった場合(**原始的不能**)でも、<u>**債務不履行としての責任が生じます**</u>。

売買契約成立日の前日に、売却予定物件の建物が売主側の責任で焼失したような場合、買主は、建物の引渡しを請求できませんが、損害賠償請求ができます。

ゆり足し 履行遅滞中の履行不能と帰責事由

債務者がその債務について遅滞の責任を負っている間に、当事者双方の責めに帰することができない事由で、履行不能となった場合は、その履行不能は、債務者の責めに帰すべき事由によるものとみなされます。たとえば、売主の責任で建物の引渡しが遅れている間に、大地震で倒壊してしまった場合は、危険負担の問題とはとらえずに、債務不履行として損害賠償責任を負います。

(3)履行遅滞の責任～違法でなければ許される場合も？

債務者に留置権、**同時履行の抗弁権**、正当防衛・緊急避難など、履行が遅れたことを正当化する根拠があるときは、**履行遅滞の責任が生じません**。

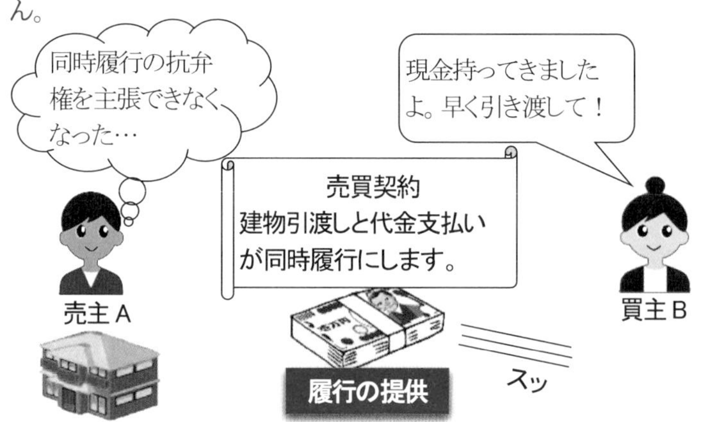

たとえば、10 月 15 日に売買契約に基づいて不動産の引渡し・移転登記と代金の支払いを同時に行う約束があった場合で(同時履行の関係)、その期日に相手方が履行しない場合には、こちら側も履行する義務はなく、履行しないことで履行遅滞責任を負わないということです。

なお、同時履行の関係にある場合に、相手方の債務不履行責任を追及するには、**自己の債務についての履行の提供**を行い、相手方の同時履行の抗弁権をなくす必要があります。

用語

帰責事由…債務者の故意または過失および信義則上これと同視されるような事由をいいます。過失とは善良な管理者の注意を欠く場合をいい、また信義則上債務者の過失と同視されるような事由とは、履行補助者の故意・過失などをいいます。なお、履行補助者とは、債務者が債務の履行をするにあたり使用する者をいいます。

(4)帰責事由～債務者は無過失では責任を負わない？

履行遅滞の場合も、履行不能の場合も、債務者は、履行期に遅れたこと、または、履行が不可能になったことについて、**債務者の責めに帰すべき事由**(帰責事由)がなければなりません。ただし、金銭債務の場合はこの帰責事由が要件となっていません。

2-2 損害賠償請求の範囲＜債務不履行

特別損害は予見すべき範囲まで責任を負います

(1)損害賠償の範囲〜いくら賠償請求できるの？

損害賠償は、別段の意思表示がないときは、金銭をもってその額を定めます。では、その範囲はどのようにして決めるのでしょうか。

たとえば、宅建業者と買主との間で締結された契約で定めた不動産の引渡日を、宅建業者側のミスで 3 日遅れたとしましょう。買主は引渡日に世界各国の財界人や大使を招いて、数百億円の商談も兼ねたホームパーティーを予定していましたが、引渡日が遅れたため商談がうまくいかず、その責任を感じた買主の経営する会社の従業員が退職し、それがため会社が倒産し…。

世の中で生じる出来事は、どこかで因果関係がつながるので、これらすべてについて不動産の引渡しについて債務を負っていた宅建業者に損害賠償責任を負わせたら、大変なことになります。

そこで、民法は、次の 2 つの基準で損害賠償の範囲を限定しています。

通常損害	債務不履行から通常生じる**通常損害**については、特に当事者が予見できたかどうかに関係なく賠償の範囲となります。
特別損害	特別の事情によって生じた**特別損害**といえども、**当事者がその事情を予見すべきであった**ときは賠償の範囲となります。

上記の例にあてはめると、商談が失敗して、従業員が退職して、会社が倒産することまでは、不動産の引渡しが 3 日遅れたからといって通常生じる損害とはいえません。ただ、このような特別の事情によって生じた損害でも、債務者である宅建業者が、その事情を予測すべきであったような場合は、損害賠償責任を負う可能性が出てきます。

(2) 2 種類の損害賠償〜履行不能と履行遅滞とでは損害額も違う？

債務不履行に基づく損害賠償は、「履行に代わる損害賠償」と、「履行とともにする損害賠償」の 2 つに分類することができます。

	内容	本来の債務との関係
履行に代わる損害賠償※	債務が履行されたのに等しい経済的地位の回復を目的とする損害賠償です。これは填補賠償とも呼ばれます。	本来の債務の履行を受けることと両立しません。
履行とともにする損害賠償	債務の履行がされたとしてもなお残る損害の回復を目的とする損害賠償です。	本来の債務の履行を受けることと両立します。

※ 履行に代わる損害賠償の請求をすることができるのは、次の 3 つの場合です。
①債務の履行が不能であるとき
②債務者がその債務の履行を拒絶する意思を明確に表示したとき
③債務が契約によって生じたものである場合において、その契約が解除され、または債務の不履行による契約の解除権が発生したとき

(3)過失相殺～債権者にも過失があった場合は？

債務の不履行またはこれによる損害の発生もしくは拡大に関して、**債権者にも過失があった場合**には、裁判官は損害賠償の額を低くするなどして**債務者の責任を軽くしなければなりません**。これを**過失相殺**といいます。

過失相殺は、**債務者の主張がなくても**、裁判所が自らの判断ですることができますが、債権者の過失となるべき事実については、債務者において立証責任を負います。

(4)金銭債権の特則～金銭債権の場合は特別扱い？

金銭債権とは、**一定額の金銭の支払を目的とする債権**のことをいいます。売買代金債権や貸金債権などがその例です。この金銭債権にはいくつかの特則があります。

①債務者は金銭債務の給付義務から免れることができません。つまり、**履行不能はあり得ない**ということです。
②債権者は債務者の履行遅滞について、法定利率があるため、**損害を立証しなくても損害賠償請求ができます。**
③債務者は、その履行遅滞が**不可抗力**(たとえば大地震が起きて交通が遮断されたので銀行振り込みできなかったなど)**に基づくものであったとしても、損害賠償義務を免れることができません。**

法定利率…法律で定められた年利をいいます。当初は年 3%でスタートします。その後は、3 年を 1 期として、期ごとに利率が見直されます。

2-3 損害賠償請求額の予定＜債務不履行

あらかじめ損害賠償額を定めると証明しなくても請求できます

(1)損害賠償額を予定する利点

当事者の一方が債務を履行しない場合に備えて、あらかじめ損害賠償の金額を取り決めておくことがあります。これを損害賠償額の予定といいます。これを取り決めておくことで、**将来、債務不履行が発生した場合には、実際の損害額を立証しなくても、所定の金額の損害賠償を請求できます。**

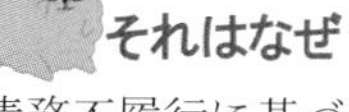
それはなぜ？

債務不履行に基づいて損害賠償を請求する場合、**債権者は、損害があったこと、および、損害の額を自ら証拠によって証明する義務を負います。**ただ、実際上その証明は容易ではありません。

(2)損害賠償額の予定～予定額は、変更できるの？

あらかじめ定めておいた予定額よりも実際の損害額が少ない場合もあります。このような場合には、裁判所が介入して減額がなされることがあります。

なお、公序良俗に反するような過大な賠償額の予定がなされた場合には、約定全体が無効となることがあります。

裁判所
今回の違反行為による損害は200 万円程度かと。したがって、200 万円を賠償しなさい。

売主 A

売買契約書

【特約】契約違反があれば損害賠償金は 500 万円とする。

買主 B

(3)違約金～損害賠償額の予定とは違うの？

違約金とは、債務者が債務不履行の場合に支払うことを約束した金銭をいいます。この違約金は懲罰としての性格を持つだけでなく、相手方の損害に対する損害賠償としての性格を持つ場合もあるので、違約金と損害賠償額の予定との区別は実際には困難です。そこで、**違約金は損害賠償額の予定と推定されます。**推定されると、その違約金が賠償額の予定と異なる内容のものであると主張する当事者が、これを立証する責任を負わされます。

(4)自ら売主制限(宅建業法の適用)

宅建業者が自ら売主となる売買契約(買主が宅建業者以外の場合に限ります。)において、損害賠償額の予定や違約金の額を制限するとともに、その実効性を担保するため、これに反する特約を無効とする規定を定めています。

売主業者

買主

なお、「売買契約において」とは、売買の対象となっている宅地建物の売買に関する合意内容の中でとの意味です。売買契約書の中で損害賠償額の予定等に関する特約条項を定めるのが通例ですが、契約締結後に損害賠償額の予定等に関する事項を変更したり追加したりする場合にも適用されます。

(5)禁止行為～当事者の債務不履行とは?

宅建業者が自ら売主となる宅地建物の売買契約において(買主が宅建業者以外の場合に限ります。)、当事者の**債務の不履行**を理由とする契約の解除に伴う損害賠償の額を予定し、または違約金を定めるときは、これらを**合算した額**が**代金の額の 20%を超える**こととなる定めをしてはなりません。

債務の不履行を理由とする契約の解除とは、売買契約において売主の所有権移転義務、買主の代金支払義務を履行しないような本来的な給付義務の不履行をいいます。

予定額を定めなかった場合は、損害賠償額を**立証して請求することができます**。また、その際の賠償額に条件はありません。

(6)宅建業法に違反した場合

前記(4)(5)に反する特約を定めた場合は、代金の額の **20%を超える部分について無効**となります。全部が無効となるわけではありません。

また、売主業者のみならず、媒介代理業者が関与した場合には、「取引の公正を害する行為をしたとき」に該当し指示処分の対象となります。

3-1 契約の解除の要件＜債務不履行

債務者に帰責事由がなくても解除はできます

契約の解除とは、契約が成立したのち、当事者の一方の意思表示によって契約関係を解消し、契約から生じた本来の債務を消滅させ、すでに履行されているものがあれば、その返還によって原状回復を行わせることを目的とした法律行為(単独行為)です。
解除という制度は、契約から生ずる債務の履行義務から債務者を解放する役割をもっています。

(1)契約解除①～履行遅滞の場合はいきなり解除できないの？

履行遅滞に基づいて契約解除する場合、**原則として**、**催告**を行い、相手方に解除を免れる最後の機会を与えなければなりません。
履行の催告には、相当の期間を定める必要があります。
ただし、その期間を経過した時における債務の不履行がその契約および取引上の社会通念に照らして**軽微**であるときは、解除することができません。たとえば、不履行の部分が数量的にわずかな場合や、付随的な債務の不履行に過ぎない場合です。

賃貸借契約書
賃料払えない。
履行遅滞
賃貸人A
賃借人B
①10日以内に全額支払え(催告)。
②期間経過後も支払なし
③賃貸借契約を解除します。出て行って。

付け足し

解除の意思表示は、**相当の期間を定める催告と同時にしてもよく**、その場合、相当の期間内に債務者が履行をしなければ、解除の効果が発生します。また、不相当の期間を定めた催告がなされた場合でも、催告の時から起算して**客観的に相当な期間内**に債務者が履行をしなければ、債権者は契約を解除することができます。

(2)契約解除②～催告することなく解除できる場合も？

債務不履行を理由に契約を解除する場合には、原則として、催告をしなければなりません。しかし、催告をしても意味がないような場合には、無催告で解除できます。
次の場合には、債権者は、催告をすることなく、直ちに契約の解除をする

具体例

不動産の売買契約において売主の方はいつでも不動産を明け渡せる準備が完了しているにもかかわらず買主の方が代金を支払ってくれない場合で、もし解除という制度がなかったらどうなるでしょうか。もう待っていられないと考えた売主が別の人にその不動産を売却してしまったら、債務不履行に基づいて損害賠償請求されてしまいます。

参考資料

具体的状況の下で、客観的にみて履行に必要と判断される期間を定めて、履行を催告しなければならないのです。ただし、催告に猶予期間が全く定められていない場合でも、相当の期間が経過すると解除権が発生します。

ことができます。

①債務の全部の履行が不能であるとき
②債務者がその債務の全部の履行を**拒絶する意思を明確に表示**したとき
③債務の一部の履行が不能である場合または債務者がその債務の一部の履行を拒絶する意思を明確に表示した場合において、残存する部分のみでは契約をした**目的を達することができない**とき
④契約の性質または当事者の意思表示により、特定の日時または一定の期間内に履行をしなければ契約をした目的を達することができない場合において、債務者が履行をしないでその時期を経過したとき
⑤債務者がその債務の履行をせず、債権者が前記(1)の催告をしても契約をした目的を達するのに足りる履行がされる見込みがないことが明らかであるとき

次の場合には、債権者は、催告をすることなく、直ちに契約の一部の解除をすることができます。

①債務の一部の履行が不能であるとき
②債務者がその債務の一部の履行を拒絶する意思を明確に表示したとき

(3)契約解除③～債務者の帰責事由がなくても解除ができる？

契約を解除するにあたって**債務者の帰責事由は必要ありません**。しかし、**帰責事由が債権者にある**ような場合には、**債権者から契約を解除することができません**。

(4)自ら売主制限(宅建業法の適用) 催告の要件

宅建業者は**自ら売主となる**割賦販売(分割払いのこと)契約について賦払金(分割の支払金)の支払いがない場合(**買主が宅建業者以外の場合に限ります。**)でも、すぐに契約を解除できません。**30 日以上の相当期間**を定めて、買主に支払いを**書面で催告**し、この期間内に支払いがない場合に初めて、契約の解除をし、または残りの回の賦払金の全額請求をすることができます。

これに違反した場合、指示処分の対象となります。

この制限に違反する特約は無効となります。もし、30 日未満の期間を定めて書面で催告しても、催告としての効力は有せず、契約の解除もできないことになります。

強い信頼関係に基づいて締結された割賦販売契約において、買主が賦払金の支払いを一日滞っただけでも期限の利益を喪失し、残額を一括して支払うことを要求されたり、契約が解除されたりすると買主にとって酷に過ぎ、消費者保護の観点から問題があるので、昭和 46 年に導入されました。

3-2 契約の解除の効果＜債務不履行

解除には遡るものと将来にのみ影響するものがあります

(1)契約解除の効果

当事者の一方がその解除権を行使したときは、各当事者は、その相手方を原状に復させる義務を負います(**原状回復義務**)。
この場合において、**金銭**を返還するときは、その**受領の時からの利息**を付さなければなりません。**金銭以外**の物を返還するときは、その**受領の時以後に生じた果実**をも返還しなければなりません。
また、債務不履行により損害が発生しているはずなので**損害賠償請求も**できます。

(2)第三者との関係～解除前に第三者が取引関係に入っていたら？

契約を解除した場合でも、解除の前に利害関係を持つようになった第三者の権利を侵害してはなりません。
解除前に取引関係に入った第三者は、**善意・悪意を問わず**保護されます。
ただし、第三者が保護されるためには、目的物が**不動産なら登記を備え**、動産なら引渡しを受け、自分の権利を他の人にも主張できるようにしておく必要があります。

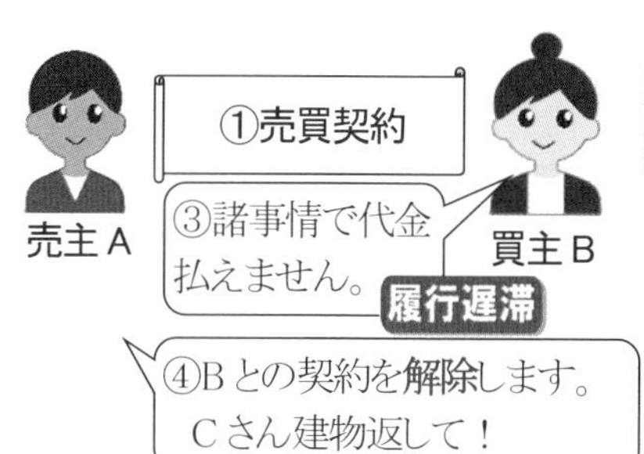

①売買契約
売主A
③諸事情で代金払えません。
履行遅滞
買主B
④Bとの契約を解除します。Cさん建物返して！

②売買契約

第三者C

C名義の登記
⇒返却義務なし

4-1 総則＜売買契約

売主が宅建業者の場合は解約手付以外の選択肢なし

売買契約とは、当事者の一方(売主)がある財産権を相手方(買主)に移転することを約し、相手方がこれに対してその代金を支払うことを約することによって、成立する契約をいいます。
売買契約は、当事者の合意がありさえすれば成立する**諾成契約**であり、なんらの方式も必要としない不要式の契約です。また、当事者双方が対価的価値のある債務を負担する**双務契約**であり、**有償契約**です。

それはなぜ？

AB間で 1,000 万円の不動産の売買契約を締結したとしましょう。引渡しと代金支払は 1 か月後だとします。契約の後、売主Aのところに同じ不動産を 1,500 万円で購入したいというような人が現れたり、また、契約後に買主Bが、もっとよい不動産が 500 万円で売りに出されている情報を入手した場合、契約をやめたいと思うのが人情です。ただ、契約した以上、無断でそれを破棄するなどしたら、債務不履行となり損害賠償責任を負ってしまうことになります。そこで、考え出されたのが、解約手付というものです。

売主による倍額の提供は、単なる口頭の提供では足りず、現実の提供を必要とします。

(1)解約手付による解除

売買契約の締結の際に買主から売主に対して支払われる一定額の金銭を手付と呼びます。手付にはその用途によっていくつかの種類があります。証約手付、解約手付、違約手付等があります。不動産取引で重要な手付は解約手付ですので、以下それを前提に解説します。

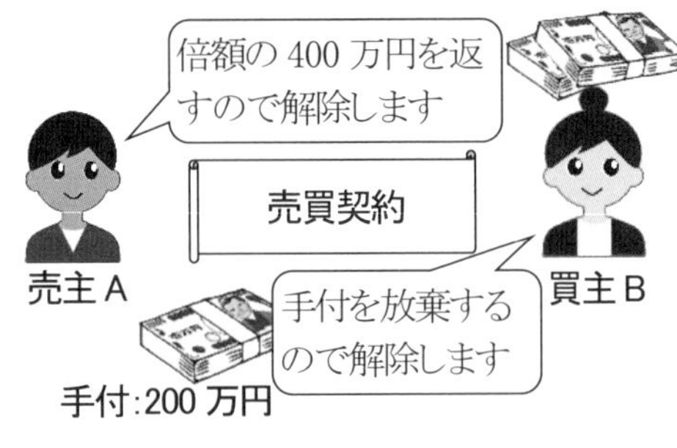

解約手付とは、手付の金額だけの損失を覚悟し、相手方の債務不履行がなくても契約を解除できるという趣旨で交付される手付をいいます。
買主から一定額(たとえば 200 万円くらい)の手付なるお金を事前に売主に渡しておきます。そして、この手付に、「買主側が契約をなかったことにしたい場合は、売主に手渡した手付を放棄(あげること)して、売主側が契約をなかったことにしたい場合は、買主から預かった手付と同額の金銭を上乗せして買主に返還する」という約束事を付けておきます。この解約手付によって、債務不履行とならずに契約を解除することができるわけです。

① 手付による解除はいつでも可能？

いくら解約ができるといっても、**相手方に多大な迷惑をかけることまでは許されていません。相手方が履行に着手した後ではこの手付による解約はできないことになっています。**たとえば、相手方がすでに購入資金を金融機関から借り入れてしまった場合などは、解約できません。

② 手付により解除した場合は損害賠償できない？

手付による解除の場合は、債務不履行と異なり、**損害賠償請求**ができません。なお、手付を交付した場合でも、当事者は、相手方の債務不履行を理由として契約を解除することはできます。その際は、手付を返還し、損害賠償請求することも可能です。

(2)自ら売主制限(宅建業法の適用)

宅建業者は、**自ら売主となる**宅地建物の売買契約の締結に際して(**買主が宅建業者以外の場合に限ります。**)、**代金の額の 20%を超える**額の手付を受領することができません。手付を受領したときは、その手付がいかなる性質のものであっても、買主はその手付を放棄して、売主業者はその倍額を現実に提供して、契約の解除をすることができます。つまり、解約手付ということになります。

上記に反する特約で、**買主に不利なもの**は、無効となります。

もちろん、宅建業法に違反する行為なので、指示処分の対象となります。

また、代理・媒介業者が関与した場合は、買主に「損害を与えた」とか「取引の公正を害する行為」をしたときに該当し指示処分の対象となります。

4-2 手付金等の保全＜自ら売主制限

代金の 5%を超えるお金を受け取るには保全措置が必要です

売主業者の買主に対する手付金等の返還債務が履行されなかった場合、買主は、営業保証金や弁済業務保証金の返還によって補填することはできます。しかし、その補填には上限があり、消費者の保護が不十分でした。そこで、昭和46年に制定されたのが手付金等の保全措置です。

宅建業者は、自ら売主となる宅地建物の売買に関して（買主が宅建業者以外の場合に限ります。）その引渡しまたは所有権の登記が行われるまでの間は、保全措置を講じた後でなければ、**原則として**、買主から**手付金等を受領することができません**。これを手付金等の保全措置といいま

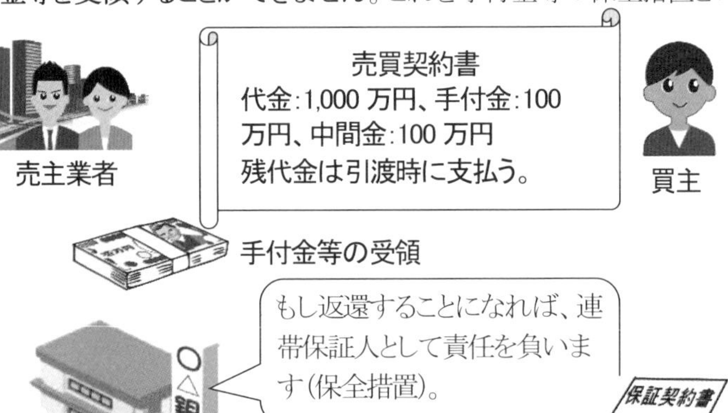

(1)保全措置の方法

保全措置とは、**手付金等**の返還債務について法定の機関が保証人になったり、売却物件の引渡しが完了するまで手付金等を預かっていたりする制度です。社長個人が保証人となる方法は採れません。

①銀行等との保証契約による保全措置

銀行等との間で、宅建業者が受領した手付金等の返還債務を負うこととなった場合において、銀行等がその債務を連帯して保証することを委託する契約（保証委託契約）を締結する措置です。その際、その保証委託契約に基づいて銀行等が手付金等の返還債務を連帯して保証することを約する書面を買主に交付しなければなりません。

②保険事業者との保証保険契約による保全措置

保険事業者との間で、宅建業者が受領した手付金等の返還債務の不履行により買主に生じた損害のうち少なくともその返還債務の不履行に係る手付金等の額に相当する部分を、その保険事業者が埋めることを約する保証保険契約を締結する措置です。その際、保険証券またはこれに代わるべき書面を買主に交付しなければなりません。

銀行等…銀行等とは、銀行、信用金庫、株式会社日本政策投資銀行、農林中央金庫、信用協同組合で出資の総額が 5,000 万円以上であるもの、株式会社商工組合中央金庫、及び労働金庫をいいます。

③指定保管機関が保管することによる保全措置

完成物件の場合は、前記の①②の方法とは別に、**国土交通大臣が指定した機関(指定保管機関)による手付金等の寄託契約に基づく保管**という方法も採ることができます。

具体的には、指定保管機関が売主である宅建業者に代わって手付金等を受領し(手付金等寄託契約)、その売買物件の引渡しと所有権移転登記が済むまで、手付金等を保管する制度です。もし、売却物件が引き渡されない等の事情が生じた場合は、買主は、売主の宅建業者との間で締結した質権設定契約に基づいて、手付金等を取り戻すことができます。

指定保管機関…国土交通大臣の指定を受けて、宅建業者が受領する手付金等(工事完了後の物件にかかるものに限る)を代理受領し、物件の引渡しまでの間、買主のために保管する事業を営む機関のことをいいます。現在は、(公社)全国宅地建物取引業保証協会と(公社)不動産保証協会の2協会が指定保管機関となっています。

(2)手付金等とは～契約申込金は保全措置の対象ではない?

保全すべき手付金等とは、次の2つの要件を満たすものをいいます。

① 代金の全部または一部として授受される金銭及び手付金その他の名義をもって授受される金銭で代金に充当されるもの
② 売買契約の締結の日以後その宅地建物の引渡しの前に支払われるもの

「代金の全部または一部として授受される金銭」とは、売買代金または内金のことを意味します。また、「手付金その他の名義をもって授受される金銭」とは、手付金という名称で授受される金銭に限られません。「代金に充当されるもの」とは、売主業者と買主間の売買契約において代金の全部または一部の支払いに充てることを合意した金銭をいいます。

なお、新築マンション分譲販売においては、売買契約に先立って契約申込金が授受されることが多いです。その契約申込金は、買受希望者が売買契約締結前に物件購入の優先順位を確保するために預けるものであって、売買契約の締結の日以後に支払われる金員ではないことから「保全すべき手付金等」には該当しません。

ただし、取引実務では、売買契約を締結する際、通常、これを手付金の一部に充当すると約定するため、売買契約締結の時点でそれまで授受された契約申込金と手付金とを合わせたものが「手付金等」に該当し保全措置の対象となります。

(3)保全措置を講じなければならない場合

未完成の宅地や建築の売買に関しては、売主の宅建業者が受領しようとする手付金等の額(すでに受領した手付金等があるときは、その額を加えた額)が**代金の額の5%または1,000万円を超える場合**は、保全措置を講じる必要があります。

完成している宅地や建物の場合は、**代金の額の10%または1,000万円を超える**場合には保全措置を講じる必要があります。

たとえば、売買代金が3億円で手付金1,500万円であれば、売買代金額の5%以下ですが1,000万円を超えるので手付金等の保全措置を講じる

未完成…宅地の造成または建築に関する工事が完了しているかどうかは、売買契約時において判断します。具体的には、単に外観上の工事のみならず内装等の工事が完了し、居住が可能な状態になっていることが必要です。

必要があります。また、手付金が 800 万円であれば直ちに手付金等の保全を講じる必要がありませんが、中間金 700 万円を受け取ると売主が受領した額の合計は 1,500 万円になるので手付金等の保全措置を講じる必要があります。

なお、未完成の物件について指定保管機関による保管の措置を講じても、銀行等による保証または保険事業者による保証保険契約をしなければ、保全措置をしたことにはなりません。

売主業者

売買契約書
代金〇〇〇万円
手付金:〇〇万円
中間金:〇〇〇万円
残代金は引渡時に支払う。

手付金等の額が

未完成⇒代金の 5%以下かつ 1,000 万円以下

完　成⇒代金の 10%以下かつ 1,000 万円以下
または
買主に移転登記等をする

その程度の手付金等の額なら、保全措置は必要ないですね。

(4)保全措置を講じる時期・範囲・期間～どのタイミングで保全措置？

保全措置は、手付金等を**受領する前**に講じなければなりません。

手付金等の保全措置がなされる範囲は、宅建業者が受領した手付金等の**全額**です。

保全期間は、宅地建物の**引渡しまで**です。

宅建業者が買主から手付金等を受領した後に倒産し買主に対する手付金等の返還債務が発生した場合、買主は、手付金等の保全措置により連帯保証した銀行等に手付金等に相当する額の支払いを請求します。

(5)保全措置を講じる必要のない場合～移転登記すれば不要？

次の場合は保全措置を講じる必要がありません。

①宅地建物について、買主への所有権移転の登記がなされたとき、買主が所有権の登記をしたとき

- 買主に所有権移転登記手続がなされた場合には第三者対抗要件を有することから買主の所有権が確保される可能性が高いからです。
- 宅地建物に抵当権等が設定されている場合、抵当権等の抹消登記手続が完了することが必要です。

②受領する手付金等の額(すでに受け取った手付金等があるときは、その額を加えた額)が、未完成物件の場合:代金の額の 5%以下であり、かつ 1,000 万円以下であるとき、完成物件の場合:代金の額の 10%以下であり、かつ 1,000 万円以下であるとき。

- 手付金等の額が低額な場合は、事務の煩雑さと保護すべき利益との均衡を考慮して適用除外とされています。

③買主が宅建業者である場合

(6)宅建業者が保全措置を講じない場合

①手付金等の受領禁止

宅建業者が手付金等の保全措置を講じないままに手付金等を受領することは禁止されています。

②買主の手付金等の支払い拒絶

宅建業者が、手付金等の保全措置を講じないときは、買主は、手付金等を支払わないことができます。宅建業者が手付金等の保全措置を講じない限り、買主は約定した手付金等の保全措置を講じない限り、買主が、約定した手付金等を支払わなくても債務不履行にはならないし、宅建業者は、買主に対し手付金等の不払いを理由に売買契約の解除や違約金の請求はできません。

③違反に対する措置

違反した場合は指示処分、業務停止処分の対象となり、情状が特に重いときには免許取消処分を受けます。

4-3 売主の義務＜売買契約

売主が宅建業者か否かで異なるので注意です

(1)権利移転の対抗要件に係る売主の義務～売主には登記義務が？

①対抗要件を備えさせる義務

売主は、買主に対し、登記、登録その他の売買の目的である権利の移転についての**対抗要件を備えさせる義務を負います**。たとえば、不動産の売買であれば売主は買主に対抗要件である登記を移転する義務を負います。

②移転登記

不動産の売買契約を行った場合、通常は、移転登記申請を行います。その申請は、原則として、**登記権利者(買主)と登記義務者(売主)が共同して申請しなければなりません(共同申請主義)**。

なお、登記権利者・登記義務者について相続その他の一般承継があったときは、相続人その他の一般承継人が、登記を申請することができます。たとえば、AB間で売買契約をした後にAが死亡しCが相続した場合、CBが共同してAからBへの所有権移転登記を申請できます。この場合、登記原因は売買となり、相続を証する情報は添付情報となります。

登記手続きに必要な情報としては、①申請情報(不動産を識別するために必要な事項や申請人の氏名・名称、登記の目的等)、②**登記識別情報**(滅失・亡失した場合でも、登記識別情報の再通知は認められていません。)、③**登記原因証明情報**等が必要です。

なお、所有権の移転の登記の申請をする場合において、その登記が完了した際に交付される登記完了証を送付の方法により交付することを求めるときは、その旨および送付先の住所を申請情報の内容としなければなりません。

それはなぜ？

共同申請主義を採用する理由は、登記官に登記の申請について実体的な権利関係の有無を審査する審査権がないからです。登記を必要とする当事者に申請させることで登記の真正を担保しています。

用語

登記原因証明情報…登記の原因となった事実または法律行為とこれに基づき現に権利変動が生じたことを証する情報のことをいいます。共同申請の場合には、(電子)契約書等のほか、登記原因について記載または記録された内容を、その登記によって不利益を受ける者(登記義務者)が確認し、署名もしくは押印した書面または電子署名を行った情報が含まれます。

③保存登記

所有権の保存の登記は、権利部の甲区に初めて所有者(共有者)を記録する登記で、すべての権利に関する登記の起点となるものであることから、真実の所有者が登記されるよう、登記申請できる者が限定さ

所有者 特別区南都町一丁目1番1号 甲野太郎

権利部(甲区)(所有権に関する事項)

順位番号	登記の目的	受付年月日・受付番号	権利者その他の事項
1	所有権保存	平成20年10月15日 第637号	所有者 特別区南都町一丁目1番1号 甲野太郎
2	所有権移転	令和1年5月7日 第806号	原因 令和1年5月7日売買 所有者 特別区南都町一丁目5番5号 法務五郎

権利部(乙区)(所有権以外の権利に関する事項)

順位番号	登記の目的	受付年月日・受付番号	権利者その他の事項
1	[illegible]	令和1年5月7日 第807号	[illegible] 債務者 特別区南都町一丁目5番5号 法務五郎 抵当権者 特別区北都町三丁目3番3号 株式会社南北銀行 (取扱店 南都支店) 共同担保 目録(あ)第2340号

共同担保目録

見本

出典)法務省ホームページ

れています。そして、この登記は、その性質上、登記義務者となるべき登記名義人が存在しないので、所有権の保存登記の登記名義人となるべき者が**単独**で**申請**します。

たとえば、区分建物（分譲マンション）については、表題部所有者から所有権を取得した者（転得者）も、所有権の保存の登記を申請することができます。ただし、その分譲マンションが敷地権付きであるときは、その**敷地権の登記名義人の承諾**を得なければなりません。

それはなぜ？

区分建物については表題部登記の申請義務を負う者が原始取得者またはその一般承継人に限定されていることから、マンションの分譲のような場合において、原始取得者（マンション分譲業者）による所有権の保存の登記を経たうえで転得者（マンション購入者）への所有権の移転の登記をするというような煩（わずら）わしさを避ける趣旨です。

④相続等による所有権の移転の登記の申請

所有権の登記名義人について**相続の開始があったとき**は、その相続により所有権を取得した者は、自己のために**相続の開始があったことを知り**、かつ、**その所有権を取得したことを知った日から 3 年以内に**、所有権の**移転の登記を申請しなければなりません**。**遺贈**（相続人に対する遺贈に限る）により所有権を取得した者も同様です。

この申請義務については、法定相続分での相続登記を申請することによっても履行することができますが、申請義務の履行期間内に登記官に対して相続人申告登記の申出をすれば、これによっても義務を履行したものとみなされます。

上記の制度は令和6年4月1日施行の改正点です。2017年における調査で、我が国における所有者不明土地の割合が 22.2%にまで膨れ上がり、所有権の登記名義人が死亡しても登記せずに放置しているケースがそのうち約 3 分の 2 であったことが、改正を必要とした大きな要因となっています。

(2)他人の権利の売買における売主の義務

他人の権利（権利の一部が他人に属する場合におけるその権利の一部を含む。）を売買の目的としたときは、売主は、その権利を取得して買主に移転する義務を負います。

なお、他人の所有する特定物が売買の目的とされた場合には、売主がその特定物の所有権を他人から取得するのと同時に、所有権は、買主に移転します（最判昭和 40 年 11 月 19 日　民集 22 巻 8 号 1558 頁）。ただし、特約がある場合には、その特約に従います。

売主がこの権利移転義務を履行しない場合は、原則として、債務不履行ということになります。すなわち、買主は、売主が権利の移転をまったく行わない場合には履行の請求をし、また、債務不履行に基づく損害賠償の請求及び契約の解除をすることができます。

用語

特定物…具体的な取引に際して、当事者がその物の個性に着目して指定したものをいいます。不動産売買契約において、不動産は通常その物の個性（場所や状態を含め）に着目しているといえるので、特定物にあたります。

(3)自ら売主制限（宅建業法の適用）

①売買契約の締結の制限

民法では、他人の物でも未完成でも売買する契約は禁止されていません。もちろん、その他人（持ち主）が承諾したり、完成したりしない限り、買

自己の所有に属しない…①他人の所有に属すること、②まだ完成しておらず独立の宅地建物と認められないもの(未完成物件)の両方を含みます。法律上、柱があって壁ができて屋根を葺いて雨風をしのげるようになってはじめて、建物がひとつの不動産としてこの世に誕生します。したがって、でき上がる前の建物(未完成物件)は、法律上はまだこの世に存在していない物となるわけです。つまり、誰の物でもないということで、自己の所有に属さない物件に分類されたのです。

主のものになることは原則としてありません。しかし、**宅建業法では、自己の所有に属しない宅地建物について、自ら売主となる売買契約を(買主が宅建業者以外の場合に限ります。)、原則として締結してはならないことになっています。**

この規制の趣旨は、売主業者が他人の所有権を取得できず転売先である買主に所有権を移転できないことにより、買主に、不測の損害を与えることを防止することにあります。したがって、売主業者が他人所有の宅地建物を取得できることが明らかな場合や未完成物件の売買で手付金等の保全措置が講じられている場合は適用されません。

②売却できる場合①～宅地建物を取得する契約を締結している

宅建業者が宅地建物を取得する契約(予約を含むが、その効力の発生が**条件に係るものを除く**)を締結している場合は、自己の所有に属しない宅地建物であっても売却できます。

所有者A

売買契約(AB間)
予約:BはCに売却できる
条件付き:BはCに売却できない

売買契約(BC間)
(予約含む)

宅建業者B　　買主C

宅建業者が宅地建物の所有者から売買、贈与、交換等によりその所有権の移転を受ける契約を締結していることをいいます。宅建業者がその取得契約に基づいて所有者からその所有権を取得し買主に転売等で所有権を移転することが法律上可能であることから、適用が除外されます。

1. 取得する契約について？

一般に売買契約は、口頭により成立し書面の作成を成立要件としませんが、実務的には、当事者が最終的に売渡し、買受けるとの確定的な意思表示の合致があるという程度の成熟した意思表示のある売買契約書等の書面を取り交わすことが普通です。したがって、宅建業者が所有者(他人)から売渡承諾書を取得した程度では、後に紛争が生じた場合に契約の成立を証明することは困難でしょう。

したがって、宅地建物を取得する契約の存在は宅建業者が立証しなければならないものであるので、この点からは書面による契約が適当です。

2. 予約とは？

宅地建物の所有権を取得する契約において当事者の一方が相手方にその契約の申込みをした場合に相手方がこれを承諾すべき義務を負う旨を約することをいいます。売主業者が宅地建物の所有者に対しその所有権を取得する契約を成立させる予約を締結している場合、売主業者は予約完結権を行使すれば所有者の承諾がなくとも目的物を取得する契約が成立し、所有権を取得した上で買主にこれを移転することが法律上可能であることから、適用が除外されています。

予約に当たるかどうかは、予約完結権の存在とその行使による契約の成立が合意されているかどうかに照らして判断すべきです。予約という名称を付した書面の存在だけでは足りません。協定害、覚書、仮契約書といった書面を締結したとしてもその合意内容が前記事項を充足し法的拘束力を有することが必要です。

なお、売渡承諾書と買付証明書を交換したり契約申込金を差し入れたことは確定的な意思表示の合致やその予約には当たりません。

3. 効力の発生が条件に係るものとは？

停止条件及び法定条件が付された契約または予約をいいます。例えば、転勤が確定すれば所有する宅地建物を宅建業者に売り渡すとの契約は、売主の転勤が実現すれば、その売買契約の効力が発生しますが、条件が成就するかどうかは不確実、つまり宅建業者が宅地建物の所有権を取得することができるかどうかは不確実な状態となるので、宅建業者が転売先である買主に所有権移転義務を履行できない取引上のリスクがあります。したがって、取得する契約の効力の発生が条件に係る条件付取得契約は禁止されています。

なお、農地法第5条の都道府県知事の許可を条件とする売買契約も「効力の発生が条件に係る契約」に該当します。

③売却できる場合②～宅建業者が物件を取得できることが明らか

宅建業者が当該宅地建物を取得できることが明らかな場合で国土交通省令・内閣府令で定める場合、自己の所有に属しない宅地建物であっても売却できます。

宅地建物取引業法施行規則15条の6に要件が定められています。

《施行規則15条の6》

法第33条の2第1号の国土交通省令・内閣府令で定めるときは、次に掲げるとおりとする。

一　当該宅地が都市計画法(昭和四十三年法律第百号)の規定により当該宅地建物取引業者が開発許可を受けた開発行為又は開発行為に関する工事に係るものであつて、かつ、公共施設(同法第四条第十四項に規定する公共施設をいう。)の用に供されている土地で国又は地方公共団体が所有するものである場合において、当該開発許可に係る開発行為又は開発行為に関する工事の進捗の状況からみて、当該宅地について同法第四十条第一項の規定の適用を受けることが確実と認められるとき。

二　当該宅地が新住宅市街地開発法(昭和三十八年法律第百三十四

号）第二条第一項に規定する新住宅市街地開発事業で当該宅地建物取引業者が施行するものに係るものであつて、かつ、公共施設（同条第五項に規定する公共施設をいう。）の用に供されている土地で国又は地方公共団体が所有するものである場合において、当該新住宅市街地開発事業の進捗の状況からみて、当該宅地について同法第二十九条第一項の規定の適用を受けることが確実と認められるとき。

三　当該宅地が土地区画整理法（昭和二十九年法律第百十九号）第百条の二の規定により土地区画整理事業の施行者の管理する土地又は大都市地域における住宅及び住宅地の供給の促進に関する特別措置法（昭和五十年法律第六十七号）第八十三条の規定において準用する土地区画整理法第百条の二の規定により住宅街区整備事業の施行者の管理する土地（以下この号において「保留地予定地」という。）である場合において、当該宅地建物取引業者が、当該土地区画整理事業又は当該住宅街区整備事業に係る換地処分の公告の日の翌日に当該施行者が取得する当該保留地予定地である宅地を当該施行者から取得する契約を締結しているとき。

四　当該宅地又は建物について、当該宅地建物取引業者が買主となる売買契約その他の契約であつて当該宅地又は建物の所有権を当該宅地建物取引業者が指定する者（当該宅地建物取引業者を含む場合に限る。）に移転することを約するものを締結しているとき。

＊　通達「土地区画整理事業又は住宅街区整備事業が施行される場合、施行者は一般に保留地を売却して事業費に充当するが、この保留地の予定地について施行者は管理権に基づき宅地建物取引業者その他の者に売却するのが通例である。この場合、宅地建物取引業者はその時点で所有権を取得することができないが、換地処分の公告の日の翌日以降それを取得することが確実とみられるので、そのような場合について定型的に売買契約締結の禁止の適用除外としたものであること（昭55.12.1 計動発第105号不動産業課長通達）。」

④売却できる場合③～手付金等の保全措置が講じられているとき

売主業者
保全措置を講じたので売買契約を締結しましょう。
売買契約書（予約含む）
建築中ですが手付金〇〇円、中間金〇〇円

銀行等による保全措置または保険事業者との間において締結する保証保険契約が講じられている場合、自己の所有に属しない宅地建物であっても売却できます。
この場面での売買は、宅地の造成または建築に関する工事の完了前において行うその工事に係る宅地または建物の売買で自ら売主となるものであり、いわゆる**未完成物件の売買**です。
売買契約締結時にはいまだ目的物が完成していないため自己の所有に属しない物件の売買になりますが、売主業者が手付金等の保全措置を講じているものについては、買主の利益を害するおそれがないので適用が除外されています。
なお、完成物件については、たとえ手付金等の保全措置を講じたとしても、自己の所有に属しない限り、売主業者は売買契約を締結することはできません。

手付金等の額が代金額の 5%以下、かつ 1000 万円以下の場合は手付金等の保全措置を講じる必要がありませんが、この場合も適用が除外されます。

⑤違反した場合～売買契約は無効？

前記に違反した場合、指示処分や業務停止処分(情報が特に重い場合は免許取消処分)を受けます。ただし、違反したからといって、売買契約が直ちに無効となるわけではありません。

付け足し 第三者のためにする契約(規則 15 条の 6 第 4 号)

旧不動産登記法の下では、宅建業者Bが所有者Aから不動産を取得し、これを C(非宅建業者)に転売する場合、登録免許税・不動産取得税の課税を回避するため、AB 間の売買契約書で「売主は、買主又はその指定する者に対し本物件の所有権移転登記申請手続をしなければならない」と定め、Aから直接Cに所有権移転登記する中間省略登記がなされていました。しかし、平成 16 年に不動産登記法が改正され、所有権移転登記申請手続には登記原因を証する具体的な情報を提供する「登記原因証明情報」が必要となり(61 条)、AC 間で売買契約が締結されていないため従来の中間省略登記が事実上困難となりました。
そこで、①AB 間で「第三者 C のためにする契約」として、BC 間で他人物(A 所有物)の売買契約をそれぞれ締結し、A から C に直接所有権を移転する方法、または②AB 間で売買契約を締結し、BC 間で「買主 B の地位の譲渡」を行う場合、もしくは AB 間で「第三者のためにする契約」とし、BC 間で無名契約(民法にない規定のない契約)を締結し、A から C に直接所有権を移転する方法の取引形態がとられることがあります。
平成 19 年に宅地建物取引業法施行規則 15 条の 6 第 4 号が追加され、①の場合では、「B が他人物の所有権の移転を実質的に支配していることが客観的に明らかである場合」には本規定が適用されず、②の場合は、BC 間の契約は宅地建物の売買契約とは異なるため、B が宅建業者であっても売買契約に関する宅建業法の規律を受けないことになりました。

実務では、三為契約(さんためけいやく)と呼ばれる契約です。

4-4 契約不適合責任＜売買契約

売主が宅建業者の場合だと責任の内容が異なる

2020 年改正前の民法のように、債務不履行とは全く異なる制度としての担保責任ではなく、物・権利に関する契約不適合を理由とする債務不履行責任についての規律として、一元的に整理・統合されています。

民法には、債権発生原因を問わず、債務一般に適用される債務不履行責任とは別に、売買契約を中心とする有償契約に適用される売主の契約不適合責任が定められています。

そして、買主の救済手段としては、追完請求権、代金減額請求権、損害賠償請求権および解除権の 4 つがあります。

(1)追完請求～購入した建物に欠陥がある場合に修理を請求できる？

引き渡された目的物や権利が**種類**、**品質**または**数量**に関して、**契約の内容に適合しないもの**(以下、「**契約不適合**」といいます)であるときは、買主は、売主に対し、目的物の**修補**、**代替物の引渡し**または**不足分の引渡し**による履行の追完を請求することができます(**追完請求**)。

たとえば、売主 A から建物を購入した B が、後に欠陥住宅であることに気付いた場合、B は、修補請求や代わりの物件の引渡請求をすることができます。

ただし、A に履行追完の義務があるとしても、B に不相当な負担を課するものでなければ、B が求める方法とは別の方法で追完できます。代わりの物件の引渡しではなく、修補を選択するなどです。

なお、不適合が**買主の責めに帰すべき事由によるもの**であるときは、買主は、**履行の追完の請求をすることができません**。このような場合にまで売主が履行追完義務を負うとすると不公平になるからです。

(2)代金減額請求～購入した建物に欠陥がある場合に請求できる？

契約不適合である場合、買主は、相当の期間を定めて履行の**追完の催告**をし、その期間内に**履行の追完がない**とき、その不適合の程度に応じて**代金の減額を請求することができます**。

代金減額請求は、**契約解除（一部）と理屈は同じ**です。したがって、契約解除と同じく、買主による**催告**が必要とされています。ただし、（契約解除と同じく）買主は、次の場合には、催告をすることなく、直ちに代金の減額を請求することができます。

①履行の**追完が不能**であるとき

②売主が履行の追完を**拒絶する意思を明確に表示**したとき

③契約の性質または当事者の意思表示により、特定の日時または一定の期間内に履行をしなければ**契約をした目的を達することができない場合**において、売主が履行の追完をしないでその時期を経過したとき

④買主が催告をしても履行の追完を受ける見込みがないことが明らかであるとき

契約不適合
売買契約
売主 A
買主 B
①2 週間以内に追完して（**催告**）。
②期日過ぎたから代金**減額**して。

なお、不適合が**買主の責めに帰すべき事由による**ものであるときは、買主は、**代金の減額の請求をすることができません**。

(3) 損害賠償請求・解除権の行使～債務不履行と同じ？

契約不適合である場合に、買主の追完請求権や代金減額請求権を行使できる場合であっても、債務不履行責任としての**損害賠償請求**や**解除**ができます。

①損害賠償について

債務不履行の一般規定に従うので、売主に**帰責事由**がない場合には損害賠償請求は認められず、また損害賠償の範囲については履行利益にも及びます。

履行利益…契約が履行されていれば、その利用や転売などにより発生したであろう利益のことです。この対概念として、信頼利益というものがあります。契約が有効であると信じたために発生した損害のことをいいます。不動産の売買の契約が成立するのを見越して、建築用の資材を購入した場合等です。

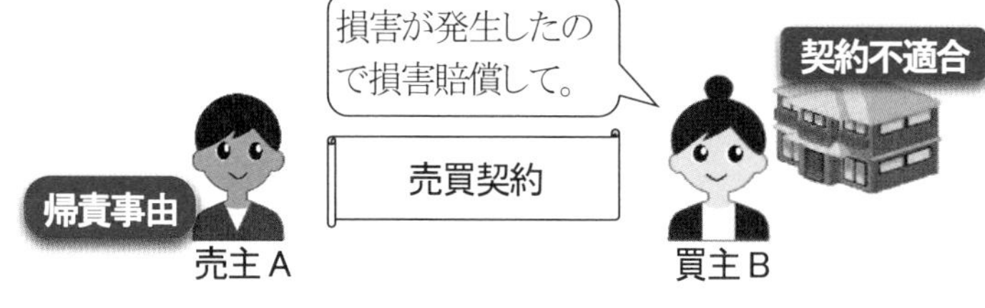

②解除について

こちらも**債務不履行の一般規定に従う**ので、売主に帰責事由は不要ですが、解除する前に追完について催告が必要です（履行不能等の場合は不要）。また、債務不履行がその契約および取引上の社会通念に照らして**軽微**であるときは解除できません。
なお、「契約をした目的を達することができない」という要件はありません。

(4)通知～住宅の欠陥を発見してから1年で追及ができなくなる？

それはなぜ？
目的物の引渡しによって履行は完了したという売主の期待を保護する必要があることと、物に関する不適合の有無は使用や時間経過による劣化などによって比較的短期間で判断が困難となるため、早期に法律関係を安定させる必要があるからです。

種類または**品質**に関して契約の内容に適合しない**目的物**の引渡しを受けた買主は、その**不適合を知った時から 1 年以内**にその旨を売主に**通知**しないと、不適合を理由とする履行の追完の請求、代金の減額の請求、損害賠償の請求及び契約の解除ができなくなります。
ただし、**売主**が引渡しの時にその不適合を**知り**、または**重大な過失**によって**知らなかった**ときは、上記の期間制限はありません。
したがって、**権利に関する不適合については、短期間でその不履行の判断が困難となるとは考えにくく、また、物の数量における不適合についても、数量不足は外形上明白であり、履行が終了したとの期待が売主に生じることは考えにくいので、上記の期間制限の適用がありません。**

付け足し

契約不適合に関する短期期間制限のルールは、消滅時効の一般原則の適用を排除しません。したがって、期間内の通知によって保存された買主の権利は、債権に関する消滅時効の一般原則に従います。つまり、物の種類・品質における不適合を理由とする買主の権利は、引渡時から 10 年または不適合を知った時から 5 年という二重の時効期間の下で、消滅時効にかかることになります。

(5)特約～担保責任を負わない旨の特約は有効？

売買契約の当事者間で、売主が負うべき担保責任について**特約を行うことは有効**です(私的自治の原則)。

契約当事者は、担保責任を重くする特約も、軽くする特約も、あるいはそれを負わないとする特約もすることができます。

ただし、担保責任を負わない旨の特約がなされた場合でも、①**売主がそれを知りながら買主に告げなかった事実**、及び②売主自らが第三者のために設定しまたは第三者に譲り渡した権利については、売主は責任を免れません。信義則に反すると評価されるからです。

①については、売主が建物に欠陥があることを隠す等が典型例です。②については、売主が引き渡すべき不動産を他人に売却していた場合や、他人のために設定した地上権や抵当権が存した場合等が典型例です。

免責特約(572 条)、競売における責任(568 条)、債権の売買(569 条)等の民法の規定は「担保責任」としています。「契約に適合しない責任」について契約で排除すると表記すると混乱するからかと思われます。内容的には引渡後の売主の契約責任についての特約ということです。

付け足し

売買の目的について権利を主張する者があることその他の事由により、買主がその買い受けた権利の全部もしくは一部を取得することができず、または失うおそれがあるときは、買主は、その危険の程度に応じて、代金の全部または一部の支払を拒むことができます。ただし、売主が相当の担保を供したときは拒むことができません。

(6)自ら売主制限(宅建業法の適用)

民法では、前述のとおり、売主が**種類または品質に関して**(数量に関する不適合(数量不足)及び権利に関する不適合は対象外です。)契約の内容に適合しない目的物を買主に引き渡した場合における契約不適合責任(担保責任)の追及は、原則として、買主がその**不適合を知った時から 1 年以内**にその旨を売主に**通知**しなければならないとしています。そして、契約当事者間でこのルールに従わないことに同意していれば、売主は契約不適合責任を負わないという特約も有効です。

売買契約書
買主甲は引渡しから 1 年経過すると売主乙に契約不適合を責任追及できない。

民法の規定より、私にとって不利な特約です。まだ、不適合を知った日から 1 年経過していないので、損害賠償請求します。

買主

しかし、宅建業者が自ら売主となる宅地建物の売買契約においては(買主が宅建業者以外の場合に限ります。)、**原則として、民法に規定する担保責任の通知期間**(買主が不適合を知った時から 1 年)**について買主に**

不利となる特約をしてはなりません。

売主が宅建業者であれば、買主の属性は問われません。買主が消費者である場合はもちろん、株式会社等の会社その他の事業者である場合にも適用されます。ただし、売主と買主の双方が宅建業者の場合は、両者ともに宅地建物取引に精通し、契約不適合責任に関する特約の内容を理解することができるので適用されません。

なお、契約不適合責任に関し特約を設けない場合は適用されません。

(7)例外がある～引渡しから２年以上であれば有効？

民法に規定する担保責任の通知期間について、その目的物の引渡しの日から２年以上となる特約をする場合を除き、買主に不利となる特約をしてはなりません。つまり、**売主への通知期間**を、不動産の引き渡しの日から２年以上とすることができます。

なお、通知期間にについて買主に不利となる特約とは、民法に規定する担保責任の通知期間に関する特約のみを指すものではないと解されています。つまり、契約不適合に基づく追完請求権や代金減額請求権、損害賠償請求権、契約解除に関する要件及び効果をも指します。たとえば、契約不適合責任を隠れた契約不適合に限定するような特約も買主に不利な特約として無効となります。このルールの趣旨は以下の3つです。

①種類または品質における契約不適合に関し、権利保存期間を引渡しの日から２年未満に短縮することはできず、そのような特約は無効となる。 ▸「目的物について契約不適合の事実が判明した場合、買主は、売主に対し、目的物の引渡しから１年以内に通知をしなければならない。」、「引渡しから１年以内に契約不適合責任について通知しなければ、以後、売主に対し異議を述べることはできない。」、「契約不適合責任の通知は書面によらなければならない。」等は無効となります。
②権利保存期間の起算点を「引渡しの日」よりも早くする等、買主に不利に変更する特約は無効となる。 ▸「買主の契約不適合責任に基づく権利行使は契約締結時から２年とする」等は無効となります。
③民法に規定する契約不適合責任を排除・制限する特約は、買主に不利となる特約として無効となる。 ▸「引渡しの日から２年以内に契約解除または損害賠償をしなければならない。」、「買主が請求できる追完請求権を、補修に限定し、追完請求の内容をあらかじめ一律に限定する特約」、「契約不適合責任を、一律に、契約の目的が達せられない場合に限定する。」等は無効となります。

付け足し　引渡し前の目的物についての特約

民法566条は、「売主が種類又は品質に関して契約の内容に適合しない目的物を買主に引き渡した場合において」と規定し、同条が前提としている民法562条1項は、「引き渡された目的物が」と規定しています。契約締結後、目的物の引渡しまでに契約不適合が判明した場合、売主は売買契約の内容に適合した目的物を引き渡す義務があるのだから、適宜の方法によって引渡しまでに目的物の契約不適合性を確保し、これを引き渡せば売主の債務不履行は存在しません。引渡し前に契約に適合した目的物を履行することが不能であるときは、買主は売主に対し、その不能による填補賠償を請求し、契約の全部または一部を催告によらずして解除することができます。

(8)新築住宅の販売の場合は？

売買契約の目的物は、宅地または建物であればその種類や用途を問いません。建物は、居住の用に供されるか、店舗・事務所等の事業の用に供さるかを問わず、また完成物件・未完成物件の売買を問わず、このルールが適用されます。売買契約の目的物が新築である場合にはこのルールに加えて「住宅の品質確保の促進等に関する法律」(以下、「品確法」と略します。)が適用されます。

新築住宅…新たに建設された住宅のうち、①建設工事の完了の日から起算して1年以内のもので、かつ、②まだ人の居住の用に供したことのないものをいいます。

新築住宅の売主は、目的物を買主に引き渡した時から10年間、構造耐力上主要な部分等の瑕疵について瑕疵担保責任を負い、これに反する特約で買主に不利なものは、無効となります。この期間は除斥期間と解されています(消滅時効の完成猶予や更新がない期間)。

したがって、以下のような合意はすべて無効となります。

①「引き渡した時から10年間」を短縮する合意
②10年の期間の起算点を買主に不利に変更する合意
③瑕疵担保責任の対象となる「瑕疵」を狭く限定する合意

なお、10年間という期間を特約によって伸長することができますが、その最長期間は「引き渡した時から20年」です。

売主の担保責任の内容は、民法に定める損害賠償責任、契約解除、追完義務、代金減額と同じです。

(9)売主も買主も株式会社の場合は？

商人間の売買において、①買主は、その売買の目的物を受領したときは、遅滞なく、その物を検査しなければなりません。②この場合において、買主は、その検査により売買の目的物が種類、品質または数量に関して契約の内容に適合しないことを発見したときは、直ちに売主に対してその旨の通知を発しなければ、その不適合を理由とする履行の追完の請求、代金の減額の請求、損害賠償の請求及び契約の解除をすることができません。売買の目的物が種類または品質に関して契約の内容に適合しな

商人…自己の名をもって商行為をすることを業とする者をいいます。また、会社がその事業としてする行為及びその事業のためにする行為は商行為となります。

いことを直ちに発見することができない場合において、**買主が 6 か月以内にその不適合を発見したとき**も同様です。ただし、売買の目的物が種類、品質または数量に関して契約の内容に適合しないことにつき売主が悪意であった場合には、前記②のルールは適用されません。

商人間の売買を規律する前記の商法の規定は、不動産の売買にも適用されます。つまり、売主・買主双方が商人(株式会社等)の宅地建物の売買の場合にも適用されます。

したがって、前記の商法の規定に加えて、種類・品質の契約不適合に関してはさらに契約不適合を知った時から1年以内に不適合の旨の通知を売主に到達させなければ、買主は、引き渡された目的物の契約不適合を理由として売主に対し主張できるはずの権利を失うことになります。契約不適合の通知が到達した場合には、買主の権利は、消滅時効に関する一般原則に服します。

なお、前記の商法の規定は任意規定なので、売主業者と商人である買主との間で、宅建業法上の担保責任の定めと異なる合意をすることもできます。ただし、種類・品質の契約不適合に関する権利保存期間について、「目的物の引渡しの日から2年以上となる特約する場合」を除き、民法の規定より買主に不利となる特約は無効となります。したがって、商人間の取引において「引渡しの日から 2 年間は担保責任を負う」との特約は、前記商法の規定を適用しない旨の合意と認定されることが多いです。

(10)違反した場合

前記(6)(7)に違反した場合、指示処分の対象となります。

また、**買主に不利な特約は無効**となり**民法が適用**されます。たとえば、「契約不適合の責任は、目的物の引渡しの日から 1 年以内に売主にその旨を通知しなければならない」とする特約は無効となり、担保責任を負う期間は民法の規定により買主が契約不適合を知った時から 1 年間となります。

5 クーリング・オフ＜自ら売主制限

消費者保護の観点から申込者には契約解除権があります

宅建業者が**自ら売主となる**宅地建物の売買契約について(**買主が宅建業者以外の場合に限ります。**)、その業者の事務所等以外の場所で申込みをした者(申込者)や契約を締結した買主(以下、申込者等という。)は、原則として、その買受けの申込みを撤回したり、契約を解除したりすることができます。これをクーリング・オフといいます。
ただし、例外としてクーリング・オフできない場合もあります。

その趣旨は？
昭和50年頃、宅建業者が消費者を温泉地等に無料招待し、旅館の一室等で強引に別荘地分譲や山林の現状有姿分譲を勧誘し売りつけるといった悪徳商法が社会問題となりました。そこで、昭和55年に、強引な勧誘から不動産の経験や知識のない消費者を保護するために作った制度がクーリング・オフです。

(1)例外①～事務所等で買受けの申込をした場合はできない？

①クーリング・オフ制度の適用除外となる場所

宅建業者自身が売主になる宅地建物の売買契約で、購入の意思を示したり、契約を結んだりした申込者等であっても、**事務所等で買受けの申込み、または売買契約を締結した場合**には、クーリング・オフできません。
なお、クーリング・オフ制度の適用のない場所は、原則として、以下の表に掲げる、**専任の取引士を置くべき場所に限定**されています。したがって、喫茶店やファミリーレストラン等で契約締結等を行った場合はクーリング・オフ制度の適用があります。
また、クーリング・オフ制度の適用の有無については、原則として、その場所が専任の取引士を設置しなければならない場所であるか否かにより区別されるものであり、実際に専任の取引士がいるか否か、その旨の標識を掲げているか否か、その旨の届出がなされているか否かなどによって区別されるものではありません。**非対面の場合、契約締結等を行った場所は、その契約締結等を行った際の顧客の所在場所となります。**
なお、クーリング・オフ制度の適用がある場所において、その旨の標識が掲げられていない場合等は、宅建業法違反となります。

1.売主業者の事務所または代理・媒介の依頼を受けた宅建業者の事務所 ▶ 契約締結権限を有する者及び専任の取引士が置かれ、またその施設も継続的に業務を行うことができるものとされているため、そこにおける取引は定型的に状況が安定的であるとみることができ、この制度の適用の対象から除外されています。
2.事務所のほか「国土交通省令・内閣府令で定める場所」 ▶ この制度が不安定な契約意思での取引について白紙還元の余地を認めたものであることから、購入者の購入意思が安定していると定型的に判断できる場合には適用を除外し、取引の安定を確保す

ることとしたものです。

②国土交通省令・内閣府令で定める場所

「国土交通省令・内閣府令（宅地建物取引業法施行規則のこと）で定める場所とは以下に掲げる場所をいいます。

1. 売主業者または代理・媒介の依頼を受けた宅建業者の事務所以外の場所で継続的に業務を行うことができる施設を有するもの

▶ 「継続的に業務を行うことができる施設を有する場所で事務所以外のもの」とは、事務所としての物的施設を有してはいるが、契約締結権限を有する者が置かれていないものをいいます。

表の２と３の場所について
宅建業者が自己の物件を販売する場合において、他の宅建業者にその代理または媒介を依頼するようなときにおいては、他の宅建業者の事務所あるいはそれに準ずる場所における顧客の契約意思も安定的であると認められるので、このような場所における取引行為も制度の適用除外とされています。

2. 売主業者または代理・媒介の依頼を受けた宅建業者が一団の宅地建物の分譲を案内所を設置して行う場合にあってはその案内所

▶ 案内所とは、いわゆる駅前案内所、申込受付場所等をも含むものであり、継続的に業務を行うことを予定しているものではないが、一定期間にわたって宅地建物の取引に係る業務を行うことが予定されているような施設を指すものです。

▶ この場所においては、クーリング・オフ制度の適用が除外される案内所を**土地に定着する建物内に設けられるものに限定**しており、別荘地等の販売におけるテント張り、仮設小屋等の一時的かつ移動容易な施設はこれには該当しません。しかしながら、マンション分譲の場合のモデルルームあるいは戸建分譲の場合のモデルハウス等における販売活動は、通常適正に行われる営業活動であると考えられるので、ここでいう案内所と解して差し支えありません。

3. 展示会場・催事場等

▶ 売主業者または代理・媒介の依頼を受けた宅建業者が、事務所等で宅地建物の売買契約に関する説明をした後、その宅地建物に関し展示会その他これに類する催しを土地に定着する建物内において実施する場合に、これらの催しを実施する場所をいいます。

4. 売主業者の相手方が宅地建物の売買契約に関する説明を受ける旨を申し出た場合におけるその相手方の自宅または勤務先

▶ 宅地建物の取引に当たり、顧客が自ら希望して自宅または勤務先（以下、「自宅等」という。）を契約締結等の場所として申し出た場合においては、その顧客の購入意思は安定的であるとみられるので、この場合はクーリング・オフ制度の適用から除外しています。

▶ 宅建業者が顧客からの申し出によらず自宅等を訪問した場合や、電話等による勧誘により自宅等を訪問した場合において、顧客から自宅等への訪問等の了解を得たうえで自宅等で契約締結等を行ったときは、クーリング・オフ制度の適用があります。

▶ 現実に紛争が発生した場合においては、相手方が申し出たか否かについて立証が困難な場合もあると予想されるので、この制度の適用除外とするためには、契約書あるいは申込書等に顧客が自宅等を契約締結等の場所として特に希望した旨を記載することが望ましいです。
▶ 非対面での契約締結等の場合は、顧客の所在場所及び顧客が希望したことを確認し、記録することが望ましいです。

＊ 一時に多数の顧客が対象となるような場合において特定の場所で申込みの受付等の業務を行うことが予定されているようなときは、その特定の場所については、クーリング・オフ制度の運用に限り事務所に含めて取り扱って差し支えありません。

＊ **事務所等において買受けの申込みをし、事務所等以外の場所において売買契約を締結した買主は、クーリング・オフできません。**

(2)例外②～クーリング・オフの告知後8日が経過した場合

①申込みの撤回等の告知

事務所等以外の場所で買受けの申込みや売買契約を締結した申込者等が、下記の一定の記載がある**書面を交付**された上で、申込みの撤回等を行うことができる旨およびその申込みの撤回等を行う場合の方法を**告げられた場合**で、その**告げられた日から起算して**8日を経過したときはクーリング・オフできません。消費者保護を図る制度です。

1. 申込者等の氏名(法人の場合は商号・名称)・住所
2. 売主業者の商号・名称・住所・免許証番号
3. 告げられた日から起算して 8 日を経過する日までの間は、宅地建物の引渡しを受け、かつ、その代金の全部を支払った場合を除き、書面によりクーリング・オフできること
4. クーリング・オフがあったときは、宅建業者は、それに伴う損害賠償または違約金の支払を請求することができないこと
5. クーリング・オフは、その旨を記載した書面を発した時に効力が生じること
6. クーリング・オフがあった場合において、その買受けの申込みまたは売買契約の締結に際し手付金その他の金銭が支払われているときは、宅建業者は、遅滞なく、その全額を返還すること

なお、権利行使期間としての 8 日間の起算点は、クーリング・オフの告知を受けた日と規定されているため、宅建業者が所定事項を記載した書面を交付して告知しないときは、行使期間の起算が開始されないことになり、いつまでもクーリング・オフによる買受けの申込みの撤回または契約の解除ができます(大阪地判昭和63年2月24日等)。

また、交付された告知書に所定の事項が記載されていない場合または正確に記載されていないため所定事項を記載されていないと同視できる

期間を日単位で定めた場合、初日を算入しないで翌日から起算し、法令等で別段の定めをした場合はその定めに従うのが一般原則です(民法 138 条)。宅建業法上のクーリング・オフ制度では「その告げられた日から起算して」との別段の定めをし、買受けの申込者等が所定の告知を受けた日を期間の初日として起算します。例えば、月曜日に書面で告げられた場合は翌週の月曜日までクーリング・オフができるということになります。

場合は、その書面は告知書の交付とは認められず、権利行使期間は進行しません。

②クーリング・オフ妨害等について

宅建業者がクーリング・オフ制度の適用がある場所で契約締結等を行った場合において、相手方に対してクーリング・オフをしない旨の合意を取り付ける行為は、クーリング・オフ制度の適用範囲を不当に制限するものであることから適切ではありません。

なお、相手方が合意に応じたとしても、この制度の適用がある場所で契約締結等を行った場合はクーリング・オフ制度が適用されます。

宅建業者がクーリング・オフ制度の適用がある場所で契約締結等を行ったにもかかわらず、相手方に対して、クーリング・オフができない旨を告げる行為やクーリング・オフをするには損害賠償または違約金が発生するなどを告げる行為は、情状に応じ、指示処分、業務停止処分等の対象になります。

③申込みの撤回等の制限について

申込みの撤回等を行うことができる旨を告げられた場合においてその告げられた日から 8 日を経過したときにはこの制度の適用がないこととされていますが、これは 8 日間を経過した場合にはもはや申込みの撤回や締結された契約の解除ができなくなるという意味ではなく、その場合には、民法の原則や消費者契約法に基づく申込みの撤回または契約の解除によることとなります。

(3)例外③～告知がなくても契約が履行された場合

①履行関係の完了による適用除外

事務所等以外の場所で買受けの申込みや売買契約を締結した申込者等が、その宅地建物の**引渡しを受け、かつ、その代金の全部を支払った**ときはクーリング・オフできません。

宅地建物の引渡しが完了し、かつ代金が完済され、その売買契約の履行関係がすべて終了した場合にまでクーリング・オフを認めることは取引の安全を害することから適用除外とされました。

現況が山林、原野といった土地を図面上で区画割して別荘地分譲をしたが、その宅地の位置や範囲（境界）が現地で特定されないままに売買契約を締結した場合は、所有権移転登記手続がなされたとしても宅地の引渡しを受けたとはいえません。

②引渡しを受けたとき

宅地建物の引渡しを受けたときとは、その宅地建物の所有権移転登記手続きを完了しただけでなく現実の引渡しがあることを必要とします。特に宅地の場合、その宅地の位置、範囲を特定した上での引渡しが必要です。

また、引渡しの完了と代金の完済はいずれか一方がなされただけではクーリング・オフの適用除外にはならず、目的物の引渡しの完了と代金全部の支払いの両方が完了する必要があります。

③代金の全部を支払ったとき

代金の全部を支払ったときとは、代金の支払いが完了したことをいいます。代金の一部を約束手形で支払った場合は、すべてが決済済みとならなければ全部の支払いとは認められません。

(4)クーリング・オフの方法と効力～申込者等も口頭ではだめ？

クーリング・オフ制度は消費者保護のための制度なので、前記の要件を満たせば、申込者等は無条件かつ一方的に買受けの申込みを撤回し、または売買契約を解除することができます。

ただし、申込者等がクーリング・オフをする際は、その旨を**書面**にして宅建業者に送らなければなりません。

その効力は**書面を発した時**に生じます。つまり、買主が郵便局に書面を持っていった時にクーリング・オフされたことになるわけです。

クーリング・オフにより申込みの撤回等をしようとしても、相手方である売主業者が、申込みの撤回の意思表示や契約解除の意思表示の受領を拒絶することが予想されるため、消費者保護の観点から書面を発した時に効力が生じるようにしました。

なお、告知を受けた日から 8 日以内に書面が発信されたかどうかは、例えば内容証明郵便を郵便局に提出し受付印の日付によって立証することができます。また、売買契約書に記載された宅建業者の事務所の所在地宛に申込みの撤回等の書面を発送したところ、転居先不明等の理由で買主へ返送されたとしても、申込みの撤回等の効力はこれを発送したときに生じます。この撤回は買受けの申込みを将来に向かって消滅させます。

具体例

買主が売主業者に対し代金として現金及び約束手形60通を振出し、交付し、その一部を決済した後、買主がクーリング・オフにより売買契約を解除し、支払った代金及び約束手形57通の返還請求をした事案において、代金として交付された手形が一部未決済であったため、「代金の全部を支払った」とはいえず、クーリング・オフに基づく契約の解除と支払った代金、未決済手形の返還請求を認めた裁判例があります（大阪地判昭和 63 年 2 月 24 日）。

(5)クーリング・オフした後の法律関係～損害賠償請求はできない？

①原状回復義務と損害賠償請求の不発生

効力が生じた場合は、売主業者は、**受領した手付金その他の金銭をすみやかに返還**しなければならず、また、申込みの撤回等に伴う**損害賠償または違約金の支払を請求することができません**。

②宅建業者に対する損害賠償請求の可否

クーリング・オフ制度は、売主の事情にかかわらず、申込者等に無条件かつ一方的な買受けの申込みの撤回または契約解除を認めたに過ぎません。売主業者が取引の相手方に対し、販売価額が時価より安いかのように偽装したり、近い将来大幅に値上がりする等の断定的な説明をしたりして、これを誤信した相手方に売買契約の締結をさせた場合は、違法な勧誘行為として、勧誘者等は、売主業者に対しクーリング・オフによる契約解除に基づく原状回復として代金等の返還請求ができるほか、不法行為を理由に登記費用・弁護士費用等を請求することができます（大阪地判昭和63 年2 月24 日）。

③媒介報酬請求権の不発生

宅建業者の媒介により、売主業者と買主との間で宅地建物の売買契約が成立したが、クーリング・オフにより契約が解除された場合、その売買契約は遡及的に効力を失うため、媒介業者の報酬請求権も発生しません。仮にすでに受領した報酬があれば、依頼者に返還する義務を負います(名古屋高判平成15年4月2日)。

(6)違反した場合～法的には無効となる？

前記に反する特約で**申込者等に不利**なものは、**無効**です。

なお、クーリング・オフの規定に違反する行為については業務停止処分や免許取消処分の対象としたり罰則を科したりしていません。ただし、指示処分の対象とはなります。

また、申込者等がクーリング・オフにより申込みの撤回又は契約解除をしようとしているのに対し、宅建業者がこれを妨げる目的で申込者等を威迫したり、申込者等から受領した預り金、手付金等を速やかに返還することを拒んだりした場合は、指示処分、業務停止処分の対象となり、情状が特に重いときは免許取消処分を受けます。

第 5 章
不法行為責任

1 不法行為の成立要件

故意だけでなく過失があった場合も不法行為は成立します

それはなぜ？

不法行為制度の趣旨は被害者の救済（損害の補填）と将来の不法行為の抑止です。

用語

故意…故意とは、一定の結果の発生すべきことを意図し、または少なくともそうした結果の発生すべきことを認識ないし予見しながら、それを認容して行為をする心理状態のことをいいます。「わざと」ということです。

過失…自己の行為により一定の結果が発生することを認識すべきであるのに、不注意のためその結果の発生を認識しないでその行為をするという心理状態をいいます。

付け足し

精神障害者と同居する配偶者であるからといって、直ちにその者が「責任無能力者を監督する法定の義務を負う者」に当たるわけではありません（最判平成28年3月1日）。

不法行為とは、他人の権利・利益を違法に侵害して損害を加える行為をいいます。不法行為が行われることによって、金銭賠償を請求する債権の発生が認められます。

(1)故意または過失〜わざとやった場合だけが不法行為なの？

加害者に<u>**故意または過失**</u>**があることが必要**です。ただし、**失火の場合には重過失が要件**となっています。なお、**故意または過失の立証責任は被害者側**が負います。

ただし、失火の場合は、失火者に重大な過失がある場合でないと、不法行為責任は生じません（失火ノ責任ニ関スル法律）。

付け足し 失火と不法行為（判例）

・債務不履行による損害賠償には失火責任法の適用はありません（最判昭和30年3月25日）。

・被用者が重大な過失により失火したときは、使用者は被用者の選任・監督について重大な過失がなくても、使用者責任による賠償責任を負います（最判昭和42年6月30日）。

・責任を弁識する能力のない未成年者の行為により火災が発生した場合、重大な過失の有無は、未成年者の監督義務者の監督について考慮され、監督について重大な過失がなかったときは、その監督義務者は火災により生じた損害を賠償する責任を免れます（最判平成7年1月24日）。

(2)責任能力〜小学生がおもちゃのピストルで通行人に怪我を？

加害者に自分の行為が違法なものとして法律上非難されるものであることを理解できる能力が必要です。およそ小学校を卒業する12歳程度の能力が目安とされています。

ただし、責任無能力者がその責任を負わない場合でも、<u>それを監督する法定の義務を負う者</u>は、その責任無能力者が第三者に加えた損害を賠償する責任を負います（監督義務者がその義務を怠らなかったときやその義務を怠らなくても損害が生ずべきであったときは除きます）。

(3)違法性〜他人の権利を侵害した場合だけが不法行為？

被害者の権利や利益を侵害したことが必要です。権利侵害とは、**加害行為の違法性**を意味します。

なお、良好な景観の街並みの中で暮らす等の利益についても保護されます。

付け足し　債権侵害も不法行為？

不法行為が成立するためには、故意または過失によって他人の権利または法律上保護される利益を侵害していなければなりません。たとえば、第三者が債務者を唆(そそのか)してその債務の全部または一部の履行を不可能にさせたように、「債権」を侵害する行為が債権者に対する「権利または法律上保護される利益」を侵害したことになるかは学説上争いがあります。というのは、債務者が債務を履行しない場合は通常債務不履行として処理するからです。この点、古い判例ではありますが、第三者による債権侵害を違法として不法行為責任を認めたものがあります(大判大正7年10月12日)。

(4)損害の発生～損害が発生しなかった場合も不法行為？

被害者に損害が発生したことが必要です。不法行為がなかったと仮定した場合と、不法行為がなされた後の利益状態の差を金額で表示したものをいいます。また、この損害には、財産的損害と非財産的損害(精神的損害が中心)があります。

付け足し

他人の生命を侵害した者は、被害者の父母、配偶者及び子に対しては、その財産権が侵害されなかった場合においても、損害の賠償をしなければなりません。近親者に対する損害賠償といいます。

(5)因果関係～どこまで責任を負うの？

加害行為に「よって」損害が発生したことが必要です。つまり、**加害行為と損害との間に因果関係が存在**することが必要となります。この**立証責任は被害者側**にあります。

(6)正当化事由～自分の権利を守るためにやむなくやった場合は？

通常であれば、前記の要件を満たすことによって不法行為が成立するのですが、急な状況で自らの権利を守るためにやむなく他人を傷付けたような場合(正当防衛・緊急避難)には違法性がなくなり、不法行為責任が発生しない場合があります。

2 不法行為の効果

不法行為が成立すると損害賠償責任が発生します

(1)金銭賠償の原則～不法行為はお金で解決するのが原則？

①原則

不法行為が成立すると、被害者は、加害者に対して損害賠償請求することができます。損害賠償は**金銭で賠償する**のが原則です。

②例外

例外的に名誉回復処分や差止請求権という方法も認められています。
名誉棄損に関しては多くの判例があるのでまとめて紹介します。

付け足し 名誉棄損と不法行為

1. 他人の名誉を毀損した者に対しては、裁判所は、被害者の請求により、損害賠償に代えて、または損害賠償とともに、名誉を回復するのに適当な処分を命ずることができます。また、名誉侵害の被害者は、人格権としての名誉権に基づき、加害者に対して、現に行われている侵害行為を排除し、または将来生ずべき侵害を予防するため、**侵害行為の差止めを求めることもできます**(最大判昭和61年6月11日)。
2. 不法行為によって財産以外の損害を被った場合(名誉棄損等)には、その者は、財産上の損害を被った場合と同様、損害の発生と同時にその賠償を請求する権利すなわち慰謝料請求権を取得し、その請求権を放棄したものと解釈できる特別の事情がない限り、これを行使することができ、その損害の賠償を請求する意思を表明するなど格別の行為をすることを必要としません。そして、**当該被害者が死亡したときは、その相続人は当然に慰謝料請求権を相続します**(最判昭和42年11月1日)。
3. 他人の身体、自由もしくは名誉を侵害した場合または他人の財産権を侵害した場合のいずれであるかを問わず、不法行為を行った者は、財産以外の損害に対しても、その賠償をしなければなりません(民法710条)。**法人の名誉権が侵害**され、無形の損害が生じた場合には、**損害の金銭評価が可能である限り、民法710条が適用されます**(最判昭和39年1月28日)。

(2)損害賠償責任の範囲

加害者が賠償すべき損害の範囲は、加害行為から**通常生じる損害**および**当事者が予見できた事情から通常生じる損害**です。つまり、加害行為との間に相当因果関係が認められる損害だけを賠償すればよいわけです。

(3)損害賠償の請求権～被害者が胎児だったら？

胎児には権利能力がないのですが、損害賠償の請求権については、すでに**生まれたものとみなされます**。ただし、生まれる前に、母親が胎児を代理して損害賠償することはできません。

(4)過失相殺～被害者にも過失があった場合は？

被害者側に過失があったときは、裁判所は、これを考慮して、損害賠償の額を**定めることができます(過失相殺)**。具体的事情の程度に応じて、賠償金の減額が行われます。また、賠償額の算定について斟酌するか否かは**裁判官の裁量**に委ねられます。
ただし、全額免除することは認められていません。

参考資料
単に被害者本人の過失のみでなく、広く被害者側の過失をも含みます。たとえば、幼児の生命を害された慰謝料を請求する父母に、その交通事故の発生につき監督上の過失があるときは、父母の過失も考慮します。

付け足し 損益相殺って何？

不法行為により損害を受けながら、他方において、支出すべき費用を免れたというように、同一の原因によって利益を受けている場合には、この利益を損害額から控除して賠償額を算定することを、損益相殺といいます。たとえば、生命侵害の逸失利益を算定する場合、存在していたならば得られたであろう利益から、生存中要する生活費を控除するような場合です。なお、**損害賠償額から生活費は控除されますが、生命保険は控除されません。**

(5)相殺の主張～加害者は相殺の主張ができない？

次の債務の債務者は、相殺をもって債権者に対抗することができません。ただし、その債権者がその債務に係る債権を他人から譲り受けたときは対抗できます。

①悪意による不法行為に基づく損害賠償の債務
②人の生命または身体の侵害による損害賠償の債務(①に掲げるものを除く。)

(6)被害者が即死した場合～損賠賠償請求権は相続するの？

生命侵害の場合、被害者自身に賠償請求権が帰属し、**相続人がそれを相続します**。
また、同様に、生命侵害を理由とする慰謝料請求権も、被害者自身に帰属し、相続人がそれを相続します。

それはなぜ？
即死の場合でも、受傷と死亡との間には観念的に時間の間隔が存在し、遺族固有の損害賠償請求権は、被害者の逸失利益より少額となり不均衡を生じるからです。

(7)不法行為による損害賠償請求権～時効があるの？

不法行為による損害賠償請求権は、**被害者またはその法定代理人が損害および加害者を知った時から3年間(人の生命または身体を害する不法行為の場合は 5 年間)**行使しないと、時効によって消滅します。また、**不法行為の時から20年**を経過したときも消滅します。

なお、不法行為による損害賠償義務は**損害の発生時**に生じるので、**不法行為のときから遅滞**となります。つまり、その分の遅延利息も請求できます。

付け足し 時効の起算点に関する重要判例

損害を知った時とは？

被害者が損害を知った時とは、被害者が損害の発生を現実に認識した時をいうとするのが判例です。

継続的不法行為による損害について

不法占拠のような継続的不法行為の場合には、その行為により日々発生する損害につき被害者がその各々を知った時から別個に消滅時効が進行するとするのが判例です。

付け足し 不法行為と債務不履行

契約締結上の過失の場合は不法行為？

契約の一方当事者が、当該契約の締結に先立ち、信義則上の説明義務に違反して、当該契約を締結するか否かに関する判断に影響を及ぼすべき情報を相手方に提供しなかった場合には、上記一方当事者は、相手方が当該契約を締結したことにより被った損害につき、**不法行為による賠償責任を負うことがあるのは格別**、当該契約上の**債務の不履行による賠償責任を負うことはない**とするのが判例です。

3 使用者責任

仕事中に不法行為を行うと雇主も責任を負います

使用者責任とは、たとえば、会社の従業員などが事業の執行に際して故意または過失によって他人に被害をこうむらせた場合の、会社が責任を負う責任をいいます。
法律上は、従業員を雇っている会社などを**使用者**とよび、雇われている従業員などを**被用者**と呼びます。

(1)使用者責任の成立～雇用関係が必要なの？

使用者責任が成立するには、**事業のために他人を使用すること**が要件となっています。これは雇用関係が典型例ですが、**実質的な指揮監督の関係があればよい**とされています。たとえば、元請人と下請人との関係などにも使用関係が認められる場合があります。

(2)勤務時間外に従業員が会社の車で交通事故を起こした場合

使用者は、被用者が**事業の執行**について第三者に加えた損害を賠償する責任を負います。「事業の執行について」といえるためには、被用者の行為が**使用者の事業の範囲に属するだけでなく、これが客観的・外形的にみて、被用者が担当する職務の範囲に属するもの**でなければなりません。

(3)損害賠償請求～使用者と同時に被用者にも請求できるの？

使用者責任が成立すれば、被害者は、**被用者だけでなく、使用者にも損害賠償を請求することができます**。

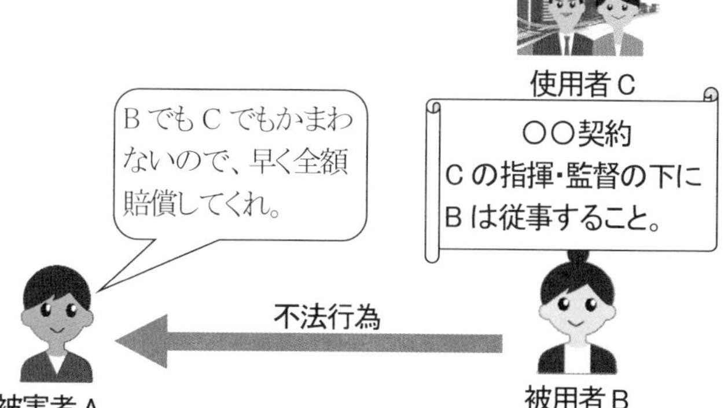

この使用者の損害賠償債務と、被用者自身が負担する損害賠償債務とは、いわゆる連帯債務と類似の関係にあるといわれています。つまり、被用者が行った不法行為について使用者にも責任があるというだけであっ

それはなぜ？

本来ならば、不法行為を行ったのは被用者個人なので、被用者のみが不法行為責任を負うはずです。しかし、使用者は被用者の活動によりその事業範囲を拡大し、利益を上げていることから、それによる損失も負担すべきであるという発想(報償責任の原理)から、使用者側にも賠償責任を負わせています。

具体例

従業員が営業時間中に会社の自動車を運転して取引先に行く途中に前方不注意で人身事故を発生させたような場合が典型例です。

て、使用者責任が成立した場合には、被用者の責任がなくなるということではありません。

なお、使用者責任が成立するには、**被用者に不法行為責任が成立することが前提**となります。

(4)使用者の免責～使用者が免責されることもあるの？

付け足し

被用者の失火が原因で火災となった場合、被用者の失火に重大な過失がある限り、使用者はその選任・監督について重大な過失がなくても、使用者責任を負います（最判昭和42年6月30日）。

使用者が被用者の**選任およびその事業の監督**について**相当の注意をしたとき**、または**相当の注意をしても損害が生ずべきであったとき**は、使用者は責任を免れます。このような場合にまで使用者に責任を負わすのは酷だからです。

(5)使用者の求償権～使用者は被用者に求償できる？

被害者に損害を賠償した使用者は、被用者に求償することができます。ただし、全額ではなく、**信義則上相当と認められる限度に制限**されます。

付け足し　使用者責任における逆求償

被用者が使用者の事業の執行について第三者に損害を加え、その損害を賠償した場合には、被用者は、使用者の事業の性格、規模、施設の状況、被用者の業務の内容、労働条件、勤務態度、加害行為の態様、加害行為の予防または損失の分散についての使用者の配慮の程度その他諸般の事情に照らし、損害の公平な分担という見地から相当と認められる額について、**使用者に対して求償する**ことができます。

4 共同不法行為

交通事故で複数の運転者に過失があった場合等の責任です

(1)連帯して損害を賠償～連帯するってどういう意味？

数人が共同の不法行為によって他人に損害を加えたときは、各自が連帯してその損害を賠償する責任を負います。

また、共同行為者のうちいずれの者がその損害を加えたかを知ることができないときも同じです。これは、不法行為を行った者らのそれぞれの加害行為と損害の発生との因果関係が推定されるという意味です。

付け足し 近年の重要判例

建材メーカーYら(複数の業者)が、石綿(アスベスト)を含む建材を製造販売する際に、当該建材が石綿を含有しており、当該建材から生ずる粉じんを吸入すると石綿肺、肺がん、中皮腫等の重篤な石綿関連疾患を発症する危険があること等を当該建材に表示する義務を負っていたにもかかわらず、その義務を履行しておらず、大工らが、建設現場において、Yらが製造販売した石綿含有建材を取り扱うことなどにより、累積的に石綿粉塵(ふんじん)に暴露(ばくろ)し、石綿関連疾患に罹患(りかん)した事案で、最高裁は、Yらが製造販売した石綿含有建材が、大工らが稼働する建設現場に相当回数にわたり到達して用いられ、大工らが石綿含有建材を直接取り扱ったことによる石綿粉塵の暴露量は、各自の石綿粉塵の暴露量全体の3分の1程度であり、大工らの石綿関連疾患の発症について、Yらが個別にどの程度の影響を与えたのかは明らかでないなどの事情の下では、Yらは、共同不法行為の規定第1項後段の類推適用により、大工らの各損害の3分の1について、連帯して損害賠償責任を負う、と判示しました(最判令和3年5月17日)。

連帯して…多数の債務者が同一内容の給付について全部を履行すべき義務を負い、しかも一人の債務者の履行によって全債務者が債務を免れるという点では連帯債務と同様ですが、債務者間に緊密な結合関係がないため、一人の債務者に生じた事由が他の債務関係に影響を及ぼさず、債務者間に負担部分がないため当然には求償関係も生じない、多数当事者の債務関係になります。

(2)求償できる場合～共同不法行為者の1人が全額賠償したら？

それはなぜ？

共同不法行為者間の実質的な関係によって負担部分を算定するのが公平であり、求償を認めることによって賠償義務の履行が促進され、被害者の救済に役立つからです。

共同不法行為者の 1 人が損害を賠償すると、他の共同不法行為者に対して求償できる場合があります。共同不法行為者の加害者の間では、**過失の割合または損害への寄与の割合に応じた求償**が認められます。

付け足し 共同不法行為と使用者責任

共同不法行為の加害者の各使用者が使用者責任を負う場合において、一方の加害者の使用者は、加害者の過失割合に従って定められる自己の負担部分を超えて損害を賠償したときは、その超える部分につき、他方の加害者の使用者に対し、加害者の過失割合に従って定められる負担部分の限度で、求償することができます。

(3)教唆・ほう助

用語

教唆…他人をして不法行為の意思決定をさせることをいいます。
ほう助…違反行為の補助的行為をすることをいいます。

行為者を教唆(きょうさ)した者やほう助した者は、共同行為者とみなされ、共同不法行為の責任を負います。

5 工作物責任

所有者は無過失責任・占有者は過失責任を負います

工作物責任とは、建物などの**土地の工作物の設置または保存に瑕疵**があって他人に損害をこうむらせてしまった場合の責任をいいます。
たとえば、ビルの側面のタイルが老朽化してはがれ落ちてしまって、歩行者に損害を与えてしまったような場合です。

(1)土地の工作物

土地に接着して人工的作業を加えたことで出来上がった物をいいます。たとえば、建物、自動販売機、プール、踏切などです。

(2)工作物の瑕疵

工作物の建造またはその後の修理などに不完全な点があることをいいます。その種の工作物として通常備えているべき安全性が欠けていれば、瑕疵があると判断され、**建造し、または維持する者の過失の有無を問いません。**

付け足し 工作物の瑕疵に関する判例

1. 壁面に吹き付けられた石綿が露出している建物で昭和45年から平成14年まで勤務していた間にその石綿の粉じんにばく露したことにより悪性胸膜中皮腫に罹患した者の相続人が、同建物の所有者に対し、民法717条1項ただし書の規定(所有者が責任を負う規定)に基づく損害賠償を求めた事案(最判平成25年7月12日)。
2. 土地の工作物たる踏切道の軌道施設は、保安設備と併せ一体としてこれを考察すべきであり、もしあるべき保安設備を欠く場合には、土地の工作物たる軌道施設の設置に瑕疵があるものとして、本条所定の帰責原因となるとした事案(最判昭和46年4月23日)。
3. 高圧架空送電線のゴム被覆の古損による感電事故の場合、ゴム被覆がなくても行政上の取締規定に違反せず、また、終戦後の物資の欠乏から全部の修補が極めて困難な状況にあったとしても、事故現場の電線の修補が絶対不可能でない限りは、その送電線を所有する電力会社は、本条による賠償責任を負うとした事案(最判昭和37年11月8日)。

(3) 工作物責任〜責任が認められるとどうなるの？

①占有者の賠償責任

工作物の設置または保存に**瑕疵があり**、これによって他人に損害が発生した場合、**工作物の<u>占有者</u>**（工作物を事実上支配する者）が**賠償責任**を負います。なお、占有者は直接占有者でも間接占有者でもかまいません。ただし、**占有者が、損害の発生防止に必要な注意をしていたことを立証すると、占有者は責任を免れます。**

具体例

建物の賃借人などが典型例です。なお、国が連合国占領軍の接収通知に応じ、建物をその所有者から賃借してこれを同軍の使用に供した場合には、国は、その建物について間接占有を有しており、占有者に当たるという判例があります（最判昭和 31 年 12 月 18 日）。

②所有者の賠償責任

占有者が①で示した立証を行い責任を免れた場合は、所有者がその損害を賠償しなければなりません。占有者と異なり、**<u>所有者は自らの無過失を立証したとしても免責されません。</u>**つまり、オーナーは無過失責任を負うということになります。

参考資料

大地震が原因で損害が発生したように、瑕疵が原因となっていない場合にまで所有者が責任を負うという意味ではありません。

損害の発生防止に必要な注意をしていたことを証明したよ。
占有者 B
瑕疵
損害発生
被害者 A
私の責任は無過失責任だ…
所有者 C

(4) 求償権の行使〜原因を作った者がいたら？

<u>損害の原因について責任ある者</u>がいる場合には、賠償を行った占有者または所有者は、その者に対して**求償権**を行使することができます。

具体例

工作物を不完全に建造した請負人や不完全に保存した前所有者などが典型例です。

6 契約締結前の責任

契約前の責任は不法行為責任となる

(1)事故物件であることを隠して契約すると契約違反？

契約違反にはなりません。その理由は、「契約前」の説明義務に違反しているので、契約から生じる義務に違反したとはいえないからです。
類似の事案で、最高裁判所は「契約の一方当事者が、当該契約の締結に先立ち、信義則上の説明義務に違反して、当該契約を締結するか否かに関する判断に影響を及ぼすべき情報を相手方に提供しなかった場合には、上記一方当事者は、相手方が当該契約を締結したことにより被った損害につき、不法行為による賠償責任を負うことがあるのは格別、当該契約上の債務の不履行による賠償責任を負うことはない」と判示しています(平成23年4月22日)。

(2)契約前に買う素振りをすると責任を負うことも？

買う素振りを見せて半年も交渉した上で購入しないような場合も同様に考えます。この場合は、契約締結にすら至っていないので、契約違反になるはずもありません。また、契約するか否かは本人の自由です(契約自由の原則)。契約する義務はありません。では、売主は常に泣き寝入りなのでしょうか。
最高裁判所は、売主業者がマンションの購入希望者と売買交渉に入り、その交渉過程で歯科医院とするためのスペースについて注文を出したり、レイアウト図を交付するなどしたうえ、電気容量の不足を指摘し、売却予定者が容量増加のための設計変更及び施工をすることを容認しながら、交渉開始6か月後に自らの都合により契約を結ぶに至らなかった事案において「購入希望者は、当該契約の準備段階における信義則上の注意義務に違反したものとして、売却予定者が右設計変更及び施工をしたために被った損害を賠償する責任を負う」と判示しています(昭和59年9月18日)。
かなり例外的な事案ですが、このような場合には、売主業者は購入希望者に対して不法行為に基づく損害賠償請求ができるというわけです。

第6章
抵当権と保証

1 債権の担保

債権を補強する手段には人的担保と物的担保があります

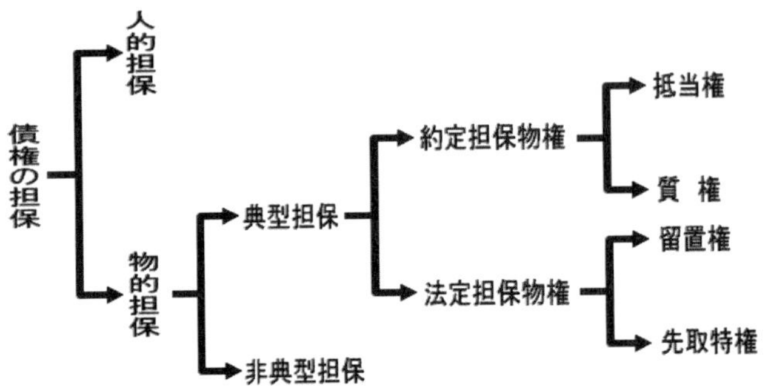

債権の担保とは、債権一般の効力にのみ依存するのではなく、それを**補強するために用いられる法的な手段**をいいます。民法に定められている債権の担保としては2種類の方法があります。

物的担保（物を担保に供する方法で、物に質権・抵当権を設定するなど）と、**人的担保**（債務者以外の人が担保となり債務者が履行しなかったらその人が履行する形式のもので、保証が典型）です。

《人的担保と物的担保》

	人的担保	物的担保
契約当事者は？	主たる債務者以外の者との間で保証契約を締結します。	主たる債務者の財産に設定を受ける場合、主たる債務者以外の第三者の財産に設定を受ける場合（物上保証）があります。
被担保債権は？	主たる債務に対する責任のほか保証債務という債務を負います。	主たる債務に対する責任のみを負います。
責任の範囲は？	無限責任を負います。	担保物権の設定された特定の財産のみが主たる債務に引き当てとなるにすぎません。
費用対効果は？	比較的容易に保証契約が締結でき、その実行も容易ですが、保証人が無資力になれば、意味のない担保となりかねません。	設定にも実行にも時間と費用を要しますが、担保価値の評価を誤らない限り、債権の担保機能は高いです。

2-1-1 保証債務の発生＜債権の担保

債務者が弁済してくれない場合に代わりに弁済するのが保証人

保証とは、債務者が債務を履行しない場合に、保証人がその債務者の代わりに債務を履行する義務を負う制度をいいます。
この保証人によって保証される他人(主たる債務者といいます)の債務を主たる債務といい、保証人の債務を保証債務といいます。

それはなぜ？

本来、債権は債権者から債務者に対してだけしか履行を請求できないところを、債務者以外の者に対しても請求できるようにしておくことで、債権回収を確実にする手段です。

(1)保証債務の成立〜どうしたら成立するの？

保証債務は**債権者と保証人との間の保証契約によって成立**します。この場合の保証契約はあくまでも**債権者と保証人との間の契約**となり、**主たる債務者と保証人との間の委任契約の影響を受けることはありません**。
また、その性質上、保証人は債務を負担する能力がなければなりません。

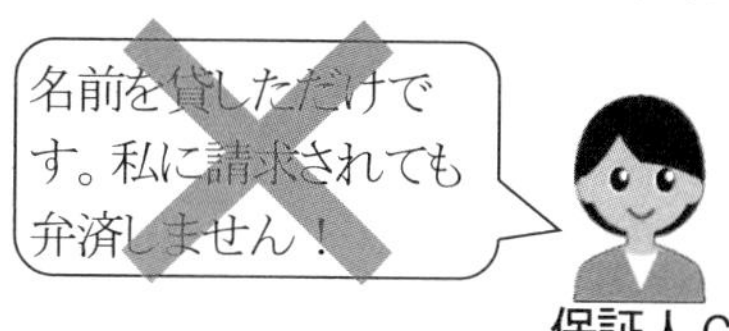

さらに、保証人は主たる債務者に何かあった場合にはその債務を肩代わりすることになるので、**口約束ではなく書面(または電磁的記録)でその契約を結ばなければなりません**。これに違反した保証契約は無効となります。

(2)保証人となる要件〜誰でも保証人になれるの？

主たる債務者が保証人を立てる義務を負う場合には、保証人は①**行為能力者**で、かつ、②**弁済の資力を有する者**でなければなりません。
保証人が②の条件を欠いてしまった場合には、債権者は②の条件を備える者に保証人を代えるよう請求することができます。
ただし、債権者が保証人を指名した場合はこのような請求はできません。

(3)個人根保証～建物賃借人の保証人は根保証契約？

①個人根保証契約とは

一定の範囲に属する不特定の債務を主たる債務とする保証契約（**根保証契約**）であって**保証人が法人でない保証契約**をいいます。不動産賃貸借における保証人が典型例です。

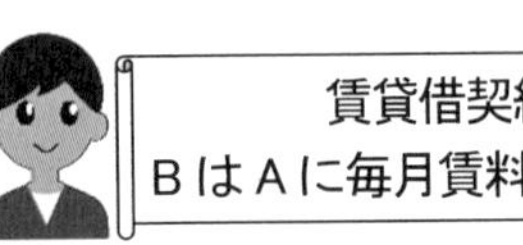

賃貸借契約
BはAに毎月賃料を支払う。

賃貸人A
（債権者）

主たる債務者B
（賃借人）

根保証契約
債権者:A 保証人:C
極度額:〇〇円

根保証人C

②極度額の定めと保証人の責任

その根保証人は、**極度額**（上限額のこと）を限度として履行をする責任を負います。個人根保証契約において極度額の定めは効力要件なので、**これがない場合には契約自体が無効**となります。そして、この極度額の定めも保証契約を記載した書面（または電磁的記録）に記載される必要があります。

それはなぜ？

根保証人が負うことになる責任の範囲を金額の側面から明確化し、保証人の予測可能性を確保するとともに、根保証契約の締結時において根保証の要否及び必要とされる金額的な範囲についての慎重な判断を求めようとする趣旨です。

③個人根保証契約の元本の確定

債権者が、根保証人の財産について、金銭の支払を目的とする債権についての強制執行または担保権の実行を申し立てたときや、根保証人が破産したとき、主たる債務者または根保証人が死亡したときは、主たる債務の元本が確定し、その後の債務について、根保証人は負担を免れます。

2-1-2 保証債務の内容く債権の担保

保証人はどこまで責任を負うのでしょうか

(1) 保証債務の範囲～保証人はどこまで責任を負うのか？

保証債務には、**主たる債務に関する利息、違約金、損害賠償その他その債務に従たるすべてのものが含まれます**。もちろん、保証契約で別の定めをすることは可能です。保証債務についてのみ違約金または損害賠償の額を約定するなどです。

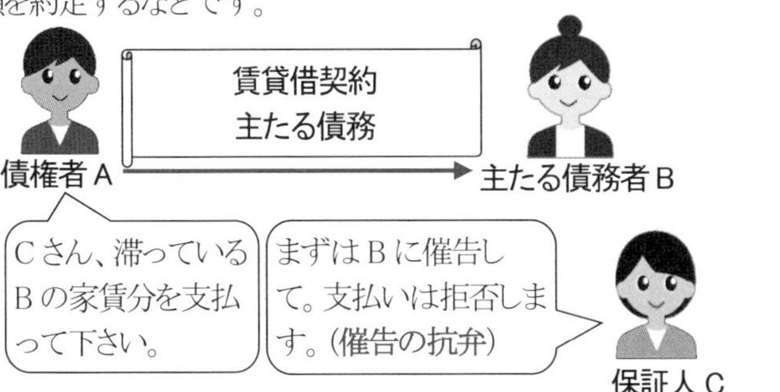

賃貸借契約
主たる債務
債権者 A
主たる債務者 B
C さん、滞っている B の家賃分を支払って下さい。
まずは B に催告して。支払いは拒否します。（催告の抗弁）
保証人 C

参考資料

特定物の売買における売主の保証人は、特に反対の意思表示のない限り、売主の債務不履行により契約が解除された場合に、原状回復義務である既払代金の返還義務についても保証責任があります。

付け足し 賃貸借契約の更新と保証債務

期間の定めのある建物賃貸借における賃借人のための保証人は、反対の趣旨をうかがわせる特段の事情がない限り、更新後**の賃貸借から生ずる賃借人の債務についても保証の責任を負います**。

賃貸借契約　更新
主たる債務

債権者 A

主たる債務者 B

保証人の姉に更新のこと知らせていない・・・

勝手に賃貸借契約を更新したのね。私は保証しないよ！

保証人 C

(2) 保証債務の目的または態様～保証債務だけが重くはならない？

保証人の負担が債務の目的また態様において主たる債務より重いときは、主たる債務の限度に減縮されます。主たる債務が 100 万円なのに、保証債務が 150 万円を保証するものとして保証契約が結ばれたような場合、保証債務は 100 万円となります。

また、主たる債務の目的または態様が保証契約の締結後に加重された場合でも、保証人の負担は加重されません。

(3)催告の抗弁権と検索の抗弁権～保証人に履行を求めてきたら？

それはなぜ？

主たる債務者が履行しないときにはじめて履行しなければならなくなる性質を**補充性**と呼びます。その具体的な現れが催告の抗弁権と検索の抗弁権です。ただ、あらかじめ合意でこれら抗弁権を排除することもできます。

①催告の抗弁権

債権者が主たる債務者に催告することなく、いきなり保証人に請求してきた場合には、原則として保証人は、「まず、主たる債務者に催告してくれ」と言って、**請求を拒む**ことができます（**催告の抗弁権**）。
ただし、主たる債務者が破産手続開始の決定を受けたときや、行方が知れないときは、催告の抗弁権がありません。
なお、この抗弁権を行使できるのは１回限りです。

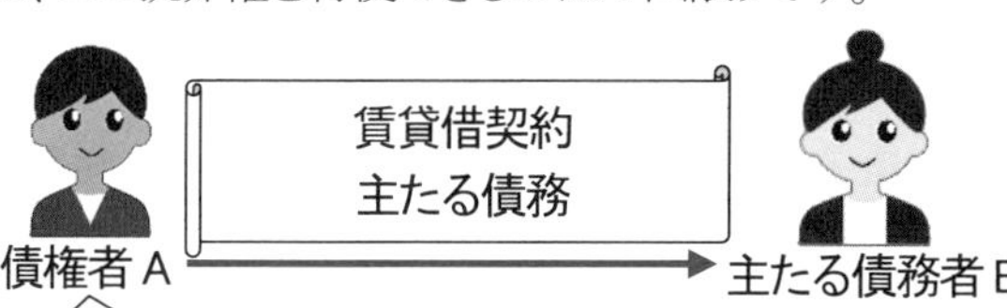
賃貸借契約
主たる債務
債権者 A
主たる債務者 B

Cさん、滞っているBの家賃分を支払って下さい。
まずはBに催告して。支払いは拒否します。（催告の抗弁）
保証人 C

付け足し

催告の抗弁権または検索の抗弁権により、保証人の請求または証明があったにもかかわらず、債権者が催告または執行をすることを怠ったために主たる債務者から全部の弁済を得られなかったときは、保証人は、債権者が直ちに催告または執行をすれば弁済を得ることができた限度において、その義務を免れます。

②検索の抗弁権

債権者が主たる債務者に催告をした後でも、保証人が、①**主たる債務者に弁済の資力があり**、②**強制執行が容易にできることを証明した場合**には、債権者は、まず、主たる債務者の財産について執行をしなければなりません（**検索の抗弁権**）。動産や金銭債権は一般に執行が容易で、不動産は執行が困難と判断されやすいです。

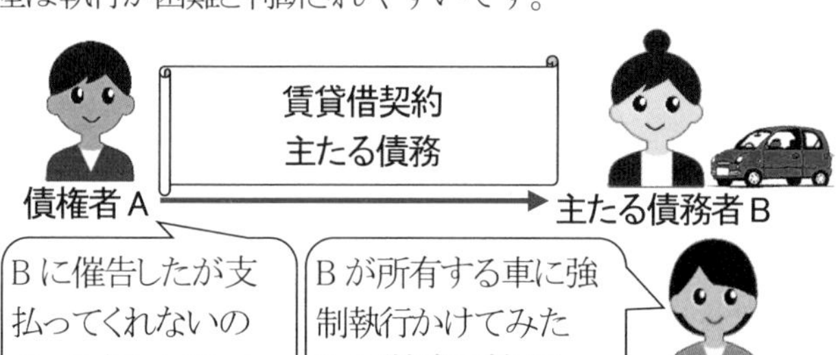
賃貸借契約
主たる債務
債権者 A
主たる債務者 B
Bに催告したが支払ってくれないので、Cさんよろしく。
Bが所有する車に強制執行かけてみたら？（検索の抗弁）
保証人 C

2-1-3 共同保証・主たる債務との関係く債権の担保

保証人は複数いると頭数で割った分だけ責任を負います

(1)共同保証の場合の分別の利益

①分別の利益

保証人が数人いる場合(共同保証)には、各保証人は、主たる債務**の額を保証人の頭数で割った額**についてのみ保証債務を負担します(**分別の利益**)。

ただし、連帯保証人は、保証人間に連帯の特約がなくても、分別の利益を有しません。

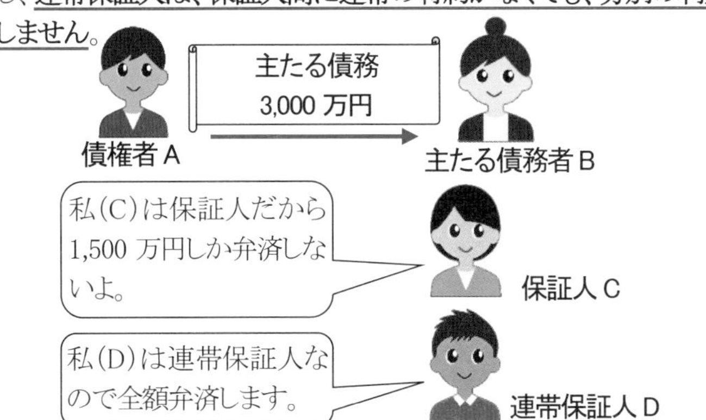

A が B に 3,000 万円を貸し付けて、C を保証人、Dを連帯保証人とした場合で、A が C に請求したとき、C は分別の利益を主張して 1,500 万円を超える支払いを拒むことができます。それに対して、D に請求した場合は、D は分別の利益を主張できないので 3,000 万円の支払い義務が生じます。

②保証人の求償権

保証債務を履行した保証人は、主たる債務者に対して求償することができ、また、他の保証人に対しても、本来自分が負担すべき部分を超える部分について、求償することができます(保証人の求償権)。

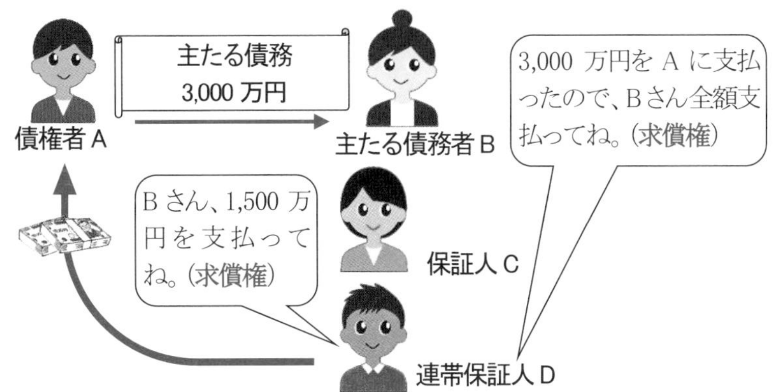

(2)主たる債務者について生じた事由の効力

主たる債務者について生じた事由の効力は、原則として、すべて保証人について効力を及ぼします(付従性)。

たとえば、請求による時効の完成猶予及び更新だけでなく、主たる債務者が債権者に対し債務の承認をした場合も、その効力が保証人に及びます。

ただし、主たる債務者が時効利益を放棄しても、保証人は主たる債務の消滅時効を援用することができます。

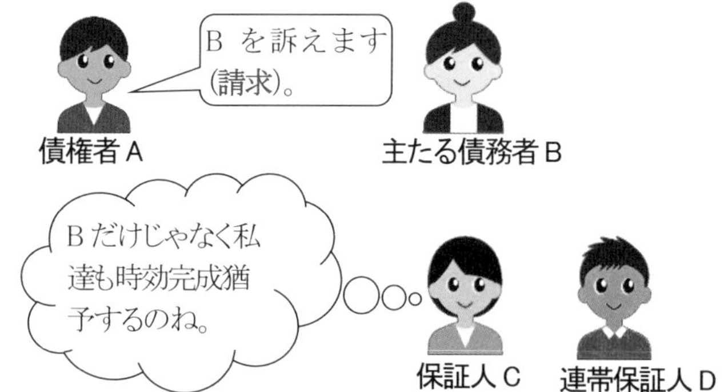

(3)保証人について生じた事由の効力

保証人について生じた事由は、原則として、主たる債務者に対して影響を及ぼしません。

たとえば、保証人が債務を承認しても主たる債務の時効は完成猶予しません。また、保証人に対して債権譲渡の通知をしても、主たる債務者に対する通知とはなりません。

ただし、主たる債務を消滅させる行為(弁済・代物弁済・供託・相殺・更改・受領遅滞)は主たる債務者に影響します。

2-2-1 連帯債務＜債権の担保

複数の債務者が連帯債務関係になると責任が重くなります

連帯債務とは、数人の債務者が、同一内容の給付について、各人が独立に**全部の給付**をなすべき債務を負担し、そのうちの1人の給付があれば、他の債務者の債務も消滅する多数当事者の債務をいいます。
たとえば、A・B・CがDから3,000万円の不動産を購入して、連帯債務者となった場合、DはAにもBにもCにも全額の3,000万円の請求ができて、3,000万円の弁済を受ければ、債権が消滅するというものです。

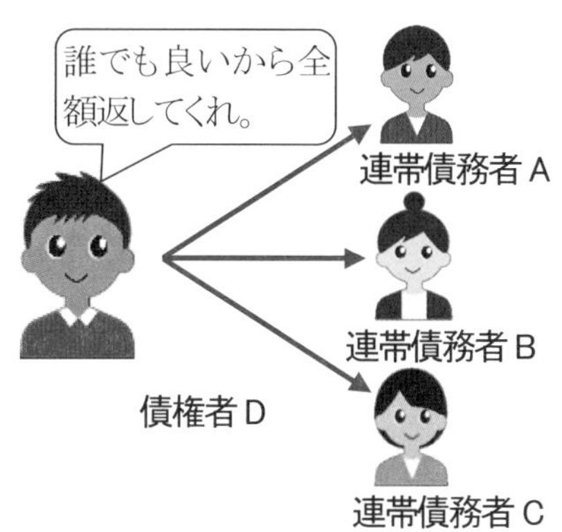

(1)連帯債務の成立要件〜どうすれば連帯債務になるの？

①同一の債務につき債務者が複数いること、②債務の目的が**性質上可分**であること、③**法令の規定**(共同不法行為、使用者責任、夫婦の日常家事債務、併存的債務引受など)または**当事者の意思表示**(特約、遺言)があることです。

(2)連帯債務者に対する請求〜どのような請求ができるの？

数人が連帯債務を負担するときは、債権者は、その連帯債務者の1人に対し、または同時もしくは順次にすべての連帯債務者に対し、全部または一部の履行を請求することができます。

参考資料

誰か1人から全額回収できれば、その段階で債務が消滅するので、前記の例において、全員から3,000万円ずつ9,000万円取れるというわけではありません。

付け足し 連帯債務は例外？

不動産取引実務では連帯債務が普通なので、テキストにもそれを中心に載せていますが、民法の中では例外の扱いになります。民法では、当事者間に別段の意思表示がない限り、平等の割合で分割された債務を有するのが原則です(分割債務)。

(3)連帯債務者の１人による弁済の効果

連帯債務者の１人が弁済をした場合、その連帯債務者は、その免責を得た額が自己の負担部分を超えるかどうかにかかわらず、他の連帯債務者に対し、その免責を得るために支出した財産の額(その財産の額が共同の免責を得た額を超える場合にあっては、その免責を得た額)のうち各自の負担部分に応じた額の求償権を有します。

負担部分…債務者間で各自が負担すべき割合をいいます。

Aが3,000万円ではなく、1,200万円を弁済した場合はいくら求償できるでしょうか。この場合も負担部分に応じて、AはBとCにそれぞれ400万円を求償することができます。

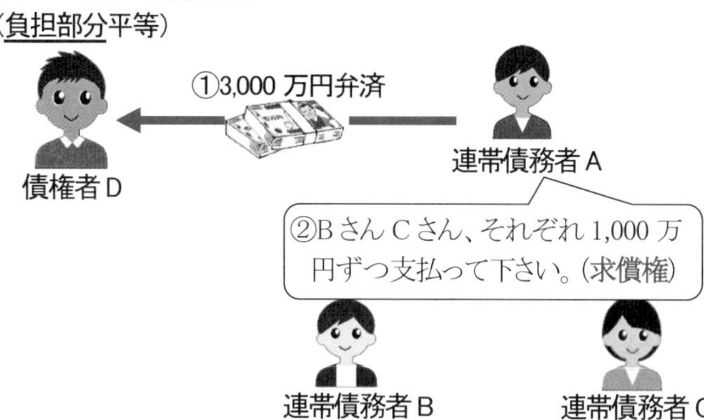

たとえば、前記と同様の例で、A･B･C間の取り決めで負担部分を1,000万円ずつとしていた場合で、AがDに3,000万円を弁済したときは、Aは、BとCにそれぞれ1,000万円ずつ支払いを請求することができます。これを求償権といいます。

2-2-2　連帯債務者の１人に生じた事由の影響く債権の担保

連帯債務者の１人を訴えても他の連帯債務者に影響しません

連帯債務者の１人に生じた事由は、他の連帯債務者に影響を与えることがあるのでしょうか。
たとえば、連帯債務者の１人が未成年者であり、法定代理人の同意を得ておらず取り消された場合、その影響が他の連帯債務者に影響するのかなどで問題となります。
連帯債務の場合は相対効が原則となります。つまり、1人につき生じた事由は原則として他の連帯債務者に影響を及ぼしません。
ただし、債権者及び他の連帯債務者の一人が別段の意思を表示したとき（特約など）は、当該他の連帯債務者に対する効力は、その別段の意思に従います。
たとえば、連帯債務者の１人が**債務の承認**をしても、他の連帯債務者の債務には影響しません（時効は更新しない）。
また、連帯債務者の１人に問題があり**取消・無効**となっても、他の連帯債務者の債務に影響しません。

影響を与える事由を絶対効、影響を与えない事由を相対効と呼びます。

(1)連帯債務者の１人に対して履行を請求した場合

債権者が連帯債務者の１人に対して**履行を請求した場合**でも、その効力は、原則どおり、**他の連帯債務者には及びません。**
ただし、債権者及び他の連帯債務者の１人との間で締結される特約によって別段の定めをすることはできます。

それはなぜ？

連帯債務者の1人に対する請求の効力（たとえば時効の完成猶予）が他の連帯債務者にも及ぶとすると、他の連帯債務者にとって不意打ちにもなりかねず、過酷な結果になるからです。

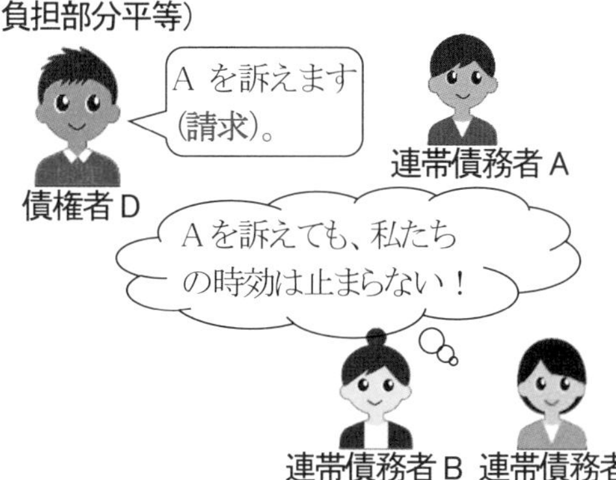

【3,000万円の連帯債務】
（負担部分平等）
Aを訴えます（請求）。
債権者D
連帯債務者A
Aを訴えても、私たちの時効は止まらない！
連帯債務者B
連帯債務者C

＋α 付け足し 更改・混同による消滅と絶対効

更改による消滅と絶対効

当事者が債務の要素を変更する新たな契約をして、旧債務を消滅させることをいいます。この「債務の要素を変更する」とは、更改前の債務（旧債務といいます。）が消滅して更改後の新たな債務（新債務といいます。）が成立したといえるほど、債務内容の重要な部分を変更することをいいます。たとえば債権者と連帯債務者の１人との話し合いにより代金の支払いに代えて所有する不動産の引渡しに変更するなどです。この規定は、更改契約当事者の意思を推定して置かれたものです。

混同による消滅と絶対効

混同とは、債権と債務が同一人に帰して、当然に債権債務が消滅することをいいます。たとえば、債権者が死亡して連帯債務者の１人がその債権者を相続した場合などです。連帯債務者の１人と債権者との間で混同があった場合、その連帯債務者は弁済をしたものとみなされます。この場合、混同のあった連帯債務者は、他の連帯債務者に対して負担部分を求償できます。この規定は、求償関係の簡素化をはかったものです。

(2)債務履行の拒絶～連帯債務者の１人が反対債権を持っていたら？

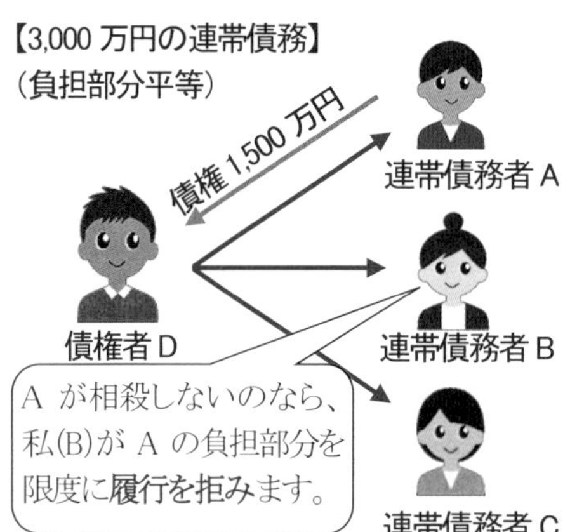

債権者 D が ABC を連帯債務者として 3,000 万円の金銭債権を有していた場合を前提に解説します（負担部分は平等とします）。

まず、A が D に対して 1,500 万円の金銭債権を有していた場合において、A がその全額について相殺を主張したときは、3,000 万円の債権のうち 1,500 万円分について消滅し、残りの 1,500 万円について、ABC が連帯債務者として義務を負います。もちろん、A は、B と C に負担部分に応じて求償することができます。

次に、同じく、A が D に対して 1,500 万円の金銭債権を有していた場合において、A が相殺の主張をしない間は、**A の負担部分である 1,000 万円を限度に、他の連帯債務者の BC は、D に対して債務の履行を拒むことができます。**他の連帯債務者が相殺を援用できるわけではありません。

(3)免除～連帯債務者の１人を免除しても他に影響を与えない？

連帯債務者の １ 人に対する**免除**は、**他の連帯債務者に何ら影響しません**。つまり、債権者は他の連帯債務者にそれまで同様に、全額請求が可能で、弁済した他の連帯債務者は免除された者に対して求償することもできます。

付け足し　連帯債権～債権者が複数の場合

連帯債権とは、数人の債権者が、1 人の債務者に対し、性質上可分な同一内容の給付について、各自が独立に全部または一部の給付を請求する権利を有する一方で、債権者の１人が給付を受領すれば、その範囲内で他の債権者のためにも債権が消滅する多数当事者の債権関係をいいます。

たとえば、複数の金融機関が同金利・条件で融資する場合や売買を仲介した複数の宅建業者の報酬請求権等が典型例です。また、建物転貸借における原賃貸人と転貸人の転借人に対する賃料債権関係等も連帯債権と類似の関係となり得ます。

その成立要件は、①債権者が数人あること、②性質上可分な給付であること(金銭債権等が典型)、③法令の規定(転貸借や債権の二重譲渡が想定し得る)または当事者の意思表示(全債権者と債務者との合意)による連帯が必要です。

その効果は、連帯債権者は、各自、債務者に対して債務の全部または一部を履行するよう請求する権利を有します。なお、連帯債権者の１人がした請求の効果は他の連帯債権者にも及びます(時効の完成猶予等)。その他、更改・免除・相殺・混同の効果も及びます。

2-3 連帯保証＜債権の担保

保証債務に連帯債務の性質を持たせたものが連帯保証債務

普通の保証に比べて連帯保証の方が債権を担保する効力が強いため、債権者としては安心して債権管理・回収を行うことができます。

連帯保証とは、**保証人が主たる債務者と連帯して債務を負担する旨合意した保証**をいいます。債権者は、弁済期になれば、**主たる債務者、連帯保証人のいずれに対しても、全額の請求をすることができます。**

(1)連帯保証人には補充性がない

連帯保証人には、催告の抗弁権と検索の抗弁権がありません。

(2)主たる債務者・連帯保証人の一方に生じた事由

主たる債務者に生じた事由は連帯保証人にも及ぶのは、通常の保証と同じです。また、連帯保証人に生じた事由も、通常の保証と同じく、更改・混同・弁済といった債務が消滅する行為の効果は主たる債務者にも影響を与えます。

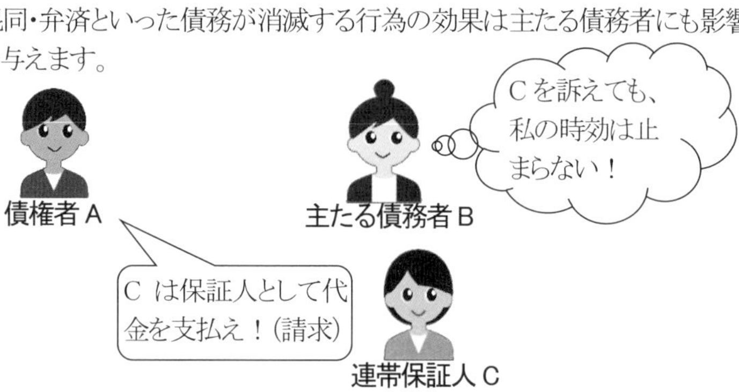

付け足し

債権者から見て、保証債務の不便性を解消し、連帯債務の利点(絶対効)を組み合わせた保証形態と捉えるとわかりやすいでしょう。つまり、保証人だと、催告の抗弁、検索の抗弁、分別の利益を主張され債権回収が煩雑となります。こういった面を解消するわけです。

(3)連帯保証人には分別の利益もない

連帯保証人には分別の利益がありません。したがって、保証人の数により分割されず、債権者は連帯保証人の誰に対しても全額を請求できます。

3-1 抵当権の設定＜債権の担保

土地・建物を担保にお金を借りる方法です

A が B にお金を貸していた場合で、もし B がお金を返せなかったときでも、回収する方法として、抵当権という権利(物権)があります。

B がお金を返せなかった場合は、あらかじめ指示していた建物等(抵当権の設定)を、裁判所を通じて売却し(競売)、**他の一般債権者**(抵当権をもっていない普通の債権者)**よりも先に、優先的に、その代金で、お金を返してもらう**というものです(優先弁済権)。抵当権の便利なところは、抵当権を付けた建物等を、債権者が取り上げないで、**建物等の所有者の手元にとどめたままでよい**という点です(非占有担保)。

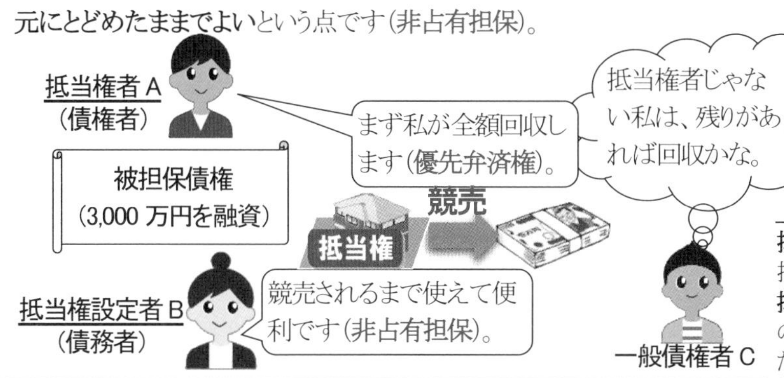

抵当権者 A
(債権者)
まず私が全額回収します(優先弁済権)。
抵当権者じゃない私は、残りがあれば回収かな。
被担保債権
(3,000 万円を融資)
競売
抵当権
抵当権設定者 B
(債務者)
競売されるまで使えて便利です(非占有担保)。
一般債権者 C

用語

抵当権者…抵当権を持っている人のこと。

抵当権設定者…自分の不動産を抵当に入れた人のこと。

被担保債権…抵当権によって担保されている債権のこと。

(1) 抵当権の設定～抵当権はどうやって設定するの？

抵当権は、**抵当権設定者との抵当権を設定する旨の合意だけで成立**し、書面の作成などは不要です。この合意を抵当権設定契約といいます。ただし、抵当権は所有権などと同じく物権(物に対する権利)とされていることから、**第三者に対抗するためには登記**をしておく必要があります。

抵当権の目的物は、不動産(土地・建物)、地上権、永小作権です。

(2) 抵当権の消滅～借金を返済し終わったら抵当権も消滅する？

被担保債権が成立しなければ抵当権も成立せず、被担保債権が消滅すれば抵当権も消滅します。抹消登記手続きを待たずに当然に抵当権は消滅します。

3-2　抵当権の効力＜債権の担保

抵当権は設定時の従物にもその効力が及びます

参考資料

利息その他の定期金
…登記をしなければ、抵当権の効力はまったく利息には及びません。
また、その他定期金とは、賃借料・小作料などのために抵当権がされた場合です。

用語

最後の2年分…競売を開始した時からさかのぼって2年分という意味です。

それはなぜ？

抵当権が設定された不動産については後順位抵当権者や第三取得者、差押え債権者など利害関係を有する者が登場する機会が多く、これらの者は登記のみを基準として抵当権の存在を認識するので、登記により予想される程度を超えて被担保債権額が大きくなることを防いで、これらの者を保護しました。

(1)被担保債権の範囲～抵当権を実行しても利息は2年分に制限？

抵当権が実行されるような場合、債務者は他からも借金していることがあります。そうすると、後順位抵当権が設定されていたり、一般債権者も差し押さえてきたりします。
そこで、抵当権者は、利息その他の定期金を請求する権利を有するときは、原則として、その**満期となった最後の 2 年分についてのみ**、その抵当権を行使することができます。
たとえば、3,000 万円の一番抵当権があることを承知で二番抵当権を取得した者がある場合に、その一番抵当権の担保する債権の利息がたまっていて、被担保債権の額が倍額の 6,000 万円にもなっているとしたら、二番抵当権者は驚いてしまいます。そこで、最後の 2 年分に限定しています。
ただし、後順位抵当権者等がいない場合には、抵当権者は、満期のきた最後の2年分を超える利息についても抵当権を行うことができます。後順位抵当権者のように、抵当不動産について正当な利益を有する第三者を保護する制度だからです。

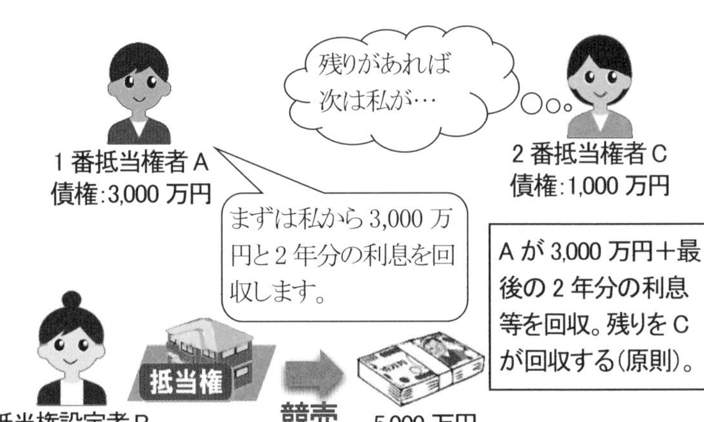

(2)抵当権の効力の及ぶ目的物の範囲

抵当権は、抵当地の上に存する建物を除き、その目的とされた**不動産に**付加して一体となっている物(これを付加一体物といいます)に及びます。

また、反対の意思表示のない限り、**抵当権設定当時に存在した抵当不動産の従物**にも及びます。

付け足し　判例が認めた従物や従たる権利

・借地人が所有するガソリンスタンド用店舗建物に抵当権を設定した場合、抵当権の効力はその建物の従物である地下タンク等に及びます。
・土地賃借人が賃借土地上に所有する建物について抵当権を設定した場合には、特段の事情のない限り、抵当権の効力はその建物の所有に必要な**賃借権に及びます**。

付け足し　主物と従物

独立の物でありながら、客観的・経済的には他の物(主物)に従属して、その効用を助ける物を従物といいます。従物と認められるためには、①継続的に主物の効用を助けること、②主物に付属すると認められる程度の場所的関係にあること、③主物と同一の所有者に属すること、④独立性を有することの要件を満たす必要があります。

(3)果実に対する効力～債務不履行の場合は賃料を差し押さえる？

抵当権は、その担保する債権について**不履行があったときは、その後に生じた抵当不動産の果実に及びます**。具体的には、抵当権が実行された場合、抵当権設定者がまだ受領していない果実(賃料)があれば、そのうちの債務不履行発生後のものについて抵当権の効力が及ぶことになります。

果実…果実には天然果実と法定果実があります。その果実を生む物を元物といいます。物の用法に従い収取する産出物を天然果実といいます。たとえば、牛という元物に対しての牛乳などです。物の使用の対価として受けるべき金銭その他の物を法定果実といいます。たとえば、家屋という元物に対する家賃などです。

3-3 物上代位＜債権の担保

抵当権は抵当物から生じる賃料や保険金請求権にも及びます

抵当権は、その目的物の売却、賃貸、滅失または損傷によって**債務者**が受けるべき金銭その他の物に対しても、行使することができます。これを**物上代位**といいます。

(1)物上代位の要件～物上代位するにはどのような手続を？

物上代位は、支払前に差押えをしなければなりません。
また、差押えの対象となるのは、**売却代金債権、賃料債権、保険金請求権、損害賠償請求権**です。

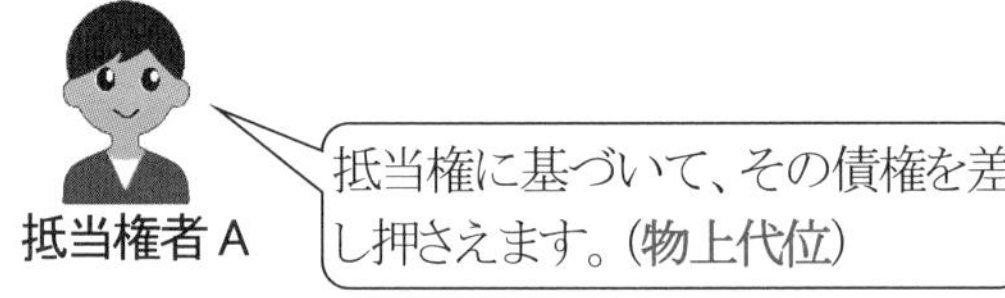

抵当権に基づいて、その債権を差し押さえます。(物上代位)
抵当権者A

(2)被担保債権が譲渡された場合～譲渡されても物上代位できるの？

参考資料

法理論的には、債権譲渡が、物上代位権の要件である「払渡しまたは引渡し」に当たるのか否かの問題です。最高裁は、債権譲渡は払渡しまたは引渡しに該当しないと判断しました(最判平成10年1月30日)。

被担保債権が譲渡された場合でも、抵当権者は物上代位権を行使できます。たとえば、抵当権が設定されている建物から生じる**賃料債権**が譲渡された場合でも、その**賃料債権**を差し押さえることができます。

(3)賃料債権の差押えと敷金の充当～どちらが優先するの？

抵当権者が物上代位権を行使して賃料債権を差し押さえた場合でも、賃貸借契約が終了し、目的物が明け渡されたときは、賃料債権は、敷金の充当によりその限度で消滅します(最判平成14年3月28日)。つまり、**賃借人は、賃料の消滅を抵当権者に対抗できます**。

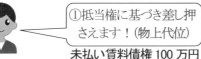

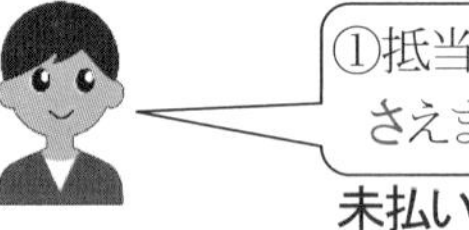

(4)転貸賃料債権と物上代位～サブリース業者の転貸賃料は？

抵当権者は、原則として、賃借人が取得する**転貸賃料債権**について物上代位権を行使することができません(最判12年4月14日)。

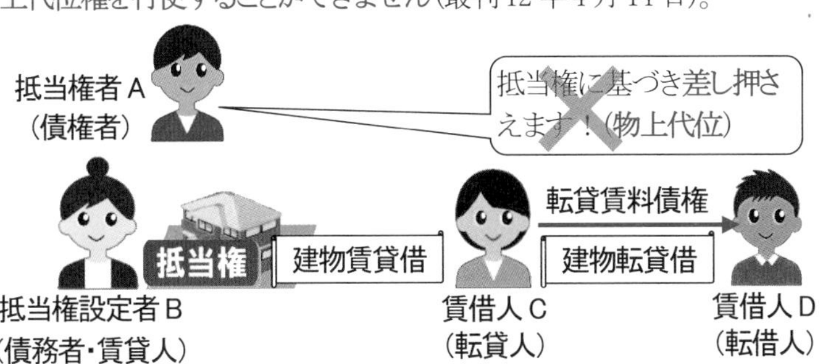

ただし、所有者Bの取得すべき賃料を減少させたり、抵当権の行使を妨げるために法人名義を濫用したり、虚偽の賃貸借を装って転貸借関係を作り出したりと、抵当不動産の賃借人Cを所有者Bと同視することを相当とする場合には、Cが取得する転貸賃料債権に対して物上代位権を行使するができます。

それはなぜ？

抵当不動産の所有者は被担保債権の履行について物的責任を負担するものであるのに対し、抵当不動産の賃借人は、このような責任を負担するものではなく、自己に属する債権を被担保債権の弁済に供されるべき立場にはないからです。また、転貸賃料債権を物上代位の目的とすることができるとすると、正常な取引により成立した抵当不動産の転貸借関係における賃借人(転貸人)の利益を不当に害することにもなります。

(5)賃料債権の差押え後の相殺

抵当権者が物上代位権を行使して賃料債権の差押えをした後は、抵当不動産の賃借人は、抵当権設定登記の後に賃貸人に対して取得した債権を自働債権とする賃料債権との相殺をもって、抵当権者に対抗することはできません(最判平成13年3月13日)。

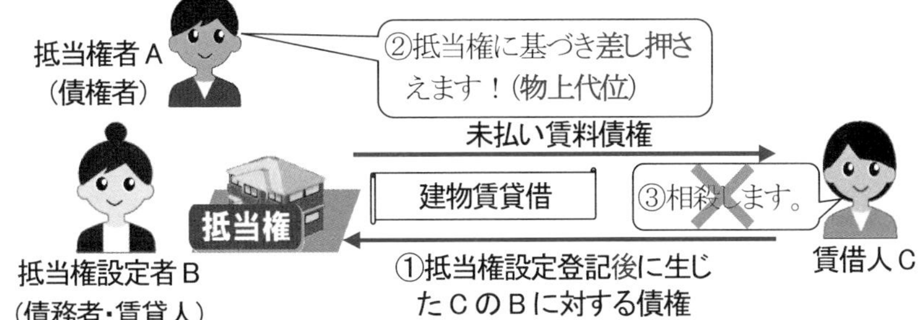

3-4 抵当権侵害とこれに対する保護・優先弁済権＜債権の担保

抵当権の実行を邪魔すると抵当権侵害になります

(1)差止め請求～抵当不動産が侵害されたら？

抵当権は、抵当権設定者がその**抵当物を自由に使用できるのが原則**です。

しかし、抵当物の**価値を下げる行為**については、抵当権者は、侵害行為をやめてくれとその差止めを求めることができます。

参考資料

抵当権設定者による目的物の使用・収益、目的物を賃貸もしくは譲渡し、あるいは担保に提供すること、抵当権の目的である土地の分割・地目の変更、抵当権の目的物を他人が無権原に占有しこれを使用収益すること等は、原則として抵当権侵害にはなりません。

(2)抵当権侵害～どんな行為が侵害になるの？

抵当山林の伐採、抵当家屋の取壊しや、**目的物の第三取得者が抵当権の実行を故意に妨げその間に抵当物件の値下がりが生じたような場合**に、抵当権侵害となります。

(3)優先弁済を受ける効力～抵当権者は他の一般債権者より強い？

抵当目的物から優先的に弁済を受けられることは抵当権の本来的な効力です。たとえば、B が A･C･D に対してそれぞれ 1,000 万円ずつ債務を負担していて、その唯一の財産が時価 1,500 万円の土地だとします。この場合、A･C･D のいずれもが B に対して抵当権等を有していない一般債権者だったとすると、A･C･D は、債権者平等の原則により、B 所有の不動産を換価して、それぞれ 500 万円ずつ弁済を受けるに止まります。

しかし、A が B 所有の不動産に抵当権を設定していた場合、A はその土地を競売して、その代金 1,500 万円から、他の債権者の C･D に優先して、1,000 万円の弁済を受けることができます。このような権利を優先弁済権といいます。

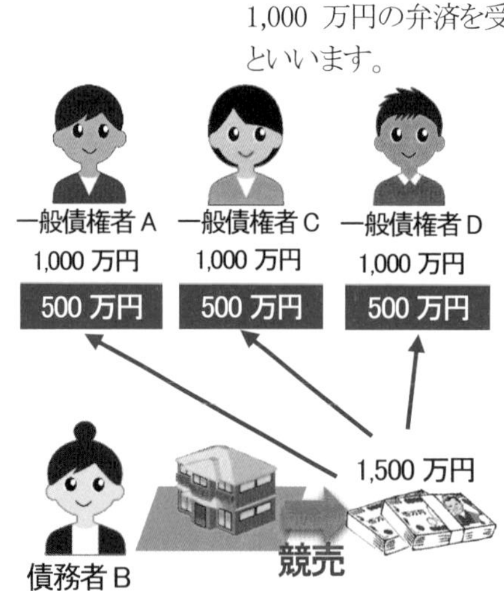

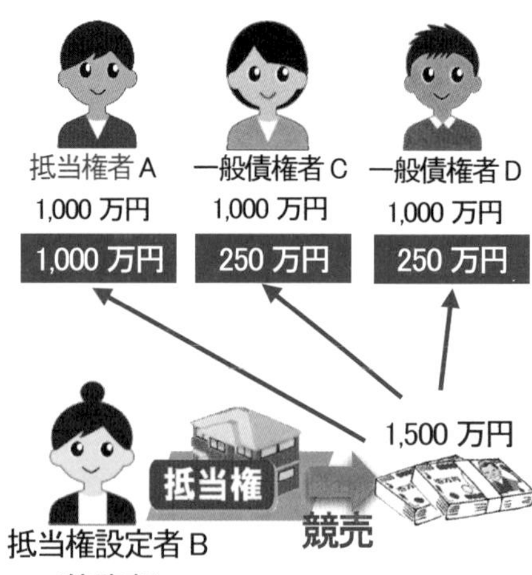

(4)抵当権の順位～1 つの不動産に複数の抵当権が設定されたら？

抵当権は、他の物権と異なり、1 つの不動産に複数設定できるという特徴があります。そして、同一の不動産について数個の抵当権が設定されたときは、その抵当権の順位は、**登記の前後によります**。

また、先順位の抵当権が消滅した場合には、後順位の抵当権の順位が上昇します。さらに、順位は**各抵当権者の合意**によって変更することができます。ただし、利害関係を有する者があるときは、その**承諾**を得なければなりません。

順位の変更は登記をしなければ効力を生じません。

(5)抵当権の実行

抵当権は優先弁済的効力を有するので、抵当債務者の弁済期がきても弁済がない場合、抵当目的物を売却して、その売却代金から優先的に弁済を受けることができます。

抵当不動産の第三取得者は、その競売において買受人となることができます。

3-5 法定地上権＜債権の担保

抵当権設定時に建物があり同一人所有の場合は地上権が付く

同じ人が所有する土地と建物が、競売によって所有者を異にするようになった場合、建物所有者に敷地利用権がなく、建物を収去せざるを得ないという事態になる可能性があります。これを回避するため、一定の要件を満たせば、法律上当然に地上権が成立するとして、建物所有者を保護するのが法定地上権です。

(1)法定地上権～なぜ法定地上権が必要なの？

法定地上権が必要とされる背景としては、**土地と建物が別個の不動産であるということと、自己借地権(自分で所有する土地を自分が借りるということ)の設定が認められていないという2つの前提**があります。

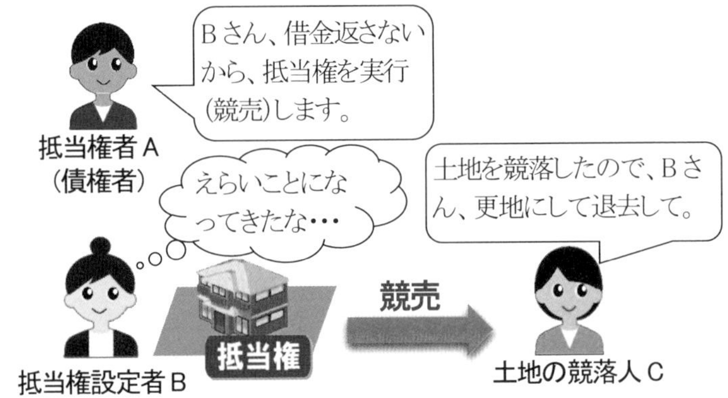

上図の例で、Bが大変な状況に陥ったということがわかるでしょうか？BとCとの間には、もちろん賃貸借契約などありません。しかも、Bに事前に借地権を設定しておくこともできません(自己借地権の禁止)。ということは、Bは他人Cの土地の上に建物を建てている状況になり、Bが土地を利用する権利を有していない以上、建物を取り壊して土地をCに明け渡さなければならなくなります。そこで、**土地と建物が同一人所有**で、**競売によって土地と建物が別人所有になったとき**には、法律上当然にその**建物のために地上権を認めようという制度が法定地上権**なのです。

(2)法定地上権の成立要件～どんな場合に成立するの？

以下の要件をすべて満たすと法定地上権が成立します。

①**抵当権設定時**に、**土地の上に建物が存在**すること ⇒建物について登記がなされている必要はありません。
②**抵当権設定時**に、**土地と建物の所有者が同一人**であること ⇒抵当権設定後に、土地あるいは建物のどちらかが譲渡され、土地と建物が別人の所有に属した場合でもかまいません。 ⇒土地と建物は、同一人のものであればよく、登記名義まで同一である必要はありません。
③土地と建物の一方または両方に抵当権が存在すること
④抵当権実行の結果、土地と建物の所有者が別々になること

付け足し

同一の**土地**に複数の抵当権が設定された場合、法定地上権が成立するかどうかは、**1番抵当権設定時を基準に判断**されます。

(3)一括競売～更地に抵当権が設定された場合は？

更地に抵当権が設定され、その後に設定者が建物を建てた場合は、法定地上権の成立要件を満たしません。したがって、法定地上権は成立せず、土地の抵当権が実行された場合は、建物を壊して出ていかなければなりません。しかし、それではあまりにも建物所有者である抵当権設定者にとって不利益であるし、社会経済上の損失も大きいといえます。

そこで、**土地と建物を一括して競売し、その建物の経済的な価値を維持する制度が認められています**(一括競売)。

ただ、この場合、抵当権者はあくまでも土地の抵当権者なので、土地の売却代金から優先弁済を受けることはできても、**建物の売却代金から優先弁済を受けることはできません。**

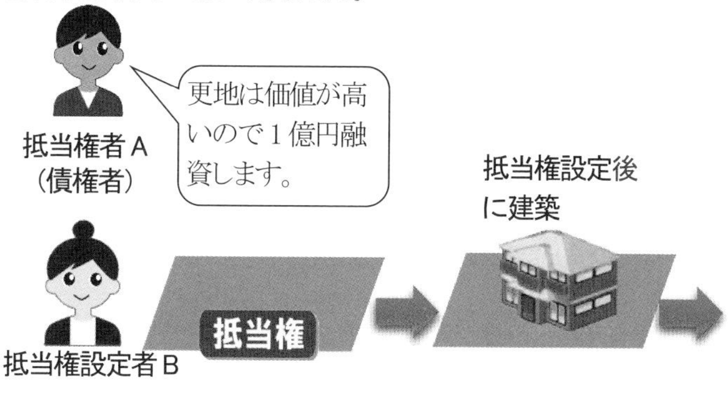
抵当権者A
(債権者)
更地は価値が高いので1億円融資します。
抵当権設定者B
抵当権
抵当権設定後に建築
土地と建物を一括して競売できる

3-6 抵当不動産の第三取得者の地位＜債権の担保

抵当権付きの不動産を購入する際に抵当権を消滅させられます

(1)代価弁済～抵当権者からのアプローチ

代価弁済とは、抵当不動産について、所有権または地上権を買い受けた者、すなわち第三取得者が、**抵当権者の請求**に応じてその売買の代金を抵当権者に弁済したときには、以後、抵当権をその者に対する関係で消滅させる制度をいいます。簡単にいえば、抵当権が設定されている不動産を買った人は、本来ならば売主に代金を支払うのですが、抵当権者が代価弁済の請求をしてきた場合は、抵当権者に直接支払うというものです。代価弁済が行われた場合は、たとえ弁済額が抵当債権額(抵当権設定者が借りたお金の残高)に満たなくても、抵当権は消滅します。つまり、残りの額は無担保の債権ということになります。

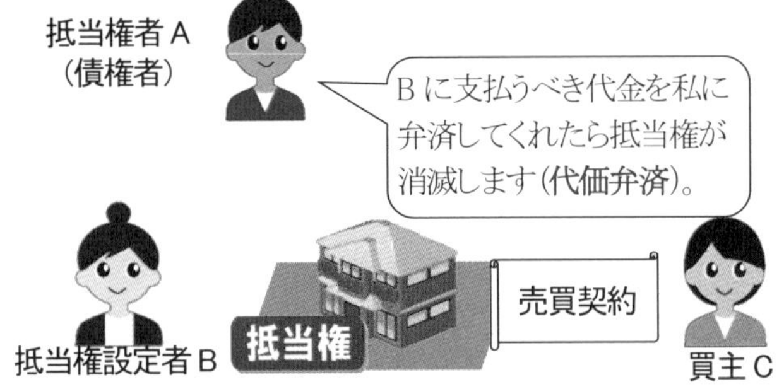

(2)抵当権消滅請求①～第三取得者からのアプローチ

抵当権消滅請求とは、第三取得者自らが代価を評価して、抵当権者に対してその価額をもって抵当権を消滅させるよう請求する制度をいいます。これも**代価弁済と同様に不動産の第三取得者の保護を図る制度**ですが、代価弁済と異なり、**第三取得者に主導権がある**ことが大きな違いです。

(3)抵当権消滅請求②～いつまでに行えばよいの？

抵当不動産の第三取得者は、**抵当権の実行としての競売による差押えの効力が発生する前に**、抵当権消滅請求をしなければなりません。

(4)抵当権消滅請求③～請求された場合の対抗策は？

債権者が、前記の**書面の送付を受けた後 2 か月以内に抵当権を実行して競売の申立てをしないとき**は、抵当不動産の第三取得者がその書面に記載した代価または金額を**承諾したものとみなされます**。

(5)抵当権消滅請求④～請求できない人もいるの？

借金した本人(主たる債務者)や**保証人**およびその承継人は、抵当権消滅請求をすることができません。主たる債務者や保証人にはそもそも弁済する義務があるからです。

付け足し

その際、抵当不動産の第三取得者は、登記をした各債権者に対し、一定の書面を送付しなければなりません。ただし、その送付する書面につき事前に裁判所の許可を受ける必要まではありません。

付け足し 抵当不動産の第三取得者のその他の対応策

- 第三取得者は、当事者があらかじめ反対の意思を表示していない場合には、債務者に代わって債務を弁済し、抵当権の実行を防止することができます。そして、代わりに弁済した第三取得者は、弁済額の償還を債務者に求めることができます(第三者弁済)。
- 第三取得者は、自ら競落(競売で落札)することができます(自ら競落)。一方、**債務者は競落人になれません**。
- 第三取得者が、自ら費用を支出して所有権を保存した場合、売主に対し、その費用の償還を請求することができます。
- 第三取得者は、**抵当権消滅請求の手続が終わるまで**は、**代金の支払を拒む**ことができます。ただし、売主は、買主に対して、遅滞なく抵当権消滅請求の手続をするように請求することができます。

3-7 抵当権と不動産賃借人の関係＜債権の担保

抵当権に対抗できない賃借権でも対抗できる場合があります

参考資料

対抗要件…抵当権であればその登記、不動産賃貸借であれば賃借権の登記、または借地権であれば借地上の建物の登記、借家であれば建物の引渡しがそれぞれ対抗要件となります。

(1)抵当権と不動産賃借権～どっちが優先するの？

抵当権と不動産賃借権の関係は、物権の対抗関係と同じように考えると分かりやすいです。つまり、先に対抗要件を備えた方が第三者対抗力を有します。

(2)抵当権に遅れる不動産賃借権～勝ち目はないの？

抵当権の登記のある不動産（土地・建物）を賃借した者は、対抗要件で遅れることになるので、抵当権者に賃借権を対抗できません。

しかし、この場合でも、不動産賃借権の登記をした賃貸借は、その登記前に登記をした**抵当権を有するすべての者が同意**をし、かつ、その**同意の登記**があるときは、その同意をした抵当権者に対抗することができます（出て行かなくてもよい）。

抵当権者がその同意をするには、その抵当権を目的とする権利を有する者その他抵当権者の同意によって不利益を受けるべき者の承諾を得なければなりません。

それはなぜ？

抵当権の登記に遅れる賃借権は、いつ抵当権の実行によりくつがえされるか分からないというのでは、目的不動産の安定した利用収益を図ることができないからです。

抵当権者A
（債権者）
不動産賃借権の登記、抵当権者全員の同意とその登記があれば、貸主が変更になっても賃借権を主張できますね。

①抵当権設定
②不動産賃貸借契約
抵当権設定者B

不動産の賃借人C

(3)建物賃貸借～賃借人はすぐに退去しなければならないの？

抵当権の登記のある建物を賃借した者も、同じく、対抗要件で遅れることになるので、抵当権者に賃借権を対抗できません。

ただ、土地賃貸借とは異なり**建物賃貸借については**、抵当権者に対抗することができない賃借人であっても、**次に掲げる者（抵当建物使用者）**は、その建物の競売における買受人の**買受けの時から** 6 か月**を経過するまで**は、その建物を買受人に引き渡す必要がありません。

①競売手続の開始前から使用または収益をする者
②強制管理または担保不動産収益執行の管理人が競売手続の開始後にした賃貸借により使用または収益をする者

ただし、買受人の買受けの時より後にその建物の使用をしたことの対価について、買受人が抵当建物使用者に対し相当の期間を定めてその 1 か月分以上の支払いの催告をし、その相当の期間内に履行がない場合には、前記の 6 か月の猶予期間はありません。

それはなぜ？

競売による買受人との間には、賃貸借の関係が存在するわけではないので、賃料は存在しませんが、従来の賃借権者が明け渡しまでの賃料相当の対価を支払う義務があります。この支払いを怠った場合の制度です。

3-8 抵当権の処分＜債権の担保

抵当権の譲渡・放棄と、抵当権の順位の譲渡・放棄は異なります

抵当権を処分する方法には次の7つがあり、これらすべてをあわせて抵当権の処分といいます。

抵当権を被担保債権と共に処分する方法	①抵当権付き債権の譲渡
	②抵当権付き債権の質入れ
抵当権を被担保債権から切り離して処分する方法	③転抵当
	④抵当権の譲渡
	⑤抵当権の放棄
	⑥抵当権の順位の譲渡
	⑦抵当権の順位の放棄

(1)転抵当～抵当権をさらに抵当に入れることもできるの？

たとえば、AがBに対し1,000万円の抵当権付き債権をもっている場合に、その抵当権を担保にして、Cから500万円を借り受ける制度です。転抵当権の被担保債権額は、原抵当権の被担保債権額を超過しないことが必要です。

(2)抵当権の譲渡～譲渡するとどうなる？

抵当権の譲渡は、抵当権者から**抵当権を有しない債権者に対して**その利益のために行われます。その結果、譲渡人は無担保債権者となり、譲受人は譲渡人の抵当権の被担保債権額の範囲と順位において自己の債権について抵当権を取得します。

たとえば、債務者Aが所有する甲土地に、債権者Bが1番抵当権(債権額2,000万円)、債権者Cが2番抵当権(債権額2,400万円)、債権者Dが3番抵当権(債権額4,000万円)をそれぞれ有しており、Aにはその他に担保権を有しない債権者E(債権額2,000万円)がいた場合で、甲土地の競売に基づく売却代金が5,400万円であったときを例に説明します。

BがEの利益のために抵当権を譲渡した場合、譲渡人Bは無担保債権者となり、譲受人EはBの被担保債権額2,000万円の範囲について1番抵当権を取得します。よって、配当は、Eが2,000万円、Cが2,400万円、Dが1,000万円、Bが0円となります。

(3)抵当権の放棄～放棄するとどうなるの？

抵当権の放棄は、抵当権者から**抵当権を有しない債権者に対して**その利益のために行われます。その結果、放棄した者は、放棄の利益を受けた者に対する関係では優先権を有しないことになり、放棄した者の抵当

権債権額が両者でその**債権額に比例して分配**されます。

前記の例でBがEの利益のため、抵当権を放棄した場合は、放棄したBの抵当権債権額 2,000 万円を、BE の債権額に比例して(B•2,000 万円:E•2,000 万円、すなわち、1 対 1 の比率)、分配されます。配当は、B が 1,000 万円、E が 1,000 万円、C が 2,400 万円、D が 1,000 万円となります。

(4)抵当権の順位の譲渡～順位を譲渡するとどうなるの？

抵当権の順位の譲渡は、先順位の抵当権者から**後順位の抵当権者の利益のために**行われます。その結果、両者の間で**抵当権の順位が交換**し、両者の受けるべき配当額の合計について、まず譲受人が抵当債権全額の弁済をうけ、その残額だけを譲渡人が取得します。

前記の例で B が D の利益のため抵当権の順位を譲渡した場合は、BD 間の受けるべき配当額の合計は 3,000 万円(D は 3 番抵当権者なので BC の先順位の配当後の残額は 1,000 万円です。B の配当額 2,000 万円と合計すると 3,000 万円となります。)について、まず D が 1 番抵当権で 2,000 万円、3 番抵当権で 1,000 万円の弁済を受けます。残額はないので譲渡人 B に配当はありません。配当は、D が 3,000 万円、C が 2,400 万円、B が 0 円となります。

(5)抵当権の順位の放棄～順位を放棄するとどうなるの？

抵当権の順位の放棄は、先順位の抵当権者によって、**後順位の抵当権者の利益のために**行われます。その結果、放棄した者は、放棄の利益を受けた者に対する関係で**同順位**となり、**本来両者の受けるべき配当額の合計が両者の債権額に比例して分配**されます。

前記の例で B が D の利益のため、抵当権の順位を放棄した場合、1 番抵当権者Bが受けるべき2,000 万円、3番抵当権者Dが受けるべき1,000 万円につき、両者の債権額に比例して(B•2,000 万円:D•4,000 万円、すなわち、1 対 2 の比率)、分配されます。したがって、配当は、B が 1,000 万円、C が 2,400 万円、D が 2,000 万円となります。

3-9 根抵当権＜債権の担保

付従性・随伴性を否定・緩和した抵当権が根抵当権です

それはなぜ？

企業取引に際し、頻繁に借り入れや返済をする場合、そのつど抵当権を設定するのは面倒なので、一定の範囲に属する不特定の債権を極度額(借入額の上限)の限度で担保する制度です。

(1)根抵当権とは～将来発生する債権を担保する？

根抵当権とは、抵当権の一種であって、根抵当権者と債務者との間に**生じる現在および将来の不特定の債権**のうち、**一定の範囲に属する**ものを一括して一定の**極度額**(上限額のこと)の範囲内において**担保**するものをいいます。

根抵当権設定契約
極度額:1億円
抵当権者A
(債権者)
一定の範囲(不動産取引等)でしか貸せないよ！
抵当権設定者B
根抵当権を使って、じゃんじゃんお金借りちゃえ～

(2)付従性の緩和～普通の抵当権だと都合が悪いの？

たとえば、土地に根抵当権を設定して、極度額を 1 億円に設定し登記した場合、債務者と抵当権者の間で取り決められた一定の債権(定期的に必要となる商品製造のための材料購入契約など)を繰り返し設定・消滅させることができます(お金を借りて返すことを繰り返す)。

普通の抵当権の場合、付従性があるので、一度お金を返済してしまうと、被担保債権の消滅とともに抵当権も消滅してしまいます。

これを緩和したのが根抵当権です。

(3)根抵当権の被担保債権の譲渡等～譲渡されても根抵当権は残る？

普通の抵当権は、被担保債権が譲渡されると抵当権もそれに伴って移転します。これを随伴性と呼びます。それに対して、**根抵当権は、個々の被担保債権を他に譲渡しても、債権を譲り受けた者は根抵当権を取得しません**。

参考資料

まさに根をはって動かないイメージです。

(4)根抵当権の元本の確定～根抵当権も実行する際には根が取れる？

根抵当権は**元本の確定**という手続によって、普通の抵当権に戻ります。ただし、2 年分の利息についての抵当権の規定については適用がありません。つまり、最後の 2 年分以上の利息についても競売代金等から優先弁済を受けられます。

参考資料

元本の確定…もうこれ以上は借りませんと決めることです。そうすると、それまでの残高合計が算出され、その金額について普通の抵当権と同様に、実行することができるようになります。

(5)根抵当権の元本の確定請求～元本の確定請求もできる？

根抵当権設定者(不動産の所有者)は、根抵当権の**設定の時から 3 年を経過**したときは担保すべき元本の確定を請求することができます。この場合において担保すべき元本は、その**請求の時から 2 週間を経過することによって確定**します。

それに対して、**根抵当権者**(債権者)は、**いつでも**担保すべき元本の確定を請求することができます。この場合において担保すべき**元本はその請求の時**に確定します。

4 質権・留置権・先取特権＜債権の担保

抵当権以外の担保物権です

(1)質権

担保の目的物の占有を債権者に移転し、債権者は弁済があるまでこの目的物(**動産・不動産・権利**)を**留置**して、間接的に弁済を強制するとともに、弁済がない場合には、この目的物を競売し、その売却代金から他の債権者に優先して弁済を受けることができる効力を持つ約定担保物権を質権といいます。

質権設定契約
○○火災保険金請求権の証書を質入れします。

動産を質に取ることは現在でも質屋で広く行なわれていますが、不動産を質に取ることはほとんどあり得ません。したがって、不動産取引実務上で意義を有するのは、権利に対する質権です。
たとえば、金融機関が不動産所有者に融資をする場合には、不動産所有者が火災保険に加入し、その火災保険金の請求権について金融機関が質権を設定することがあります。火災があった場合、金融機関はこの質権を実行し、火災保険金から融資の優先返済を受けることができます。

(2)質権の特徴

質権の特徴は、**留置的な効力**があって、目的物を被担保債権の弁済があるまで留置することによって、債務者を心理的に圧迫して弁済を間接的に強制するというところにあります。ここが抵当権と大きく異なるところでもあります。その他、付従性、随伴性等は抵当権と同様に認められます。

(3)留置権

他人の物を占有している者が、**その物に関して生じた債権**を有する場合、その債権の弁済を受けるまでその物を留置することによって債務の弁済を間接的に強制することができる**法定担保物権**を留置権といいます。

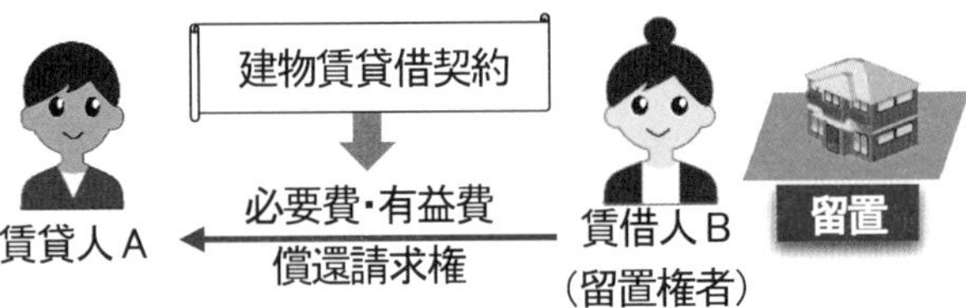

留置権者は、債権の全部の弁済を受けるまでは、留置物の全部についてその権利を行使することができます。
留置権は、抵当権や質権とは異なり、法定担保物権です。留置的効力は認められますが、**優先弁済的効力が認められない**というところに特徴があります。
また、留置権の趣旨は、当事者間の公平です。さらに、債務の弁済を間接的に強制するという機能があるので、担保物権に位置づけられております。その性質としては、付従性・随伴性等が認められます。しかし、**物**

上代位性はありません。というのは、留置権は目的物を留置することがその主たる内容なので、抵当権などのように目的物の交換価値を把握する権利ではないからです。
占有が不法行為によって始まった場合には留置権の規定が適用されません。

(4)先取特権(さきどりとっけん)

法律の定める特殊な債権を有する者が、債務者の財産から法律上当然に優先弁済を受ける権利を先取特権といいます。先取特権は**法定担保物権**なので、一定の趣旨に基づいて法律上当然に優先弁済権が認められています。
先取特権も、付従性・随伴性等という性質はすべて認められます。
先取特権は、その優先弁済の対象となる目的物の種類に応じて、一般先取特権、動産先取特権、不動産先取特権の3つに分かれます。

(5)不動産先取特権の効力

不動産の売主は不動産の代価や利息について売買の目的物である不動産の上に先取特権を有し、その**不動産が賃貸されれば賃料の請求権に物上代位することができます**。また、先取特権の効力は、賃借権の譲渡があったときは譲受人の動産、**転貸があったときは転借人の動産**にも及びます。また、不動産の賃貸の先取特権は、その不動産の賃料その他の賃貸借関係から生じた賃借人の債務に関し、賃借人の動産について存在し、**転貸の場合には、転貸人が受けるべき金銭**についても及びます。さらに、賃貸人が敷金を受領している場合は、賃貸人はその敷金をもって弁済を受けられなかった部分の債権(賃料債権の額から敷金を差し引いた残額の部分)についてのみ、先取特権を有します。

付け足し

借地借家法上の造作買取請求権に基づいて賃貸借契約の目的物である建物を留置することはできません。また、借家人が建物につき留置権を有する場合でも、建物所有者ではない土地所有者からの土地明渡請求に対して当然にその土地をも留置できる権利を有するものではありません。

5 所有権留保等の制限＜自ら売主制限

原則として所有権留保はできません

それはなぜ？

宅地建物の取引の場合には、売主に所有権が留保されていると登記名義も売主のままとなるのが通常なので、二重に譲渡される可能性もあります。また、売主が倒産等した場合には、その宅地建物は売主の財産として差し押さえられてしまい、買主は不測の損害を受けることになります。

(1)所有権留保の原則禁止

宅建業者は自ら売主として宅地建物の割賦販売を行った場合には(**買主が宅建業者以外の場合に限ります。**)、その割賦販売に係る宅地建物を買主に**引き渡すまで**(その宅地建物を引き渡すまでに代金の額の 30%を超える額の金銭の支払いを受けていない場合にあっては、**代金の額の 30%を超える額の金銭の支払いを受けるまで**)に、登記その他引渡し以外の売主の義務を履行しなければなりません(所有権留保の禁止)。

(2)所有権留保が許される場合

買主が、その宅地建物につき所有権の登記をした後の代金債務について、これを担保するための**抵当権もしくは不動産売買の先取特権の登記を申請し、またはこれを保証する保証人を立てる見込みがないとき**は、引き続き所有権留保が許されます。

第 7 編　賃貸借から生じる権利義務

はじめに

第１編では、都環会が定める広告・投資勧誘の基本方針を解説しました。その対象とするビジネススキームはサブリースです。ビジネス的にはオーナーの賃貸経営とそのコンサルティング事業という実質を有しますが、法的には、賃貸借契約により賃借人が使用する収益物件を、不動産投資で収益を得ようと考える投資家に販売し、その投資家から売却した収益物件を一括借り上げて（マスターリース契約）、そのマスターリース契約内で、賃貸管理等のコンサルティングを行うことに対する報酬を、実際に入居する賃借人から受領する賃料と、マスターリース契約における賃料との差額で実現するスキームということになります。

収益物件の販売は、第６編で解説しましたが、ここでは上記スキームの中心となる賃貸借契約について解説します。

不動産の賃貸借は、民法と借地借家法の２つの法律を使います。借地借家法が原則的に適用されますので、まずはそれをしっかりと理解する必要があります。借地借家法が適用されない場面においては民法が適用されます。ただ、民法は抽象的な文言なので、その解釈は難しく、実務では判例（多くは最高裁が示す判決等）を重視すべきです。

また、本編では、賃料の回収方法についても触れています。法的には、民事訴訟法、民事執行法という手続法ということになります。

本章における記述は以下の書籍を参考にしています。引用する場合は本文にも著者名のみを記述しています。

○田中嵩二「これで合格宅建士基本テキスト」Ken 不動産研究（2024 年４月）

○「新基本法コンメンタール民法編」（全シリーズ）日本評論社

○「新基本法コンメンタール借地借家法編」（全シリーズ）日本評論社

○我妻・有泉「コンメンタール民法　第8版　総則・物権・債権」日本評論社（2022 年９月）

○岡本正治・宇仁美咲「三訂版［逐条解説］宅地建物取引業法」大成出版（2021 年３月 19 日）　**略記：岡本・宇仁・宅建業法**

○鬼丸勝之監修、全日本不動産協会編「宅地建物取引業法の話」理工図書（昭和 27 年８月）　**略記：鬼丸監修・宅建業法の話**

○五十嵐紀男「宅地建物取引業法」注釈特別刑法補巻（1）」青林書院（平成２年８月　**略記：五十嵐・宅建業法**

○河野正三編著「改正宅地建物取引業法の解説」住宅新報社（昭和 42 年８月）　**略記：河野・改正宅建業法解説**

○渡辺晋「建物賃貸借　建物賃貸借に関する法律と判例」大成出版社（2014 年 10 月）

第1章　賃貸借

1 賃借権・借家権・借地権

民法は万民平等、借地借家法は賃借人保護が趣旨です

それはなぜ？

借地借家法は、建物の賃貸借や建物所有目的の土地賃貸借などについて、民法の規定を修正する法律です。賃貸借については、民法に一般的な規定がありますが、建物と土地の賃貸借契約については、弱い立場にある賃借人を保護するために借地借家法が民法に修正を加えています。

用語

借地権者…借地権を有する者

借地権設定者…借地権者に対して借地権を設定している者

(1)民法と借地借家法の関係

借地借家法は、建物の賃貸借契約と、建物所有を目的とする地上権または土地の賃借権（借地権）に適用される法律です。**間借りや使用貸借には適用されません**。また、建物の賃貸借であっても、一時使用のために建物を賃借したことが明らかな場合には適用されません。

また、建物賃貸人と建物賃借人、または借地権設定者と借地権者が、借地借家法の規定と異なる特約を結んだ場合、その**内容が建物賃借人または借地権者に不利であれば、原則として、その特約は無効**となります。さらに、民法と借地借家法が競合した場合、**借地借家法が優先**します。借地借家法が定めていない点については民法が適用されます。

(2)民法上の貸借〜種類がいろいろあるの？

民法上、貸借に関する契約には、①賃貸借、②消費貸借、③使用貸借の3種類が規定されています。

	内容
賃貸借	賃貸人が賃借人に目的物を使用収益させ、それに対して賃借人が対価を支払うこと及び引渡しを受けた物を契約が終了したときに返還することを約束する契約
使用貸借	貸主が目的物を引き渡すことを約し、借主がその受け取った物について無償で使用及び収益をして契約が終了したときに返還をすることを約束する契約
消費貸借	金銭その他の代替物を借りて、後日、これと同種・同等・同量の物を返還することを約束する契約

(3)借家権と借地権

借地借家法上、借家権という言葉が規定されているわけではありませんが、建物の賃借権契約により発生する賃借権のことを借家権と呼ぶことがあります。また、借地借家法上、**建物の所有を目的とする地上権または土地の賃借権**を借地権といいます。物権の1つである地上権も含めて借地となっている点に特徴があります。

2 賃貸借の存続期間

民法は 50 年以内、借家は制限なし、借地は 30 年以上です

(1)民法上の賃借権の存続期間～賃借権はいつまで続くの？

民法上の賃貸借の存続期間は、**上限が 50 年**となっています。契約でこれより長い期間を定めた場合でも、その期間は **50 年**となります。それに対して、下限については、民法に規定がありません。

(2)借地借家法上の借家権の存続期間～上限はないの？

借地借家法上の建物賃貸借は民法と異なり、その**存続期間に制限がありません**。ただし、**期間を 1 年未満とする建物の賃貸借は、期間の定めがない建物の賃貸借とみなされます**。

(3)借地借家法上の借地権の存続期間～下限があるの？

借地借家法上の借地権の存続期間は、建物賃貸借や民法上の賃貸借と異なり、借地権の存続期間を当事者が契約で定める場合には **30 年以上**でなければなりません。もし、**借地権の存続期間を当事者が契約で定めなかった場合**、または、**借地契約の当事者が定めた存続期間が 30 年未満の場合**にはその**存続期間は 30 年**となります。

建物賃貸借のように**期間の定めがない契約というものがありません**。

3 賃貸借の更新

借地借家法の更新は借り手側に有利に解釈されます

(1)民法上の賃貸借の更新〜民法上の賃貸借は更新後も50年？

賃貸人と賃借人が合意すれば、契約を更新することができます。民法上の賃貸借の場合、更新後の期間も50年を超えることができません。

なお、期間満了した後、賃借人が賃借物の使用または収益を継続する場合で、賃貸人がこれを知りながら異議を述べないときは、それまでの賃貸借と同一の条件で更新したものと推定されます。

(2)借地借家法上の借家の法定更新〜更新拒絶の通知をしないと？

建物賃貸借に期間の定めがある場合、当事者が期間の満了の **1年前から6か月前までの間に**相手方に対して更新をしない旨の通知または条件を変更しなければ更新をしない旨の通知(**更新拒絶の通知**)をしなかったときは、**それまでの契約と同一の条件で契約を更新したものとみなされます(法定更新)**。

また、賃貸人が更新拒絶の通知をしても、**期間満了後に賃借人が使用を継続した場合**には、**賃貸人が遅滞なく異議を述べないと**、同様に同一の条件で契約を更新したものとみなされます。

ただし、いずれの場合も、更新後は期間の定めのない契約になります。

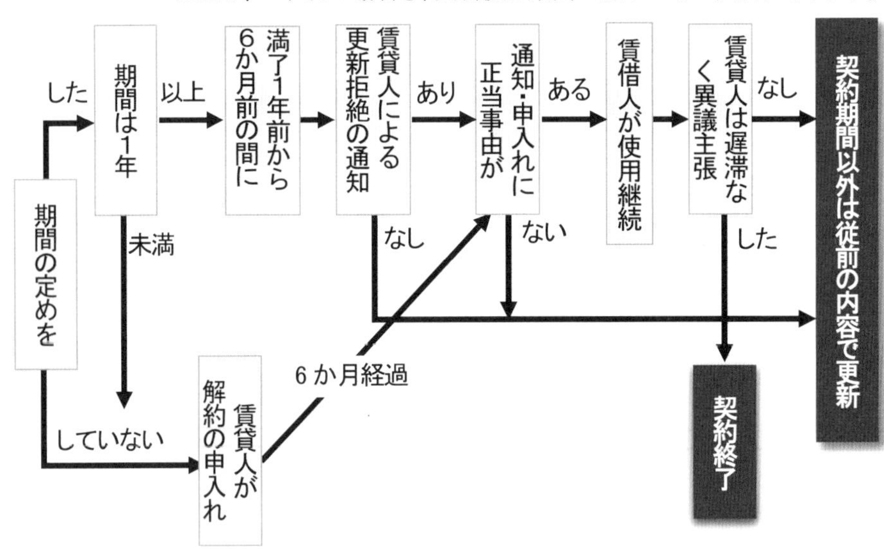

付け足し

建物賃貸実務で行われている更新は、法的には合意更新といいます。契約の更新手続は宅地建物取引業ではありません。なお、定期建物賃貸借には更新がないので、その契約を継続するには再契約が必要です。つまり、それを媒介・代理するには宅地建物取引業の免許が必要です。

(3)借地借家法上の借地の法定更新～更新すると期間の下限が？

当事者間で**更新の合意**が成立すると、合意どおり更新されます。ただし、更新後の期間は、**最初の更新の場合は 20 年以上**、2 度目以降の更新では **10 年以上**としなければなりません。

更新後の期間について定めなかった場合は、最初の更新では 20 年、2 度目以降の更新では 10 年となります。この点は、次の法定更新の場合にも適用されます。更新の合意がない場合、最初の存続期間が満了し、**借地権者が契約の更新を請求したとき**や**借地権者が土地の使用を継続するとき**は、**建物がある場合に限り**、それまでの契約と同一の条件で更新されたものとみなされるのが原則です(**法定更新**)。

付け足し

賃貸借契約書に**一義的かつ具体的に記載された更新料条項**は、更新料の額が賃料の額、賃貸借契約が更新される期間等に照らし高額に過ぎるなどの特段の事情がない限り、**有効**です。

4 賃借権・借家権・借地権の対抗要件

オーナーが変更してもそのまま使用できる要件です

賃貸している不動産を売却した場合、賃貸人と賃借人の立場はどうなるのでしょうか。つまり、賃借人は、借りている不動産の新たな所有者に対しても、「借りている」という立場を主張できるのでしょうか。賃貸人という立場は不動産の売買と共に買主に移転するのでしょうか。
このような問題を対抗関係といいます。

(1)民法上の賃借権の対抗力～民法の対抗要件は登記？

駐車場用地の賃貸借のように、借地借家法が適用されない場合において、賃貸人Aがその駐車場用地をCに売却した場合、賃借人BはCに賃借人の立場を主張できるのでしょうか。

①土地賃貸借契約
賃貸人A
賃借人B
未登記
②土地の売買契約
登記していないBさん。退去してください！
新所有者(買主)C

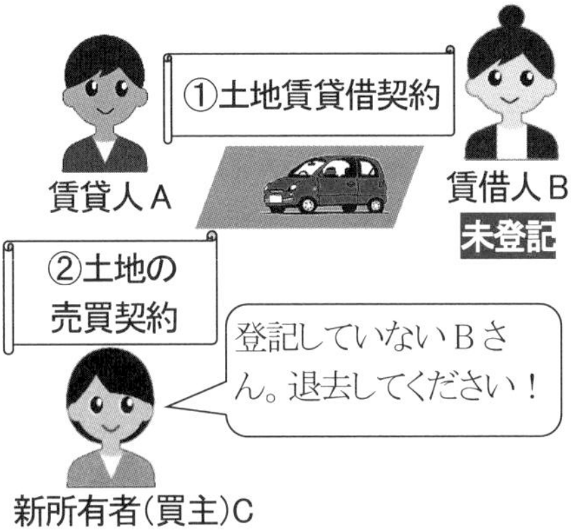

まず、賃借権は**債権なので原則として対抗力はありません**。
しかし、**不動産の賃借権は、賃借権自体を登記したとき**は、その不動産について物権を取得した者その他の第三者に対して対抗することができます。
しかし、この登記は、賃借人と賃貸人が共同して申請する必要があるので、賃貸人の協力が必要となります。つまり、**賃借人が勝手にこの登記をすることはできません**。ですから、実際は、駐車場用地等で賃貸する地主はこの登記に応じないことが普通なので、民法だけでは賃借人の保護は十分とはいえません。
そこで、次に説明する借地借家法の制定により、賃借人の保護が図られるようになりました。

参考資料
賃借権の付いた不動産を購入した者以外にも、不動産の二重賃借人や不動産を差し押さえた者に対しても、対抗力を備えた賃借権は対抗できるので、「その他の第三者」と条文に明記されています。

(2)借地借家法上の借家権の対抗要件～引渡しでも対抗力が？

借地借家法は、**建物の賃貸借**について、**建物の引渡しを対抗要件**としています。つまり、賃借人に対して建物の引渡しがあれば、その後に建物が売却されても、従来の賃貸借関係がそのままその買主との間で存続することになります。

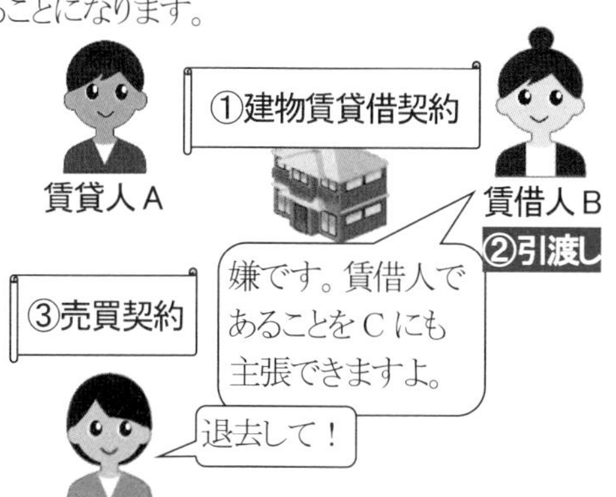

具体例

現実に建物内に入居するのはもちろんのこと、内装工事業者が工事をはじめ、賃借人も頻繁に出入りしていた場合や、代理人による占有なども「引渡し」したことになります。

(3)借地借家法上の借地権の対抗要件～建物の所有権登記で対抗？

①借地権の対抗力

借地借家法は、借地権者が土地上に登記(表示の**登記でもよい)された建物**を持っていれば、借地権を第三者に対抗することができます。

この登記名義は、借地権者本人によるものでなければなりません。氏(苗字)が同じ子の名義で登記をした場合も対抗力はありません。

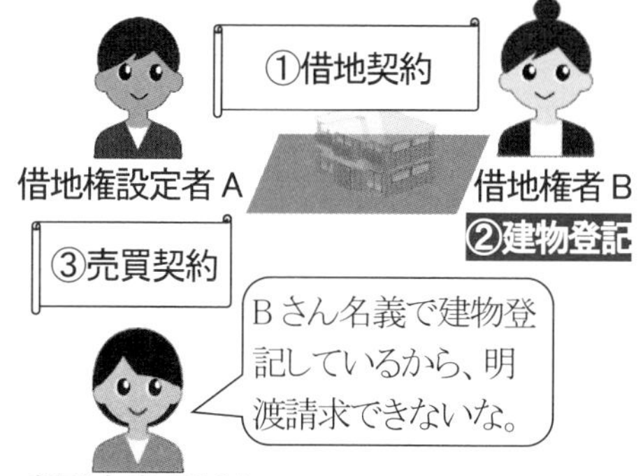

②建物が焼失した後に土地が売却された場合

建物が滅失しても、借地権者が、その建物を特定するために必要な事項、その滅失があった日および建物を新たに築造する旨を土地の上の見やすい場所に掲示するときは、借地権は対抗力をもちます。ただし、**建物の滅失があった日から2年以内に建築して登記**しなければなりません。

付け足し

借地上の建物の登記に表示された所在地番および床面積が実際と異なる場合において、所在地番の相違が職権による表示の変更の登記に際し登記官の過誤により生じたものであること、床面積の相違は建物の同一性を否定するようなものではないことなど判示の事情の下では、上記建物は、借地借家法 10条1項にいう「登記されている建物」に当たる(最判平成18年1月19日)。

(4)不動産の賃貸人たる地位の移転～オーナーチェンジの場合

①合意による不動産の賃貸人たる地位の移転

不動産の譲渡人が賃貸人であるときは、その賃貸人たる地位は、**賃借人の承諾を要しない**で、譲渡人と譲受人との合意により、譲受人に移転させることができます。

②不動産の賃貸人たる地位の移転とサブリース契約

賃貸借の対抗要件を備えた不動産が譲渡された場合は、その不動産の賃貸人たる地位は、その譲受人に移転するのが原則です。しかし、不動産の譲渡人Ａと譲受人Ｃが、賃貸人たる地位をＡに留保する旨と、その不動産をＣがＡに賃貸する旨の合意をしたときは、賃貸人たる地位は、Ｃに移転しません。この場合、賃借人Ｂは、Ａから転貸借していることになります。

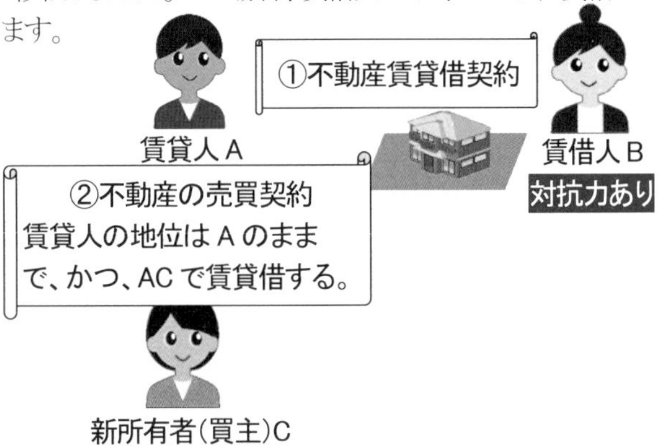

①不動産賃貸借契約
賃貸人Ａ
賃借人Ｂ
対抗力あり
②不動産の売買契約
賃貸人の地位はＡのままで、かつ、ACで賃貸借する。
新所有者（買主）C

③賃貸人の対抗要件

上記の賃貸人たる地位の移転は、賃貸物である不動産について所有権の移転の登記をしなければ、賃借人に対抗できません。

④地位の承継

賃貸人たる地位が譲受人またはその承継人に移転した場合は、必要費や有益費の償還に係る債務及び敷金の返還に係る債務は、譲受人またはその承継人が承継します。

5 賃貸人の義務（賃借人の権利）

賃貸人は修繕義務を負います

賃貸人は、賃借人に対して、**契約と目的物の性質により定まった使用方法（用法）にしたがって、目的物を使用および収益させる義務**を負います。そして、その前提として、目的物を賃借人に**引き渡す義務**も負います。

(1)修繕義務～賃貸人は修繕する義務もあるの？

賃貸人は、引き渡すだけでなく、引渡後に賃借人の使用に支障が生じない状態を積極的に維持する義務も負います。つまり、**賃借物の使用収益に必要な修繕義務を負います**。賃貸不動産の破損等が天変地異等、不可抗力により生じた場合も賃貸人は修繕義務を負います。

ただし、賃借人の責めに帰すべき事由によってその修繕が必要となったときは、賃貸人に修繕義務はありません。

(2)修繕費用～賃貸人が修繕義務に違反したら？

賃貸人が必要な修繕を実施しないことによって賃借人が目的にしたがって使用できない状況が生じた場合、賃貸人には**契約上の義務違反に基づく債務不履行責任が発生**します。

また、賃貸人が修繕義務の履行を怠り、**賃借人が賃借物を全く使用することができなかった場合**には、賃借人は、**その期間の賃料の支払いを免れます**。

付け足し 賃借人の修繕権

賃借人が賃貸人に修繕が必要である旨を通知したにもかかわらず、一向に修繕しなかった場合や、緊急事態な場合には、賃借人は自ら賃借物の修繕ができます。

(3)必要費～賃借人が必要費を負担したら？

賃貸人は、賃借物を使用収益可能な状態に維持するために**必要な費用**を負担しなければなりません。そのため、本来、賃貸人が負担すべき**必要費**を賃借人が支出した場合には、賃借人は、**直ちにその償還を請求**できます。建物の賃借人が屋根の葺き替え・土台の入替えなどのために支出した費用などが必要費の例です。

なお、この民法のルールは**任意規定**なので、必要費償還請求を認めない特約も有効です。

必要費…賃借物をその現状で保存する費用のみならず、通常の使用収益に適する状態で維持または改修する費用も含みます。

有益費…賃借物を改良し、客観的価値を増加させるために支出した費用をいいます。用法遵守義務違反で投下された費用でもかまいません。ただ、それを否定する特約も有効です。

それはなぜ?

借家に加えられた畳や障子のように独立した存在を有する場合には、賃借人は、その付け加えた物を取り外す権利と義務があり、有益費の償還請求は認められていません。しかし、これでは賃借人にとって酷な場合も多く、社会経済的にみても好ましくありません。

(4)有益費〜賃借人が有益費を負担したら?

有益費の償還請求は、支出による価格の増加が**現存する場合に限定**され、しかも、**賃貸借終了時**まで待たなければなりません。
また、この有益費償還請求権は、**賃貸人**の選択に従い、**支出した金額または増価額**を償還するものです。
裁判所は、賃貸人の請求により、その償還について相当の期限を許与することができます。
なお、この民法のルールは**任意規定**なので、有益費償還請求を認めない特約も有効です。

(5)造作買取〜賃借した建物に造作した場合は?

①造作買取請求とは

借地借家法が適用される建物賃借人は、**賃貸人の同意を得て**、建物に備え付けた建具・畳その他の**造作**(建物に付加した物件で賃借人の所有に属し、かつ建物の使用に客観的便益を与えるものをいいます。賃借人がその建物を特殊の目的に使用するために特に付加した設備を含みません)を、**契約の終了時**に賃貸人に時価で買い取らせることができます。
たとえば、賃貸人の承諾を得てシステムキッチンを設置した賃借人は、立ち退きにあたってその買取りを求めることができるわけです。

②債務不履行の場合

ただし、賃貸借が賃料の**債務不履行によって解除された場合には造作買取請求権を行使することができません**。造作買取請求権の規定は、契約期間の満了など通常の事由によって消滅した場合についてのものなので、賃借人が債務不履行やその背信行為のため契約が解除されたときには適用されません。

③転借人の買取請求

建物の賃貸借が期間の満了または解約の申入れによって終了する場合における**建物の転借人**と**賃貸人**との間についても、造作買取請求権が認められます。

④特約の有効性

造作買取請求権の規定は**任意規定**です。つまり、**造作買取請求を認めない特約も有効となります**。

(6)建物買取請求～借地上の建物を買い取らせることもできる？

①借地権者による買取請求

1. 建物買取請求とは

借地借家法上の借地権者は、**「更新しないのなら、時価で建物を買い取りなさい」**と主張できるようになっています。これを建物買取請求権といいます。造作買取請求権の借地版というイメージです。

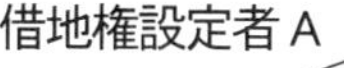
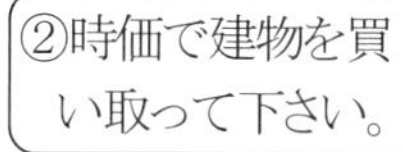

それはなぜ？

借地権設定契約が期間満了によって終了した場合、借地権者は借りていた土地を返さなければなりません。もし、建物を壊して更地にして土地を返さなければならないとしたら、借地権者にとってはかなり酷な話になってしまいます。

2. 債務不履行の場合

借地契約が地代の**債務不履行によって解除された場合には建物買取請求権を行使することができません。**

3. 転借地権者の買取請求

借地権の存続期間が満了した場合における**転借地権者**と**借地権設定者**との間についても、建物買取請求権が認められます。

4. 特約の有効性

建物買取請求の規定は**強行規定**です。つまり、**建物買取請求を認めない特約は無効**です。

②無承諾の再築の場合

借地権の存続期間が満了した場合において、契約の更新がないときであっても、建物が借地権の存続期間が満了する前に**借地権設定者の承諾を得ないで**残存期間を超えて存続すべきものとして新たに築造されたものであるときは、裁判所は、借地権設定者の請求により、代金の全部または一部の支払につき相当の期限を許与することができます。

③第三者による買取請求

第三者が借地上の建物その他借地権者が権原によって土地に附属させた物を取得した場合において、借地権設定者が**賃借権の譲渡**または**転貸**を**承諾しないとき**は、その第三者は、借地権設定者に対し、建物その他借地権者が権原によって土地に附属させた物を時価で買い取るべきことを請求することができます。

(7)留置権等～行使できるの?

必要費の償還を請求したにもかかわらず、賃貸人が支払わない場合、賃借人は必要費償還請求権を被担保債権として**留置権を行使することができます**。つまり、**必要費を支払うまでは賃借物件の明渡しを拒むことができます**。

有益費の償還請求の場合も、建物の買取請求の場合も同様に留置権を行使することができます。しかし、造作買取請求の場合は留置権を行使することができません。

契約の解除は、滅失等で目的が達成できないときや、使用収益の一部不能が確定的でなくても、その程度が軽微でないとき(相当期間を定めて催告が必要)にできます。
賃料の支払拒絶は、修繕が履行されるまでできます。ただし、使用収益できない部分の割合に限定されます。

(8)賃貸人の修繕義務等の不履行～賃貸人に損害賠償請求できるの?

賃貸人が修繕義務を果たさない場合、賃借人は、**①賃料の減額請求**、**②契約の解除**、**③損害賠償請求**、**④賃料の支払拒絶**を主張できます。

6 賃借人の義務（賃貸人の権利）

賃借人は賃料だけでなく原状回復する義務もあります

(1)賃料支払義務〜賃借人は賃料を支払わないといけないの？

賃料は、賃貸借契約において、賃貸人の使用収益義務の対価としての性格を有し、**賃借人は賃料支払義務を負います**。賃料は後払いが原則です。

なお、賃料支払義務のない貸借は使用貸借となります。

(2)一部滅失した場合の賃料〜減額される場合がある？

賃借物の**一部**が**滅失**その他の事由により使用及び収益をすることができなくなった場合において、それが**賃借人の責めに帰することができない事由によるものであるとき**は、賃料は、その使用及び収益をすることができなくなった部分の割合に応じて、**減額されます**。

なお、上記の場合で、残存する部分のみでは賃借人が賃借をした**目的を達することができないとき**は、賃借人は、契約の**解除**をすることができます。この解除権は、賃借人の帰責事由によって使用収益の一部が確定的に不能となった場合にも認められます。

賃借物の使用収益が確定的に不能となったことを意味します。たとえば、賃借物の滅失以外にも、地割れや液状化など物理的な障害が存在する場合や、ライフラインが廃止されるなど機能的な障害が存在する場合等があります。

(3)用法遵守義務〜借りた物は大切に使用しなければならない？

賃借人は賃借物を**善良な管理者の注意をもって保管**しなければならず、それを使用収益する際には、契約または賃借物の性質によって定まる**用法を遵守**しなければなりません。用法遵守義務に違反した場合は、債務不履行責任を負います。

(4)賃借人による通知義務〜修繕が必要な場合は通知が必要？

賃貸物件が修繕を必要とするときには、賃借人は、賃貸人がすでにそれを知っている場合を除き、**遅滞なくこれを賃貸人に通知**しなければなりません。

また、**賃貸人が賃貸物件の**保存に必要な行為**をしようとするときは、賃借人はこれを拒むことができません**。修繕は、賃貸人にとって義務であると同時に権利でもあるので、賃借人には修繕を受忍する義務があります。受忍義務に違反した場合は契約解除の理由となることがあります。

賃借人が、修繕を必要とする賃借物をそのまま放置すると、賃借物が荒廃し、賃貸人に損失が生じる可能性があるからです。

(5)原状回復義務〜賃借人は賃貸物件を原状回復する義務を負う？

賃借人は、賃借物を受け取った後にこれに生じた損傷（**通常の使用及び収益によって生じた賃借物の損耗並びに賃借物の経年変化を除く**）がある場合において、**賃貸借**が終了したときは、その損傷を原状に復する義務を負います（**原状回復**）。

付け足し

賃貸管理実務では、国土交通省が定めた原状回復に関するガイドラインにしたがって賃貸借契約が締結されることが普通です。そこでは、経年変化と通常損耗による原状回復義務は賃貸人が負うことになっています。

ただし、その損傷が**賃借人の責めに帰することができない事由によるもの**であるときは原状回復義務を負いません。

(6)賃借人に債務不履行があったら？

賃借人に賃料不払いの債務不履行があった場合、賃貸人は、原則として、賃借人に対して相当期間を定めて催告した上、契約を解除することができます。
ただし、不動産賃借権については、賃借人の生活や営業の基盤を守るため、**信頼関係を破壊するに至る程度の不誠実がなければ**解除できないとされています(信頼関係破壊の法理)。
その反面、賃借人に、その**義務に違反し信頼関係を裏切って賃貸借関係の継続が著しく困難となるような不信行為があった場合**には、賃貸人は**催告することなく契約を解除**することができます。
なお、上記の信頼関係破壊の法理は、賃料不払い以外(用法遵守義務違反、無断転貸・譲渡)にも適用されます。

付け足し　信頼関係破壊の法理

当事者の一方がその債務を履行しない場合において、相手方が相当の期間を定めてその履行の催告をし、その期間内に履行がないときに、相手方は、契約の解除をすることができるのが原則です(民法 541 条)。しかし、賃貸借は当時者相互の信頼関係を基礎とする継続的契約なので、賃貸借の継続中に、当事者の一方に、その義務に違反し信頼関係を裏切って、賃貸借関係の継続を著しく困難ならしめるような不信行為のあった場合には、相手方は、民法541条に規定する催告をすることなく、賃貸借を将来に向かって解除することができます(最判昭和27年4月25日)。

7 賃料等の増減額請求

当事者間の合意がなくても借賃を増減できる手続です

(1)増減額請求の要件～好きなときには増減額請求はできない？

借地借家法は、一定の要件を備えた場合に限って、契約当事者に借賃の増減を請求する権利を認めています。これを、借賃増減額請求権といいます。借地契約と建物賃貸借契約の両方に同じ規定があります。以下、両者を含む意味で説明します。

借賃が以下のいずれかに該当した場合、契約の条件にかかわらず、当事者は、将来に向かって借賃の額の増減を請求することができます。

①不動産に対する租税その他の負担の増減
②その価格の上昇・低下その他の経済事情の変動
③近傍同種の建物の借賃に比較して不相当となった

ただし、**一定の期間、借賃を増額しない旨の特約がある場合には増額できません**。

付け足し 減額しない旨の特約の効力

賃料を減額しない旨の特約が存する場合に賃借人は賃料減額請求をすることができないかについては、借地借家法の増減額請求の規定（借地と借家に同様の規定があります）は強行規定と解釈されているので、賃借人の賃料減額請求を拒むことができないとするのが判例です（大判昭和13年11月1日、最判平成16年6月29日等）。また、賃料自動改定特約が存する場合についても、賃料減額請求できるとするのが判例です（最判平成17年3月10日等）。

(2)サブリース契約の適否～サブリース事業者にも適用されるの？

サブリース契約とは、賃貸ビル等を運営管理する事業者（サブリース業者）が、第三者に転貸する目的で、土地や建物の所有者から土地・建物を一括して借り上げる方式のものです。

このサブリース契約には、**借地借家法が適用**され、**当事者は増減額を請求できる**とするのが判例です（最判平成15年10月21日）。

それはなぜ？

民法は、賃料の決定を当事者の自由にまかせ、なんらの規制も行わず、ただ、天災その他の不可抗力によって収益が少なかった場合の減額請求権を認めているにすぎません。したがって、契約期間中は、特約がない限り、原則として賃料の増減を請求することができません。ただし、地価が急激に変動するような場合は請求できる場合があります（事情変更の原則）。もちろん、当事者の合意により増減することは可能です。

(3)訴訟等の手続き～借賃の額で紛争になったら？

借賃の増減額について当事者間の**協議が整わなかった場合**は、原則として**訴訟を提起する前**に、まず**調停の申立てをしなければなりません**（調停前置主義）。調停で解決しない場合は裁判となります。

①賃貸人からの増額請求

増額について当事者間に協議が調わないときは、その請求を受けた者は、増額を正当とする**裁判が確定するまで**は、相当と認める額の建物の借賃を支払えば債務不履行になりません。

ただし、その裁判が確定した場合、すでに支払った額に不足があるときは、その**不足額に年 10%の割合による支払期後の利息**を付してこれを支払わなければなりません（超過していた場合は年利 3%の利息を付して返還）。

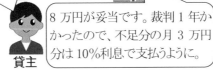

裁判所
8 万円が妥当です。裁判 1 年かかったので、不足分の月 3 万円分は 10%利息で支払うように。

5万円⇒10 万円に増額請求します
貸主

納得できない。5 万円しか払わないよ。
借主

②賃借人からの減額請求

減額について当事者間に協議が調わないときは、その請求を受けた者は、減額を正当とする**裁判が確定するまで**は、相当と認める額の建物の借賃の支払いを請求することができます。

ただし、その裁判が確定した場合において、すでに支払いを受けた額が正当とされた建物の借賃の額を超えるときは、その**超過額に年 10%の割合による受領の時からの利息**を付してこれを返還しなければなりません（不足していた場合は年利 3%の利息を付して支払）。

8 賃借権の譲渡・転貸

サブリースの賃貸管理や借地上の建物譲渡で活用されます

(1)賃借権の譲渡とは

賃借権の譲渡とは、**契約によって賃借人の地位を移転すること**をいいます。譲渡により、**従来の賃借人は賃貸借関係から離脱**し、賃借権の譲受人が新たな賃借人となります。

建物賃借権を譲渡する場面は少ないですが、借地権を譲渡する場面は多くあります。たとえば、借地上の建物を売却する場合です。その際、土地の賃借権を譲渡することがあります。

(2)転貸とは

転貸とは、**賃借人が賃貸借の目的物を第三者に賃貸すること**をいいます。
転貸の場合には、賃借人は依然として賃借人の地位にあります。
たとえば、建物の賃貸管理の手法(サブリース契約)としてよく活用されています。オーナーからマンションを一括して借り上げ入居者に転貸し、入居者が支払う賃料の数パーセントを管理手数料として取得します。

それはなぜ？

不動産賃貸借は長期間にわたり継続することが大半なので、賃貸人は、賃借人の属性(法人か個人か、その人柄、賃料支払能力等)を気にします。だから、賃貸人の承諾が要件となっているわけです。

(3)賃借権の譲渡や転貸～どのように行うの？

賃借権の譲渡や転貸には、**賃貸人の承諾が必要**です。ただし、建物所有を目的とする借地の場合には、人によって土地の利用方法が大きく変わることはないため、**借地権者が借地権設定者の承諾に代わる許可を裁判所に請求できます**。

付け足し

ただし、前記(「6 賃借人の義務」を参照)のとおり、**信頼関係破壊の法理**の適用があります。

(4)無断転貸・譲渡～賃貸人の承諾がなかった場合は？

賃借人が賃貸人の承諾を得ずに、第三者に賃借物の使用または収益をさせたときは、賃貸人は、**原則として契約を解除**できます。

9 転借人の地位

原賃貸借が債務不履行で解除されると転借人は退去です

賃借人(転貸人)が適法に賃借物を転貸したときは、図に示すように、原賃貸人Aと賃借人Bの賃貸借契約(以下、原賃貸借契約と記します。)と、Bと転借人Cの転貸借契約が生じ、三者間の権利義務が生じます。

(1)原賃貸人と賃借人(転貸人)の関係

転貸人は、原賃貸人との関係では賃借人の立場になることから、**転借人は賃借人(転貸人)の履行補助者**となります。そのため、**転借人の故意・過失は賃借人(転貸人)の故意・過失と同視**され、転借人の過失により賃貸物件を毀損した場合、原賃貸人との関係では賃借人(転貸人)が責任を負います。

また、借地借家法上の正当事由の判断にあっては、**転借人の事情も考慮**されます。

(2)転貸人(賃借人)と転借人との関係

転貸人は、転借人に対して、転貸借契約に基づいて、直接の権利と義務を有します。したがって、転貸人は、自ら原告として未払賃料請求訴訟や建物明渡訴訟を提起することができ、一方、敷金返還請求訴訟では転借人から被告として訴訟の提起を受けることになります。

転借人が原賃貸人に対して直接義務を負うので、転借人が原賃貸人に対して義務を履行すれば、その限度で転貸人に対する義務を免れることになります。

(3)原賃貸人と転借人との関係

転借人は、**原賃貸人と賃借人との間の賃貸借に基づく賃借人の債務の範囲を限度(上限)として**、原賃貸人に対して転貸借に基づく債務を**直接履行する義務**を負います。転借人が直接履行する義務を負うのは、原則として、**転貸につき原賃貸人の承諾がある場合**です。

参考資料

直接の義務には、賃料支払義務、保管義務、保管義務違反による損害倍書義務、契約終了時の目的物返還義務などがあります。もっとも重要なものは賃料支払義務です。

原賃貸人が転借人に請求することができるのは、**原賃貸借契約で定めた賃料の額までの範囲内の転借料**です。たとえば、原賃貸借契約の賃料が月額40万円で、転貸借契約の賃料が月額30万円の場合、原賃貸人が請求することができるのは月額30万円までで、残額の10万円は転貸人に請求できるにとどまります。なお、転借人は、転借料の前払いをもって原賃貸人に対抗することができません。

付け足し

原賃貸人の転借人に対する賃料請求は、転貸人の転借人に対する賃料請求に優先しません。また、原賃貸人の転借人に対する賃料請求権と転貸人の転借人に対する賃料請求権とは、連帯債権類似の関係になります。

(4)債務不履行による解除〜原賃貸借が債務不履行で解除されたら?

原賃貸借契約が債務不履行により解除されると、転貸借契約は原賃貸借契約を前提に成立しているので、転借人は寄って立つ基礎を失うことになります。したがって、**原賃貸人Aが転借人Cに対して賃貸物の返還を請求した時に、転貸人Bの転借人Cに対する債務の履行不能により終了します。**

それはなぜ?

転借人の原賃貸人に対する直接の義務は、原賃貸人保護が目的で、原賃貸人の転借人に対する請求は権利ではあっても義務ではないからです。

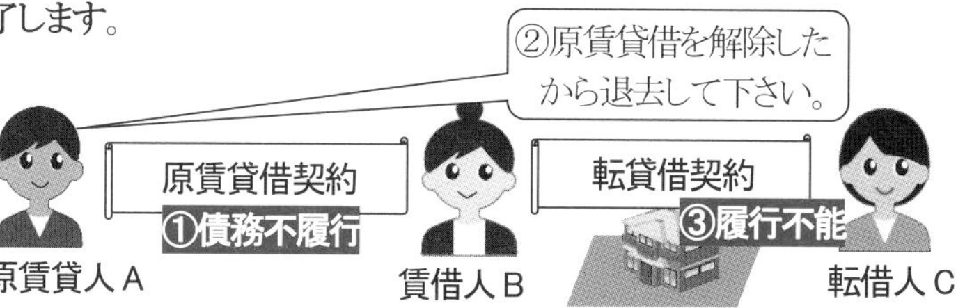

なお、Aは、原賃貸借契約の賃料の延滞を理由に解除する場合、Bに対して催告をすれば足り、Cにその支払の機会を与える必要はありません。

(5)期間満了による終了～原賃貸借が期間満了によって終了したら？

①民法が適用される場合

民法が適用される場合は、期間を定めて契約した以上、原則としてその期間が満了したときに終了します。原賃貸借契約を前提とする転貸借契約も、原賃貸借契約が終了することで終了します。

②借地借家法が適用される借家の場合

原賃貸借契約が期間満了または解約申入れにより終了する場合、原賃貸人は、原賃貸借契約の終了を**転借人に通知しなければ**、原賃貸借契約の終了を**転借人に対抗することができません。**
通知があれば、**転貸借契約は通知後6か月を経過すれば終了**します。
原賃貸人は、期間満了または解約申入れの際には賃借人(転貸人)のみならず転借人の使用継続に対しても異議を述べる必要があります。

参考資料
借地借家法27条に定める終了原因をいいます。「建物の賃貸人が賃貸借の解約の申入れをした場合においては、建物の賃貸借は、解約の申入れの日から6月を経過することによって終了する。」
なお、原賃貸借が債務不履行により終了する場合には適用されないので、6か月前の通知は不要です。

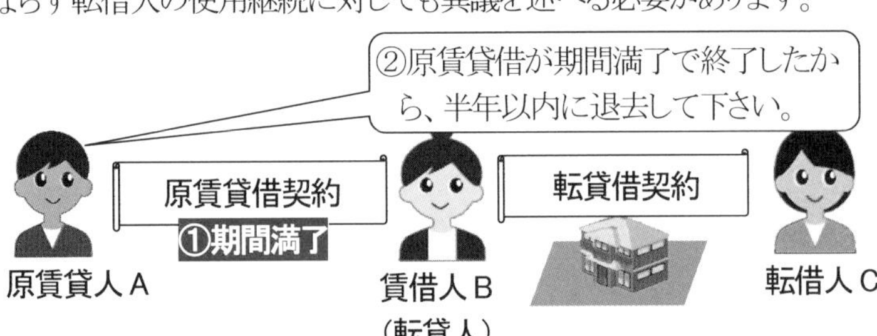

③借地借家法が適用される借地の場合

原賃貸借契約の借地契約は期間満了により、原則として終了し、転借地権も終了します。建物賃貸借契約のように、一定期間前に転借地人に対して通知をする旨の規定もありません。ただし、転借地人の土地の使用継続について**正当事由**があれば、契約更新の請求ができる点は民法と異なります。

(6)合意による解除～原賃貸借契約が合意解除されたら？

原賃貸人と賃借人(転貸人)の**原賃貸借契約が合意解除**(AB間の任意の合意で解除すること)された場合、原則として、Aは**転借人Cに対し明渡請求することはできません。**

付け足し

債務不履行解除が可能な状態で敢えて合意解除の形式をとったに過ぎない場合は、債務不履行解除の場合と同様、賃貸人は転借人に対し明渡請求することができます。

10 敷金

原状回復費用や滞納賃料は敷金から充当されます

敷金とは、いかなる名目によるかを問わず、**賃料債務その他の賃貸借に基づいて生ずる賃借人の賃貸人に対する金銭の給付を目的とする債務を担保する目的で、賃借人が賃貸人に交付する金銭**をいいます。

(1)敷金契約～敷金を預けないと賃貸借契約は成立しないの？

敷金を預託する合意は、**賃貸借契約とは別個の契約**なので、賃貸借契約の締結により当然に敷金預託の合意がなされるわけではありません。賃貸借契約とは別個の契約なので、敷金契約のみを合意解約することもできます。

また、敷金は、賃貸借契約と同時に預託されることが一般的ですが、**賃貸借契約締結後に支払う旨の合意も有効**です。

(2)敷金返還請求権～敷金の返還があるまで賃貸物件に居座れるの？

敷金返還請求権は、賃貸借契約終了時ではなく、契約が終了し、賃借人が賃貸物件を**明け渡した時に発生**します。したがって、**賃借人の明渡債務が先履行**の関係になり、敷金返還請求権をもって明渡しにつき**同時履行の抗弁とすることはできません。**

(3)敷金返還請求権～賃料を払えないとき賃借人は敷金で相殺できる？

敷金返還請求権は契約が終了して明渡しが完了した後に発生するので、契約期間中に、**賃借人が、「敷金2か月分を預けているから、最後の2か月間は賃料を払いません。」というように、賃料債務との相殺を主張することはできません。**

(4)敷金充当～預けた敷金は全額返還されるの？

契約が終了して明渡しが完了すると、賃借人は敷金の返還を請求することができます。その際、未払いの賃料等、賃貸人に対して敷金により担保される債務を賃借人が負担している場合、**敷金はこの債務に当然に充当され、敷金の返還請求権は充当された残額についてのみ発生**します。相殺のように、**賃貸人が改めて敷金充当の意思表示を必要としません。**

また、**賃借人が**、自らの未払いの賃料に**敷金を充当する旨を主張することはできません。**

(5)賃借権の譲渡～譲渡されると敷金返還請求権は？

賃貸人の承諾、または裁判所による許可を得て、適法に賃借権を譲渡した賃借人は、賃貸借関係から離脱するので、それ以降、賃貸借に基づく債務を負うことはありません。また、賃貸人は承諾の前提として敷金を改めて差し入れる旨の合意を譲受人に求めることができるので、**特段の合意のない限り、敷金関係が譲受人に承継されることはありません。**

したがって、敷金によって担保されるべき債務は、賃貸借が譲受人と賃貸人との間で継続する場合であっても、この時点で確定され、敷金による充当が生じます。

(6)賃貸物件が売却されて賃貸人が変更になったら?

賃借物の譲渡にともなって賃貸人の地位が移転した場合には、**原則として、敷金に関する権利義務も承継され、賃借人は新賃貸人に対して敷金の返還を請求できます。**

付け足し

消費者契約である居住用建物の賃貸借契約に付されたいわゆる**敷引特約**(明渡しの時に賃借人の債務のいかんにかかわらず一定の額を控除する合意)は、賃借人が社会通念上通常の使用をした場合に生ずる損耗や経年により自然に生ずる損耗の補修費用として通常想定される額、賃料の額、礼金等他の一時金の授受の有無およびその額等に照らし、**敷引金の額が高額に過ぎると評価すべきものであるときは**、当該賃料が近傍同種の建物の賃料相場に比して大幅に低額であるなど特段の事情のない限り、**無効**となります。

11 賃貸借契約の終了

全部滅失・合意解除・債務不履行などで契約は終了します

(1)民法上の賃貸借の終了～存続期間が満了すると終了するの？

駐車場用地や博覧会等の用地としての土地賃貸借のように、借地借家法が適用されない場合は、**契約で定めた期間が満了すると賃貸借が終了**します。

また、黙示の更新などにより**期間の定めのない賃貸借**の場合は、土地の賃貸借の場合は１年前、建物の賃貸借の場合は３か月前に解約の申入れをしなければなりません。ただ、この点についても、借地借家法の適用がある場合は大幅に修正されます。

(2)借地借家法上の借家～存続期間が満了しても終了しない？

用語

正当事由…建物の賃貸人および賃借人（転借人を含む）が建物の使用を必要とする事情のほか、建物の賃貸借に関する従前の経過、建物の利用状況および建物の現況ならびに建物の賃貸人が建物の明渡しの条件としてまたは建物の明渡しと引換えに建物の賃借人に対して財産上の給付をする旨の申出をした場合におけるその申出を考慮して、正当の事由があると認められる場合でなければ、建物の賃貸人による通知・解約申入れはできません。

建物賃貸借に期間の定めがある場合、契約期間満了を理由に終了させるには、賃貸人は、期間の満了の１年前から６か月前までの間に、賃借人に対して、正当事由のある、更新をしない旨の通知または条件を変更しなければ更新をしない旨の**通知**（**更新拒絶等の通知**）をしなければなりません。

また、賃貸人が更新拒絶等の通知をした場合で、**期間満了後に賃借人が使用を継続した場合**には、**賃貸人が遅滞なく異議を述べなければ**、契約は終了しません。

また、当事者が賃貸借の期間を定めなかった場合は、**賃貸人は、正当事由のある賃貸借の解約の申入れ**をすると、**6 か月を経過することで終了**します。

なお、建物賃貸借の場合であっても、賃借人から解約申入れをするときは民法が適用されるので、通知は必要ですが正当事由は不要です。

(3)借地借家法上の借地～どうすれば終了するの？

借地権者が契約の更新を請求した場合や退去しない場合には、**借地権設定者**は、**遅滞なく**、**正当事由ある異議**を述べると契約が終了します。

付け足し 賃借物の全部滅失等による賃貸借の終了

賃借人が目的物の**全部を使用収益することができなくなった場合**、その理由を問わず（賃借人の義務違反による場合を含め）、使用収益の対価としての賃料債務を存続させることには意味がないので、**当然に契約は終了**します。この場合に、解除は不要です。

付け足し　借地上の建物の賃借人の保護

借地権上の建物が賃貸されている場合において、**借地権の存続期間の満了**によって**建物賃借人が土地を明け渡すべき**ときは、建物賃借人が借地権の存続期間が満了することをその１年前までに知らなかった場合に限り、裁判所は、建物賃借人の請求により、建物の賃借人がこれを知った日から**1年を超えない範囲内において、土地の明渡しにつき相当の期限を許与することができます**。そして、その期限が到来することによって契約は終了します。

(4)債務不履行の場合～常に解除ができるの？

不動産の賃貸借契約は、そもそも継続することが前提となっているので、軽微な不履行(数日賃料の支払いが遅れたり、滞納額が少額の場合等)を理由に契約解除が認められると、賃借人は住居等を失うことになり、不履行の程度に比べて著しい不利益を受けることになります。

そこで、**賃貸借契約の当事者間の信頼関係を破壊するおそれがあるとまではいえない場合は、解除できません**。

また、賃借物の全部が滅失その他の事由により使用及び収益をすることができなくなった場合には、賃貸借は終了します。

無断で賃借権を譲渡・転貸したり、用法義務に違反したりすると、賃貸人は、原則として、賃貸借契約を解除することができます。この場合も、賃貸人に対する背信的行為と認めるに足らない特別の事情がある場合には、解除権は発生しません。

(5)賃貸借契約の解除の効果～契約を解除するとどうなるの？

一般に契約が解除されると、契約が当初からなかったことなります(遡及効)。しかし、賃貸借契約の解除の場合は、遡及効がなく、**将来に向かってのみ効力が生じます**。もちろん、加えて損害賠償を請求することもできます。

12 借地上の建物の滅失と再築

更新前と更新後では扱いが全く異なります

借地契約は長い期間に及ぶので、その契約期間中に建物が壊れてしまうことが想定されます。そこで、再築するに際して、借地権設定者と借地権者との利害を調整する必要があります。

借地借家法は、当初の存続期間(更新が一度もされていない最初の存続期間のこと)と更新後の期間とで異なった扱いをしています。

(1)最初の契約期間中に無断で再築すると?

最初の契約期間中に借地上の建物が滅失した場合でも**借地権は消滅しません**。借地権者が残存期間を超えて存続する建物を築造したときは、その建物を築造するにつき**借地権設定者の承諾がある場合に限り**、借地権の**存続期間は延長**されます。延長される期間は、原則として、承諾があった日または建物が築造された日のいずれか早い日から20年間です。なお、承諾なく再築した場合であっても借地契約が解除されるわけではありません。

(2)更新後の契約期間中に無断で再築すると?

契約更新後は借地関係の一応の安定性が確保された後の関係なので、すみやかに借地関係が解消されることも想定され、当事者双方の事情をくんで柔軟に権利関係を調整する機会を設けています。

契約更新後に建物の滅失があった場合、借地権者が**借地権設定者の承諾を得ないで**残存期間を超えて存続する建物を築造したときは、**借地権設定者は借地契約の解約を申し入れることができます**。ただし、やむを得ない事情があるのに、借地権設定者が承諾しない場合は、借地権者は、原則として、裁判所に対して承諾に代わる許可を求めることができます。借地権設定者が、**解約を申し入れたときは、その日から 3 か月経過すると借地権が消滅**します。

13 定期建物賃貸借等

正当事由も不要、中途解約も法定されている特殊な契約です

定期建物賃貸借とは、期間満了を迎えようとも、**契約が更新されることなく終了する建物賃貸借契約**をいいます。
普通の建物賃貸借契約では、借地借家法にある更新や解約、契約期間等の規定に反する特約を定めても無効となります。定期建物賃貸借の要件を満たすことで、更新がない旨の特約も有効となる点に意義があります。

それはなぜ？

正当事由がないと更新拒絶できない通常の建物賃貸借では、住宅の質の拡充を図るのが困難となるので、2000 年に導入されました。

(1)定期建物賃貸借契約の要件～どうやって契約するの？

賃貸人は、**あらかじめ書面を交付**の上、賃貸借に更新がなく、期間の満了によって終了する旨を、賃借人に対して**説明しなければなりません**。この書面は、賃借人が、その契約に係る賃貸借は契約の更新がなく、期間の満了により終了すると認識しているか否かにかかわらず、**契約書とは別個独立の書面**でなければなりません。
この説明をしなかったときは、**契約の更新がないこととする旨の定めは無効**となります。
また、契約は公正証書などの**書面(または、電磁的記録)**によってしなければなりません。必ずしも公正証書による必要はありません。

用語

電磁的記録…
電子的方式、磁気的方式その他人の知覚によっては認識することができない方式で作られる記録であって、電子計算機による情報処理の用に供されるものをいいます。

(2)賃借人への通知～期間が満了すると、自動的に終了するの？

契約期間が **1 年以上の場合、期間満了の 1 年前から 6 か月前までに**、賃貸人は、期間満了によって契約が終了する旨を、**賃借人へ通知**しなければなりません。通知を不要とする特約は無効です。
契約期間が 1 年未満の場合、期間満了とともに契約が終了します。

付け足し

通知期間経過後に賃貸人が通知しても、通知の日から 6 か月後に定期建物賃貸借は終了します。

(3)中途解約権～賃借人は中途解約できる？

期間の定めのある賃貸借においては、当事者間の合意で中途解約権を留保しない限り(契約書に定める等)、期間満了前に一方的に契約を解約することはできません。しかし、契約後の事情変更にもかかわらず賃借人が契約に拘束され賃料支払義務を負担し続けるのは酷です。そこで、借地借家法は、定期建物賃貸借に関して、一定の要件を備えることで、賃借人側から一方的に解約できる権利(中途解約権)を認めています。
具体的には、**床面積が 200 ㎡未満の居住用建物**であれば、転勤、療養、

親族の介護その他の**やむを得ない事情によって**、その建物の賃借人が建物を自己の生活の本拠として使用することが困難となった場合、**賃借人は、解約の申入れをすることができます**。そして、**申入日から**１か**月後に契約が終了**します。

(4)改定に係る特約～借賃の増減額請求の訴えを否定することも可能？

それはなぜ？

定期建物賃貸借は契約自由の原則を重視しているので、借賃の改定についても当事者の合意を優先し、訴訟を回避できるようにしています。

当事者間で借賃の改定に係る特約を定めた場合は、借賃の増減額請求のルールが適用されません。

特約の例としては、「賃貸借期間中は賃料改定を行わない。」「一定の期間経過ごとに一定の割合で賃料を増額する。」「一定の期間経過ごとに特定の指数（消費者物価指数等）の変動に応じて賃料を改定する。」などがあります。

(5)取り壊し予定の建物の特約～取り壊し予定の建物を貸すには？

法令（都市計画法、土地区画整理法など）または**契約**（定期借地権設定契約など）により**一定の期間を経過した後に建物を取り壊すべきことが明らかな場合**に、建物の賃貸借をするときは、特約で、**建物を取り壊すこととなる時に賃貸借が終了**する旨を定めることができます。この特約は、その建物を取り壊すべき事由を記載した**書面**（または、電磁的記録）によってしなければなりません。

(6)適用除外～一時使用目的で建物を貸した場合は？

一時使用のために建物の賃貸借をしたことが明らかな場合には、借地借家法の借家の規定がすべて適用されません。つまり、民法上の賃貸借となります。

14 定期借地権等

一定期間が経過すれば正当事由に影響受けず解除できます

借地借家法には、一定の要件の下に、正当事由の有無を問わず、期間の満了により消滅する借地権として、定期借地権、事業用借地権等、建物譲渡特約付借地権の3つを定めています。

(1)定期借地権

存続期間を50年**以上**として借地権を設定する場合、①**更新がなく**、②建物の再築による存続期間の**延長もなく**、③存続期間満了時の**建物買取請求権も認めない**という3つの内容の**特約**を定めることができます。これら特約を定めた契約による借地権を定期借地権といいます。
ただし、この特約は、公正証書等の**書面(または、電磁的記録)**でしなければ無効となります。

1980年代半ば以降の社会経済情勢の発展を背景に、都市部を中心とした大型の住宅・商業ビルの建築、再開発事業を阻んでいた正当事由制度を見直す目的で1991年に創設されました。

(2)事業用定期借地権等

①事業用定期借地権

専ら事業の用に供する建物(居住の用に供するものを除く)の所有を目的とし、かつ、存続期間を30年以上50年未満として借地権を設定する場合においても、定期借地権と同じく、①**更新がなく**、②建物の再築による存続期間の**延長もなく**、③存続期間満了時の**建物買取請求権も認めない**という3つの内容の**特約**を定めることができます。
前記(1)の定期借地権とは、目的が事業用であることと、期間が短くなっている点で異なります。

②事業用借地権

専ら事業の用に供する建物(居住の用に供するものを除く)の所有を目的とし、かつ、存続期間を10年以上30年未満として借地権を設定する場合には、借地権の存続期間、法定更新等に関する規定の適用がなく、また、期間満了による建物買取請求の規定および更新後の建物の再築の許可に関する規定の適用がない借地権を設定できます。
前記①の事業用定期借地権とは、何らの特約をするまでもなく、法律上当然に存続期間や法定更新等の規定の適用が排除されることと、期間がさらに短くなっている点で異なります。
上記①②のいずれの借地権も、当初の期間が到来すると、借地権は当然に消滅し、借地権者は建物を収去して、土地を原状に復して返還しなければなりません。また、両借地権とも、**公正証書**によってしない限り、事業用定期借地権としては**効力をもちません**。

事業用借地権は、郊外型レストラン、コンビニエンスストア、ショッピングセンター、中古車センター等の事業用地としての利用に適しているといわれています。

それはなぜ？

法律家である公証人に、借地借家法が定める要件の具備を審査させて、違法な事業用定期借地権等の設定を防止することを意図しているといわれています。

(3) 建物譲渡特約付借地権

それはなぜ？

この制度によって、土地所有者は一定期間経過後は確実に土地の返却を受けることができ、他方、借地権者は、譲渡の対価を得ることによって投下した費用を回収することができるとともに、望むならば借家人として従来通り建物の利用を継続することができます。

建物譲渡特約付借地権とは、借地権を消滅させるために、**設定後 30 年以上経過した日に、借地上の建物を借地権設定者に相当の対価で譲渡する旨**を定めた特約が付いている借地権です。この特約を定めておけば、その時期に譲渡がなされることにより、借地権は更新や期間延長なしに消滅します。

建物譲渡特約の付される借地権は、普通借地権、一般定期借地権、事業用定期借地権のいずれであるかは問いません。ただし、事業用借地権については、存続期間が 10 年以上 30 年未満となっているので、30 年以上経過後という要件を満たさないことから対象から除かれています。

なお、この特約は、一般定期借地権や事業用定期借地権等と異なり、書面や公正証書で定めることは要件となっていません。

付け足し　法定借家権

建物譲渡による借地権消滅後も建物の使用を継続している借地権者または建物の賃借人（転借人であってもよい）が請求すれば、その建物について期間の定めのない賃貸借がされたものとみなされます（法定借家権）。それに対して、従来の借地権者が法定借家権の発生を請求した場合に、借地権の残存期間があるときは、その借地権の残存期間を存続期間とする法定借家権が発生します。

なお、譲渡後の建物所有者となるべき借地権設定者と借地権者または建物の賃借人との間で、定期建物賃貸借契約をしたときは、法定借家権ではなく、定期借家権となります。

(4) 一部規定の除外〜一時使用目的で借地権を設定するとどうなる？

博覧会や祭典式場、バラック建物等の臨時設備の設置その他一時使用のために借地権を設定したことが明らかな場合には、通常の借地権と異なり、**存続期間や更新、建物買取請求権等に関する規定が適用されません**（対抗要件の規定については争いがあります）。したがって、当事者で定めた**契約期間が満了すれば一時使用目的の借地権は終了**します。また、黙示の更新等によって期間の定めのない状態になった場合は、賃貸人はいつでも解約の申入れをすることができ、その日から 1 年を経過すると契約は終了します。

第２章　特殊な貸借

1 使用貸借

無償で借りている人が死ぬと契約は終了します

それはなぜ？
使用貸借は賃料が発生しない貸借関係なので、貸主と借主の人的なつながり（信頼関係）は通常の賃貸借以上です。

使用貸借とは、当事者の一方がある物を引き渡すことを約し、相手方がその受け取った物について**無償**で使用及び収益をして契約が終了したときに返還をすることを約することによってその効力を生ずる**諾成契約**（口約束だけで成立）です。つまり、タダで貸す契約です。

(1)契約の解除①～借主が借用物を受け取るまでは解除ができる？

貸主は、借主が借用物を受け取るまで、契約の解除をすることができます。軽率にタダで貸す契約を結んだ貸主は話をなかったことにできるわけです。
ただし、書面で使用貸借契約を結んだ場合には解除できません。

(2)契約の解除②～借主が無断転貸すると解除される？

借主は、契約またはその目的物の性質によって定まった用法に従い、その物の使用および収益をしなければなりません。また、貸主の承諾を得なければ、第三者に借用物の使用または収益をさせることができません。違反した場合は、**貸主は契約を解除することができます。**

(3)必要費の負担～借用物の費用はどちらが負担するの？

借主は、借用物の通常の必要費を負担しなければなりません。

(4)使用貸借の対抗力～第三者に対抗できるの？

使用貸借には、民法上の賃貸借にあるような登記による対抗要件の規定が存在しません。したがって、第三者対抗力がありません。
もちろん、**借地借家法の適用**もないので、引渡しや建物登記等による対抗力もありません。

(5)借主が死亡～契約は終了するの？

当事者が使用貸借の期間を定めた場合は、その期間が満了することで終了します。それに対して、期間を定めなかった場合、使用および収益の目的（次の住居が決まるまで等）を定めたときは、使用貸借は、借主がその目的に従い使用および収益を終えることによって終了します。
また、**借主が死亡した場合も契約は終了します。**貸主が死亡しても終了しません。
もちろん、借主は、いつでも契約の解除をすることができます。

《使用貸借と返還請求まとめ》

使用収益の定めがある	契約に定められた使用収益を終わったとき	終了時点で返還請求できる。(借主には終了時点で返還義務がある)
	契約に定められた使用収益を終わる前でも、使用収益をするのに足りる期間が経過	直ちに返還請求できる。
使用収益の定めがない		いつでも返還請求できる

(6)原状回復義務～使用貸借にも原状回復が？

借主は、借用物を受け取った後にこれに附属させた物がある場合において、使用貸借が終了したときは、その附属させた物を収去する義務を負います。ただし、借用物から分離することができない物または分離するのに過分の費用を要する物についてはその義務を負いません。もちろん、附属させた物を収去する権利もあります。

また、借主は、賃貸借と同様に、原状回復義務を負います。

2 一時使用建物賃貸借

一時的な使用が明らかな賃貸借契約です

一時使用目的の建物賃貸借とは、建替えまでの仮住居などのように一時的な使用が目的であることが明らかに認められる場合の賃貸借のことをいいます。

①建物の賃貸借であること、②一時使用のための賃貸借であることが明らかであることの2つの要件を満たす必要があります。

(1)長期間でも一時的？～一時使用とは

賃貸借の目的、動機その他諸般の事情から、その賃貸借を短期間に限り存続させる趣旨のものであることが、客観的に判断されるものであればよい。必ずしもその期間の長短だけを標準として決せられるものではなく、**期間が1年未満でなければならないものではありません**（最判昭和36年10月10日）。

(2)書面で契約しないとダメ？～契約の形式

法律上は口頭でも有効です。なお、契約書に一時使用という文言を記載しても、一時使用のための賃貸借であることが明らかでなければ、一時使用のための賃貸借とは認められません（東京高判昭和29年12月25日）

一時使用が目的であるという事由は、大切な前提条件となるため、その具体的な内容を契約書などに記載しておくことが望ましいです。

(3)一時使用建物賃貸借だとどうなるの？～効果

借地借家法第3章の規定の適用がありません（契約期間・更新・対抗力・借賃増減額請求権・造作買取請求権・終了時の転借人保護・借地上の建物の賃借人の保護・居住用建物の賃貸借の承継等）。つまり、民法が適用される賃貸借になるということです。

3 終身建物賃貸借

死亡を終了時とする建物賃貸借です

終身建物賃貸借契約とは、賃借人が死亡することによって賃貸借契約が終了する(賃借権が相続されない)契約です。賃借人の居住の安定を図ることができるだけでなく、契約が安定的に終了するので、契約終了に伴って発生する手続きを円滑に進められます。

(1)登録制度

高齢者の居住の安定確保に関する法律においては、高齢者の円滑な入居を促進するための賃貸住宅の登録制度を定めています。
高齢者向けの賃貸住宅または有料老人ホームであって居住の用に供する専用部分を有するものに高齢者を入居させ、①状況把握サービス、②生活相談サービス、③その他福祉サービスを行う者は、都道府県知事の登録を受けることができます。

(2)終身賃貸事業

自ら居住するため住宅を必要とする高齢者、または、当該高齢者と同居するその配偶者を賃借人とし、当該賃借人の終身にわたって住宅を賃貸する事業を行おうとする者(終身賃貸事業者)は、当該事業について**都道府県知事**(機構又は都道府県が終身賃貸事業者である場合にあっては、国土交通大臣。)の**認可**を受けた場合においては、**公正証書による等書面**によって契約をするときに限り、借地借家法30条の規定にかかわらず、当該事業に係る建物の賃貸借(一戸の賃貸住宅の賃借人が2人以上であるときは、それぞれの賃借人に係る建物の賃貸借)について、**賃借人が死亡した時に終了する旨を定めることができます**。
同居配偶者または同居の60歳以上の親族が、賃借人死亡を知った時から1月以内に居住継続を希望した場合は同一条件で終身建物賃貸借をしなければなりません。

高齢者…60歳以上の者であって、賃借人となる者以外に同居する者がないもの又は同居する者が配偶者もしくは60歳以上の親族(配偶者を除く。)であるものに限ります。

(3)体験的な入居制度

賃借人となろうとする者から、仮に入居する旨の申出があった場合においては、終身建物賃貸借に先立ち、定期建物賃貸借(1年以内の期間を定めたものに限る。)をすることができます。

(4)賃料増減請求・入居一時金

賃料の改定に係る特約は有効です。賃料増減請求をしないとの取り決めがなされている場合には、賃料増減請求をすることはできません。
また、権利金その他の借家権の設定の対価を受領してはなりません。

(5)認可事業者(賃貸人)による解約

認可事業者は、一定の要件に該当する場合に限り、都道府県知事の承認を受けて、当該賃貸借の解約の申入れをすることができます。

①認可住宅の老朽、損傷、一部の滅失その他の事由により、家賃の価額その他の事情に照らし、当該認可住宅を、適切な規模、構造及び設備を有する賃貸住宅として維持し、または当該賃貸住宅に回復するのに過分の費用を要するに至ったとき、②賃借人(一戸の認可住宅に賃借人が2人以上いるときは、当該賃借人の全て)が認可住宅に長期間にわたって居住せず、かつ、当面居住する見込みがないことにより、当該認可住宅を適正に管理することが困難となったとき

(6)賃借人による解約の申入れ等

賃借人は、次のいずれかに該当する場合には、当該賃貸借の解約の申入れをすることができます。この場合において、当該賃貸借は、①から③までに掲げる場合にあっては解約の申入れの日から1月を経過すること、④に掲げる場合にあっては当該解約の期日が到来することによって終了します。

①療養、老人ホームへの入所その他のやむを得ない事情により、賃借人が認可住宅に居住することが困難となったとき
②親族と同居するため、賃借人が認可住宅に居住する必要がなくなったとき
③認可事業者が、都道府県知事による改善命令に違反したとき
④当該解約の期日が、当該申入れの日から6か月以上経過する日に設定されているとき

第３章
賃料等の回収

1 滞納賃料の回収と明渡し

賃料滞納者から賃料を回収する法的手段

(1)滞納賃料支払請求の相手方と催告の方法

催告の要否	信頼関係破壊が著しい場合は無催告解除も可能ですが、**催告することが望ましい**です。
催告の方式	口頭でも可能ですが、**書面によることが望ましい**です。
内容証明郵便による催告	通常の催告でも状況が改善されない場合や当初から契約解除を求める目的の場合は**内容証明郵便**によります。 ▸ 確実に通知内容を証明できます。 ▸ 到達を明らかにするためには配達証明を付けます。

(2)滞納賃料の催告の内容

	文例	備考
単純催告	滞納賃料○○円を本通知書到達後○日以内にお支払い下さい。	契約継続を前提とする場合に使用
契約解除予告付き催告	滞納賃料○○円を本通知書到達後○日以内にお支払い下さい。後日、契約を解除することになりますので、あわせて申し添えます。	▸ 相手方の対応次第で対応を検討する場合に使用 ▸ 解除するにはあらためて解除通知が必要
条件付き契約解除通知	滞納賃料○○円を本通知書到達後○日以内にお支払い下さい。万一期間内に全額の支払いなきときは、あらためて解除通知をすることなく上記期限の経過をもって当然に賃貸借契約は解除されたものとします。	▸ 契約解除を前提とする場合や 2 度目の通知を受け取らないおそれがある場合に使用 ▸ あらためて解除通知を必要とせず、期間経過により解除となります。

(3)契約を継続する場合

以下のような内容の支払い約束文書を作成することが望ましいです。

①債務の承認(滞納賃料額の確認)

②滞納賃料の支払約束(一括払いまたは分割払い)
③今後の賃料につき契約どおりに支払う約束
④約束違反の場合の制裁(無催告解除)
⑤④による解除後明渡しをしない場合の制裁(違約金)
なお、公正証書による契約書を作成する方法もあります。公正証書とは、一定金額の金銭支払いなどを目的とする請求に関する文章であり、債務者の同意を得て、債務者が直ちに強制執行に服する旨の陳述が記載されている場合には、公正証書により強制執行することができます。ただし、公正証書により建物の明渡しを強制執行することはできません。

(4)契約を終了させる場合

催告⇒解除通知(内容証明郵便)

被通知人が不在により、書留内容証明郵便が返還された場合であっても、留置期間の満了により意思表示の到達を認めた(東京地判平成5年5月21日)。

(5)建物明渡しに向けた業務

建物明渡しの念書または和解書の作成	和解調書には次の記載をします。 ▶ 契約終了日・原因 ▶ 明渡し猶予期限 ▶ 猶予期間中の使用損害金の支払い ▶ 猶予期限経過後、明渡しがない場合の制裁 ▶ 未払賃料の有無および支払方法 ▶ 立退料の有無および支払方法 ▶ 明渡しの残置物の放棄
賃借人が任意で建物明渡しを履行しない場合	法的手続(民事訴訟により債務名義を取得したうえで強制執行を行う等)をとります。
賃借人が行方不明の場合の措置	▶ **債務不履行**を理由に契約解除の手続きをします。 ▶ 契約解除も、解除の意思表示が相手方に到達していなければ法的効果が生じません。 ▶ 解除後も法的手順を踏まずに勝手に部屋に立ち入ったり、残置物を処理すると自力救済行為となり得るので、**公示送達**を申し出て、契約解除・明渡訴訟を提起し、判決を得た上で、強制執行します。

2 支払督促

高額な滞納賃料に役立つ法的手段

(1)支払督促とは

支払督促とは、金銭、有価証券、その他の代替物の給付に係る請求について、債権者の一方的申立てに基づきその主張の真偽について実質的な審査をせず、**簡易裁判所の書記官**が支払督促(支払命令)を出す手続です。

(2)申立て

請求の目的の**価額にかかわらず**、以下の裁判所の書記官に対して申し立てます。

- 債務者の普通裁判籍の所在地(通常は住所地)を管轄する簡易裁判所
- 事務所または営業所を有する者に対する請求で、その事務所または営業所における業務に関するものについては、当該事務所または営業所を管轄する簡易裁判所

(3)審理

実体面の審理も債務者の審尋もせず、債務者に支払督促を発します。

債務者が支払督促を受け取ってから異議を申し立てずに2週間を経過した場合には、申立人は、それから**30日以内**に仮執行宣言の申立てをすることができます。この期間に申立てをしなかった場合は、支払督促は効力を失います。

債務者が異議申し立てをすれば、通常の民事訴訟の手続きに移行します。

仮執行宣言の申立てをすると、裁判所書記官がその内容を審査し、支払督促に仮執行宣言を付します。

仮執行宣言が付されると、申立人は、直ちに強制執行手続をとることができます。

3 少額訴訟

少額な滞納賃料に役立つ法的手段

(1) 少額訴訟とは

少額訴訟とは、**簡易裁判所**が管轄する少額の訴訟で複雑困難でないものについて、一般市民が訴額に見合った経済的負担で、迅速かつ効果的な解決を求めることができるように、**原則として 1 回**の期日で審理を完了して、直ちに判決を言い渡す訴訟手続です。

(2) 少額訴訟ポイントまとめ

訴額	60 万円**以下の金銭の支払い**の請求
手続き	**原告**:少額訴訟による審理及び裁判を求める旨の申述 **被告**:第 1 回口頭弁論期日までに異議を唱えないこと
回数制限	原告は**同一の簡易裁判所**において**同一の年に** 10 回を超えて少額訴訟できません。
一期日の原則	**原則として第 1 回口頭弁論期日で審理を完了**します。
即日判決言渡し	原則として口頭弁論の終了後直ちに判決を言い渡します。
反訴の禁止	一期日審理によるため**反訴はできません**。
証拠調べ	即時に取り調べることができる証拠に限り、証拠調べできます。
証人尋問の特則	▸ 証人尋問は証人に宣誓させないことができます。 ▸ 証人・当事者の尋問の順序は裁判官が相当と認める順序で行います。 ▸ 電話会議方式の証人尋問の可能です。
判決による支払猶予・分割払い	▸ 判決の言渡しの日から 3 年を超えない範囲内で、支払猶予・分割払いの定めをすることができます。 ▸ 分割払いなどの判決には不服申立てできません。
必要的仮執行宣言	裁判所は、少額訴訟の請求を容認する判決については、職権で、担保を立て、または立てないで、仮執行をすることができることを宣言しなければなりません。
不服申立ての制限	▸ 判決をした簡易裁判所に対する異議申立てだけが認められています。 ▸ 終局判決に対する控訴は禁止されています。

4 その他法的措置

賃料滞納者から賃料を回収する法的手段

(1)民事調停(民事調停法)

調停は、裁判のように勝ち負けを決めるのではなく、話合いによりお互いが合意することで紛争の解決を図る手続です。一般市民から選ばれた調停委員が、裁判官とともに紛争の解決に当たります。手続は非公開です。

- 原則として、相手方の住所のある地区の裁判を受け持つ簡易裁判所に申し立てます。
- 裁判所に納める手数料は、訴訟に比べて安くなっています。例えば、10 万円の貸金の返済を求めるための手数料は、訴訟では 1000 円、調停では 500 円です。
- ポイントを絞った話合いをするので、解決までの時間は比較的短くて済みます。通常、申立てがされてから、2･3 回の調停期日が開かれ、おおむね 3 か月以内に調停が成立するなどして事件が解決し、終了しています。
- 調停が成立すると、調停調書に合意内容が記載されます。この調停調書は判決と同一の効力を有するので、調停内容が履行されない場合は、調停調書に基づいて強制執行を申し立てることができます。
- 調停不成立の場合であっても自動的に訴訟に移行しません。

(2)民事訴訟

民事訴訟手続は、個人の間の法的な紛争、主として財産権に関する紛争を裁判官が当事者双方の言い分を聞いたり、証拠を調べたりした後に、判決をすることによって紛争の解決を図る手続です。

- 裁判上の和解(訴訟の提起後、判決に至るまでの間に、裁判所の勧告により、当事者双方が歩み寄って和解すること。)で裁判が終了した場合、判決と同一の効力を有しますが、和解が成立しないときは、訴訟が裁判をするのに熟すタイミングで裁判所が判決を言い渡します。判決に不服がある場合は控訴がなされますが、控訴がなされない場合は確定判決となります。
- 手続きに要する時間や費用、さらに労力の面等を考えると、必ずしも賃貸住宅管理に関する紛争解決に適しているとはいえません。
- 訴額が 140 万円を超える場合は地方裁判所、140 万円以下の場合は簡易裁判所に申し立てます。

(3)強制執行

強制執行とは、義務者が任意に義務を履行しない場合に権利者の権利を実現するため、国家が義務者に対して強制力を行使する手続をいいます。

強制執行の概要	▶ 強制執行は、申立てにより、裁判所または執行官が行います。 ▶ 強制執行は、**債務名義**※によって行われます。 ▶ 強制執行を行うための債務名義には執行文(裁判所の書記官または公証人が、強制執行をしてもよいことを認める書類)が付されている必要があります。
金銭債権の強制執行	▶ 債務者の財産を強制的に売却(競売)し、あるいは、債務者の有する債権の第三債務者から債権を取り立てるなどの方法によって、強制執行を行います。 ▶ 債務者等の生活に欠くことができない衣類、寝具等、債務者等の 1 か月間の生活に必要な食料や燃料、標準的な世帯の 2 か月間の必要生活費(66 万円)については、差し押さえが禁じられています。
明渡しの強制執行	▶ 執行官が債務者の建物に対する占有を解いて(立ち退かせること)債権者にその占有を取得させる方法により行います。 ▶ 動産が残されているときは、これを取り除き、債務者やその同居の親族等に引渡します。引渡せない場合は売却することができます。 ▶ 執行官は、強制執行に際して、債務者の占有する建物に立入り、必要があるときは、閉鎖した戸を開くため必要な処分をすることができます。

※ 債務名義とは強制執行を基礎づける文書のことです。たとえば、確定判決、仮執行宣言付き判決、仮執行宣言付き支払督促、和解調書、調停調書、強制執行認諾文言付き公正証書等です。

第４章
原状回復

1 民法と原状回復ガイドラインの関係

国土交通省が定めた原状回復の指針

(1)民法における原状回復義務

損傷…通常の使用及び収益によって生じた賃借物の損耗並びに賃借物の経年変化を除く概念です。

民法は、**賃借人**は、賃借物を受け取った後にこれに生じた**損傷**がある場合において、賃貸借が終了したときは、その損傷を**原状に復する義務**を負うが、その損傷が**賃借人の責めに帰することができない事由**によるものであるときは、**原状回復義務を負わない**と定めています(621条)。

この民法の規定は任意規定なので、契約当事者間でこれに反する特約を締結しても直ちに無効となるわけではありません。

この点に関して、重要な2つの最高裁判例があります。

付け足し 重要判例

1. 賃貸借契約においては物件の損耗の発生は本質上当然に予定されているものであるので、通常損耗についての原状回復義務を建物賃借人に負わせる旨の特約は、賃借人が費用負担をすべき通常損耗の範囲が賃貸借契約書に明記されているか、賃貸人が口頭で説明し賃借人がそれを明確に認識して合意の内容としたと認められるなど、明確に合意されていることが必要である(最判平成17年12月16日)。
2. 消費者契約である居住用建物の賃貸借契約に付されたいわゆる敷引特約は、通常損耗等の補修費用を賃借人に負担させる趣旨を含むが、当該建物に生ずる通常損耗等の補修費用として通常想定される額、賃料の額、礼金等他の一時金の授受の有無及びその額等に照らし、敷引金の額が高額に過ぎると評価すべきものである場合には、当該賃料が近傍同種の建物の賃料相場に比して大幅に低額であるなど特段の事情のない限り、消費者契約法10条により無効となる(最判平成23年3月24日…特約が無効でないとされた事例)。

(2)原状回復をめぐるトラブルとガイドラインの位置づけ

原状回復をめぐるトラブルとガイドライン(以下、「原状回復ガイドライン」といいます。)は、トラブルが急増し、大きな問題となっていた賃貸住宅の退去時における原状回復について、原状回復にかかる契約関係、費用負担等のルールのあり方を明確にして、賃貸住宅契約の適正化を図ることを目的に、当時の建設省(現、国土交通省)が平成10年3月に取りまとめ公表されたものです。再改定が行われた平成23年のものが直近の規定となります。

原状回復ガイドラインは「本ガイドラインの位置づけ」と題して次の記述が

あります。

民間賃貸住宅の賃貸借契約については、契約自由の原則により、民法、借地借家法等の法令の強行法規に抵触しない限り有効であって、その内容について行政が規制することは適当ではない。

本ガイドラインは、近時の裁判例や取引等の実務を考慮のうえ、原状回復の費用負担のあり方等について、トラブルの未然防止の観点からあくまで現時点において妥当と考えられる一般的な基準をガイドラインとしてとりまとめたものである。

したがって、本ガイドラインについては、賃貸住宅標準契約書（平成5年1月29日住宅宅地審議会答申）と同様、その使用を強制するものではなく、原状回復の内容、方法等については、最終的には契約内容、物件の使用の状況等によって、個別に判断、決定されるべきものであると考えられる。

もっとも、平成10年3月に本ガイドラインが公表され、平成16年2月に改定版が発行された後も、現下の厳しい社会経済状況を反映する等の理由により、民間賃貸住宅の退去時における原状回復にかかるトラブルの増加が続いており、トラブル解決への指針を示したこのガイドラインへの期待はますます大きくなるものと考えられるところであり、具体的な事案ごとに必要に応じて利用されることが期待される。

2 原状回復ガイドラインの活用方法

AとBとA+BとA+Gの4分野があります

以下、原状回復ガイドラインについてまとめます。

(1)原状回復とは

原状回復とは、賃借人の居住、使用により発生した建物価値の減少のうち、**賃借人の故意・過失、善管注意義務違反**、その他**通常の使用を超えるような使用による損耗・毀損**を復旧することをいいます。

(2)損耗等の分類

原状回復ガイドラインでは、建物の損耗等を建物価値の減少と位置づけ、負担割合等のあり方を検討するにあたり、理解しやすいように損耗等を次の3つに区分しています。

①―A 建物・設備等の自然的な劣化・損耗等(**経年変化**)
①―B 賃借人の通常の使用により生ずる損耗等(**通常損耗**)
② 賃借人の故意・過失、善管注意義務違反、その他通常の使用を超えるような使用による損耗等

このうち、原状回復ガイドラインでは②を念頭に置いて、原状回復を(1)に示したように定義しています。
なお、退去時に古くなった設備等を最新のものに取り替える等の建物の価値を増大させるような修繕等は、グレードアップと称して賃貸人負担部分としています。

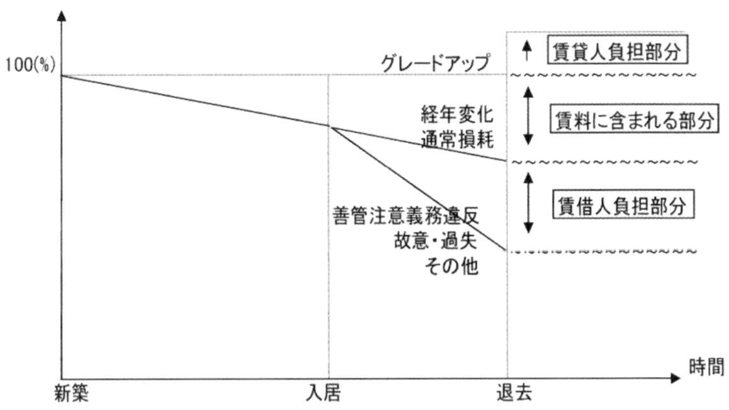

(出典)国土交通省「原状回復ガイドライン」

(3)建物価値の減少の分類

建物価値の減少ととらえられるものを、

A	賃借人が通常の住まい方、使い方をしていても、発生すると考えられるもの
B	賃借人の住まい方、使い方次第で発生したり、しなかったりすると考えられるもの(明らかに通常の使用等による結果とは言えないもの)
A(+B)	基本的には A であるが、その後の手入れ等賃借人の管理が悪く、損耗等が発生または拡大したと考えられるもの

の3つに分類した上で、基本的にはAであるが、**建物価値を増大**させる要素が含まれているものを、A(+G)としています(下図参照)。

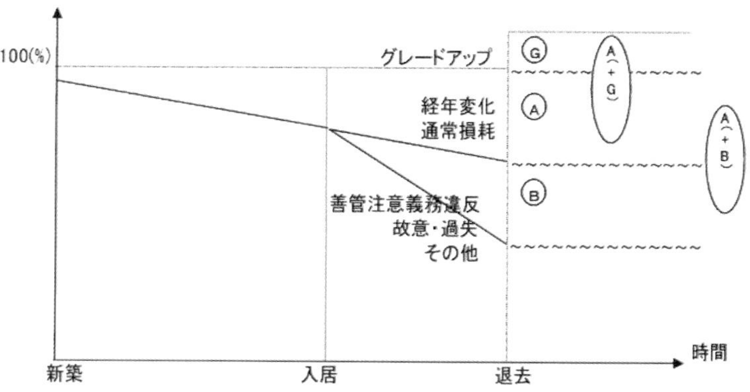

(出典)国土交通省「原状回復ガイドライン」

原状回復ガイドラインでは、上記区分による建物価値の減少に対する修繕等の費用の負担者について次のように定めています。

A : 賃借人が通常の住まい方、使い方をしていても発生すると考えられるものは、表1①－Aの「経年変化」か、表1①－Bの「通常損耗」であり、これらは賃貸借契約の性質上、賃貸借契約期間中の賃料でカバーされてきたはずのものである。したがって、賃借人はこれらを修繕等する義務を負わず、この場合の費用は賃貸人が負担することとなる。

A(+G) : 賃借人が通常の住まい方、使い方をしていても発生するものについては、上記のように、賃貸借契約期間中の賃料でカバーされてきたはずのものであり、賃借人は修繕等をする義務を負わないのであるから、まして建物価値を増大させるような修繕等(例えば、古くなった設備等を最新のものに取り替えるとか、居室をあたかも新築のような状態にするためにクリーニングを実施する等、Aに区分されるような建物価値の減少を補ってなお余りあるような修繕等)をする義務を負うことはない。したがって、この場合の費用についても賃貸人が負担することとなる。

B ： 賃借人の住まい方、使い方次第で発生したりしなかったりすると考えられるものは、表1②の「故意・過失、善管注意義務違反等による損耗等」を含むこともあり、もはや通常の使用により生ずる損耗とはいえない。したがって、賃借人には原状回復義務が発生し、賃借人が負担すべき費用の検討が必要になる。

A(+B) ： 賃借人が通常の住まい方、使い方をしていても発生するものであるが、その後の手入れ等賃借人の管理が悪く、損耗が発生・拡大したと考えられるものは、損耗の拡大について、賃借人に善管注意義務違反等があると考えられる。したがって、賃借人には原状回復義務が発生し、賃借人が負担すべき費用の検討が必要になる。

なお、これらの区分は、あくまで一般的な事例を想定したものであり、個々の事象においては、Aに区分されるようなものであっても、損耗の程度等により実体上Bまたはそれに近いものとして判断され、賃借人に原状回復義務が発生すると思われるものもある。したがって、こうした損耗の程度を考慮し、賃借人の負担割合等についてより詳細に決定することも可能と考えられる。しかしながら、現時点においては、損耗等の状況や度合いから負担割合を客観的・合理的に導き出すことができ、かつ、社会的にもコンセンサスの得られた基準等が存在していないこと、また、あまりにも詳細な基準は実務的にも煩雑となり、現実的でないことから、本ガイドラインにおいては、程度の差に基づく詳細な負担割合の算定は行っていない。

(4)経過年数の考慮

BやA(+B)の場合であっても、経年変化や通常損耗が含まれており、賃借人はその分を賃料として支払っているので、賃借人が修繕費用の全てを負担することとなると、契約当事者間の費用配分の合理性を欠くなどの問題があるため、賃借人の負担については、建物や設備の**経過年数を考慮**し、**年数が多いほど負担割合を減少させる**考え方を採用しています。

(5)施工単位

原状回復は毀損部分の復旧であることから、**可能な限り毀損部分に限定**し、その補修工事は**出来るだけ最低限度の施工単位を基本**としていますが、毀損部分と補修を要する部分とにギャップ(色あわせ、模様あわせなどが必要なとき)がある場合の取扱いについて、一定の判断を示しています。

3 損耗・毀損の事例区分（部位別）一覧表

別表１　損耗・毀損の事例区分（部位別）一覧表　（通常、一般的な例示）

区分＼部位	A			B
	〔賃借人が通常の住まい方、使い方をしていても発生すると考えられるもの〕			〔賃借人の使い方次第で発生したりしなかったりするもの（明らかに通常の使用による結果とはいえないもの）〕
	A（＋G） 〔次の入居者を確保するための化粧直し、グレードアップの要素があるもの〕		A（＋B） 〔賃借人のその後の手入れ等管理が悪く発生、拡大したと考えられるもの〕	
床 （畳、フローリング、カーペットなど）	●畳の裏返し、表替え（特に破損等していないが、次の入居者確保のために行うもの） （考え方）入居者入れ替わりによる物件の維持管理上の問題であり、賃貸人の負担とすることが妥当と考えられる ●フローリングワックスがけ （考え方）ワックスがけは通常の生活において必ず行うとまでは言い切れず、物件の維持管理の意味合いが強いことから、賃貸人負担とすることが妥当と考えられる。	●家具の設置による床、カーペットのへこみ、設置跡 （考え方）家具保有数が多いという我が国の実状に鑑みその設置は必然的なものであり、設置したことだけによるへこみ、跡は通常の使用による損耗ととらえるのが妥当と考えられる。 ●畳の変色、フローリングの色落ち（日照、建物構造欠陥による雨漏りなどで発生したもの） （考え方）日照は通常の生活で避けられないものであり、また、構造上の欠陥は、賃借人には責任はないと考えられる（賃借人が通知義務を怠った場合を除く）。	●カーペットに飲み物等をこぼしたことによるシミ、カビ （考え方）飲み物等をこぼすこと自体は通常の生活の範囲と考えられるが、その後の手入れ不足等で生じたシミ・カビの除去は賃借人の負担により実施するのが妥当と考えられる。 ●冷蔵庫下のサビ跡 （考え方）冷蔵庫に発生したサビが床に付着しても、拭き掃除で除去できる程度であれば通常の生活の範囲と考えられるが、そのサビを放置し、床に汚損等の損害を与えることは、賃借人の善管注意義務違反に該当する場合が多いと考えられる。	●引越作業で生じたひっかきキズ （考え方）賃借人の善管注意義務違反または過失に該当する場合が多いと考えられる。 ●畳やフローリングの色落ち（賃借人の不注意で雨が吹き込んだことなどによるもの） （考え方）賃借人の善管注意義務違反に該当する場合が多いと考えられる。 ●落書き等の故意による毀損

＊事例は主に発生すると考えられる部分でまとめている（以下同じ）

（出典）国土交通省「原状回復ガイドライン」

3 損耗・毀損の事例区分（部位別）一覧表

区分 ＼ 部位	A			B
	〔賃借人が通常の住まい方、使い方をしていても発生すると考えられるもの〕			〔賃借人の使い方次第で発生したりしなかったりするもの(明らかに通常の使用による結果とはいえないもの)〕
	A(＋G) [次の入居者を確保するための化粧直し、グレードアップの要素があるもの]		A(＋B) [賃借人のその後の手入れ等管理が悪く発生、拡大したと考えられるもの]	
壁、天井 (クロスなど)		●テレビ、冷蔵庫等の後部壁面の黒ずみ（いわゆる電気ヤケ） （考え方）テレビ、冷蔵庫は通常一般的な生活をしていくうえで必需品であり、その使用による電気ヤケは通常の使用ととらえるのが妥当と考えられる。	●台所の油汚れ （考え方）使用後の手入れが悪くススや油が付着している場合は、通常の使用による損耗を超えるものと判断されることが多いと考えられる。 ●結露を放置したことにより拡大したカビ、シミ （考え方）結露は建物の構造上の問題であることが多いが、賃借人が結露が発生しているにもかかわらず、賃貸人に通知もせず、かつ、拭き取るなどの手入れを怠り、壁等を腐食させた場合には、通常の使用による損耗を超えると判断されることが多いと考えられる。	●タバコ等のヤニ・臭い （考え方）喫煙等によりクロス等がヤニで変色したり臭いが付着している場合は、通常の使用による汚損を超えるものと判断される場合が多いと考えられる。なお、賃貸物件での喫煙等が禁じられている場合は、用法違反にあたるものと考えられる。 ●壁等のくぎ穴、ネジ穴（重量物をかけるためにあけたもので、下地ボードの張替が必要な程度のもの） （考え方）重量物の掲示等のためのくぎ、ネジ穴は、画鋲等のものに比べて深く、範囲も広いため、通常の使用による損耗を超えると判断されることが多いと考えられる。なお、地震等に対する家具転倒防止の措置については、予め、賃貸人の承諾、または、くぎやネジを使用しない方法等の検討が考えられる。

（出典）国土交通省「原状回復ガイドライン」

		●壁に貼ったポスターや絵画の跡 （考え方）壁にポスター等を貼ることによって生じるクロス等の変色は、主に日照などの自然現象によるもので、通常の生活による損耗の範囲であると考えられる。 ●エアコン（賃借人所有）設置による壁のビス穴、跡 （考え方）エアコンについても、テレビ等と同様一般的な生活をしていくうえで必需品になってきており、その設置によって生じたビス穴等は通常の損耗と考えられる。 ●クロスの変色（日照などの自然現象によるもの） （考え方）畳等の変色と同様、日照は通常の生活で避けられないものであると考えられる。 ●壁等の画鋲、ピン等の穴（下地ボードの張替えは不要な程度のもの） （考え方）ポスターやカレンダー等の掲示は、通常の生活において行われる範疇のものであり、そのために使用した画鋲、ピン等の穴は、通常の損耗と考えられる。	●クーラー（賃貸人所有）から水漏れし、賃借人が放置したため壁が腐食 （考え方）クーラー保守は所有者（賃貸人）が実施するべきものであるが、水漏れを放置したり、その後の手入れを怠った場合は、通常の使用による損耗を超えると判断されることが多いと考えられる。	●クーラー（賃借人所有）から水漏れし、放置したため壁が腐食 （考え方）クーラーの保守は所有者（この場合賃借人）が実施すべきであり、それを怠った結果、壁等を腐食させた場合には、善管注意義務違反と判断されることが多いと考えられる。 ●天井に直接つけた照明器具の跡 （考え方）あらかじめ設置された照明器具用コンセントを使用しなかった場合には、通常の使用による損耗を超えると判断されることが多いと考えられる。 ●落書き等の故意による毀損

（出典）国土交通省「原状回復ガイドライン」

3 損耗・毀損の事例区分（部位別）一覧表

区分／部位	A			B
	〔賃借人が通常の住まい方、使い方をしていても発生すると考えられるもの〕			〔賃借人の使い方次第で発生したりしなかったりするもの(明らかに通常の使用による結果とはいえないもの)〕
	A(＋G) [次の入居者を確保するための化粧直し、グレードアップの要素があるもの]		A(＋B) [賃借人のその後の手入れ等管理が悪く発生、拡大したと考えられるもの]	
建具 (襖、柱など)	●網戸の張替え（破損等はしていないが次の入居者確保のために行うもの） （考え方）入居者入れ替わりによる物件の維持管理上の問題であり、賃貸人の負担とすることが妥当と考えられる。	●地震で破損したガラス （考え方）自然災害による損傷であり、賃借人には責任はないと考えられる。 ●網入りガラスの亀裂（構造により自然に発生したもの） （考え方）ガラスの加工処理の問題で亀裂が自然に発生した場合は、賃借人には責任はないと考えられる。		●飼育ペットによる柱等のキズ・臭い （考え方）特に、共同住宅におけるペット飼育は未だ一般的ではなく、ペットの躾や尿の後始末などの問題でもあることから、ペットにより柱、クロス等にキズが付いたり臭いが付着している場合は賃借人負担と判断される場合が多いと考えられる。なお、賃貸物件でのペットの飼育が禁じられている場合は、用法違反にあたるものと考えられる。 ●落書き等の故意による毀損

（出典）国土交通省「原状回復ガイドライン」

区分 / 部位	A			B
	〔賃借人が通常の住まい方、使い方をしていても発生すると考えられるもの〕			〔賃借人の使い方次第で発生したりしなかったりするもの（明らかに通常の使用による結果とはいえないもの）〕
	A（＋G） 〔次の入居者を確保するための化粧直し、グレードアップの要素があるもの〕		A（＋B） 〔賃借人のその後の手入れ等管理が悪く発生、拡大したと考えられるもの〕	
設備、その他 （鍵など）	●全体のハウスクリーニング（専門業者による） （考え方）賃借人が通常の清掃(具体的には、ゴミの撤去、掃き掃除、拭き掃除、水回り、換気扇、レンジ回りの油汚れの除去等)を実施している場合は次の入居者確保のためのものであり、賃貸人負担とすることが妥当と考えられる。 ●エアコンの内部洗浄 （考え方）喫煙等による臭い等が付着していない限り、通常の生活において必ず行うとまでは言い切れず、賃借人の管理の範囲を超えているので、賃貸人負担とすることが妥当と考えられる。 ●消毒（台所、トイレ） （考え方）消毒は日常の清掃と異なり、賃借人の管理の範囲を超えているので、賃貸人負担とすることが妥当と考えられる。 ●浴槽、風呂釜等の取替え（破損等はしていないが、次の入居者確保のため行うもの） （考え方）物件の維持管理上の問題であり、賃貸人負担とするのが妥当と考えられる。	●鍵の取替え（破損、鍵紛失のない場合） （考え方）入居者の入れ替わりによる物件管理上の問題であり、賃貸人の負担とすることが妥当と考えられる。 ●設備機器の故障、使用不能（機器の寿命によるもの） （考え方）経年劣化による自然損耗であり、賃借人に責任はないと考えられる。	●ガスコンロ置き場、換気扇等の油汚れ、すす （考え方）使用期間中に、その清掃・手入れを怠った結果汚損が生じた場合は、賃借人の善管注意義務違反に該当すると判断されることが多いと考えられる。 ●風呂、トイレ、洗面台の水垢、カビ等 （考え方）使用期間中に、その清掃・手入れを怠った結果汚損が生じた場合は、賃借人の善管注意義務違反に該当すると判断されることが多いと考えられる。	●日常の不適切な手入れもしくは用法違反による設備の毀損 （考え方）賃借人の善管注意義務違反に該当すると判断されることが多いと考えられる。 ●鍵の紛失、破損による取替え （考え方）鍵の紛失や不適切な使用による破損は、賃借人負担と判断される場合が多いものと考えられる。 ●戸建賃貸住宅の庭に生い茂った雑草 （考え方）草取りが適切に行われていない場合は、賃借人の善管注意義務違反に該当すると判断される場合が多いと考えられる。

（出典）国土交通省「原状回復ガイドライン」

4 賃借人の原状回復義務等負担一覧表

別表２　賃借人の原状回復義務等負担一覧表

	賃借人の原状回復義務	工事施工単位（実体）	賃借人の負担単位等	経過年数の考慮等
基本的な考え方	・賃借人の居住・使用により発生した建物価値の減少のうち、賃借人の故意・過失、善管注意義務違反、その他通常の使用を超えるような使用による損耗等を復旧すること。	――	・可能な限り毀損部分の補修費用相当分となるよう限定的なものとする。この場合、補修工事が最低限可能な施工単位を基本とする。いわゆる模様あわせ、色あわせについては、賃借人の負担とはしない。	・財産的価値の復元という観点から、毀損等を与えた部位や設備の経過年数によって、負担割合は変化する。 ・具体的には、経過年数が多いほど賃借人の負担割合が小さくなるようにする。 ・最終残存価値は１円とし、賃借人の負担割合は最低１円となる。
床 （畳、フローリング、カーペットなど）	・毀損部分の補修	・畳　：最低1枚単位 色合わせを行う場合は当該居室の畳数分 ・カーペット、クッションフロア：1部屋単位 洗浄等で落ちない汚れ、キズの場合 ・フローリング　：最低㎡単位	・畳　：原則1枚単位 毀損等が複数枚にわたる場合は、その枚数（裏返しか表替えかは毀損の程度による） ・カーペット、クッションフロア： 毀損等が複数箇所にわたる場合は当該居室全体 ・フローリング　：原則㎡単位 毀損等が複数箇所にわたる場合は当該居室全体	（畳表） ・消耗品に近いものであり、減価償却資産になじまないので、経過年数は考慮しない。 （畳床、カーペット、クッションフロア） ・6 年で残存価値 1 円となるような直線（または曲線）を想定し、負担割合を算定する。 （フローリング） ・経過年数は考慮しない。ただし、フローリング全体にわたっての毀損によりフローリング床全体を張り替えた場合は、当該建物の耐用年数（参考資料の資料8参照）で残存価値 1 円となるような直線を想定し、負担割合を算定する。

（出典）国土交通省「原状回復ガイドライン」

	賃借人の原状回復義務	工事施工単位（実体）	賃借人の負担単位等	経過年数の考慮等
壁、天井 （クロスなど）	・毀損部分の補修	・壁（クロス）：最低m²単位 色、模様あわせを行う場合は当該面または居室全体 ※タバコ等のヤニや臭いの場合は、クリーニングまたは張替え（部分補修困難）	・壁（クロス）： m²単位が望ましいが、賃借人が毀損させた箇所を含む一面分までは張替え費用を賃借人負担としてもやむをえないとする。 ※タバコ等のヤニや臭い 喫煙等により当該居室全体においてクロス等がヤニで変色したり臭いが付着した場合のみ、当該居室全体のクリーニングまたは張替費用を賃借人負担とすることが妥当と考えられる。	（壁〔クロス〕） ・6年で残存価値1円となるような直線（または曲線）を想定し、負担割合を算定する。
建具 （襖、柱など）	・毀損部分の補修	・襖：最低1枚単位 色、模様あわせを行う場合は当該居室全体の枚数 ・柱：最低1本単位	・襖：1枚単位 ・柱：1本単位	（襖紙、障子紙） ・消耗品であり、減価償却資産とならないので、経過年数は考慮しない。 （襖、障子等の建具部分、柱） ・経過年数は考慮しない。（考慮する場合は当該建物の耐用年数で残存価値1円となるような直線を想定し、負担割合を算定する。）

（出典）国土交通省「原状回復ガイドライン」

4 賃借人の原状回復義務等負担一覧表

	賃借人の原状回復義務	工事施工単位（実体）	賃借人の負担単位等	経過年数の考慮等
設備、その他 （鍵、クリーニングなど）	・設備の補修 ・鍵の返却 ・通常の清掃（ゴミ撤去、掃き掃除、拭き掃除、水回り清掃、換気扇やレンジ回りの油汚れの除去）	・設備機器：部分的補修、交換 ・鍵：紛失の場合はシリンダーの交換 ・クリーニング：専門業者による部位ごともしくは全体のクリーニング（いわゆるハウスクリーニング）	・設備機器：補修部分、交換相当費用 ・鍵：紛失の場合はシリンダーの交換 ・クリーニング：部位ごともしくは住戸全体	（設備機器） ・耐用年数経過時点で残存価値１円となるような直線（または曲線）を想定し、負担割合を算定する（新品交換の場合も同じ）。 **【主な設備の耐用年数】** ●耐用年数５年のもの ・流し台 ●耐用年数６年のもの ・冷房用、暖房用機器（エアコン、ルームクーラー、ストーブ等） ・電気冷蔵庫、ガス機器（ガスレンジ） ・インターホン ●耐用年数８年のもの ・主として金属製以外の家具（書棚、たんす、戸棚、茶ダンス） ●耐用年数15年のもの ・便器、洗面台等の給排水・衛生設備 ・主として金属製の器具・備品 ●当該建物の耐用年数が適用されるもの ・ユニットバス、浴槽、下駄箱（建物に固着して一体不可分なもの） ・鍵の紛失の場合は、経過年数は考慮しない。交換費用相当分を全額賃借人負担とする。 ・クリーニングについて、経過年数は考慮しない。賃借人負担となるのは、通常の清掃を実施していない場合で、部位もしくは住戸全体の清掃費用相当分を全額賃借人負担とする。

（出典）国土交通省「原状回復ガイドライン」

5 経過年数の考え方の導入

経過年数を考慮して負担する費用を計算する

(1)基本的な考え方

財産的価値の復元という観点から、毀損等を与えた部位や設備の経過年数によって、負担割合は変化します。 具体的には、経過年数が多いほど賃借人の負担割合が小さくなるようにします。
最終残存価値は1円とし、賃借人の負担割合は最低1円となります。

(2)設備等の経過年数と賃借人負担

例えば、カーペットの場合、償却年数は、6 年で残存価値 1 円となるような直線(または曲線)を描いて経過年数により賃借人の負担を決定します。よって、年数が経つほど賃借人の負担割合は減少することとなります。

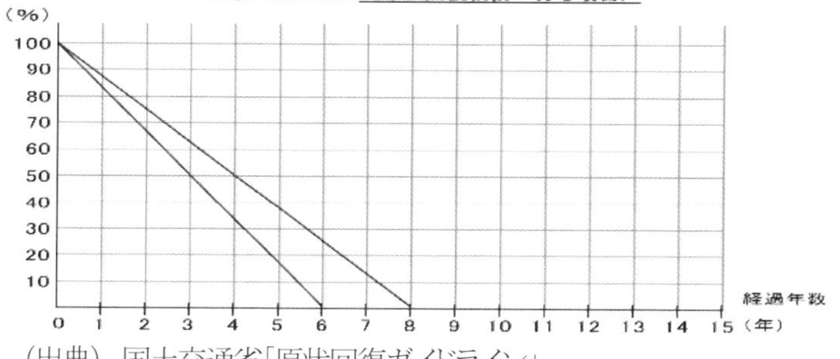

（出典） 国土交通省「原状回復ガイドライン」

なお、経過年数を超えた設備等を含む賃借物件であっても、賃借人は善良な管理者として注意を払って使用する義務を負っているので、経過年数を超えた設備等であっても、修繕等の工事に伴う負担が必要となることがあます。つまり、経過年数を超えた設備等であっても、継続して賃貸住宅の設備等として使用可能な場合があり、このような場合に賃借人が故意・過失により設備等を破損し、使用不能としてしまった場合には、賃貸住宅の設備等として本来機能していた状態まで戻す、例えば、賃借人がクロスに故意に行った落書きを消すための費用(工事費や人件費等)などについては、賃借人の負担となり得ます。

(3)入居時の状態と賃借人負担割合

経過年数の考え方を導入した場合、新築物件の賃貸借契約ではない場合には、実務上の問題が生じます。

つまり、設備等によって補修・交換の実施時期はまちまちであり、それらの履歴を賃貸人や管理業者等が完全に把握しているケースは少ないことや、入居時に経過年数を示されても賃借人としては確認できないことです。それに対して、賃借人がその物件に何年住んだのかという入居年数は、契約当事者にとっても管理業者等にとっても明確でわかりやすいです。

そこで原状回復ガイドラインでは、経過年数のグラフを、入居年数で代替する方式を採用しています。この場合、入居時点の設備等の状況は、必ずしも価値が 100%のものばかりではないので、その状況に合わせて経過年数のグラフを下方にシフトさせて使用します(下図参照)。

入居時点の状態でグラフの出発点をどこにするかは、契約当事者が確認のうえ、予め協議して決定することが適当とされています。例えば、入居直前に設備等の交換を行った場合には、グラフは価値 100%が出発点となり、そうでない場合には、当該賃貸住宅の建築後経過年数や個々の損耗等を勘案して1円を下限に適宜グラフを決定することとなります。

なお、この場合も、賃借人は賃貸物を善良な管理者として注意を払って使用する義務を負っています。

入居時の状態と賃借人負担割合（耐用年数６年、定額法の場合）
賃借人負担割合（原状回復義務がある場合）

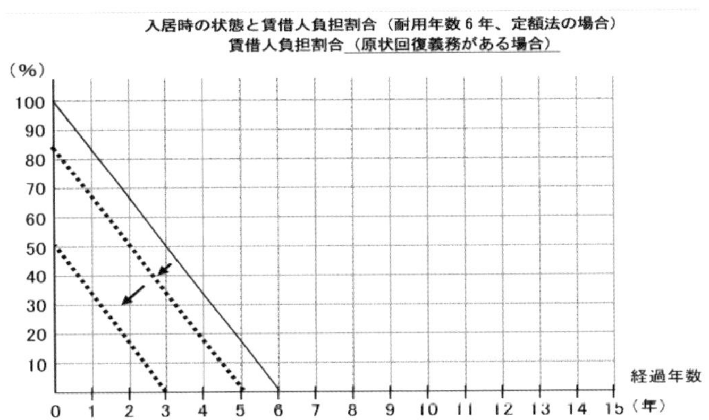

※ 入居時の設備等の状態により、左方にシフトさせる。新築や交換、張替えの直後であれば、始点は(入居年数、割合)＝(0 年、100%)となる。

(出典) 国土交通省「原状回復ガイドライン」

第 8 編　不動産投資ローンの適切な利用

はじめに

第１編では、都環会が定める広告・投資勧誘の基本方針を解説しました。そこで、「不動産投資ローンの適切な利用」として、融資を受ける際に、資力を示す資料を偽造したり改竄したりすることを禁止し、住宅金融支援機構における公的融資の悪用を禁止する旨を解説しました。
本編では、不動産投資ローンの基本知識と、悪用した場合の法的措置について解説します。重大な犯罪にまで発展することを意識して、実務では絶対にしないように心掛けて下さい。

第１章　金融商品の知識

1 不動産投資ローン

住宅ローンと不動産投資ローンは異なります

(1)不動産投資ローンとは

不動産投資ローンとは、基本的に、**投資用の物件を購入するときにのみ受けられる融資**のことをいいます。アパートやマンションなどを担保にして融資を受ける場合もあるので、別名アパートローンとも呼ばれます。金融機関は、不動産投資という事業の内容からみて、融資しても問題がないか、採算がとれるかどうかを審査します。

(2)住宅ローンとの違い

不動産投資ローンと住宅ローンは以下の点で異なります。

	不動産投資ローン	住宅ローン
目的	物件を購入し、誰かに貸して家賃収入を得ることを目的に資金を借り入れる。	自宅としてその物件に住むことを目的に資金を借り入れる。
返済原資	毎月その物件から得られる家賃収入が主な返済原資なので、空室リスクといった未来的な危険性など、さまざまな観点を鑑みて総合的に返済能力があるかどうかが判断される。	主に自分の毎月の給料が返済原資なので、単純に給料の高さや勤め先企業の信頼性で判断される。
融資額	毎月の家賃収入に加えてローン借主の年収や財産など多方面から考慮されるので、年収の 10～20 倍が限度とされている。	住宅ローンの融資額は、給料の 5～6 倍、高くても 7～8 倍が限度とされている。
融資金利	物件のタイプにもよるが、空室リスク等貸し倒れリスクが生じる可能性があります。また、借り入れ限度額も住宅ローンより大きくなるケースが多いことから、融資金利も 1.5～4.5%と高い水準になる。	毎月の給料が返済原資となっている分、貸し倒れリスクの心配も少ないため、融資金利も 0.5～2.0%と低く設定されている。

年齢制限	年齢に関係なく家賃収入が得られるので、年齢制限は設けていないというケースも少なくない。	給料が主な返済原資という性質上、定年前後の 65～70 歳未満まで融資できる年齢としていることが多い。
返済期間	住宅ローンに比べ短期	35 年等の長期も可能
融資の審査内容	属性に加えて、物件のタイプも判断基準となる。そのため、年数の経った木造物件などでは融資がつかないケースもある。	借主の属性が重要視される。属性とは、年収や勤務先、ほかの借り入れ情報など、パーソナルな情報である。
法人名義の可否	投資内容が賃貸事業として扱われるので、賃貸事業を行う法人としてローンを借り入れられる。	ローン借主がその物件に住むというのが大前提なので、法人名義で借り入れることができない。

(3)金融機関別の金利相場

①日本政策金融公庫

日本政策金融公庫は財務省が管轄する金融機関です。金利は固定のみの 1.2～1.9%と安いのが特徴です。審査は事業性が重視される傾向が強く、どれだけ採算がとれるかという点に強みがなければなりません。

②メガバンク(大手都市銀行)

一般的にメガバンクとは、三菱 UFJ 銀行、三井住友銀行、みずほ銀行の 3 大銀行を指します。金利は 1%前後で、それぞれにほとんど違いはありません。

全国各地に支店があるので、投資する側は遠隔地でも物件を購入しやすいというメリットがありますが、審査はほかの金融機関に比べて最も厳しい基準といわれています。

③その他不動産投資ローンを積極的に取り扱う金融機関

日本には 800 以上の金融機関がありますが、積極的に取り組んでいるところは少ないです。以下の金融機関では不動産投資ローンを扱っています(それ以外にも扱っている金融機関はありますが割愛します)。

・イオン銀行(ジャックス保証)
・イオン住宅ローンサービス
・SBJ 銀行
・オリックス銀行
・香川銀行
・関西みらい銀行
・クレディセゾン

・au じぶん銀行(ジャックス保証)
・城北信用金庫(ジャックス保証)
・ソニー銀行(ジャックス保証)
・KEB ハナ銀行

(4)金利の種類

①変動金利

変動金利とは、金利が経済の状況に応じて変動する金利です。
傾向としては固定金利よりは金利が低く、ローン返済額を少なくできる可能性があります。ただし、金利が変動する可能性があるので、返済総額が契約時に明確でないというデメリットがあります。

②固定金利

固定金利は金利が契約時から変わらず、固定になっている金利です。固定金利はさらに2種類に分けられます。

選択型固定金利	金融機関によって定められた期間が経過するまでは、設定した金利で返済し、期間が過ぎた後は固定金利か変動金利かを選べるものです。期間としては、2年、3年、5年、10年と金融機関ごとに異なります。
全期間固定金利	ローン返済期間中は金利が一定となるものです。借入時に返済総額がわかるので、返済計画が立てやすいというメリットがあります。逆に、経済状況の変化により金利が大きく下がった場合でも、高い金利のままローン返済を行わなければならないデメリットもあります。

(5)アパートローンの金利相場

不動産投資ローンに比べると金利が高い傾向です(1%前半〜4%前後:平均2.7%前後)。ただ、属性、物件等によって金利は異なります。
レアなケースとして、地主で昔から金融機関と取引を重ねている場合には、35年融資で金利0.5%台といった住宅ローンとほとんど変わらない金利で貸し出される場合もあります。通常は、初めての物件購入であれば2%台後半の融資となります
なお、アパートローンで低金利を実現するためには、不動産投資家としての実績を積み、債務超過でない状態にすることで金融機関からの評価が高まり、低金利でローンを借りられるようになります。

2 SDGs 持続可能な開発目標

SDGsは不動産にも影響します

(1)SDGsとは

SDGs(エスディージーズ:Sustainable Development Goals 持続可能な開発目標)とは、2001 年に策定されたミレニアム開発目標(MDGs)の後継として、2015 年 9 月の国連サミットで採択された「持続可能な開発のための 2030 アジェンダ」にて記載された 2016 年から 2030 年までの国際目標です。

持続可能な世界を実現するための 17 のゴール・169 のターゲットから構成され、地球上の「誰一人として取り残さない」ことを誓っています。

日本政府は、2016 年 5 月に内閣総理大臣を本部長・全国務大臣を構成員とした SDGs 推進本部を設置、省庁横断的に、SDGs に取り組むことにしました。「SDGs アクションプラン」の策定や、「ジャパン SDGs アワード」を主催するなど国をあげて SDGs を推進しています。

また、企業に大きな影響を与えたのが日本経済団体連合会(経団連)の「企業行動憲章」の改定です。憲章に SDGs が盛り込まれ、これからの社会に向けた提言である「Society 5.0－ともに創造する未来－」では度々 SDGs の文字が登場しています。

(2)国土交通省の取り組み

令和 3 年 10 月 15 日、第2回「国連・持続可能な交通のための会議」に斉藤国土交通大臣が出席しました。本会議では、交通分野の SDGs実現に向けた取組の共有や課題解決に向けた方策について議論が行われました。

交通分野における「持続可能な開発目標(SDGs)」を実現するため、国連機関、各国政府、産業界、学識者が参加し、イノベーション、貧困撲滅、地域開発、気候変動、都市開発等のテーマ毎にセッションが設けられ、3 日間にわたり、開催されました。

各セッションでは、それぞれのテーマに関する各国の取組を共有するとともに、課題解決に向けた議論が行われ、最終的に、北京宣言としてとりまとめられました。

本会議では、交通分野の SDGs実現に向けた取組の共有や課題解決に向けた方策について議論が行われました。

具体的には、防災・減災対策として、「流域治水対策」、線状降水帯による豪雨の気象予測精度の向上、道路、鉄道、空港等の交通施設の強化に取り組んでいること、日本の取組を共有するとともに、我が国の質の高いインフラシステムを広く海外に展開していくこと。ユニバーサル社会の実現として、高齢者、様々な障害を持った方々を含め誰もが円滑に公共交通を利用できるよう我が国は、鉄道駅へのエレベーター、ホームドアの設置、ノンステップバスの導入等に加え、最近では、新幹線に世界最高水準の車椅子用フリースペースを導入する等取組を加速化していること、SDGs の包括目標である「誰一人取り残さない」社会を実現するため、世界各国と連携して取り組んで行くことです。

3 ESG不動産投資

ESGは不動産投資に影響します

(1)ESG投資とは

ESG 投資とは、リスク管理を向上させ、持続可能で長期的なリターンを上げるために、投資の意思決定に環境(Environment)、社会(Society)、ガバナンス(Governance)の要素を組み込む投資手法をいいます。それぞれの頭文字をとってESGと呼ばれています。

ESG投資は、2006年に国連によって提唱された責任投資原則(Principles for Responsible Investment:PRI)の設立によって始まりました。PRI では、投資判断に環境・社会・ガバナンスの要素を組み込むことが、投資家の長期的な利益に資するとの考え方に基づいており、その後、2008 年のリーマンショックを経て、短期的な利益追求に対する反省が広がり、ESG 投資の考え方は主流化してきました。

(2)ESG不動産の主な評価・認証制度

不動産セクターにおけるサステナブルファイナンスでは、発行及び投資プロセスの随所で評価・認証制度が活用されています。以下、認証制度について概観します。

国土交通省は、国内外の主要な第三者認証制度を公表しています。それによると、総合的な環境性能を判断材料とする認証機関として、CASBEE－建築(新築、既存、改修)(日本)、DBJ GreenBuilding 認証(日本)LEED(米国及び世界)、BOMA360(米国)、BREEAM(英国)、省エネルギー性能を判断材料とする認証機関として、BELS(日本)、健康性・快適性を判断材料とする認証機関として、WELL Building Standard(米国)、CASBEE-ウェルネスオフィス暫定版(日本)が挙げられています。

(3)優遇金利制度

前述した評価・認証を受けた ESG 不動産が市場の原理だけで普及するのが経済社会において最も健全といえますが、実際は、脱炭素社会・将来の気候変動回避という目前の利益ではないことから、自ずとその結果が導かれるとは思えません。そこで、優遇的な融資制度等の促進策が必要となります。

①ESG不動産投資と環境格付融資の関係性

環境に配慮した金融(環境金融)とは、金融市場を通じて環境への配慮に適切な誘因を与えることで、企業や個人の行動を環境配慮型に変えていくメカニズムであると環境省中央環境審議会「環境と金融に関する専門委員会」の報告書では定義されている。同報告書は、その具体的役割の1つを、「企業行動に環境への配慮を組み込もうとする経済主体を評価・支援することで、そのような取組を促す投融資」と位置付けています。我国においては、その典型的な取組の 1 つが、融資先企業の活動を環境面から評価し、その評価結果によって金利を段階的に変更する融資、いわゆる「環境格付融資」として具体化し、発展してきました。

②政府の動向

不動産に限定しない ESG 投資に対する金融機関の動向としては、2018年に環境省が国内の金融関係者、ESG や環境についての専門家を集めての懇談会を開催し、間接金融においても地域金融機関は自治体と協同して ESG 金融(融資)を実現、普及させる必要があるとの意見を表明しています。その翌年には、同省における ESG 地域金融の先行事例調査に関する検討会「事例から学ぶESG 地域金融のあり方」を発表し、ESG 地域金融については、①融資先のリスク削減、②新たなビジネス・チャンス、③融資先の企業価値の向上、④サプライチェーンの強化・地域企業の(ESGの側面においても)競争力向上が地域社会の持続可能性を高める、といったメリットを指摘しています。

また、その普及のためには中小企業に ESG 経営の重要性を説くほか自治体との提携など、地域金融機関が中心となって推進していくべきだとしています。

さらに、2020 年には金融庁が「金融行政と SDGs」を公表し、「地域金融機関による事業性評価に基づく融資や本業支援の取組みを引き続き促進する」としています。

同年、環境省は「ESG 地域金融実践ガイド」を作成し、2023 年には改訂版「ガイド 2.2」が公表されている。作成の目的は、「地域金融機関が、地域課題の掘り起しや重点分野の対応、そして事業性評価に基づく融資・本業支援等の金融行動において ESG 要素を考慮し、組織全体として ESG 地域金融に取り組むため」であるとしています。

③各金融機関の動向

政府の動きに呼応して各金融機関も SDGs や ESG に配慮した融資制度を創設している。以下、不動産投資について特徴的な融資制度を設ける金融機関について紹介します。

1. みずほ銀行

みずほ銀行は 2023 年 3 月 8 日、中央日本土地建物グループの投資法人、中央日土地プライベートリート投資法人に対して、社会的なインパクトの創出に資する取り組みに融資する「インパクトファイナンス」を提供すると発表している。みずほ銀行がアレンジャーとなり計 5 行で資金の貸付けを行う。融資先の投資法人では不動産投資運用を通じた環境負荷の低減やサステナブルな社会の実現を目指している。みずほ銀行は独自の評価枠組みを用いて融資先の取り組みが脱炭素や人権など持続可能な開発目標の観点で社会にポジティブな影響を生み出すものかを評価し融資する。

2. オリックス銀行

オリックス銀行は、事業を通じて社会課題の解決を図り、持続可能な社会の実現に貢献することで、新たな価値を創出する企業として持続的な成長を目指すとして、ESG 不動産投資に対する融資に積極的である。

オリックス銀行は、そのホームページで「サステナブル投融資ポリシー」を公表している。その中で、「2. 基本姿勢　当社は、ESG（環境・社会・企業統治）や SDGs（持続可能な開発目標）等を考慮し、これらの社会・環境課題への取り組みを踏まえて、投融資等を行います。

当社は、投融資取引の判断において、社会や環境に新たなプラスの影響（ポジティブ・インパクト）をもたらす取引を支援するとともに、社会・環境に対し負の影響（ネガティブ・インパクト）を及ぼす可能性のある取引を排し、また取引先の対応状況の確認、リスクの低減・回避に努めることを基本とし、以下の持続可能性（サステナビリティ）から見たポジティブ、ネガティブの両面を適切に評価したうえで投融資における意思決定を行います。」として、一定の要件の下、投資家に対して優遇金利での貸し出しを行っている。

3. 住宅金融支援機構

住宅金融支援機構は、賃貸オーナー向けの融資として、「子育て世帯向け省エネ賃貸住宅建設融資」や「賃貸住宅リフォーム融資（省エネ住宅）」等の金融商品を設けている。2023 年 7 月以後の申込受付分より、ZEH 等※を対象とした金利引下げ制度の適用が拡充されている。

子育て世帯に必要な広さや高い省エネルギー性能を有し、入居者の健康面に配慮した賃貸住宅の供給を促進することを目的とする「子育て世帯向け省エネ賃貸住宅建設融資」では、長期優良住宅又は ZEH 要件を満たす住宅である場合に、当初 15 年間の金利が 0.2%引き下げられる制度となっている。

※　ZEH とは、高い断熱性能をベースに、高効率機器や HEMS による省エネ、太陽光発電などによる創エネを組み合わせることで、住宅の一次エネルギーの年間消費量が正味でおおむねゼロになる住宅をいいます。マンションタイプの ZEH-M、狭い都市部などの住宅環境に配慮したうえで年間のエネルギー消費量を可能な限りゼロに近づけるタイプの Nearly ZEH、強化外壁基準と 20%以上の一次エネルギー消費量の削減を満たしたうえで、再生可能エネルギー設備の導入により 50%以上の一次エネルギー消費量削減を達成するマンションの ZEH-M Ready、創エネを含む年間に消費するエネル

ギー量を 20%以上削減できる ZEH Oriented(再生可能エネルギーの活用は必須ではないタイプ)等の種類があります。ZEH 基準を満たす証明は BELS 評価書の提出により行います。

付け足し 賃貸物件（収益物件）でも公的融資が受けられる

住宅金融支援機構が提供する金融商品の中には、収益物件(賃貸物件)の建築等に対する融資もあります。脱炭素社会の実現という世界的動きに対応して、「子育て世帯向け省エネ賃貸住宅建設融資」という金融商品があります。子育て世帯に必要な広さや高い省エネルギー性能を有し、入居者の健康面に配慮した賃貸住宅の供給を促進することを目的として建設資金を融資するものです。長期優良住宅又は ZEH 基準を充たす場合は金利引下げ制度(借入金利から 0.2%引き下げられます。)が適用されます。

子育て世帯向け省エネ賃貸住宅建設融資の特徴としては、木造軸組工法または2×4工法等の賃貸住宅でも準耐火構造であれば、返済期間 35 年の長期間での借入ができること、自宅または店舗などを建築物全体の延べ面積の 1/4 以下とするなど一定の条件を充たすことで、自宅を含めた融資ができること、65 歳未満であれば原則単独で申込みできること、連帯保証人として申込時で住宅金融支援機構が承認する保証機関の保証を利用できること等です。

第２章　不動産投資

ローンの適切な利用

1 資力等を証明する書類の偽造

作成権限により公文書偽造罪か私文書偽造罪に問われる

不動産投資を希望する顧客が融資を受ける際、顧客の本人確認や収入状況の確認のため多くの証明書類等を金融機関に提出します。特に、収入を証明する書類等は融資の決定を左右する重要な書類です。収入が低い場合や納税してない場合等は融資を受けられないこともあります。しかし、これらの必要書類を偽造すると犯罪行為となり、取り返しのつかない結果を招くので、顧客に勧めたり、顧客が偽造行為を行っているのを知りながら見て見ぬふりをしたりすることは厳に慎まなければなりません。以下、成立する可能性の高い犯罪行為を列挙します。

(1)公文書偽造罪

金融機関の融資を受ける際には、身元を確認するため、運転免許証、マイナンバーカード、健康保険証、住民票、印鑑証明書等を、所得を証明するため、住民税課税証明書、納税証明書、確定申告書、法人納税証明書(法人の場合)等を、金融資産を確認するため、登記事項証明書、固定資産税評価証明書等を、投資対象不動産の確認するため、登記事項証明書、公図、建築確認済証、検査証等を提出することが普通です。これらはすべて国や地方公共団体等の公的な機関が発行するもので、**公文書**と呼ばれます。

これら公文書について、作成権限をもっていない者が本質的部分(収入金額や納税額等)について書き換える行為は偽造となり、公文書偽造罪が成立し、最高10年の懲役刑となります。

> 刑法第155条
>
> **1項** 行使の目的で、公務所若しくは公務員の印章若しくは署名を使用して公務所若しくは公務員の作成すべき文書若しくは図画を偽造し、又は偽造した公務所若しくは公務員の印章若しくは署名を使用して公務所若しくは公務員の作成すべき文書若しくは図画を偽造した者は、一年以上十年以下の懲役に処する。
>
> **2項** 公務所又は公務員が押印し又は署名した文書又は図画を変造した者も、前項と同様とする。
>
> **3項** 前二項に規定するもののほか、公務所若しくは公務員の作成すべき文書若しくは図画を偽造し、又は公務所若しくは公務員が作成した文書若しくは図画を変造した者は、三年以下の懲役又は二十万円以下の罰金に処する。

(2)私文書偽造罪

融資を受ける際には、上記公文書以外にも、所得を証明する書類として、源泉徴収票、決算書(法人の場合)、金融資産を確認できる書類として、預金通帳、金融資産の残高証明書、借入状況がわかる書類として、ローン変化予定表や返済明細書、投資対象不動産に関する必要書類として、賃貸借契約書(入居者がいる物件の場合)等を提出することが普通です。これらは、会社等の私人が発行するもので、**私文書**と呼ばれます。
これら私文書について、作成権限をもっていない者が本質的部分について書き換える行為は偽造となり、私文書偽造罪が成立し、最高 5 年の懲役刑となります。

刑法第 159 条

1項 行使の目的で、他人の印章若しくは署名を使用して権利、義務若しくは事実証明に関する文書若しくは図画を偽造し、又は偽造した他人の印章若しくは署名を使用して権利、義務若しくは事実証明に関する文書若しくは図画を偽造した者は、三月以上五年以下の懲役に処する。

2項 他人が押印し又は署名した権利、義務又は事実証明に関する文書又は図画を変造した者も、前項と同様とする。

3項 前二項に規定するもののほか、権利、義務又は事実証明に関する文書又は図画を偽造し、又は変造した者は、一年以下の懲役又は十万円以下の罰金に処する。

2 住宅ローンの不正利用

詐欺罪が成立する可能性があります

(1)詐欺罪

不動産投資に関連して詐欺罪が成立するケースが考えられます。

まず、顧客が、前記の偽造された源泉徴収票や納税証明書等を金融機関に提出し、不正に融資を受ける行為は**詐欺行為**にあたる可能性があります。また、不動産投資に利用できないことを知りながら住宅金融支援機構のフラット35長期固定金利型住宅ローンで融資を受ける行為等も同様です。

それを不動産投資会社の従業員がアドバイスしたり、積極的に指示したりすると、共犯者となる可能性があります。

また、不動産投資会社の従業員が、購入すれば明らかに赤字となる投資物件であることを認識しつつ、そのリスクを隠し必ず儲かるような説明をして、投資物件を販売する行為は詐欺行為にあたる可能性があります。また、判断能力が低下している高齢者等に対して誘惑的な方法を用いて、不当に安く所有する不動産を購入する行為は、準詐欺行為となる可能性があります。

詐欺罪が認められると(刑法では未遂でも処罰されます)、最高10年の懲役刑に処せられたり、被害者から損害賠償請求されたりする可能性があります。

刑法第246条

1項 人を欺いて財物を交付させた者は、十年以下の懲役に処する。

2項 前項の方法により、財産上不法の利益を得、又は他人にこれを得させた者も、同項と同様とする。

民法709条

故意又は過失によって他人の権利又は法律上保護される利益を侵害した者は、これによって生じた損害を賠償する責任を負う。

(2)具体例

《買主に住宅ローンでの投資物件購入を誤信させたとして不動産業者への不法行為による損害賠償請求が認められた裁判例(東京地裁 令和3年12月23日判決)》

【事案の概要】

平成29年8月、原告であり被害者のXは不動産投資セミナーに参加し、セミナー講師を通じ、不動産会社Yを紹介され、その事務所において投資物件を1,230万円で購入する売買契約を締結した。Xは、本件物件の購入資金の融資を受けるため、Yの事務所に赴き、ローン担当者の質問に答えるなどしたが、その際にはあらかじめYから言われたように「(物件に)5月から居住する」と答えた。Xは、フラット35長期固定金利型住宅ローンの金銭消費貸借契約を締結し、1,332万円を借り入れた。フラット35の申込書及び金銭消費貸借契約書には、借入金の使途を「債務者が自ら居住するための住宅の取得資金」に限定する旨の条件が記載されていた。

その後、令和元年6月、Xはフラット35を取り扱う住宅金融支援機構から本件売買契約についての説明を求められ、同年11月には、支援機構は、貸付条件違反を理由に、残元金等の一括支払いを求め、本件物件の担保不動産競売事件を申し立てた。Xは、Yがフラット35による投資物件購入を行わせたとして、融資金額、購入諸費用、仲介手数料、弁護士費用等、計1,766万円余の損害賠償を求める訴訟を提起した。

なお、実際には、Y以外にも複数の不動産会社が本事件にかかわっており、売主とその不動産会社を相手に訴訟をしている。

【判決の要旨】

投資セミナーに参加した買主が、売主業者らの共謀により、本来不動産投資に利用することができない住宅ローン契約を利用できるものと誤信させられ、売買契約を締結させられたとして、損害賠償責任を認めた。

第 9 編　コンプライアンス

はじめに

本書すべてが投資不動産販売に関するコンプライアンスを示しているので、いまさら改めてコンプライアンスというテーマで語ることは少ないが、都環会の基本方針、宅建業法、賃貸住宅管理業法、刑法ではカバーできないその他法令におけるコンプライアンスをここでは扱います。

各種士業におけるルール、個人情報保護法、不正競争防止法です。特に、各種士業のルールを知っておかないと、宅地建物取引士、弁護士、税理士、行政書士、賃貸不動産経営管理士(業務管理者)等の国家資格者のみができる業務を犯すことで犯罪となる可能性があるからです。

本章における記述は以下の書籍を参考にしています。引用する場合は本文にも著者名のみを記述しています。

○田中嵩二「これで合格宅建士基本テキスト」Ken 不動産研究(2024 年 4 月)
○消費者消費者制度化編「逐条解説・消費者契約法〔第 5 版〕」商事法務(2023 年 12 月)
○一般社団法人賃貸不動産経営管理士協議会「賃貸不動産権利の知識と実務〔令和 5 (2023)年度版〕」大成出版社(2023 年 4 月)
○小野正延・松村信夫「新・不正競争防止法概説〔第 3 版〕上巻」(2020 年 10 月)
○個人情報保護法制研究会著/園部逸夫・藤原静雄編集「個人情報保護法の解説《第三次改訂版》」ぎょうせい(2022 年 9 月)

第１章　他士業との関係

1 弁護士法

法的な紛争に介入して勝手に解決することはできない

(1)禁止行為

弁護士または弁護士法人でない者は、**①報酬を得る目的**で訴訟事件、非訟事件及び審査請求、再調査の請求、再審査請求等行政庁に対する不服申立事件その他一般の法律事件に関して鑑定、代理、仲裁若しくは和解その他の**②法律事務**を取り扱い、またはこれらの周旋をすることを**③業とする**ことができません(非弁護士の法律事務の取扱い等の禁止)。

(2)要件

①報酬を得る目的

管理受託契約に基づき報酬を得て管理業務を行う管理業者が「法律事務」を行う場合、特段の事情がなければ「報酬を得る目的」の要件は満たされるものと考えられます。

②法律事務

滞納賃料の督促業務に関しては、家賃滞納の事実を告げて支払いを促す行為であれば問題とはならないと考えられますが、賃借人が支払いを拒否してすでに紛争となっているにもかかわらず、「交渉」を継続したり、内容証明郵便により督促を行う場合等は、法律事務に該当する可能性が高いといえます。

③業とする

有償か無償かにかかわらず、同一の業務を反復継続して行うことを意味します。滞納家賃の督促業務や明渡し業務は、管理業者が行う管理業務の一環としてなされることが多く、反復継続性が認められ、管理受託契約に基づき管理業務を行う管理業者が法律事務を行う場合、業とするものと認められます。

なお、管理を受託した管理業者が代理人として報酬を得て法律事務を行うと弁護士法 72 条に違反する可能性があります。代理人の立場でできるのは通知・督促状程度で、契約解除を内容とするものまではできません。それに対して、**サブリース方**式の管理業者の場合は本人として行うので弁護士法 72 条に違反しないで、内容証明郵便を発信したり、訴訟を提起したりすることができます。

(3)違反した場合

上記に違反すると、2 年以下の懲役または 300 万円以下の罰金に処せられます。

2 税理士法・行政書士法

無報酬でも税務相談は違法となります

(1)禁止行為(税理士法)

税理士または税理士法人でない者は、税理士法に別段の定めがある場合を除くほか、税理士業務を行ってはなりません。

(2)要件(税理士法)

税理士業務とは以下のものをいいます。**報酬の有無を問いません。**

①税務代理
税務官公署に対して申告等を行い、または、税務官公署の調査、処分に関する主張、陳述につき、代理・代行すること
②税務書類の作成
税務官公署に対する申告等に係る申告書等を作成すること
③税務相談
①②に関して相談に応ずること

(3)違反した場合(税理士法)

上記に違反すると、2 年以下の懲役または 100 万円以下の罰金に処せられます。

(4)禁止行為(行政書士法)

行政書士または行政書士法人でない者は、業として行政書士業務を行うことができません。ただし、他の法律に別段の定めがある場合及び定型的かつ容易に行えるものとして総務省令で定める手続について、当該手続に関し相当の経験又は能力を有する者として総務省令で定める者が電磁的記録を作成する場合は行うことができます。

(5)要件(行政書士法)

前記の行政書士業務とは、他人の依頼を受け**報酬を得て**、②官公署に提出する書類、②その他権利義務または事実証明に関する書類(実地調査に基づく図面類を含む。)を作成することを業とすることをいいます。
ただし、行政書士は、上記の書類の作成であっても、その業務を行うことが他の法律において制限されているものについては、業務を行うことができません。

その作成に代えて電磁的記録(電子的方式、磁気的方式その他人の知覚によっては認識することができない方式で作られる記録であって、電子計算機による情報処理の用に供されるものをいう)を作成する場合における当該電磁的記録を含みます。

(6)違反した場合(行政書士法)

上記に違反すると、1 年以下の懲役または 100 万円以下の罰金に処せられます。

3 宅地建物取引士

重要事項説明は宅地建物取引士の独占業務

(1)取引士の役割①～取引士になると何ができるの？

①重要事項の説明、②重要事項の説明書面(35 条書面)に記名、③37 条書面(契約書面)に記名することができるようになります。

(2)取引士の役割②～勤務先の業者の利益のみを考えればいいの？

取引士は、宅建業の業務に従事するときは、宅地または建物の取引の専門家として、購入者等の利益の保護および円滑な宅地または建物の流通に資するよう、**公正かつ誠実にこの法律に定める事務を行うとともに、宅建業に関連する業務に従事する者との連携に努めなければなりません。**

具体的には、専門的知識をもって適切な助言や重要事項の説明等を行い、消費者が安心して取引を行うことができる環境を整備することが必要です。また、紛争等を防止するとともに、取引士が中心となってリフォーム会社、瑕疵保険会社、金融機関等の宅建業に関連する業務に従事する者と連携することも期待されています。

(3)取引士の信用～常に取引士として品位ある行動を？

取引士はその信用または品位を害するような行為をしてはなりません。

取引士は、宅地建物取引の専門家として専門的知識をもって重要事項の説明等を行う責務を負っており、その業務が取引の相手方だけでなく社会からも信頼されていることから、取引士の信用を傷つけるような行為をしてはなりません。

取引士の信用を傷つけるような行為とは、取引士の職責に反し、または職責の遂行に著しく悪影響を及ぼすような行為で、取引士としての職業倫理に反するような行為であり、職務として行われるものに限らず、職務に必ずしも直接関係しない行為やプライベートな行為も含まれます。

(4)知識および能力の維持向上

取引士は、宅地または建物の取引に係る事務に必要な知識および能力の維持向上に努めなければなりません。宅地建物取引の専門家として、常に最新の法令等を的確に把握し、これに合わせて必要な実務能力を磨くとともに、知識を更新し続けることが期待されています。

(5)違反した場合の措置

宅地建物取引士に重要事項説明等をさせなかった宅建業者は、指示処分または業務停止処分、情状が特に重い場合は免許取消処分になります。さらに、重要事項説明について、故意に事実を告げず、または不実のことを告げる行為をすると、宅建業者が 2 年以下の懲役もしくは 300 万円以下の罰金に処せられ、またはこれが併科されます。

4 賃貸不動産経営管理士

賃貸不動産経営管理士ならではのコンプライアンス

(1)賃貸管理士に求められるコンプライアンス

法令の制定趣旨や背後にある社会関係をも踏まえた対応が求められます。

①基本的人権の尊重

日ごろから人権問題に関心を持ち、人権意識を醸成して自らの専門性を発揮するとともに、賃貸人において差別が許されないことを十分に理解してもらい、あるいは、自社の他の従業者に対しても積極的に指導等を行う等して、管理業界全体の社会的責任と人権意識の向上に努めなければなりません。

②独立したポジションでのコンプライアンスと道徳、倫理の確立

管理業者の従業員としての立場と併せ、プロフェッションとして、独立したポジションでのコンプライアンスが求められます。

③説明責任と業務の透明性の担い手

管理業者の説明責任と業務の透明性を体現する立場であることに加え、独立した立場でのより一層高度な説明責任と業務の透明性が求められています。

④利益相反行為の禁止

賃貸借契約の当事者間で利益が相反する場合において、相手方の利益に資する一方で、委託者である賃貸人の利益に反する行為や反するおそれのある行為は、利益相反行為に該当し、することができません。

⑤賃貸住宅をめぐるすべての関係者との信頼関係の構築

業務を遂行する過程において、賃貸不動産の所有者である賃貸人や、その住宅に居住し利用する賃借人等との間に確かな信頼関係を構築していかなければなりません。

⑥管理業界との信頼関係の構築

関係する法令やルールを遵守することはもとより、賃貸不動産管理業に対する社会的信用を傷つけるような行為や、社会通念上好ましくない行為をしてはならず、**自らの能力や知識を超える業務を引き受けてはなりません。**

⑦秘密を守る義務

職務上知り得た秘密については、管理受託契約等において、法令上、提供義務があるとされる場合や本人の同意がある場合などの正当な理由がないときには、他に漏らしてはなりません。退職して管理業務に携わらなくなっても、賃貸管理士でなくなっても、同様です。

(2)賃貸不動産経営管理士「倫理憲章」

賃貸管理士の理想の姿です。以下、条文をそのまま引用します。

前文

賃貸不動産経営管理士は賃貸不動産所有者、居住者、投資家等のステークホルダーおよび賃貸管理業界との間に確かな信頼関係を構築することにより、その社会的使命を全うする役割を担っている。

そのために、各々が高い自己規律に基づき、誠実公正な職務を遂行するとともに、依頼者の信頼に応えられる高度な業務倫理を確立しなければならない。

ここに、賃貸不動産経営管理士の社会的地位の向上、社会的信用の確立と品位保持、資質の向上を図るため、賃貸不動産経営管理士倫理憲章を制定する。

①公共的使命

賃貸不動産経営管理士のもつ、公共的使命を常に自覚し、公正な業務を通して、公共の福祉に貢献する。

②法令の遵守と信用保持

賃貸不動産経営管理士は関係する法令とルールを遵守し、賃貸不動産管理業に対する社会的信用を傷つけるような行為、および社会通念上好ましくないと思われる行為を厳に慎む。

- 業界全体との信頼関係を構築し、管理業の認知度を高めて社会的地位を向上させる。

③信義誠実の義務

賃貸不動産経営管理士は、信義に従い誠実に職務を執行することを旨とし、依頼者等に対し重要な事項について故意に告げず、又は不実のことを告げる行為を決して行わない。

- 直接の依頼者に対してはもちろんのこと、**そのほかの関係者に対して**も同様。

④公正と中立性の保持

賃貸不動産経営管理士は常に公正で中立な立場で職務を行い、万一紛争等が生じた場合は誠意をもって、その円満解決に努力する。

- 依頼者の立場だけでなく、**他の関係者の立場にも配慮**する。

⑤専門的サービスの提供および自己研鑽の努力

賃貸不動産経営管理士はあらゆる機会を活用し、賃貸不動産管理業務に関する広範で高度な知識の習得に努め、不断の研鑽により常に能力、資質の向上を図り、管理業務の専門家として高い専門性を発揮するよう努力する。

⑥能力を超える業務の引き受け禁止

賃貸不動産経営管理士は、**自らの能力や知識を超える業務の引き受けはこれを行わない。**

⑦秘密を守る義務

賃貸不動産経営管理士は、職務上知り得た秘密を正当な理由なく他に漏らしてはならない。その職務に携わらなくなった後も同様とする。

▶ **退職後**も漏らしてはならない。

第2章　情報管理その他

1　個人情報保護法

個人情報は生存する個人の情報です

(1)用語の意味と規律の概要

①個人情報

個人情報とは、**生存する個人に関する情報**であって、①情報に含まれる氏名、生年月日その他の記述等(文書、図画もしくは電磁的記録で作られる記録)に記載・記録され、または音声、動作その他の方法を用いて表された一切の事項により**特定の個人を識別することができるもの**(他の情報と容易に照合することができ、それにより特定の個人を識別することができることとなるものを含む)、または、②**個人識別符号が含まれるもの**、のいずれかに該当するものをいいます(個人情報保護法2条1項、同項1号・2号)。

<table>
<tr><td rowspan="3">個人情報に</td><td>含まれるもの</td><td>身体、財産、職種、肩書等の属性に関して、事実、判断、評価を表す全ての情報</td></tr>
<tr><td>含まれないもの</td><td>死亡した個人や会社の情報</td></tr>
<tr><td colspan="2">▸ 憲法上のプライバシーとは必ずしも一致しません。</td></tr>
<tr><td>「特定の個人を識別できる」とは</td><td colspan="2">社会通念上、一般人の判断力・理解力であれば情報と個人の同一性がわかることを意味します。</td></tr>
<tr><td>「個人識別符号」とは</td><td colspan="2">旅券の番号、基礎年金番号、免許証の番号、住民票コード、個人番号など
▸ 個人識別符号が含まれるものはそれだけで個人情報になります。</td></tr>
<tr><td>個人データ</td><td colspan="2">個人情報データベース等を構成する個人情報のことをいいます。</td></tr>
<tr><td>保有個人データ</td><td colspan="2">個人情報取扱事業者が、開示、内容の訂正、追加または削除、利用の停止、消去及び第三者への提供の停止を行うことのできる権限を有する個人データであって、その存否が明らかになることにより公益その他の利益が害されるものまたは6か月以内に消去することとなるもの以外のものをいいます。</td></tr>
</table>

(2)要配慮個人情報

要配慮個人情報とは、不当な差別、偏見その他の不利益が生じないように取扱いに配慮を要する情報として、個人情報保護法に定められた情報です。

要配慮個人情報の具体例	①人種、②信条、③社会的身分、④病歴、⑤犯罪の経歴、⑥犯罪により害を被った事実等のほか、⑦身体障害、知的障害、精神障害等の障害があること、⑧健康診断その他の検査の結果、⑨保健指導、診療・調剤情報、⑩本人を被疑者又は被告人として、逮捕、捜索等の刑事事件の手続が行われたこと、⑪本人を非行少年又はその疑いがある者として、保護処分等の少年の保護事件に関する手続が行われたこと ▶ 人種は要配慮個人情報ですが、**国籍はここに含まれません。**
取扱い	要配慮個人情報については、その取得や第三者提供には、原則として本人の同意を必要とし、また、オプトアウト※による第三者提供は認められません。

※ オプトアウトとは、メールの受信者が配信停止依頼などを行い、受信を拒否することを指します。

(3)個人情報データベース等

個人情報データベース等とは、個人情報を含む情報の集合物であって、次のいずれかに該当するものをいいます。

① 特定の個人情報を電子計算機を用いて検索することができるように体系的に構成したもの

② ①のほか、特定の個人情報を容易に検索することができるように体系的に構成したものとして政令で定めるもの(顧客カードや名刺ファイル等)

(4)個人情報取扱事業者

個人情報取扱事業者とは	個人情報データベース等を事業の用に供している者をいいます。 ▶ 国の機関、地方公共団体、独立行政法人等、地方独立行政法人は除外されています。
個人情報保護法の適用対象	個人情報については、**個人情報取扱事業者**(個人情報データベース等を事業の用に供する者で、**レインズにアクセスできる業者も含まれます。**)**に対して**、以下のルールが適用されます。 ①利用目的の特定、②利用目的の制限、③適正な取得 ④取得に際しての利用目的の通知等、⑤苦情の処理

(5)個人情報の取得・利用

利用目的の特定	個人情報取扱事業者は、個人情報を取り扱うにあたっては、その利用の目的をできる限り特定しなければなりません。 ▶ 「当社の提供するサービスの向上のため」では特定されているとはいえませんが、「契約後の管理等に必要な、入居者台帳に使用するほか、管理組合理事会、自動引き落としの金融機関、滞納管理費等の取り立て委託先、管理下請け会社及びリフォーム会社等に提供します」などの表示があれば特定されたといえます。
利用目的による制限	個人情報取扱事業者は、あらかじめ本人の同意を得ないで、特定された利用目的の達成に必要な範囲を超えて、個人情報を取り扱ってはなりません。 ▶ 例外として、①法令に基づく場合、②生命・身体・財産の保護の必要がある場合、③公衆衛生等の必要がある場合、④国等の協力が必要な場合等は上記の利用制限の適用がありません。
適正な取得	個人情報取扱事業者は、偽りその他不正の手段により個人情報を取得してはなりません。 ▶ 賃借人の人種に関する情報や前科を取得するには事前に本人の同意が必要です。国籍は要配慮個人情報ではないので、本人の同意は不要です。

利用目的の通知等	個人情報取扱事業者は、個人情報を取得した場合は、あらかじめその利用目的を公表している場合を除き、速やかに、その利用目的を本人に通知し、または公表しなければなりません。 ▶ 利用目的を本人に通知・公表することで、本人や第三者の生命等を害するおそれがある場合、個人情報取扱事業者の権利・正当な利益を害するような場合等には、上記の通知・公表の規定が適用されません。

(6)個人データの保管

個人情報取扱事業者は、個人データについて以下の義務を負います。

データ内容の正確性の確保等	利用目的の達成に必要な範囲内において、正確で最新の内容に保ち、不必要となったときは遅滞なく消去するよう努めなければなりません。
安全管理措置	漏えい、滅失、毀損の防止等の措置
監 督	従業者に取り扱わせるにあたっては、その安全管理が図られるように、監督する必要があります。

(7)違反に対する措置等

個人情報取扱事業者が、適切に個人情報を取り扱っていない場合には、個人情報保護委員会は、必要に応じて報告の徴収や勧告命令の措置を取ることができます。

2 不正競争防止法

会社の営業秘密を悪用すると重大犯罪になる

(1)勤務先の会社に対する法令違反

不正競争防止法は、窃取等の不正な手段によって取得した営業秘密を使用する行為(侵害行為)が行われている場合に、裁判所に対して、侵害行為の差止め、侵害行為に関連した物の廃棄及び損害賠償を認めています。**退職者が会社の顧客情報を持ち出し、これを利用して顧客を勧誘する行為**は、この侵害行為に該当する可能性があります。

顧客情報が不正競争防止法上の営業秘密と認められるためには、①有用性、②秘密管理性、③非公知性の3つの要件を満たす必要があります。

(2)営業秘密となるための要件

①有用性

有用性とは、現実に利用されていなくても、事業活動に利用されることによって、経費の節約、経営効率の改善等に役立つといった**有用な技術上または営業上の情報**であることをいいます。具体的には、設計図、製造ノウハウ、顧客名簿、仕入先リスト、販売マニュアルなどです。

この要件は、脱税情報や有害物質の垂れ流し情報等の公序良俗に反する内容の情報を、法律上の保護の範囲から除外することを目的としています。

直接ビジネスに利用されていなくてもよく、過去に失敗したノウハウというようなネガティブ・インフォメーションも、潜在的な価値があるため、有用性が認められます。

②秘密管理性

秘密管理性とは、秘密として管理されており、保有企業の秘密管理意思が、秘密管理措置によって従業員等に対して明確に示され、当該秘密管理意思に対する従業員等の認識可能性が確保されていることをいいます。

この秘密管理措置の対象は、当該情報に合理的に、かつ、現実に接することができる従業員等です。そして、この措置は、対象情報(営業秘密)の一般情報(営業秘密ではない情報)からの**合理的区分**と当該対象情報について**営業秘密であることを明らかにする措置**とで構成されます。

1. 合理的区分

   合理的区分とは、営業秘密が、情報の性質、選択された媒体、機密性の高低、情報量等に応じて、一般情報と合理的に区分されることをいいます。企業の規模、業態等に応じて、営業秘密を含むのか、一般情報のみで構成されるものか、従業員が判別できる状態となっていればよいとされています。実際には、紙であればファイル、電子媒体であれば社内 LAN 上のフォルダ等のアクセス権に着目して、区別・管理がなされます。

2. 営業秘密であることを明らかにする措置

営業秘密であることを明らかにする措置は、従業員において当該情報が秘密であって、一般情報とは取扱いが異なるべきという規範意識が生じる程度の取組であることが必要です。実際には、営業秘密となる情報の種類・類型のリスト化、秘密保持契約等による対象の特定、記録媒体へのマル秘表示、営業秘密たる電子ファイルそのもの又は当該電子ファイルを含むフォルダの閲覧に要するパスワードの設定、（外部のクラウドを利用する場合）階層制限に基づくアクセス制御等です。

秘密管理性が肯定された事例

1. 代表者以外の者が営業秘密に触れないように管理しており、従業員が営業秘密を使用する場合には、代表者のみが保有する書庫の鍵を使用するか、代表者が管理するパスワードを用いて代表者用のコンピューターを使用しなければならず、また、営業秘密が第三者に知られないよう、従業員に誓約書を提出させたり、就業規則を作成したりする等していた（東京地判平成12年10月31日）。
2. 派遣就業情報に関して、オフコン（小型のパソコン）で集中管理され、業務時間外は施錠され起動できない状況となっており、また、派遣就業情報が記載された契約書、請求書控え、給与明細書控えについては、履歴書等の書面と異なり、場所的に隔離されたキャビネット内に施錠の上保管され、直接にオフコンあるいは契約書、請求書控え、給与明細書控えに接することのできる従業員も限定されており、営業担当社員が派遣就業情報を知る必要がある場合には、オフコン操作の許された社員に尋ねるという管理がなされていた（大阪高判平成14年10月11日）。

秘密管理性が否定された事例

1. 取引先名簿に関して、それがコンピュータソフトに搭載され、そのソフトを起動させるためのパスワードを知るものが限定されていたものの、これをプリントアウトしたものが営業担当者に1人1冊ずつ配布され、各人これを施錠されていない机の中に保管していた（東京地判平成15年3月6日）。
2. 顧客情報名簿等に関して、その外観において、部外秘等の記載によって営業秘性が表示されているということはなく、また、保管場所を施錠したり、立ち入る者を制限したりする等してアクセスできる者が一部の従業員に限定されているということもなかった（東京地判平成16年9月30日）。
3. 会員情報に関して、管理の仕方が無造作で、これにアクセスできる者は特に制限されておらず、事務所にいる者であれば誰でも持ち出したりすることができ、また、電話での問い合わせにも特に制限なく会員情報が伝えられ、これらの者との間に秘密保持契約も締結されていなかった(東京地判平成15年5月15日)。

③非公知性

非公知性とは、保有者の管理下以外では一般に入手できず、**公然と知られていないこと**をいいます。具体的には、情報が合理的な努力の範囲内で入手可能な刊行物に記載されていない、公開情報や一般に入手可能な商品等から容易に推測・分析されない等、保有者の管理下以外では一般的に入手できない状態をいいます。

参考資料

公知情報の組合せによって近い情報が得られる情報であっても、その組合せの容易性や情報の取得にかかるコストに鑑み、一般的に入手できないと判断される場合は、非公知性が認められることがあります。

(3)営業秘密不正取得罪・使用開示罪

不正競争防止法は、事業者の営業上の利益という私益と、公正な競争秩序の維持という公益を保護法益としており、その実現手段としては、当事者間の差止請求、損害賠償請求等の民事的請求を基本としています。ただし、**公益の侵害の程度が著しい場合について**は**刑事罰の対象**としています。

本書では、不動産投資会社の役員または従業員が特に注意すべき点について解説します。

①禁止行為(21条1号・2号)

次の行為をした者は、10年以下の懲役または2,000万円以下の罰金に処せられ、またはこれらが併科されます。

不正の利益を得る目的で、又はその営業秘密保有者に損害を加える目的で、詐欺等行為または管理侵害行為により、営業秘密を取得した者(1号)
詐欺等行為又は管理侵害行為により取得した営業秘密を、不正の利益を得る目的で、又はその営業秘密保有者に損害を加える目的で、使用し、又は開示した者(2号)

具体例

金銭を得る目的で第三者に対し営業秘密を不正に開示する行為等です。なお、「退職の記念」や「思い出のため」といった自己の満足を図る目的であっても、その他の事情を考慮したうえで、加害目的が認められる場合もあります。

②要件

1. 図利加害目的

「不正の利益を得る目的」とは、公序良俗または信義則に反する形で不当な利益を図る目的のことをいい、自ら不正の利益を得る目的(自己図利目的)のみならず、第三者に不正の利益を得させる目的(第三者図利目的)も含まれます。

「営業秘密保有者に損害を加える目的」とは、営業秘密保有者に対し、財産上の損害、信用の失墜その他の有形無形の不当な損害を加える目的のことをいい、現実に損害が生じることは要しません。

具体例

営業秘密保有者に営業上の損害を加えるためまたはその信用を失墜させるため、営業秘密をインターネット上のSNSに書き込む行為等です。

2. 詐欺等行為

詐欺等行為とは、人を欺くこと、人に暴行を加えること、または人を脅迫することをいいます。取得方法に限定はないので、営業秘密を口頭で聞き出す行為等も含まれます。

また、営業秘密にアクセスすることが可能な人間を買収や甘言によってそそのかして、営業秘密を漏示させるような行為は、漏示した人間が処罰対象になり得るので、これをそそのかすなどした者はその共犯として処罰対象になり得ます。

3. 管理侵害行為

「管理侵害行為」とは、財物の窃取、施設への侵入、不正アクセス行為その他の営業秘密保有者の管理を害する行為をいいます。

「窃取」の対象物は、書面や記録媒体に限定されていませんので、試作品のようなものも対象となります。

「施設への侵入」における「施設」とは、営業秘密が現に管理されている施設をいいます。営業秘密保有者が管理している施設のほか、営業秘密保有者が営業秘密の記録(データ)を保存しているホストサーバの管理を外部委託している場合のように、営業秘密保有者の意思に基づき営業秘密を管理している他人の施設も含まれます。

「不正アクセス行為」とは、ネットワーク(電気通信回線)に接続されたパソコン等にパスワード等を入力して利用できる状態にすることをいいます。

「その他の営業秘密保有者の管理を害する行為」とは、条文にある「財物の窃取」「施設への侵入」「不正アクセス行為」を除いたものを指します。

具体例

保有者の会話や会議等を盗聴や電波傍受等で盗み聞きする方法で、営業秘密を取得する行為等です。

「営業秘密保有者」とは、営業秘密を正当な権原に基づいて取得して保持している者をいいます。秘密保持契約の下に営業秘密のライセンスを受けたライセンシーについては、営業秘密を使用する正当な権原を与えられた者であり、「営業秘密保有者」に該当します。

営業秘密の「取得」とは、営業秘密を自己の管理下に置く行為をいい、営業秘密が記録されている媒体等を介して自己又は第三者が営業秘密自体を手に入れる行為、及び営業秘密自体を頭の中に入れる等、営業秘密が記録されている媒体等の移動を伴わない形で営業秘密を自己又は第三者のものとする行為が該当します。

4. 営業秘密の使用又は開示(2号)

営業秘密の「使用」とは、営業秘密の本来の使用目的に沿って行われ、当該営業秘密に基づいて行われる行為として具体的に特定できる行

具体例

自社製品の製造や研究開発のために、他社製品の製造方法に関する技術情報である営業秘密を直接使用する行為や、事業活動のために、同業他社が行った市場調査データである営業秘密を参考とする行為などです。

為をいいます。

営業秘密の「開示」とは、営業秘密を第三者に知られる状態に置くことをいい、営業秘密を、非公知性を失わないまま特定の者に知られる状態に置くことも含みます。例えば、営業秘密を口頭で伝えたり、営業秘密が記録された電子データを特定の第三者に送信したり、ホームページに営業秘密を掲載したりすることのほか、営業秘密が化体された有体物の占有を移転することで他者に営業秘密を通知したりすることなどです。

(4)営業秘密記録媒体等の不法領得罪・使用開示罪

①禁止行為(21 条 3 号・4 号)

次の行為をした者は、10 年以下の懲役または 2,000 万円以下の罰金に処せられ、またはこれらが併科されます。

営業秘密を営業秘密保有者から示された者であって、不正の利益を得る目的で、又はその営業秘密保有者に損害を加える目的で、その営業秘密の管理に係る任務に背き、次のいずれかに掲げる方法でその営業秘密を領得した者(3 号) イ　営業秘密記録媒体等(営業秘密が記載され、又は記録された文書、図画又は記録媒体をいう。以下この号において同じ。)又は営業秘密が化体された物件を横領すること。 ロ　営業秘密記録媒体等の記載若しくは記録について、又は営業秘密が化体された物件について、その複製を作成すること。 ハ　営業秘密記録媒体等の記載又は記録であって、消去すべきものを消去せず、かつ、当該記載又は記録を消去したように仮装すること。
営業秘密を営業秘密保有者から示された者であって、その営業秘密の管理に係る任務に背いて前号イからハまでに掲げる方法により領得した営業秘密を、不正の利益を得る目的で、又はその営業秘密保有者に損害を加える目的で、その営業秘密の管理に係る任務に背き、使用し、又は開示した者(4 号)

②要件

1. 営業秘密保有者から示された

「営業秘密保有者から示された」とは、不正取得以外の方法で保有者から取得した場合をいいます。例えば、営業秘密保有者から営業秘密を口頭で開示された場合や手渡された場合、アクセス権限を与えられた場合、職務上使用している場合などです。

2. 営業秘密の管理に係る任務

「営業秘密の管理に係る任務」とは、「営業秘密を保有者から示された者」が、営業秘密保有者との委任契約や雇用契約等において一般的に課せられた秘密を保持すべき任務や、秘密保持契約等によって個別的に課せられた秘密を保持すべき任務をいいます。

3. 営業秘密の領得

営業秘密の「領得」とは、営業秘密を保有者から示された者が、その営業秘密を管理する任務に背いて、権限なく営業秘密を保有者の管理支配外に置くことをいいます。領得の方法として、①営業秘密記録媒体等又は営業秘密が化体された物件を横領する行為(イ)、②営業秘密記録媒体等の記載若しくは記録について、又は営業秘密が化体された物件について、その複製を作成する行為(ロ)、③営業秘密記録媒体等の記載又は記録であって、消去すべきものを消去せず、かつ、当該記載又は記録を消去したように仮装する行為(ハ)、を規定しています。

4. 未遂は処罰せず

なお、3 号のみ未遂の場合は処罰されません。営業秘密を領得する行為については、その他の営業秘密侵害行為(不正取得、使用、開示等)に比べて、未遂と評価できる範囲が狭いと考えられることや、主に従業者に適用可能性のある行為類型であることから、従業者の日々の業務活動に無用な萎縮効果が生じないよう細心の注意を払う必要があるといった事情を総合的に考慮してのことです。

5. その営業秘密の管理に係る任務に背き、使用し、又は開示した(4 号)

本罪の対象となるのは、その営業秘密の管理に係る任務に背いた使用または開示のみです。したがって、営業秘密保有者から営業秘密を示された者であって営業秘密を領得した者が、領得後に、営業秘密保有者の正当な業務のために営業秘密を使用したり開示したりする行為は処罰の対象にはなりません。

具体例

営業秘密が記録されたファイルであって持ち出しが禁止されたものを無断で外部に持ち出す行為などは**横領**にあたります。

営業秘密が記録されたデータであって複製が禁止されたものを無断でコピーする行為や、営業秘密である電子データのファイルをメール送付するために添付する行為などは、**複製を作成する行為**に該当します。

プロジェクト終了後のデータ消去義務に違反して当該データを消去せずに自己のパソコンに保管し続け、営業秘密保有者からの問い合わせに対して、消去した旨の虚偽の回答をする行為などは、「**消去すべきものを消去せず**」に該当します。

(5)役員・従業者等の営業秘密不正使用・開示罪

①禁止行為(21 条 5 号)

次の行為をした者は、10 年以下の懲役または 2,000 万円以下の罰金に処せられ、またはこれらが併科されます。

営業秘密を営業秘密保有者から示されたその役員(理事、取締役、執行役、業務を執行する社員、監事若しくは監査役又はこれらに準ずる者をいう。次号において同じ。)又は従業者であって、不正の利益を得る目的で、又はその営業秘密保有者に損害を加える目的で、その営

業秘密の管理に係る任務に背き、その営業秘密を使用し、又は開示した者（前号に掲げる者を除く。）（5号）

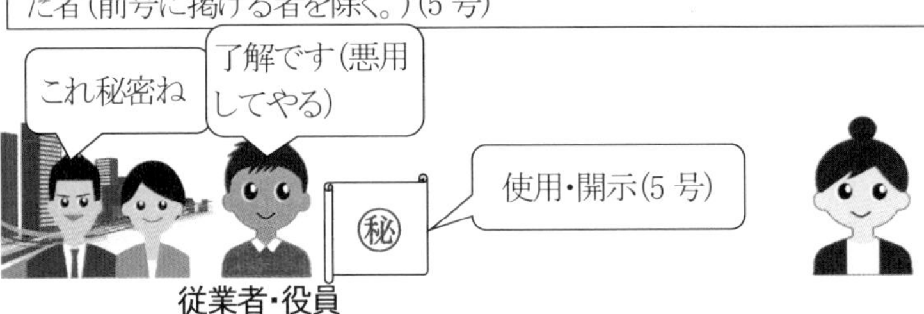

これ秘密ね
了解です（悪用してやる）
㊙
使用・開示（5号）
従業者・役員

本罪は、刑法上の背任罪に相当するものです。前記4号の罪に当たる場合には適用されません。本罪の主体は**現職の**役員か従業者に限定されています。役員・従業者以外の者については、営業秘密保有者から示された営業秘密を保持する義務の有無が個別の契約関係や取引関係によって定まり、一義的に明確ではないため、取引関係への萎縮効果をもたらすおそれがあることや、退職者については、その転職の自由にも配慮する必要があることから、定型的に守秘義務を負っており、営業秘密の不正な使用または開示に高い違法性が認められる、現職の役員と従業者に対象を限定しています。

②要件

1. 役員、これらに準ずる者

「役員」とは、理事、取締役、執行役、業務を執行する社員、監事もしくは監査役またはこれらに準ずる者をいいます。

「これらに準ずる者」とは、事業者の業務執行権限を持つ者に対して影響をもたらし得る、当該事業者の顧問や相談役などの地位にある者をいいます。

2. 従業者

「従業者」には、使用者と労働契約関係のある労働者、及び「労働者派遣事業の適正な運営の確保及び派遣労働者の保護等に関する法律」（いわゆる労働者派遣法）に基づく**派遣労働者が含まれます**。それに対して、請負人及びその従業者は、法律上明定された守秘義務を負うわけではなく、また、事業者から指揮命令を受けているわけでもなく、いわば外部者であることから、労働者や派遣労働者と比較して、同様の行為について違法性が低いと考えられるため、請負人及びその従業者は、ここでいう「従業者」にはあたりません。

(6)請託を受けた退職役員・従業者による不正使用・開示罪

①禁止行為(21条6号)

次の行為をした者は、10年以下の懲役または2,000万円以下の罰金に処せられ、またはこれらが併科されます。

営業秘密を営業秘密保有者から示されたその役員又は従業者であった者であって、不正の利益を得る目的で、又はその営業秘密保有者に損害を加える目的で、その在職中に、その営業秘密の管理に係る任務に背いてその営業秘密の開示の申込みをし、又はその営業秘密の使用若しくは開示について請託を受けて、その営業秘密をその職を退いた後に使用し、又は開示した者(第四号に掲げる者を除く。)(6号)

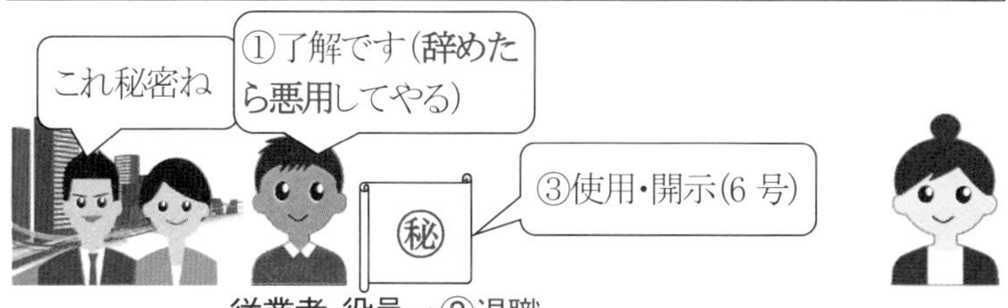

本罪も前記 4 号の罪に当たる場合は適用されません。現職の役員及び従業者については、事業者との委任契約又は雇用契約において一般的に課せられた秘密を保持すべき義務を課せられていることから、前記 5 号において、営業秘密を不正に使用又は開示する行為を刑事罰の対象としていいます。それに対して、元役員及び元従業者については、営業秘密を保持する義務の有無は一義的に明確ではないため、原則として刑事罰の対象とはしていません。ただし、**在職中に営業秘密の不正開示行為の申込みや、不正使用行為又は不正開示行為の請託の受諾等の準備行為がなされた上、その後、営業秘密の不正使用又は不正開示が行われた場合**には、在職中の段階で負っている守秘義務に違反しているといえ、当罰性が認められることから、刑事罰の対象になります。

②要件

1. 役員又は従業者であった者

「役員又は従業者であった者」とは、過去に事業者が営業秘密を示したその役員又は従業者であった者をいいます。

2. 在職中に、その職を退いた後に

「在職中に」とは、営業秘密を保有する事業者の現職の役員又は従業者である時期のことであり、「その職を退いた後に」とは、その事業者である法人から退職して以降のことといいます。

本罪が成立するためには、在職中に営業秘密の不正開示の申込みまたは不正使用もしくは不正開示の請託の受諾が行われ、かつ退職後にその営業秘密についての不正使用または不正開示が行われることが必要です。

3. その営業秘密の開示の申込みをし

「開示の申込み」とは、営業秘密を保有する事業者からその営業秘密にアクセスする権限を与えられていない者に対して、営業秘密を開示するという一方的意思を表示することをいいます。開示の申込みをする相手方と、実際に営業秘密を開示する相手方とが同一人である必要はないが、両者が全く無関係の場合は、一連の行為とはみなされません。

また、「営業秘密の開示の申込み」は、営業秘密を開示することを相手方に申し出る必要があるので、**営業秘密の開示の申込みを伴わない、単なる転職の申出等はここには含まれません。**

なお、「使用の申込み」がないのは、営業秘密の「使用」とは営業秘密を知っている人が自らの意思で行う行為であり、「使用を申し込む」ということが想定されないからです。

4. その営業秘密の使用若しくは開示について請託を受けて

「請託」とは、営業秘密保有者から営業秘密を示された役員または従業者に対し、営業秘密保有者からその営業秘密にアクセスする権限を与えられていない第三者が、秘密保持義務のある営業秘密を使用または開示するよう依頼することをいいます。

「請託を受けて」というためには、その請託を引き受けることが必要であり、単に第三者から依頼されただけでは成立しません。

ただし、請託の受諾は黙示でも構いません。

ワンポイントアドバイス

顧客データは営業スタッフ個人のものではなく、会社の営業財産です。それを勝手に持ち出す行為は違法です。さらに、ローン組めなかった顧客の情報を売却する行為も違法です。副業として行うことのないように厳に慎まなければなりません。

3 その他

障害者差別の禁止と暴力団の排除は国是です

(1)障害者差別解消法

①目的と主な規制

国連の「障害者の権利に関する条約」の締結に向けた国内法制度の整備の一環として、全ての国民が、障害の有無によって分け隔てられることなく、相互に人格と個性を尊重し合いながら共生する社会の実現に向け、障害を理由とする差別の解消を推進することを目的として、平成 25 年 6 月に制定され、平成28 年4 月 1 日に施行された法律です。

障害者差別解消法はこの目的を実現するため、民間事業者と行政機関等について、主に次の 3 つの義務を課しています。

1. 不当な差別的取扱いの禁止(法 8 条 1 項)	法的義務
2. 合理的配慮の提供(法 8 条 2 項)	**法的義務**
3. 環境の整備(法 5 条)	努力義務

②対象となる障害者

障害者とは、身体障害、知的障害、精神障害(発達障害を含みます)その他の心身の機能の障害がある者であって、障害および社会的障壁により継続的に日常生活または社会生活に相当な制限を受ける状態にあるものをいいます(法 2 条 1 号)。

③対象となる事業者

対象となる事業者は、商業その他の事業を行うものであり(法 2 条 7 号)、目的の営利・非営利、個人・法人の別を問わず、同種の行為を反復継続する意思をもって行うものです。個人事業主や、ボランティアのような形で対価を得ず無報酬で事業を行う者、非営利事業を行う社会福祉法人や特定非営利活動法人もここに含まれます。また、サービス等の提供形態(対面かオンラインかなど)も関係ありません。

④不当な差別的取扱いの禁止

事業者は、その事業を行うに当たり、障害を理由として障害者でない者と不当な差別的取扱いをすることにより、障害者の権利利益を侵害してはなりません。

《国土交通省の対応指針による差別の具体例》

1. 物件一覧表に「障害者不可」と記載する。
2. 物件広告に「障害者お断り」として入居者募集を行う。
3. 宅建業者が、障害者に対して、「当社は障害者向け物件は取り扱っていない」として話も聞かずに門前払いする。

4. 宅建業者が、賃貸物件への入居を希望する障害者に対して、障害があることを理由に、賃貸人や家賃債務保証会社への交渉等、必要な調整を行うことなく仲介を断る。
5. 宅建業者が、障害者に対して、「火災を起こす恐れがある」等の懸念を理由に、仲介を断る。
6. 宅建業者が、車いすで物件の内覧を希望する障害者に対して、車いすでの入室が可能かどうか等、賃貸人との調整を行わずに内覧を断る。
7. 宅建業者が、障害者に対し、障害を理由とした誓約書の提出を求める。

⑤合理的配慮

事業者は、その事業を行うに当たり、障害者から現に社会的障壁の除去を必要としている旨の意思の表明があった場合において、その実施に伴う**負担が過重でないとき**は、障害者の権利利益を侵害することとならないよう、当該障害者の性別、年齢及び障害の状態に応じて、社会的障壁の除去の実施について必要かつ**合理的な配慮**をしなければならない。

《国土交通省の対応指針による合理的配慮の提供の具体例》

1. 障害者が物件を探す際に、最寄り駅から物件までの道のりを一緒に歩いて確認したり、1軒ずつ中の様子を手を添えて丁寧に案内する。
2. 車いすを使用する障害者が住宅を購入する際、住宅購入者の費用負担で間取りや引き戸の工夫、手すりの設置、バス・トイレの間口や広さ変更、車いす用洗面台への交換等を行う場合、必要な調整を行う。
3. 障害者の求めに応じて、バリアフリー物件等、障害者が不便と感じている部分に対応している物件があるかどうかを確認する。
4. 障害者の状態に応じて、ゆっくり話す、手書き文字(手のひらに指で文字を書いて伝える方法)、筆談を行う、分かりやすい表現に置き換える等、相手に合わせた方法での会話を行う。
5. 種々の手続きにおいて、障害者の求めに応じて、文章を読み上げたり、書類の作成時に書きやすいように手を添える。

なお、これらは、すべての業者が積極的に行うべきですが、さらに、過重な負担とならないならば、図表に示した行為を提供することが望ましいと考えられています。

また、その事業を行うに当たり、障害者から現に社会的障壁の除去を必要としている旨の意思の表明があった場合において、その実施に伴う負担が過重でないときは、障害者の権利利益を侵害することとならないよう、当該障害者の性別、年齢及び障害の状態に応じて、社会的障壁の除去の実施について必要かつ合理的な配慮をするようにしなければなりません。

⑥環境の整備

不特定多数の障害者を主な対象として行われる事前的改善措置(いわゆるバリアフリー法に基づく公共施設や交通機関におけるバリアフリー化、障害者による円滑な情報の取得・利用・発信のための情報アクセシビリティの向上等)を「環境の整備」として実施に努めることとしています(法 5 条)。環境の整備は、不特定多数の障害者を主な対象としてあらかじめ準備しておく対策です。

環境の整備として、ハード面の対応だけでなく、ソフト面の対応(たとえば従業員に対する研修を行うこと等)も重要です。

⑦違反した場合

民間事業者が、障害者差別解消法に基づく合理的配慮の提供義務や不当な差別的取扱いの禁止に違反した場合で、それが繰り返され自主的な改善が期待できないとき等には、主務大臣が、その業者に対して報告を求め、または助言、指導、勧告をすることができます。そして、民間事業者が主務大臣の求める報告を行わず、または虚偽の報告をした場合には、20 万円以下の過料に処せられます。

(2)反社会的勢力排除

「企業が反社会的勢力による被害を防止するための指針について」(平成 19 年 6 月 19 日犯罪対策閣僚会議幹事会申合せ・法務省　以下引用)

「近年、暴力団は、組織実態を隠ぺいする動きを強めるとともに、活動形態においても、企業活動を装ったり、政治活動や社会運動を標ぼうしたりするなど、更なる不透明化を進展させており、また、証券取引や不動産取引等の経済活動を通じて、資金獲得活動を巧妙化させている。

今日、多くの企業が、企業倫理として、暴力団を始めとする反社会的勢力と一切の関係をもたないことを掲げ、様々な取組みを進めているところであるが、上記のような暴力団の不透明化や資金獲得活動の巧妙化を踏まえると、暴力団排除意識の高い企業であったとしても、暴力団関係企業等と知らずに結果的に経済取引を行ってしまう可能性があることから、反社会的勢力との関係遮断のための取組みをより一層推進する必要がある。

言うまでもなく、反社会的勢力を社会から排除していくことは、暴力団の資金源に打撃を与え、治安対策上、極めて重要な課題であるが、企業にとっても、社会的責任の観点から必要かつ重要なことである。特に、近時、コンプライアンス重視の流れにおいて、反社会的勢力に対して屈することなく法律に則して対応することや、反社会的勢力に対して資金提供を行わないことは、コンプライアンスそのものであるとも言える。

さらには、反社会的勢力は、企業で働く従業員を標的として不当要求を行ったり、企業そのものを乗っ取ろうとしたりするなど、最終的には、従業員や株主を含めた企業自身に多大な被害を生じさせるものであることから、反社会的勢力との関係遮断は、企業防衛の観点からも必要不可欠な要請である。

このような認識の下、犯罪対策閣僚会議の下に設置された暴力団資金源等総合対策ワーキングチームにおける検討を経て、企業が反社会的勢力による被害を防止するための基本的な理念や具体的な対応について、別紙のとおり「企業が反社会的勢力による被害を防止するための指針」を取りまとめた。

関係府省においては、今後、企業において、本指針に示す事項が実施され、その実効が上がるよう、普及啓発に努めることとする。」

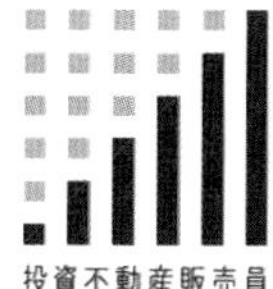

投資不動産販売員資格試験の概要

投資不動産の販売においては、顧客の資産形成、投資運用の側面があり、販売員が身に着けるべき知識は、通常の宅地建物取引よりも広範にわたります。金融に関するリテラシーや融資取引に関する知識、それに伴う顧客の個人情報の取扱いの知識も必要となります。
そのため、当資格は投資用不動産にまつわる知識を広く問うものとなっており、不動産系資格の入門として最適です。
将来的な宅地建物取引士・賃貸経営管理士資格の取得を検討されている場合も、当資格で勉強することは全く無駄にならないため、多くの方に積極的に取得を目指していただきたいと考えております。

投資不動産販売員協会　ホームページ
https://tkk-irs.com

試験名	投資不動産販売員資格(通常試験/免除者用試験)
受験資格	どなたでも受験可能
再受験規約	何度でも再受験可能
出題形式	通常受験:四肢択一式40問90分 免除者用試験:四肢択一式35問90分
試験申込日程	CBT方式のため、いつでも可能
会場	CBT方式のため、全国300カ所以上の会場から選択可能 会場ごとのスケジュールは受験者マイページより確認できます。
申込方法	インターネット受付のみ 申込日より3日目以降(例:10日申込の場合13日以降)の予約が可能 ※　予約の手順については
合格基準	通常受験:40点満点中30点以上で合格 免除者用試験:35点満点中25点以上で合格
合格発表	試験終了後即時
受験料	7,000円
登録料	6,000円(合格後の資格登録にかかる費用です。)
受験申込	「CBT-Solutions WEBサイト」からお申込み下さい。 https://cbt-s.com/examinee/examination/tokankai.html

これで合格 投資不動産

投資不動産販売員資格　講座案内

基本講座 → 短期集中マスター講座 → 予想模試

まずはここから！　　*試験前の総まとめ！*　　*きっとここが出る！*

投資不動産販売員資格研修

～法律知識を学ぶ～　Web講座

Ken Business School 不動産専門スクール

(A) 基本講座	(B) 短期集中マスター講座	(C) 予想模試(2回)
出題範囲を網羅 計16時間 事前収録動画を視聴	～試験対策講座～ 出題されそうな分野を中心に ZOOMライブ講義形式(会場受講もあり)	直前期の弱点発見と 出題されそうな予想問題 専用アプリ
15,000円	8,800円	8,800円

(D) 5点免除講習

宅地建物取引士資格を有する方　6時間の講習受講

企業研修は、弊社研修担当までご相談下さい

田中 寛二　鈴木 伸一　古川 傑（明海大学不動産学部教員）

投資不動産のプロとしての新たな必須資格

Kenビジネススクール
投資不動産販売員資格
受講講座URL
https://www.ken-bs.co.jp/investment.html

※カリキュラム詳細は、次ページ以降をご参照いただくか、右記QRコードよりご確認ください。

2024年度　投資不動産販売員資格　講座ラインナップ

A 基本講座（ベーシック講座＆ハイクラス講座）

概　要	公式テキストに記載のある内容を網羅する講義です。わかりやすく、その制度の内容を理解して、投資不動産を販売する上で問題となる法律知識を学びます。 ベーシック講座とハイクラス講座の２つに分けられます。
狙　い	ベーシック講座はそれぞれの編にある内容を鳥瞰し、全体像を把握することが狙いです。 ハイクラス講座はベーシック講座の受講した後に、それぞれの編ごとにその内容を事例とともに理解することが狙いです。もちろん、試験対策にもなります。
受講形態	事前に収録した動画をダウンロードして視聴するWeb受講方式

【ベーシック講座】（約２時間40分）

時間割	内　容	時間
1時間目	広告・投資勧誘の基本方針	20分
2時間目	広告のルール	20分
3時間目	リスクの説明	20分
4時間目	不当な勧誘行為	20分
5時間目	不動産投資理論	20分
6時間目	投資不動産の購入	20分
7時間目	サブリース契約	20分
8時間目	金融の知識・コンプライアンス	20分

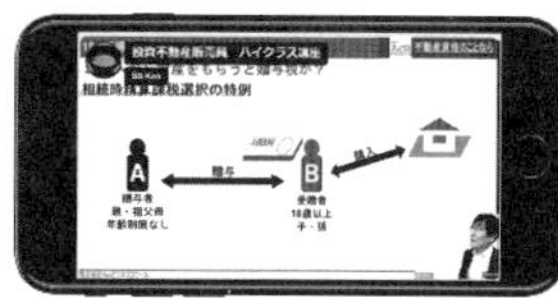

いつでもどこでも Web受講&アプリ学習

【ハイクラス講座】（約13時間20分）

時間割	内　容	時間
1時間目	広告・投資勧誘の基本方針	50分
2時間目	広告規制	50分
3時間目	リスクの説明①	50分
4時間目	リスクの説明②	50分
5時間目	不当な勧誘行為①	50分
6時間目	不当な勧誘行為②	50分
7時間目	会計の基礎知識と税金	50分
8時間目	不動産投資理論	50分
9時間目	投資用物件の購入①	50分
10時間目	投資用物件の購入②	50分
11時間目	投資用物件の購入③	50分
12時間目	賃貸借から生じる権利義務①	50分
13時間目	賃貸借から生じる権利義務②	50分
14時間目	賃貸借から生じる権利義務③	50分
15時間目	不動産投資ローンの適切な利用	50分
16時間目	コンプライアンス	50分

投資不動産
販売員資格
公式テキスト
投資不動産販売員協会
不動産投資に関する新しい資格制度が誕生！
金融機関も注目する今話題の投資不動産の新資格
日本で唯一の不動産専門の学部がある明海大学
現役教授が、第5編「会計学」「投資理論」について監修！
明海大学 不動産学部 教授　山本　卓　監修
Kenビジネススクール　代表　田中　嵩二　著
Ken不動産研究

出題範囲を網羅した 公式テキストを使用

B 短期集中マスター講座

概 要	全体を網羅するのではなく、主要ポイントに光を当てて、効率よく学習し、試験に合格することを目的とした、1日完結型の集合研修です。定期的に開催するライブ講義となります。
狙 い	基本講座で学んだ知識または独学で学習した知識をブラッシュアップして、試験に合格できる正確でアウトプット可能な知識に変えることが狙いです。
受講形態	通学受講＆Zoomライブ講義受講のハイブリッド形式(※)にて実施

※ 実際に会場で通学受講するか、それをZoomで繋いだネット上でのライブ講義を聴講するか、選択できる方式です。

【短期集中マスター講座】(約4時間10分)

時間割	内 容	時間
1時間目	広告のルールとリスクの説明	50分
2時間目	不当な勧誘行為	50分
3時間目	投資不動産の購入	50分
4時間目	賃貸借契約の知識	50分
5時間目	会計・投資・コンプライアンス	50分

ライブ講義なのでリアルタイムで質問ができます！

C 予想模試(2回)

概 要	本試験と同様に 40 問四肢択一式の予想模試を受験し、講師による解説講義を受講します。全2回で本試験の出題範囲を網羅します。
狙 い	直前期において弱点を発見し復習の方向性を自覚することと、法改正・新判例を含めた出題予想を知ることが目的です。本試験の予行演習としてご活用ください。
受講形態	通学受講＆Zoomライブ講義受講のハイブリッド形式(※)にて実施

※ 実際に会場で通学受講するか、それをZoomで繋いだネット上でのライブ講義を聴講するか、選択できる方式です。

【予想模試】(約2時間40分)

内 容	時間
予想模試の実施	90分
講師による解説講義	60分

D 5点免除講習

宅地建物取引士資格を有する方は、「投資不動産販売員資格・5点免除講習」をご受講いただくとができます。6時間の講習を受講することで、投資不動産販売員資格試験で5点分が免除となる特典を得ることが可能です。

詳細は、Kenビジネススクール、投資不動産販売員資格担当までご相談下さいませ。

講師紹介

鈴木　伸一(すずき しんいち)

株式会社ミライズ 代表取締役

学部法律学科　卒業
法科大学院法務博士課程　修了

士・競売不動産取扱主任者・不動産コンサルティングマスター・マンション管
者・相続対策士・家族信託コーディネーター・相続診断士

に25年以上、従事し、不動産競売、相続対策、不動産投資、土地活用コンサル
を手掛ける。また、Ken ビジネススクールほかで宅建講師・宅建登録講習(5 問
宅建登録実務講習講師を務め、実務経験に基づいたわかりやすい講義は受講
、人気とも高い。

2024年度　投資不動産販売員資格 受講料金

以下は前記講座の価格表です。ただし、企業研修にて講座受講の場合には特別割引、早期申込割引、他資格講座とのダブル受講割引等によりさらにお安くなる場合がございますので、Kenビジネススクールホームページで確認するか、弊社に直接ご連絡下さい。

講座名等	料金(税抜)
A　基本講座　※1	15,000 円
B　短期集中マスター講座　※2	8,800 円
C　予想模試(2 回)※1　※2	8,800 円
D 5点免除講習	11,000 円
投資不動産販売員資格公式テキスト	3,000 円
投資不動産販売員資格・過去問アプリ(無料ダウンロード)　※1	0 円

※1 基本講座と予想模試の受講料は、当該講義の使用教材である「投資不動産販売員資格・過去問アプリ　有料ID」が含まれた、特別価格となっております。

※2 短期集中マスター講座・予想模試は、原則として、ネットライブ方式(Zoom 等)で実施致します。ただし、会場受講の要望等が多い場合は、会場での受講と併せてネットライブ方式とのハイブリッド型講義となります。実施日程については、Kenビジネススクールホームページをご参照下さい。

投資不動産販売員資格・過去問アプリ

注目の資格試験である「投資不動産販売員資格」の勉強が、このアプリで、いつでもどこでもカンタンに！

過去問(2023 年度に実施された投資不動産販売員資格試験の問題 120 問)を、一問一答式・四肢択一式、分野別・年度別で解答でき、アプリダウンロード者同士で、正答率や学習時間、模擬試験の順位で競い合うこともできます。過去問に関しては無料でご提供させて頂きます。ただし、予想模試に関しては課金(有料IDを発行)することでアプリ内で解くことができるようになります。

詳細は、Kenビジネススクール、投資不動産販売員資格担当までご相談下さい。

いつでもどこでも勉強できる！
投資不動産販売員資格
学習用アプリ

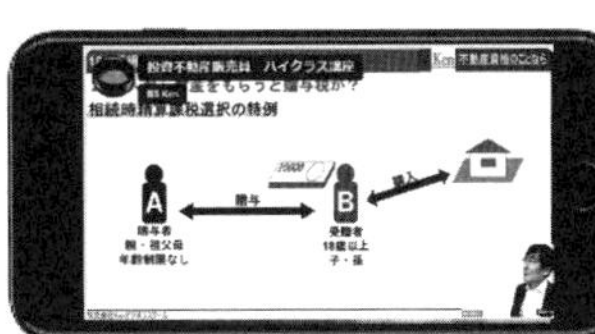

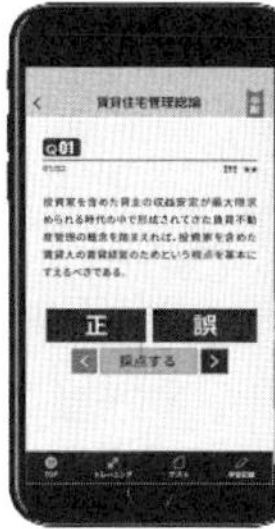

監修者紹介(第5編)

山本　卓(やまもと たかし)

明海大学不動産学部教授

1961年東京都出身。中央大学法学部法律学科卒業、青山学院大学大学院国際マネジメント研究科修士課程修了、埼玉大学大学院経済科学研究科博士後期課程修了、博士(経済学)取得。1984年(財)日本不動産研究所入所、不動産に関する鑑定評価及びコンサルティング業務を幅広く経験し、2014年4月より現職。不動産鑑定士、再開発プランナー

不動産鑑定士試験委員(2006年,2007年)、日本財務管理学会理事(2017年−2023年)、日本不動産学会総務委員(2014年−)、同学会出版編集委員(2016年−2022年)、資産評価政策学会編集委員(2015年−)、資産評価政策学会監事(2017年−)
埼玉大学大学院経済科学研究科非常勤講師(2011年,2012年)

【専門分野】
不動産会計、経営分析、不動産評価
【担当科目】
会計学の基礎、経営分析、不動産経営戦略、不動産会計財務論、不動産キャリアデザイン、不動産会計特論等
【研究テーマ】
企業不動産と会計・財務管理との接点の領域を主たる研究対象とし、具体的研究テーマは以下の通り。
・不動産会計制度が企業行動に与える影響の分析
・企業不動産戦略の効果検証
・企業不動産と環境経営との関係に関する研究
・企業不動産の公正価値評価に関する研究
【研究業績】※主な著書
・『投資不動産会計と公正価値評価』創成社(2015年)
(資産評価政策学会・学会賞(著作賞)受賞)
・『ストック型社会への企業不動産分析』創成社(2021年,編著)
(都市住宅学会・学会賞(著作賞)受賞)
・『グローバル社会と不動産価値』創成社(2017年,編著)
(日本不動産学会・学会賞(著作賞・実務部門)受賞)

著者紹介

田中　嵩二(たな

中央大学法学部　卒業
中央大学大学院　法学研究科　博士前期課程　修了(法
明海大学大学院　不動産学研究科　博士後期課程　在籍

・株式会社Kenビジネススクール代表取締役社長
・株式会社オールアバウト宅建試験専門ガイド
・全国賃貸住宅新聞　宅建試験連載記事執筆者
・楽待不動産投資新聞　連載者

2004年に設立し経営する株式会社Kenビジネススクー
点免除講習)、登録実務講習の実施機関として認めら
けでなく、積極的に社内研修講師を行い、講義だけで
により高い合格実績(最高合格率は社員の100%・4年
2020年1月に「Ken不動産研究」を設立し、出版事業に
2022年以降は、新しい都市環境を考える会において「
に向けて試験問題作成や公式テキストの執筆を行い、
を入れています。
2023年以降は、明海大学大学院　不動産学研究科に
産投資について研究し、同大学不動産学部論集にて「
て論文を寄稿しています。

《執筆書籍》
・「宅建ダイジェスト六法2022年〜」編集協力者(信山社
・「これで合格宅建士シリーズ」(Ken不動産研究)
・「これで合格賃貸不動産経営管理士シリーズ」(Ken不
・「うかるぞ宅建士シリーズ」(週刊住宅新聞社)
・「パーフェクト賃貸不動産経営管理士」(住宅新報社)
・「楽学賃貸不動産経営管理士」(住宅新報社)
・「宅建士登録実務講習公式テキスト」(Ken不動産研究
・「投資不動産販売員公式テキスト」(Ken不動産研究)
上記以外にも多数出版しています。

法政大学法学
國學院大學法

【所持資格】
宅地建物取
理業務主任者

不動産業界
ティングなど
免除)講師・宅
生からの評価

講師紹介

古川　傑（ふるかわ　すぐる）

2022年明海大学大学院不動産学研究科博士後期課程修了、博士（不動産学）
明海大学不動産学部非常勤講師、同不動産研究センター研究員

【主な論文】古川傑・山本卓「不動産会計適用における外部鑑定人の採用動機の検証」『資産評価政策学』22(1),pp.89-98.2021年、古川傑・山本卓「環境経営促進企業の企業特性と環境リスクに対する投資家評価-遊休不動産の活用状況を踏まえて-」『年報財務管理研究』(32),pp.90-112.2021年、古川傑・山本卓「遊休不動産の有用性の検証-東証1部上場企業製造業の減損データに基づいた分析を中心に-」『証券アナリストジャーナル』(56)2,pp.68-79.2018年等。
【主な受賞歴】日本不動産学会湯浅賞・博士論文部門(2022年)都市住宅学会著作賞(2022年)日本不動産学会著作賞・実務部門(2018年)日本財務管理学会　学会賞・論文の部(2018年)
【科研費実績】
「KAMの記載事項と減損開示情報の情報価値抽出による新たな企業不動産戦略への応用」若手研究(23K12526)、2023-2026,研究代表者

（本書の内容のお問合せにつきまして）
本書の記述内容に関しましてのご質問事項は、文書にて、下記の住所または下記のメールアドレス宛にお願い申し上げます。著者に確認の上、回答をさせていただきます。
お時間を要する場合がございますので、あらかじめご了承くださいますようお願い申し上げます。また、お電話でのお問合せはお受けできかねますので、何卒ご了承くださいますようお願い申し上げます。

本書の正誤表の確認方法
Ken ビジネススクール HP 内の以下の公開ページでご確認下さい。
https://www.ken-bs.co.jp/book/

本書の内容についてのお問合わせは、下記までお願いいたします。

Ken 不動産研究

(ご郵送先)〒160-0022 東京都新宿区新宿 2-5-12-4F
株式会社 Ken ビジネススクール内
(メールアドレス)question@ken-bs.co.jp

投資不動産販売員資格 公式テキスト

令和6年 4月 30日 初版発行

著　　　者　田中 嵩二
発　行　者　田中 嵩二
発　行　所　Ken 不動産研究
〒160-0022 東京都新宿区新宿 2-5-12-4F 株式会社Kenビジネススクール内
電話 03-6685-8532 https://www.ken-bs.co.jp
印　刷　所　亜細亜印刷株式会社

ISBN 978-4-910484-13-6